KB129183

자비의
심리학

The Lost Art of Compassion:
Discovering the Practice of Happiness in the Meeting of
Buddhism and Psychology
by Lorne Ladner

자비의 심리학

Lorne Ladner 저
박성현 · 노현숙 · 박경옥 · 이종수 · 이지원 · 황광숙 공역

학지사

역자의 말

고통에서 벗어나는 방법과 목표에 있어 불교와 심리치료는 상당한 차이점이 있다. 불교는 고통의 소멸이라는 원대한 해탈의 경지를 추구하는 반면, 심리치료는 현실의 삶에 적응하는 것을 방해하는 심리적인 문제를 치료하는 것에 주된 관심을 갖고 있다. 속세로부터의 초탈을 목표로 하는 불교와 속세에서의 적응을 목표로 하는 심리치료는 일견 양립하기 어려운 다른 길을 제시하고 있는 것처럼 보인다. 그러나 불교와 심리치료 모두 인간의 고통을 치유하려는 공동의 목표를 가지고 있다는 점에서 양자 간의 대화와 통합의 가능성은 늘 열려 있었다. 불교와 심리학의 만남은 이론 수준에서 조심스럽게 양자 간의 차이와 조화의 가능성을 모색해 보던 시대를 넘어 최근에는 불교와 심리치료를 실제적으로 통합하려는 시도가 일어나고 있다. 불교 명상이 심리치료의 중요한 방법으로 개발되고 이에 관한 수많은 연구물이 쏟아져 나오고 있는 상황이다. 고통을 치유하고 의식의 발달을 도모하는 동서양의 두 다른 길이 비로소 한 길로 만나는 시대가 도래한 것이다.

이 책의 저자인 래드너 박사는 동양계 미국인으로서 임상심리학자이자 티베트 불교 수행자다. 그는 자신의 깊은 수행 체험과 심리치료 경험을 토대로 현대인들에게 자비심을 키우는 것이 얼마나 중요한 일인가를 감동적으로 역설하고 있다. 자비심은 우주 안의 모든 존재가 연결되어 있다는 깨달음에서 비롯되는 감정이다. 이러한 지혜가 결여된 행복의 추구는 결국 실패할 수밖에 없다. 많은 사람이 진정한 행복을 성취하는 데 실패하는 이유는 자신을 다른 존재와 분리된 견고하고 영구적인 실체로 착각하기 때문이다. 따라서 자비심을 계발하기 위해서는 자기를 방어하기 위해 우리가 쓰고 있는 거짓된 가면을 벗어 버리는 것이 우선 필요하다. 저자는 이러한 거짓된 가면이 우리의 내면에 자리 잡고 있는 끈질긴 자기애적 이미지에서 발생한다고 설명한다. 자기애적 이미지는 자신의 행복을 위해 타자를 이용하고 소유하려 한다. 오로지 즐거움만을 취하고 불쾌한 것들은 부인하거나 없애려 한다. 이러한 자기애적 소망이 성공하면 즐거워하고 실패하면 분노와 원망의 감정을 갖는다. 자기애적 이미지에서 벗어나지 않는 한 우리 모두는 갈망과 원망, 쾌락과 불만족을 오가는 윤회의 덫에 빠지게 된다. 자비심을 키우는 수행은 자기애적 소망이 결국 괴로움으로 귀착될 수밖에 없다는 사실 그리고 다른 모든 존재의 행복과 번영을 위해 자신을 헌신할 수 있을 때 비로소 진정한 만족과 기쁨을 얻을 수 있다는 사실을 깨닫게 하는 방법이다.

이 책은 불교의 핵심 가르침 중 하나인 자비를 정신분석과 대상관계 심리학의 언어로 풀어내고 있다. 또한 부정적 감정이나 대인관계의 문제로 고통받고 있는 다양한 사람의 사례를 통해 자비가 갖는 심리치료적 효과를 잘 보여 주고 있다. 이 책은 상담이나 심리치료에 종사하는 전문가뿐만 아니라 부정적 감정과 관계에서의 갈등으로 괴로움을 겪고 있는 일반인에게도 매우 유용한 내용을 담고 있다. 살아 있는 사람을 애도하기, 사랑 넘치는 의사소통, 투사를 이해하기, 논쟁에서 즐겁게 지기와 같은 호기심을 자아내는 주제는 우리가 일상생활에서 흔히 경험하고 있는 골칫거리들을 자비심을 증진시킴으로써 어떻게 해결할 수 있는가를 생생한 예를 통해 설명해 주고 있다.

이 책의 원 제목은 'The Lost Art of Compassion(잃어버린 기술, 자비)'이다. 이 제목은 동양의 사상과 수행 속에서 수 천 년 동안 연마되어 온 소중한 마음 계발의 방법들이 현대의 정신문화 속에 뿌리내리지 못하고 잊히거나 외면당해 왔다는 사실을 일깨워 주고 있다. 역자들은 이 책을 번역하면서 고통의 문제에 대한 심오하고 정밀한 동양적 사유들에 무지한 우리를 발견할 수 있었다. 하지만 다행스럽게도 우리는 이 책을 통해 불교를 비롯한 동양의 수행 전통들이 다이아몬드를 품고 있는 원석과도 같이 말로 표현할 수 없는 가치를 지니고 있다는 것 또한 알게 되었다. 이 책은 동양과 서양의 마음에 대한 각자의 장점을 멋지게 조화해 냄으로써 우리가 인간의 마음과 행동을 더욱 폭넓고 정확하게 이해하는 데 도움을 줄 것이라 믿는다. 특히 자비심과 같은 성숙한 감정을 키움으로써 우리가 살아가는 인간 사회와 우리를 둘러 싼 환경을 더 아름답고 사랑 넘치는 공간으로 변화시킬 수 있다는 희망을 갖게 되었다.

이 책이 나오기까지 많은 분이 수고를 아끼지 않았다. 역자를 대표하여 함께 번역의 전 과정에 참여한 공동 역자들의 노고에 감사드린다. 또한 이 책의 교정을 도와준 임인구, 이수경, 김덕성 대학원생들에게도 감사의 뜻을 전하고 싶다. 마지막으로 동양적 사유를 담아 낸 심리학 저서들의 출판에 한결같은 관심과 지원을 아끼지 않으시는 학지사 김진환 사장님과 역자들의 수고를 아름다운 편집으로 마무리해 주신 편집부 김순호 부장님께 마음으로부터 깊은 감사를 표하고 싶다.

2013년 9월

역자 대표 박성현

추천사 1

윤호균(가톨릭대학교 심리학과 명예교수, 온마음상담원장)

서구 심리치료는 주로 인간의 부적응적이고 병리적인 측면을 치료하는 기술에 초점을 맞추어 발전해 온 반면, 동양의 수도는 깨달음을 통해 온전한 인간을 드러내는 것을 목표로 하고 있습니다. 특히 불교는 지혜와 자비를 온전한 인간의 특성으로 보고 이를 드러내기 위한 여러 가지의 구체적 수행 체계를 갖추고 있다는 점에서 일찍부터 심리학자들의 관심을 받아오고 있습니다.

불교 지혜의 요체는 모든 것이 마음이 만들어 낸 것이라는 사실을 아는 것입니다. 저는 이것을 공상의 자각이라고 표현해 왔습니다. 우리에게 벌어지는 괴로움들은 대부분 현존하는 사실이나 사건 자체 때문이라기보다는 자기 안에 쌓여 있던 해묵은 욕망, 생각, 감정, 관념의 개입 때문입니다. 그러나 우리는 이들의 개입으로 생겨난 괴로움이나 고통을 실제 현실 또는 사실에서 비롯하는 것으로 여길 뿐, 자기 마음이 부지불식간에 지어 내는 꿈같은 것임을 알지 못하기 때문에 필요 이상으로 괴로워하게 됩니다.

우리에게 쌓여 있는 해묵은 욕망, 생각, 감정, 관념 등이 바로 우리의 아상(我相), 즉 자기중심성의 핵을 이룹니다. 우리는 자기를 세계와 분리된 특별한 존재로만 간주하기 때문에 그곳에는 두려움과 공포가 있습니다. 외부의 세계와 타인은 늘 경계하고 방어해야 할 대상이 되는 것입니다. 분리되고 특별한 존재라는 아상에 매어 있는 존재에게는 사랑과 공감보다는 분노와 원망과 복수가 더 친숙한 감정이 됩니다.

불교에서 말하는 자비의 수행은 아상을 참나로 전환하는 지혜의 수행과 함께 이루어집니다. 참나로서 우리의 존재는 모든 존재와 연결되어 있으며 궁극적으로 내가 나이면서 동시에 너일 수도 있다는 인식의 전환과 함께 자비를 실천할 수 있다고 보는 것입니다.

저는 앞으로의 상담은 병리적 모델을 벗어나 수행적 모델로 나아가야 한다고 믿습니다. 우리가 삶을 통해 겪는 다양한 고통과 문제들은 그것을 어느 관점에서 보느냐에 따라 의미가 달라질 수 있습니다. 그것을 인생의 골칫거리로 볼 수도 있고, 지혜를 배양하고 자비심을 키울 수 있는 귀한 기회로 삼을 수도 있습니다. 즉, 번뇌가 곧 보리일 수 있습니다.

이 책의 저자인 래드너는 티베트 불교 수행자이자 심리학자로서 자비 수행이 담고 있는 심리적 의미와 일상의 삶 속에서 자비를 어떻게 키울 수 있는가를 이해하기 쉽게 설명하고 있습니다. 우리가 자기중심적인 태도를 버리고 타인과 세상을 한 몸처럼 여기고 행동할 때 어떤 기적들이 일어날 수 있는가를 다양한 예화를 통해 알려 주고 있습니다.

이 책은 일상의 삶을 보다 행복하고 의미 있게 변화시키고 싶은 모든 사람에게 새로운 삶의 태도를 알려 줄 수 있는 소중한 내용을 담고 있습니다. 또한 동양적 상담을 연구하고 고민하는 상담가와 연구자에게도 우리의 인간성에 대한 귀한 통찰을 줄 것으로 기대합니다.

추천사 2

미산 스님(상도선원 선원장)

미래학자이자 사회사상가인 제러미 리프킨은 『공감의 시대』 라는 책에서 전 세계적으로 '공감' 개념이 새로운 패러다임으로 형성되어 가고 있음을 보여 준다. 무한 경쟁과 적자생존의 문명이 끝나고 협력과 평등을 바탕으로 하는 공감의 시대가 왔다고 주장한다. 공감은 인간의 본성이고 거울신경세포, 즉 공감뉴런과 공명회로가 유전적으로 형성되어 있어 타인의 공감할 수 있는 능력을 본래 타고 났다고 말한다. 과학적인 증거와 분석적 사유를 통해서 이와 같은 결론을 도출해 내는 것이 흥미롭다. 물론 동서양의 종교 가르침도 서로 언어적 표현은 다르지만 인간은 본래 공감 능력을 갖추고 있으므로 계발해서 활용하는 것이 중요하다고 한다. 특히 불교의 핵심 가르침은 지혜와 자비인데 인간은 본래 이 두 가지 덕성이 내재된 존재라는 것이다. 다만, 탐착과 혐오, 무지로 인해 밝고 따뜻한 지혜와 자비의 덕성이 발현되지 않을 뿐이지 구체적인 행법을 통해서 실현 가능하다고 말한다.

예를 들면, 지혜의 계발은 세상의 모든 것은 서로 연결되어 있음을 철저하게 자각하여 체화하는 것이고, 자비의 계발은 지혜를 바탕으로 하여 마음을 열어 '사랑 가득한 자애'와 '공감 가득한 연민' 그리고 '더불어 기뻐함'과 '조화로운 평정'을 몸소 수행하는 것이다. 이런 수행을 통해서 인간의 원초적 번뇌인 탐착과 혐오, 무지라는 장애 요소들이 사라지면 본래 밝음과 따뜻함이 저절로 드러나 공감을 온전히 체화한 성숙된 인간이 된다는 것이다. 불교심리학은 원초적 번뇌인 탐착과 혐오, 무지라는 장애 요소들이 고통의 근본 원인을 제공한다고 본다. 서양의 심리치료는 현실의 삶에 부적응적인 상태, 즉 강박증, 편집증, 우울증 등을 이상심리라고 한다. 하지만 불교심리학에서는 이러한 부적응적인 심리 상태를 포함해서 원초적인 탐착과 혐오와 무지라는 번뇌의 뿌리가 남아 있는 한 온전히 공감할 줄 아는 성숙된 인간이 아니라고 본다.

동양계 미국인 임상심리학자인 론 래드너 박사는 이 책에서 이와 같은 문제의식을 분명히 드러내고 있다. 티베트의 스승들에게 배운 수행 체험과 심리치료 경험을 토대로 이 문제를 접근한다. 그는 "정신분열증과 우울증, 또는 조증의 과대망상과 같은 심각한 정신질환을 살펴봄에 있어, 서양 심리학은 건강하지 못한 감정과 비현실적이거나 현실을 착각하는 것 사이의 연결성을 인정한다. 그러나 현실적인 시각과 긍정적인 감정 사이의 연결은 광범위하게 연구되지 않았다. 불교심리학은 그런 연결고리를 찾음으로써 단순히 병리가 없는 상태뿐 아니라 정신적 건강에 대한 지속적이고 유용하고 의미 있는 이해를 높일 수 있도록 돕는 것이다."라고 이 문제의 핵심을 정리하고 있다. 특히 티베트와 중앙아시아에서 1200년 이상 축적된 자비심리학의 풍부한 자료와 수행법을 통해 서양 심리학에서 놓치고 있는 부분들을 구체적으로 보완하고 있다.

이 책의 특이한 점은 자비라는 주제를 통해서 서양 심리학과 소통하고 통합하려는 시도를 하고 있다는 점이다. 이 글의 시작에서 언급하였듯이 전 세계적으로 공감의 문화가 확대되고 있는 상황에서 자비에 대한 깊은 고찰과 적극적인 실천 운동이 절실히 요청되는 시기에 지침이 될 만한 책이다. 저자는 사랑과 자비에 기반을 둔 이타주의야말로 가장 실질적이고 직접적이라고 말한다. 타인을 사랑하고 공감적인 연민을 실천하면 동시에 본인 스스로가 즐겁고 행복하고 활기에 넘치게 되기 때문이다. 불교의 다양한 전통에서 자비의 실천적 행법을 계발하고 전승해 왔지만 티베트 불교의 자비수행법은 매우 독특한 면을 가지고 있다. 남방 상좌부 불교의 자애수행법에 익숙한 사람들은 좀 생소하게 느끼기도 한다. 특히 다음 두 가지 수행은 이색적이면서 역동적이기도 하다. 첫째, 주고받기 자비수행이며, 둘째는 논쟁에서 즐겁게 지기 자애수행이다.

첫째, 주고받기란 다른 사람의 고통을 기꺼이 받아들여 그들에게 행복과 안락을 주는 역동적인 수행이다. 호흡을 활용하여 적극적으로 부정의 상황을 받아들여 긍정의 상황으로 전환시키는 것이다. 평소에 상상을 통해서 수행을 하게 되면 실제 화가 나는 상황에서 본인의 마음은 흔들리지 않고 상대방이 경험하고 있는 분노와 불안과 두려움을 들숨과 함께 받아드릴 수 있게 된다. 열린 마음으로 내쉬는 숨에 자애와 사랑의 마음을 보내면 상대방의 무의식에 긍정적인 영향을 미치게 된다는 것이다. 저자가 말했듯이 이 방법은 머리로는 이해하기 쉬울 수 있지만, 마음으로 체득하기는 쉽지 않을 것 같다.

둘째, 논쟁에서 즐겁게 패배하며 상대에게 승리를 안겨 주는 자비수행 역시 역설적이다. "미운 놈 떡 하나 더 준다."는 속담이 있지만 미운 놈은 여전히 미운 놈이다. 하지만 여기서 미운 놈을 미운 놈으로 인식하지 않고 떡을 주는 것이 중요하다. 저자가 제시한 구체적인 예화가 이 수행법을 선명하게 이해할 수 있도록 해 준다. 새로 산 고급 승용차를 집 앞에 세워 놓았는데 이웃 사람이 주차하다 차를 받고 시치미를 뚝 떼고 모르쇠로 일관하는 것이다. 법정에까지 가서 보상을 받았지만 지속적으로 차를 훼손하는 것이었다. 너무 괴롭고 힘들어서 친구들에게 상담을 해 보았다. 친구 중에서 불자인 조지는 모두 자신의 탓으로 돌리고 진심으로 사과하고 상대방이 좋아하는 선물을 해 보라고 하였다. 처음엔 황당한 소리처럼 들렸지만 한 가닥 희망을 걸고 이 제안을 받아들여 차를 훼손한 이웃 사람에게 아주 값비싼 골프공 세트를 선물하였다. 그 사람은 골프광이었기 때문에 이것은 정말 뜻밖의 선물이었던 것이다. 약 한 시간 후 대문 앞에서 그 사람이 목이 멜 정도로 울며 화해를 청했다는 것이다.

이 책은 불교 자비수행의 정수를 서양 심리학의 언어로 조화롭게 서술하고 있으며, 흥미롭고 실질적인 예화들을 적절하게 배치하여 이해를 돕고 있다. 공감의 의식이 확산되어 가는 시기에 이 값진 책을 번역해 주신 박성현 선생님과 역자 여러분에게 진심으로 감사드린다. 자비명상법에 대한 관심이 있는 분들과 공감의 시대에 어떻게 살아가야 하는지에 대한 진지한 물음을 가지고 있는 분들에게 꼭 권해 드리고 싶다.

저자의 말

서양 심리학과 불교 사이의 교류는 계속 깊어지고 있고, 인간의 마음과 정서를 이해하는 데 어느 때보다도 커다란 영향을 주고 있다. 이 책은 자비로운 마음을 키우기 위한 서양 심리학과 티베트 불교와의 대화에 우선적으로 초점을 두고 있다. 이렇게 서로 다른 문화 간의 교류에서 나온 유용하고 의미 있는 통찰은 불교의 마음 챙김(mindfulness) 수행과 선(Zen) 명상에서 유래하였다. 자비 수행을 위한 티베트 불교는 우리의 감정을 이해하고 변화시키는 데 주안점을 두기 때문에, 특히 서양인들을 돕는 데 적합하다고 생각한다. 이 책의 목적은 서양 심리학의 이론들과 티베트 불교의 실제적인 수행 방법을 통합하는 것이다. 독자들은 애정, 기쁨, 사랑, 특히 자비와 같은 긍정적인 정서를 키우기 위해 이들을 사용할 수 있을 것이다.

몇 해 전, 내가 네팔의 불교 사원에서 공부하고 있을 때, 나의 스승 중 한 분은 서양의 학문이 긍정적인 정서를 계발하는 법을 배우지 않은 채 어떻게 진보할 수 있었는지 의아해했다. 긍정적 정서는 우리 자신의 행복, 건강한 관계, 사회의 안녕에 필수적이다. 그러나 우리의 문화, 교육제도, 또는 심리학의 전통에서는 이 특성을 키우기 위한 방법을 진지하게 언급하고 있지 않다. 내가 아는 의학을 전공한 어떤 사람은 그의 수련 과정에서 환자를 위한 공감이나 자비를 적극적으로 차단하였다고 말했다. 이는 그러한 느낌이 의사가 환자에게 필요 이상으로 많은 시간을 사용하게 되는 원인이 되어 치료를 지연시키거나 객관성을 잃게 할 수도 있기 때문이다. 심지어 심리학 분야에서도 자비를 종종 도외시하였다. 프로이트(Freud)는 글에서 "정신분석가들은 정신분석 치료를 하는 동안 외과의사처럼 자신의 모든 감정, 심지어 인간적인 동정까지도 내려 두어야 한다."라고 했다.

나는 심리학과 상담을 전공하는 대학원생들을 가르칠 때, 학생들에게 그들의 교육과정에 자비, 공감, 인내심을 키우기 위한 훈련이 포함되어 있는지 물어보곤 한다. 심리치료사가 특히 어려운 환자들과 작업을 할 때, 자신이 경험하지 못한 정신 상태에 대해 공감을 잘하고 인내와 자비로 대하는 것은 더할 나위 없이 중요한 부분이다. 물론 학생들은 "아니요"라고 대답한다. 학생들은 정신병리를 진단하고 치료하도록 배웠지만, 어떻게 자신이나 다른 사람들과 긍정적인 특성을 키워 갈 수 있는지에 대한 방법은 배우지 못했다.

지난 수년간 미국심리학회는 이러한 문제에 대해 인식하기 시작했다. '긍정심리학'에 공헌한 미국심리학회 전직 회장 마틴 셀리그먼(Martin Seligman)은 미국심리학회의 학회지에서 "상담가가 받는 수련의 대부분은 병리에만 지나치게 집중되어 있고, 이는 결국 삶을 가치 있게 만드는 긍정적인 특성이 결핍된 인간 모델을 가져왔다."고 말했다. 역사적으로 심리학의 병리에 대한 지나친 초점화는 인간을 질병 모델로 보는 의학에서 발전하였다. 이는 사람들의 건강이나 최적의 기능을 향상시키는 것보다는 손상된 기능을 회복시키는 데 주력하는 것이었다. 프로이트 시대 이후, 대부분의 서양 심리학자는 어떤 특정한 병리적인 상태를 밝히거나 그것을 치료하기 위한 새로운 방법을 개발하는 데 집중해 왔다. 그러나 프로이트의 통찰력은 대개 히스테리나 다른 신경증을 가진 사람들을 치료하는 것에서 왔다. 다른 학자들은 우울증, 불안, 강박증, 정신증, 대인관계 문제, 성격장애와 같은 것들을 치료하는 데 초점을 맞추어 왔다.

불교심리학의 전통은 전혀 다르다. 왜냐하면 불교는 지난 2,000년 이상 긍정적인 정서와 정신상태에 대한 연구를 강조해 왔기 때문이다. 불교는 인간이 경험하는 모든 긍정적인 정서 중에서 자비를 행복하고, 건강하고, 의미 있는 삶을 살아가게 하는 가장 중요한 요인으로 보았다. 심리치료사 수련 초기에, 나는 서양 심리학이 긍정적인 정서 중에서도 특히 자비에 대한 연구를 등한시해 왔다는 사실에 놀랐다. 문헌들을 연구하며, 나는 심리학, 정신의학,

상담 분야의 서양 전통이 사람들에게 자비수행을 위해 분명하고, 실제적이고, 제대로 연구된 방법을 단 하나도 제공하고 있지 않고 있다고 주장하는 것이 무리가 아니라고 생각한다. 수많은 학자는 자비를 배제한 채, 쉽게 측정할 수 있는 과학적이고 경제적 전통의 문화적 경향을 답습해 왔다. 예를 들면, 윌리엄 키트리지(William Kittredge)는 지난 7세기 넘게 수학, 과학, 자본주의 전통은 셀 수 있고, 잴 수 있고, 측정할 수 있는 것과 특별한 경제적 가치를 부여할 수 있는 것을 점점 더 강조하고 있다고 설명한다. 그는 "유럽 사람들은 값을 매길 수 없는 것은 가치가 없다고 믿어 왔다. 수량화할 수 없어서 상품화할 수 없는 자비나 공감과 같은 가치는 시대에 뒤처지고, 비현실적으로까지 보이기 시작했다."라고 말한다.

앤드루 레윈 박사(Dr. Andrew Lewin)의 말을 더하자면, 자비는 쉽게 평가하거나 측정할 수 없지만 중요하다. 자비는 어떤 특정한 가격으로 매길 수 없지만, 가치가 있다. 경력이 쌓여 가고 나이가 들어감에 따라, 나는 우리가 자비에 대해 문화적으로 평가 절하함으로 인해 개인적으로나 사회적으로 대가를 치르고 있는 것을 점점 더 분명히 보게 된다. 삶을 의미 있게 해 주고 진정한 평화와 즐거움을 가져오는 질적 계발을 위한 어떤 방법이 없다면, 우리는 원하는 그저 광고주의 말을 따라 물건을 사고 오락을 쫓거나 뇌의 화학적 변화를 일으키는 약을 통해 원하는 행복을 얻으려는 헛된 노력을 지속할 것이다.

다른 한편으로 우리는 인간적인 노력을 통해 가능한 정도의 욕망을 충족하기 위해 우리 자신의 어린 시절과 자존감, 자기경계와 대처 기술 들에 대해서 끊임없이 생각하는 정도에 머무르게 될 것이다. 진심 어린 사랑이나 자비, 만족, 기쁨에 대해 주안점을 두지 않는다면, 일부 특정한 병리적 조건에서만 치료 효과가 있는 매우 제한된 심리학적 접근만 이루어질 뿐이다. 이러한 접근은 우리가 만족스러운 삶을 살거나 우리의 자녀들도 그와 같은 삶을 살 수 있도록 가르치는 것에 관한 실질적인 도움을 거의 아무것도 줄 수 없다. 간단히 말해, 우리의 마음은 빈곤해진다.

문화적 차원에서 증오나 탐욕, 질투, 분노와 같은 부정적인 정서는 강한 긍정적인 가치나 감정들로 상쇄하지 않을 경우 파괴적인 결과를 야기할 수 있다. 최근 수십 년 동안 정치인들, 연구자들, 심리학자들은 가정폭력, 아동학대, 자살, 학교폭력, 약물남용, 인종 차별, 테러, 기업 비리 등과 같은 문제에 대한 예방책을 고려하기 시작했다. 너무나 빈번히 우리의 예방은 최후의 방어선에서 시작한다. 이미 긴장과 분노가 만연한 가정에서, 우리는 공격성을 막으려고 노력하고 있다. 이미 불화, 절망, 분노로 가득 찬 학교에서, 우리는 폭력을 예방하려고 노력한다. 탐욕이 가득한 기업에서, 우리는 비리를 예방하려고 노력한다.

우리가 가정이나 학교, 회사에서 서로 돌보고 관심을 갖고 연결되어 있다고 느끼는 정도에 따라 우리는 자연스럽게 해로운 행동을 억제할 수 있다. 공감과 자비는 인간 기본 윤리와 긍정적 사회관계의 근본이다. 처벌에 대한 두려움이 다른 사람들을 해치는 행동을 멈추게 할 수 있지만 공감과 자비는 훨씬 더 강력하고 효과적인 예방 수단이 된다. 우리가 타인의 고통에 공감하고 자비를 느낄 때, 그 사람에게 부정적인 영향을 주는 행동을 멈추게 된다. 우리가 타인의 고통을 자신의 것처럼 느낄 때 우리는 그들에게 해를 입힐 수 없다.

우리의 심리학, 교육학, 경제학의 전통은 우리가 직면한 다양한 사회적 병리에 대해 다소의 책임감을 가져야 한다. 우리 각자가 우리 안의 자비와 같은 긍정적인 품성을 계발하고, 이 품성의 모범이 되고, 이것을 타인에게 가르쳐야 하는 책임을 지지 않는다면, 개인이나 사회 전체적으로 만연된 그 어떤 문제도 개선되지 않을 것이다.

서양 문화에서 자비에 관한 심리학적 연구나 고찰이 부족하기 때문에, 중앙아시아의 대승불교 전통들이 제공하는 사상이나 방법을 자유롭게 사용하는 것은 실용적이고 자연스러운 일이다. 서양에서 심리학은 과학 분야에서 100여 년 남짓 발전해 온 비교적 새로운 학문이다. 티베트에서는 부정적인 정신 상태를 극복하고 긍정적인 정신을 수련하는 내면의 과학이 1,200년 이상 발전해 왔다. 티베트 전역에는 수천 명의 수도승 학자들이 거주하며 연구하는 수많은 대규모 수도원 대학이 있다. 수세기 동안, 티베트, 몽골, 부탄, 네팔, 중국의 각 세대 최고의 지성들은 내면의 계발에 중점을 둔 거대한 교육 과정을 연구하고, 분석하고, 논쟁하고, 실험하기 위해 대학으로 모여들었다. 그래서 대학들은 자연스럽게 긍정적인 정서를 계발하기 위한 실질적인 연구, 사상, 방법론을 가진 방대한 조직체를 구성하게 되었다.

이러한 전통들은 부정적 감정을 극복하고 최상의 능력을 기르게 하는 복합적이고 통합적인 방법을 연구해 왔으며, 우리가 몸과 생각, 기억 그리고 상상력을 사용할 수 있도록 정교하게 고안된 완전한 내적 기술을 제공한다. 티베트의 내면 과학자들이 연구했던 모든 주제 중에서도, 달라이 라마(Dalai Lama)는 '사랑과 자비에 기반을 둔 이타주의'가 가장 중요한 주제라고 언급하였다. 이타주의가 그들 연구와 수행의 초점이 된 데는 심리학적이고 실용적인 이유가 있다. 수 세기의 연구 결과 가장 중요한 발견은 자비를 키우는 것이 사람을 심리적으로 건강하고, 행복하고, 기쁘게 만들 수 있는 가장 효과적인 방법이라는 점이다. 중앙아시아에서 지켜 온 내적 기술의 불교 전통은 우리가 공유하고 있는 인간이 남긴 유산 중에서 가장 소중한 보물 중 하나다. 이 전통에 의해서 제공되는 방법을 활용하지 못한다는 것은 티베트 수도승이 국제선을 타려고 할 때, 기존의 항공기를 두고 공기 역학을 공부하고 제트 엔진을 다시 발명하려고 노력하는 것과 마찬가지다.

나는 심리학자가 되기 오래전부터 불교 명상수행을 시작했다. 나는 1959년에 중국 공산당이 침공한 후 티베트에서 피신한 몇몇 최고의 스승들과 오랜 기간 동안 공부할 수 있는 기회를 가졌다. 사람들은 때때로 불교가 철학인지, 종교인지, 심리학인지에 대해서 논쟁을 하였다. 불교는 이 세 가지의 모든 요소를 담고 있다. 그러나 내가 이 책에서 언급하고 있는 불교 사상이나 기법은 불교의 종교적이거나 철학적인 측면에서 가져온 것이 아니다. 그것들은 위대한 스승 아티샤(Arisha)가 인도에서 티베트로 들여와서 현재 '깨달음에 이르는 길(stages of the path)'이나 '마음수행' 공부라 부르는 불교의 큰 두 흐름의 전통에서 유래하였다. 사람들의 마음속에 만족감, 평화, 자비, 그리고 즐거움을 계발하여 자신의 삶을 잘 살아갈 수 있도록 도와주는 가장 강력하고, 실용적인 방법을 발견한 불교학자들은 이 방법을 수세기 동안 연구하고 수행해 왔다.

사람들은 종종 불교를 가부좌를 틀고 자리에 앉아 명상하는 것과 연관을 짓는다. 티베트 불교에서 **명상**은 실제로 증오, 갈망, 질투와 같은 자신의 부정적인 정신 상태를 줄이고 인내, 만족, 사랑과 같은 긍정적인 정신 상태를 키워 가기 위해서 자기 자신의 마음에 대한 이해를 발전시켜 가는 것을 의미한다. 만약 누군가 이와 같은 정의를 사용한다면, 이 책에서 제시하는 방법은 명상이 맞을 것이다. 하지만 반드시 이 방법을 사용하기 위해 가부좌를 틀고 앉아 있을 필요는 없다. 당신은 운전을 하거나, 일을 하거나, 배우자와의 관계에서나, 또는 마트에서 쇼핑을 하고 있을 때와 같은 바쁜 일상생활 속에서 이 방법을 사용할 수 있다. 명상은 무언가 색다른 것도 새로운 것도 아니고, 당신이 이미 했던 행동보다 더 만족스럽고 새로운 방법을 발견하도록 돕는 것이다.

내가 수많은 명상기법에서 가져온 이러한 방법은 당신의 지성과 감성, 그리고 상상력을 적극적으로 활용한다. 사람들은 종종 명상이 항상 이완하고, 정화하고, 마음에 집중하는 것이라고 생각한다. 사실, 불교 전통은 마음을 변화시키기 위한 8만 4,000가지의 다른 수행방법이 있으며, 그들 중 많은 것이 수많은 사상과 분석, 창의성을 통해 계발된 것이다. 이 책의 방법들은 자신의 마음을 다루는 것, 즉 적극적으로 자기 경험을 새로운 방식으로 생각하고 느끼게 하는 유연하고 개방적인 접근을 제공한다.

나는 이 책에서 제시한 수행 방법이 불자들만을 위한 것이 아님을 강조하고 싶다. 또한 수행 방법을 실행하기 위해 불교 신자가 될 필요도 없음을 확실히 해 두고 싶다. 이 책에서 불교 전통에서 가져온 수행 방법을 제시할 때도, 본질적으로는 심리학적인 요소에 집중했다. 많은 경우에 있어 나는 서양 심리학에서 가져온 사상과 기법을 강조하며, 독자들이 쉽게 사용할 수 있는 방법을 제시하기 위해서 서양 심리학과 불교적 접근법을 통합하고 있다. 전통 불교와 관련된 책에 관심이 있는 분들은, 이 책의 마지막 부분에 있는 참고문헌에 수많은 목록이 언급되어 있으니 참고하기 바란다. 나는 누구든지 좀 더 행복해지고 좀 더 자비롭게 될 수 있도록 이 책에 담긴 실용적이고 심리학적인 수행 방법을 활용할 것을 권한다. 자비는 어떤 교리만을 고집하는 것이 아니다. 자비는 우리가 인종, 민족성, 종교, 또는 국적의 차이를 넘어서서 서로를 연결해주는 인간적 가치다. 자비는 편견, 공격성에 대한 직접적인 해독제이며 우리 자신과 세상에 평화를 가져다주는 것이다.

이 책은 불교와 심리치료 간의 새롭고 더 깊은 차원의 대화를 담고 있다. 이 대화는 선과 티베트 불교에 관한 책들이 출판되기 시작했을 때 몇몇 책에 C. G. 융이 서문을 썼던 1930년대부터 시작되었다. 융의 시대부터 서양의 심리학자들은 불교가 치료의 한 부분으로 사용될 수 있고, 인간의 복지를 향상시킬 수 있는 새로운 사상과 기법을 제공할 수 있다는 점에 흥미를 가져왔다. 특히 지난 수십 년 동안, 불교 사상과 수행들은 서양 심리학의 연구와 수행에 전반적인 영향을 미치고 있다. 심리치료사들은 명상과 심리학이 접목된 많은 책들과 워크숍을 이용하면서도, 불안을 치료하거나 스트레스를 줄이거나, 갈등을 겪고 있는 아이들을 돕거나, 성격장애를 치료하거나, 분노를 조절하거나, 감성지수를 높이기 위해 일반적으로 사용하고 있는 많은 기법이 불교에서 영향을 받은 것들이라는 사실을 의식조차 못하고 있다. 예를 들어, 허버트 벤슨 박사(Dr. Herbert Benson)의 이완반응에 관한 유명한 연구도 명상에 관한 연구에서 영향을 받았고, 오늘날 이 분야의 수많은 주도적인 과학 연구들도 달라이 라마를 비롯한 다른 불교 학자들과의 공식적인 대화의 영향을 받았다. 나는 정서에 관한 최근 학술지에서 우연히 발견한 논문 중 하나가 11세기 티베트 불교 박사이자 요가수행자인 감포파(Gampopa)의 말을 인용한 문구로 시작한다는 것을 발견하고 놀랐다. 그 문구에서 감포파는 분노를 "당신의 심장을 파고드는 독화살과 같은 것"이라고 언급하였다. 이 논문을 쓴 대학의 연구자들은 사람들이 화가 날 때 "심각하거나 치명적인 결과를 가져오는" 관상동맥의 증상을 통해 감포파의 주장은 "경험적 연구 결과와 정확히 일치한다."는 점을 지속적으로 제시했다.

서양 심리치료사들이 많이 사용하고 있는 상당수의 기법은 마음챙김, 명상, 선수행의 불교 전통에서 왔다. 융이 티베트의 만다라나 신들의 원형적 상징들에 대한 고찰을 한 이후로, 티베트의 광대한 심리학적 문헌이나 방법론에 대해 거의 어떤 것도 서양 심리학에서 신중히 분석되고 있지 않다. 특히 마음을 변화시키기 위한 티베트의 실용적이고 내적인 기법과 자비를 수행하기 위한 핵심적인 수행법이 고통을 치유하고 건강을 증진시키는 효과에 관한 연구들은 거의 없었다. 이 책에서 나는 독자들에게 종교적 맥락을 벗어난 순수하게 심리학적인 자비 계발 방법을 제공하고자 한다.

이 책의 첫 장에서는 겉으로 보기에는 자비와 유사한 마음 상태를 구별하여 이해하는 내용을 제시하고 있다. 1부에서는 왜 자비가 심리적 건강과 행복에 있어 중요한지에 대해 설명하고, 진정한 자비를 계발하는 데 공통적으로 장애가 되는 것에 대해서 토론할 것이다. 2부가 이 책의 핵심이다. 2부에서는 일상생활에서 자비를 키우는 방법에 대해서 제시한다. 나는 독자들이 제시된 생각들을 지적으로 이해할 뿐만 아니라 감정적으로도 이해하도록 돕기 위해 이야기와 비유를 사용하여 이 방법에 대한 불교와 서양의 접근법을 접목하려고 한다. 치료 현장의 환자와 관련된 이야기를 할 경우, 비밀보장을 위해서 이름이나 신분과 관련된 세부 사항은 변경하였다.

불교 전통에 포함된 수백 개의 심리학적 방법과 사상은 아직 서양 심리학자들에 의해서 개척되지 않았다. 나는 불교심리학의 사상과 방법이 인간 정신을 이해하고 연구하는 진정한 르네상스를 창조할 기회를 제공할 것이라고 믿는다. 이를 위해서는 불교와 서양 심리학 간의 지속적인 대화가 필요하다. 나는 이 책이 전통 간에 중요하고 지속적인 대화가 이루어지도록 공헌하길 바라며, 특히 독자들의 마음속에 자비가 충만하기를 바란다.

차 례

부 록

자비의
심리학

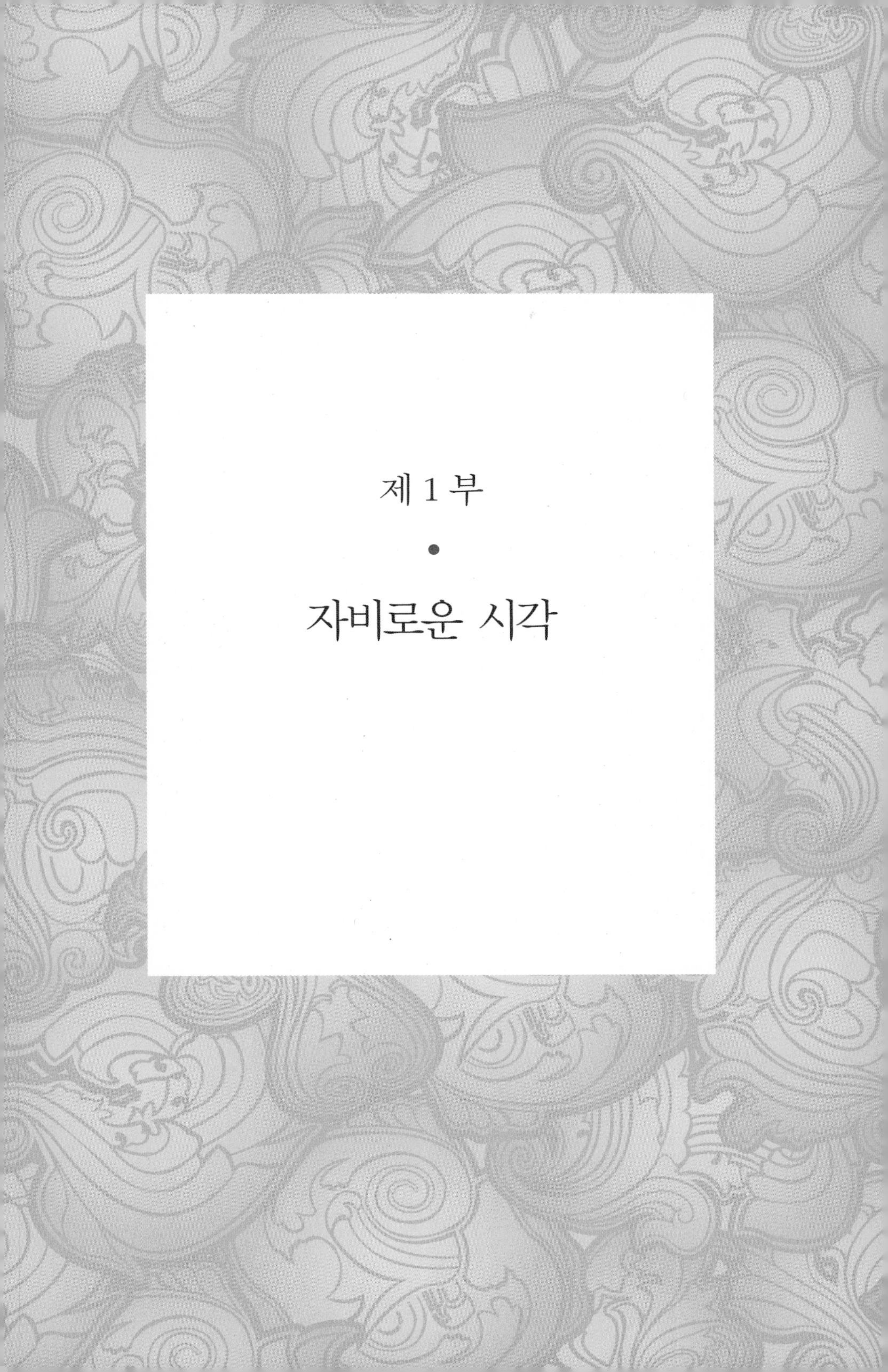

제 1 부

자비로운 시각

평범한 눈은 단지 사물의 표면적인 것만을 보고, 또한 자신이 본 것만으로 판단을 한다. 그러나 주시하는 눈은 표면적인 것을 관통하여 그 너머의 마음과 영혼을 읽어 낼 수 있다. 이 눈을 통해서 겉으로는 알 수도 예상할 수도 없으며, 다른 어떤 것으로도 감지해 낼 수 없는 능력을 발견할 수 있다.

– 마크 트웨인(Mark Twain)

01
의식하며 살기

불교의 스승들은 항상 삶의 매 순간이 소중하다고 강조한다. 어떤 순간에도 우리는 삶이 흘러가도록 허용하며, 삶의 가장 본질적인 것에 온 마음을 집중할 수 있어야 한다. 그렇게 함으로써 우리는 진정한 삶의 목적과 활기, 그리고 기쁨을 간직한 채 살아갈 수 있게 된다. 많은 사람이 커피를 손에 쥔 채로 서둘러 차를 타고 일터에 나가고, 회의에 참석한다. 그러나 잠시 멈추고 긴 숨을 들이쉬며, 우리에게 주어진 제한된 소중한 순간을 어떻게 보낼까에 대해서 신중히 생각하는 데에는 좀처럼 시간을 할애하지 못하고 있다. 그러나 우리는 우리에게 주어진 순간순간을 의식하고 깨어 있을 때에야 비로소 모든 삶의 순간을 특별하게 만들 수 있다.

우리 중 많은 사람은 직장이나 학교에서 지친 하루를 마치고 집으로 돌아와 무의식적으로 텔레비전을 틀거나 라디오를 켠다. 마치 우리에게 영원한 시간이 주어지기라도 한 것처럼 말이다. 우리는 대부분의 저녁 시간 동안 마음을 산만하게 하는 것들을 하느라 여념이 없다. 예전에 나와 가장 가까운 불교 스승 캬브제 라마 조파 린포체(Kyabje Lama Zopa Rinpoche)가 며칠 동안 우리 집에 머무른 적이 있었다. 린포체는 삶의 매 순간을 깊이 자각하며, 그 순간을 자비로운 목적을 위해 사용하는 것으로 유명했다.

어느 날 바쁜 하루를 보내고, 우리는 저녁식사를 함께했다. 식사 후 린포체는 자신의 방으로 들어가 명상을 하였다. 아내와 나는 잠깐 동안 주방을 치우고 나서, 그 시간대에 늘 하던 대로 앉아서 밤늦게까지 토크쇼를 시청했다. 얼마 후에 린포체가 나와서 우리 곁에 앉았다. 그는 "오, 저 사람이 사람들을 웃게 하는 사람인가요?" 하며 물었다. 나는 그 순간 놀랐다. 린포체는 마치 문화인류학자들이 그러하듯 자신의 삶의 방식과 비교하여 우리가 사는 모습을 바라보았을지도 모른다. 그랬다면 아마도 늦은 밤 토크쇼를 보며 앉아 있는 우리의 모습이 저 멀리 외딴 숲 속에 사는 부족의 의식처럼 보였을지도 모른다. 그는 항상 열려 있고 맑은 마음으로 바라보면서, 우리가 하는 행동의 목적이 무엇일까 궁금해하며 바라보았을 것이다. 토크쇼에서는 최근 일어난 스캔들에 대해 계속해서 인터뷰하고 있었는데 나도 저 방송의 목적이 무엇일까 하는 궁금증이 일기 시작했다.

우리는 많은 시간을 어떤 일을 무의식적으로 하며 보내는데, 우리가 습관적으로 하는 일들이 과연 우리에게 진정한 즐거움을 가져다주는지 그 가치를 평가해 보는 것이 중요하다고 생각한다. 우리에게 주어진 하루, 아니 단 한 시간을 어떻게 보내는지는 그리 중요하지 않다고 생각하거나 휴식도 버리고 삶의 의미를 묻는 것마저 팽개치고서 오직 열심히 쉬지 않고 일하는 것만이 가장 중요하다는 듯 여기며 살아갈 때, 우리는 자기 자신을 속이는 것이다. 사실 우리는 우리가 막연하게 예상하고 있는 미래의 어디 즈음에 와 있는지 확실히 알 수 없다. 확실한 것은 단 한 가지뿐이다. 이 순간 멈추어서 우리에게 가장 중요한 것이 무엇인가를 숙고할 수 있을 때, 매 순간을 신중하고 의미 있고 아름답게 살아갈 수 있다는 것이다.

매 순간 전념하기

우리의 삶은 분명 끝이 있다. 하지만 우리는 밥을 먹고, 생각을 하고, 숨을 쉬는 시간들이 영원할 것처럼 아무 생각 없이 살아간다. 우리의 삶이 필연적으로 끝난다는 문제에 대해서 우리는 주로 사춘기 때나 성인기의 초기에 많은 고민과 질문을 하게 된다. 부모님에게 물려받은 가치관이나 사회의 통념에 도전하면서, 나의 삶을 어떻게 살아갈 것인가에 대해 스스로 해답을 찾아보려고 노력하는 것이다. 혹은 이혼하거나 실직했을 때, 혹은 사랑하는 이를 떠나보냈을 때나 큰 병에 걸렸을 때처럼 커다란 변화에 직면하거나 커다란 상실을 경험할 때, 우리는 과연 우리에게 주어진 삶을 어떻게 살아가야 할지에 대해 보다 깊이 생각해 보게 된다.

나는 심리치료사이자 교육자로서 사람들에게 종종 묻는다. 사람들이 믿고 있는 것이 행복하고 의미 있는 삶을 살아가는 데 필수적인 것인가? 사람들은 말한다. 이 질문보다 더 중요한 것은 없지만, 수년 동안 이 질문에 대해서 한 번도 생각해 본 적이 없다고. 우리는 너무 바쁘게 살고 있고, 그 가운데 생기는 소소한 일에 너무 신경을 쓰다 보니, 막상 우리 인생에서 가장 중요한 것이 무엇인지를 자신에게 물어보고 돌아볼 기회를 만드는 것이 어렵다. 만약 우리가 그러한 문제에 대해서 깊이 생각해 보지 않거나 어떤 분명하고 개인적인 대답을 할 수 없다면, 우리는 삶에 있어 전반적인 방향 감각을 잃은 채 살아가게 될 것이다. 그렇다면 우리가 나날이 발전해 나가고 있는지, 아니면 그저 쳇바퀴를 돌며 살고 있는지 답하기가 어려울 것이다. 우리가 진정으로 행복한 삶을 살기 원한다면, 우리의 전 생애를 통해 무엇이 우리의 인생에 기쁨과 의미를 가져다줄 것인지에 대한 질문에 깊이 생각해 보는 것이 중요하다. 인생에서 가장 중요한 것이 무엇인가에 대해 더 깊이 생각할수록 우리는 우리의 경험을 토대로 더 깊은 해답에 가까워질 수 있을 것이다.

과연 어떤 삶이 의미 있고 행복한 삶인지에 관한 질문을 던질 때 흔히 벌어지는 문제는, 많은 이가 너무 피상적으로 쉽게 결론을 내리려고 하는 것이다. 의식적인 마음의 대답과 무의식적인 마음의 대답이 서로 다를 때, 우리는 혼란스러워진다. 당신이 그러한 내적 갈등으로 고통을 받고 있는지를 구분할 수 있는 가장 쉬운 방법은 당신의 일상적인 활동이 당신의 신념과 얼마나 일치하고 있는지를 보는 것이다. 만약 당신이 가족이 중요하다고 말하면서도 실제로 가족과 함께 시간을 보내고 있지 않다면, 영성이 중요하다고 말하면서도 한 주 동안 영성수련을 위해 단 몇 시간도 낼 수 없다면, 혹은 다른 사람들을 돕는 것이 중요하다고 말하면서도 그렇게 행동한 적이 거의 없다면 당신의 삶을 운영하고 있는 의식적인 신념과 무의식적인 신념 간에 커다란 차이가 존재한다는 것을 의미한다.

티베트 사람들은 무의식적인 신념에 대해서는 이야기하지 않지만, 그와 관련된 속담이 있다. 만약 채소가 요리되지 않고 표면에 둥둥 떠 있기만 한다면, 그 스프는 맛이 좋지 않을 것이다. 우선 우리는 자신의 삶에 의미를 더하고 행복을 가져오는 것이 무엇인지, 즉 가장 중요한 것이 무엇인지에 대한 근본적인 신념을 찾아야 한다. 그리고 그 신념을 내면 깊숙이 가라앉혀 요리함으로써 그 맛이 우리 삶 전체에 우러나오도록 해야 한다. 이러한 과정을 촉진할 수 있도록 도와주기 위해, 티베트 전통에서 가르치는 가장 간단한 방법은 매일 아침에 일어나 당신이 인간으로서 또 하루의 삶을 살 수 있게 된 것이 얼마나 감사한 일인지를 생각하며 하루를 시작하는 것이다. 어느 누구에게도 또 다른 하루가 반드시 약속되어 있지 않다는 것을 당신은 기억하기 바란다. 당신은 어젯밤에 죽었을 수도 있다. 그리고 바로 오늘이 당신의 마지막 날이 될지도 모른다. 사고로 죽게 될지, 심장마비가 올지, 불시에 살인범에게 목숨을 빼앗기게 될지 우리는 알지 못한다. 명상 후, 당신은 이 점을 생각하며 마음속에서 하루의 계획을 세워라. 인생이 영원하지 않다는 것을 늘 잊지 않고 삶에 있어 가장 중요한 신념을 매일 떠올리며 살아간다면, 이는 우리 삶에 큰 활력을 불어넣을 뿐 아니라 일상의 작은 순간순간이 의미 있게 통합될 것이다.

우리가 가장 깊이 있는 가치에 전념하며 사는 법을 배우는 데는 시간이 걸릴 것이다. 예를 들어, 우리가 사랑하며 살기로 마음을 먹었을지라도 누군가가 우리를 화나게 했을 때 우리는 화가 나게 되고, 시간이 지날수록 더 이상 사랑하는 감정을 느낄 수 없다는 것을 깨닫게 된다. 이러한 자각은 우리의 신념을 삶과 통합하는 과정에서 중요한 부분이다. 우리의 신념과 실제 느끼는 감정 사이의 차이를 인식하는 것은 우리가 자신에 대해서 작업할 수 있는 기회를 제공한다. 우리가 계속해서 자신의 마음에 대해 작업을 할 때, 우리는 사랑하는 마음을 유지하면서도 점차적으로 어려움을 직면할 수 있는 능력을 키워 갈 수 있게 된다. 우리의 깊이 있는 가치가 인격의 중심에서 가장 올바른 자리에 온전히 자리 잡을수록, 우리는 삶을 살아가는 매 순간 점점 더 통합되고, 완성되고, 만족스러워지는 것을 발견할 것이다.

이 책에서 제시하는 모든 방법은 의식적이고 무의식적인 측면이 우리의 가장 깊이 있는 가치와 하나로 연결되어 우리의 마음이 시키는 대로 자연스럽게 살 수 있도록 할 것이다. 이러한 방법은 당신의 인지 능력과 기억력, 상상력, 대인관계, 감정 들을 다 동원하여, 당신의 의식을 이완시키고, 또한 무의식의 내용을 변화시킬 것이다. 만약 당신이 시간과 에너지를 할애하여 이러한 방법을 직접 실천에 옮긴다면, 자연스럽게 삶의 매 순간 진실되고 즐거운 사랑과 자비를 만나게 될 것이다. 예를 들어, 어떤 사람이 당신을 힘들게 했을 때 계속 화를 내기보다는 당신의 마음이 진심 어린 자비로 예상치 않게 열릴 수도 있다.

이와 관련해서 인도의 불교 스승에 관한 유명한 일화가 있다. 그는 사랑에 관한 명상을 하기 위해서 동굴에 들어갔다. 수년간의 고행을 하며 노력했지만, 뚜렷한 결과를 얻지 못해 결국 포기하고 말았다. 도시로 내려오던 길에 그는 우연히 벌레에 감염되어 깊은 상처를 입은 개를 발견했다. 그때 갑자기 그는 사랑에 눈을 뜨고 완전히 다른 사람이 되어 버렸다. 그가 수년간 사랑에 관해 명상하며 쌓아 왔던 노력은 효과가 없었던 것이 아니라, 그의 이성적 마음이 알지 못하는 사이 그의 내면에 강한 변화의 단초를 마련해 두었던 것이다. 개가 겪고 있는 고통에 대해서 깊은 자비를 느낀 순간 사랑에 대한 자각을 일깨워 주었고, 그 화산 폭발과 같은 자비의 발현은 그의 삶과 마음의 지평을 근본적으로 바꾸어 놓았다. 우리가 이 책에 제시한 방법을 수행할 때마다, 비록 결과가 즉석에서 명백하게 나타나지 않을지라도 우리의 마음 깊은 곳에서 긍정적 변화가 일어나게 될 것이 분명하다.

우리가 '마음'을 이야기할 때 그것은 무엇을 의미할까? 산스크리트 어로 **치따**(citta, 티베트 어로 sem)는 대개 영어로는 '마음(mind)'으로 번역된다. 불교적 의미로 마음은 우리의 인지적 사고뿐만 아니라 우리의 감정까지도 포함한다. 마음은 우리가 의식적으로 지각할 수 있는 것과 더불어, 의식할 수 있는 수준의 바로 밑에서 일어나고 있는 정신세계의 사건들까지도 내포하고 있다. 불교적 의미의 마음에서는 잠을 자고 있는 동안이나 깊은 명상에 잠겨 있는 동안에 일어나는 미묘한 수준의 지각 또한 포함한다. 마음이 지각할 수 있는 가장 미묘한 수준의 차원은 심지어 육신이 죽은 후에도 계속된다고까지 말한다. 때문에 불교 신자들에게 있어서 **치따**는 영어에서 **'mind'**라는 단어가 연상시키는 전형적인 의미보다 훨씬 더 넓은 의미를 담고 있다. **치따**는 가슴(heart), 정신(psyche), 영(spirit)까지도 내포하고 있다. 이 책의 전반에서 나는 **마음, 가슴, 정신, 영**과 같은 단어를 사용하여 불교의 개념에서 다루고 있는 더 넓은 의미의 마음을 다양한 측면으로 언급하려고 한다.

또한 이 책 전반에서 나는 서양 심리학과 불교심리학을 동시에 언급하려고 한다. 나는 **심리학**이라는 용어를 가장 넓은 의미로 사용하여, 정신에 관한 연구를 언급할 것이고, 마음과 가슴까지도 내포할 것이다. 불교심리학의 오랜 전통은 사람들이 내적으로 경험하게 되는 진정한 본질에 대해서 좀 더 자각할 수 있도록 돕는 데 전념해 왔다. 불교 문헌은 우리가 감각기관을 통해 들어오는 자극을 받아들이고 처리하는 과정을 분석한 내용을 담고 있다. 이는 우리 마음이 정보를 어떻게 조직화하고, 사물에 대한 정신적 이미지를 어떻게 생성하고 판단하는지, 그러고 나서 어떻게 다양한 욕구와 감정을 가지고 그러한 정신적 이미지에 반응하는지에 대해서 설명함으로써 이루어진다. 불교 문헌은 또한 마음에서 긍정적이거나 부정적인 상태가 발생하거나, 더 강해지거나, 또는 더 약해지거나, 멈출 수도 있게 하는 원인이 되는 심리적 기제에 대한 설명을 통해 다양한 정서와 생각에 따른 내적 경험을 범주화하고 있다.

이런 종류의 문헌에 대해서 연구하다 보면, 자신의 욕구나 생각과 정서에 대해서 이해하고 조절할 수 있는 능력이 커지게 된다. 불교심리학은 또한 수면시간이나 명상하는 동안 일어나는 다양한 차원의 의식 수준을 세부적으로 기술한다. 이를 통해 우리 자신을 위해 이러한 의식적 차원의 상태를 활용할 수 있는 방법을 제시한다. 마음연구에 관한 이러한 전통은 지금으로부터 2,500년 이상이 되었고, 그 발달 과정이 시작된 것은 그보다도 훨씬 이전으로 거슬러 올라간다. 베다(Vedic)의 전통에 따르면 부처가 출생한 시기의 인도에서도 이미 그러한 연구와 전통이 존재하고 있었다고 전한다.

불교심리학의 가장 기본을 형성하고 있는, 본질적인 통찰은 다음과 같다. 행복과 고통은 마음에서 일어나는 일이다. 그러므로 그 원인 또한 대개 마음에 달려 있음이 분명하다. 불교심리학의 주요 목적은 어떤 유형의 마음 현상이 행복으로 이끄는지, 또한 고통으로 이끄는지, 그리고 행복에 이르는 마음 현상을 증가시키고, 고통에 이르는 마음 현상을 없애는 방법이 무엇인지를 사람들에게 이해시키는 것이다. 이는 내가 이전부터 늘 마음에 품고 있던 의문으로 돌아가게 한다. 선하고, 행복하고, 의미 있는 삶을 구성하는 것이 무엇인가? 서양 사람들 중 몇몇은 이러한 질문을 받았을 때, 외적 성취에 근본을 두고 대답한다. 어느 정도 성취한 부와 명예, 감각적 쾌락, 안락함, 사회적 지위 등을 그 예로 들 수 있다.

또 다른 부류의 사람들은 더 깊은 사람들과의 관계에 대해서 대답한다. 그들은 가족이나 친구들과의 관계나 세상에 어떤 눈에 띄는 공헌을 했다는 것에 중점을 두고 있다. 이 질문에 대해서 심리학적으로 대답할 사람은 극히 드물 것이다. 심지어 서양의 심리치료사들도 마찬가지다. 이 질문에 대한 불교의 대답은 심리학적으로도 심오한 것이다. 불교에서는 선하고 행복한 삶은 외적인 것에 의해서가 아니라 삶의 매 순간 마음과 가슴의 특성에 의해서 결정된다고 단언한다. 우리가 외적으로 할 수 있는 것과 할 수 없는 것에 상관없이, 지혜와 자비를 수행하며 보내는 삶은 좋은 삶이다.

C. G. 융은 서양 사회는 여전히 인간 심리에 대한 관심이 부족하다고 여러 차례 언급하였다. 그는 우리 자신을 위해서 인간 심리를 더 깊이 이해할 필요가 있다고 말한다. 우리는 외적인 세계에 대한 집중을 줄이고, 가슴의 포용력을 조금 더 넓혀 갈 필요가 있다. 행복, 만족, 즐거움, 의미는 모두 본질적으로 심리적이다. 그것들은 마음이나 정신에 존재한다.

불교심리학에서는 일어난 어떤 것의 주된 원인은 그것 자체와 유사한 본질을 가지고 있다고 말한다. 예를 들어, 도토리는 나무와 유사한 본질을 갖고 있으며, 나무가 성장하는 데 일차적인 원인을 제공한다. 햇빛과 물은 도토리가 나무로 성장하는 조건을 제공하지만, 그 자체만으로는 결코 나무로 성장하도록 이끌 수 없다. 행복의 경우도 마찬가지다. 행복은 마음의 긍정적인 상태이고, 오직 마음의 긍정적인 상태만이 행복의 주된 원인을 제공할 수 있다. 집, 좋은 음식, 가족과 함께 보내는 시간과 같은 외적인 것들은 행복이나 만족을 키울 수 있도록 도와주는 조건이 될 수 있지만, 그것들이 결코 행복이나 만족의 주된 원인은 될 수 없다. 나는 대도시의 근교에 살고 있는 심리치료사인데, 그곳에서 이 세상에 사는 사람이라면 누구나 부러워할 만한 외적인 조건을 모두 갖추었지만 여전히 매우 불행한 상태로 살고 있는 사람을 자주 보게 된다. 예를 들어, 가족끼리 서로 싸운 상태에서, 기념일이나 생일, 또는 졸업을 축하하기 위해서 훌륭한 만찬을 아름다운 집에서 열지만, 함께 있는 시간을 고통스럽게 보내고 마는 사람들이다. 분노는 정신적 혼란에서 생겨나, 더욱 더 큰 정신적 혼란과 고통을 가져오는 원인이 된다. 아무리 충분한 물과 햇빛을 제공한다 해도, 병든 담쟁이덩굴이 참나무로 바뀔 수는 없는 것이다.

이와는 반대로, 우리의 마음이 애정과 자비, 또는 다른 긍정적인 정서로 가득할 때, 단순하거나 거친 환경이 주어져도 즐거울 수 있다. 당신이 인생에서 가장 행복하거나 의미 있는 시절로 돌아갈 수 있다고 생각하면, 당신은 긍정적인 정서와 어떤 장소나 사람을 연결지을지도 모른다. 그러나 만일 당신이 조심스럽게 분석해 본다면, 당신은 아마도 그 기억 속에서 동일한 사람들과 행복하지 않고 의미 없이 보낸 다른 시간들도 찾아낼 것이다. 그리고 아마도 만일 당신이 그 장소로 다시 돌아간다면, 당신은 그 장소에서 본래 가졌던 오래된 행복을 발견할 수 없을지도 모른다. 당신이 뒤돌아 생각해 본다면, 당신에게 일차적으로 깊은 긍정적 정서가 있었기 때문에 그 외부적 환경이 의미 있게 마음에 남아 있는 것이라는 점을 발견하게 될 것이다. 아마도 당신은 그 당시 사랑에 빠졌거나, 가족에게 진심 어린 애정이나 친밀감을 느꼈거나, 새로운 것을 배우는 데 호기심을 갖게 되거나 열정이 솟아나거나, 또는 고요해지거나 다른 사람이나 당신 주위의 본질적인 세상과 연결되었다고 느꼈을지도 모른다. 외부의 환경이 어떻든 상관없이 당신의 내적인 사고와 정서는 기쁨과 행복의 중요한 원인이 된다.

우리는 많은 다른 긍정적인 정서 상태를 경험한다. 몇몇의 예로는 자신감, 자기존중감, 애정, 열정적인 호기심, 만족, 탐착하지 않는 마음, 평화, 인내심을 들 수 있다. 불교 문헌은 건강한 정서에 대해서 영어로 나타낼 수 있는 것보다 훨씬 더 다양하게 이름을 붙였는데, 이는 서로 다른 긍정적인 정서 상태 간의 섬세한 차이를 나타낼 수 있게 하였다. 예를 들어, 영어에서는 자비(compassion)라는 한 단어만이 있는데, 불교 문헌에서는 자비를 여러 종류와 수준으로 묘사하고 있다. 그러나 자비에 대한 가장 보편적인 티베트 단어로는 **니잉-제**(nying-je)가 있다. **Nying**은 가슴(heart)을 의미하고, **je**는 가장 중요하거나 가장 고귀하다는 의미를 내포한다. 그래서 자비는 마음의 모든 상태 중에서도 가장 고귀한 것이다. 그 말의 함축된 의미는 사람이 가질 수 있는 모든 긍정적인 정서 중에서도 자비가 최고라는 것이다. 만일 우리가 행복하기를 원하면, 자비는 우리가 바라는 것을 가장 효과적으로 허용해 주는 정신 상태라고 볼 수 있다.

그래서 만일 어떤 사람이 선하고, 행복하고, 의미 있는 삶을 구성하는 것이 무엇이냐는 질문에 대해 심리학적으로 답한다면, 그 대답은 다음과 같을 것이다.

자비를 수행하며 보내는 삶. 마음이나 가슴의 상태에서, 자비는 만족과 행복, 즐거움의 직접적인 심리적 원인을 제공한다. 우리가 좋은 삶과 주로 연관을 짓는 많은 것, 예를 들어 세상에 공헌하는 것, 가족과 친밀하게 지내는 것, 깊은 우정과 내적인 평화, 사람들 간의 평화를 가지는 것 등은 사실상 자비롭게 사는 것에서 기인한다.

가치 있는 대부분의 것과 마찬가지로 자비는 쉽게 얻을 수 있거나 빨리 얻을 수 있는 게 아니다. 이 책에서 대부분의 실습은 우리가 행복하고 자비로운 삶을 살 수 있도록 돕기 위해 고안되어 있다. 나는 만족감과 자비를 계발하는 데 방해가 되는 일반적인 장애물에 대해서 언급하고, 장애물이 영향을 미치지 못하도록 하는 방법을 언급할 것이다.

02
장애물 극복하기

사랑의 행위는 항상 기쁨의 행위다.

– 마더 테레사(Mother Teresa)

몇 년 전에 나는 기관 내에서 거주하는 자폐증과 정신분열증 환자 치료 프로그램을 진행하였다. 동시에 나는 학교 업무도 맡아서 하고, 자비를 계발하기 위한 티베트 불교 명상 의식에 관한 책을 쓰고 있었다. 이즈음 나는 라마 조파 린포체가 한 말의 인용문을 우연히 발견했다. 그는 "진정한 행복은 당신이 타인을 소중히 여기기 시작할 때 비로소 열린다."라고 말했다.

어찌된 일인지, 나는 이 글을 읽었을 때 다소 화가 나는 것을 느꼈다. 나는 '맞다, 나는 다른 사람들을 위해서 나의 모든 자비로운 능력을 쓰고 있는데, 왜 나는 이렇게 지치고 힘들기만 한 걸까? 행복은 어디에 있다는 건가?'라고 생각했다.

내가 할 수 있는 것보다 지나치게 바빴던 나의 스케줄이 이러한 문제를 일으킨 하나의 요인이기도 했다. 그러나 나는 일상의 삶에서 무언가를 하려 할 때, 나의 존재가 이전과 달라지고 좀 더 열린 마음으로 즐거워할 수 있을지가 또한 궁금했다. 나는 자비에 대해서 더 배우고 더 명확히 이해할 필요가 있었으며, 진정한 자비와 겉으로 보기에 비슷해 보이는 마음이나 가슴의 상태를 구분하고, 또한 '진정한 행복'으로 이끌어 줄 방법을 발견할 필요가 있다는 것을 깨달았다. 나는 불교에서 주장하듯이 행복이 자비에서 온다는 것이 사실인지와 자비가 심리적으로 어떻게 작용하는지를 보기 위해서 나 자신과 내 주위 사람들의 경험을 조사하기 시작했다.

이 조사를 하던 초기에 나는 그동안 무엇이 진정한 자비이고, 사랑이고, 이타주의인지에 대해서 명확히 이해조차 못하고 있었다는 것을 깨닫게 되었다. 서양 심리학에는 이러한 용어에 대한 올바른 정의조차 존재하고 있지 않았다. 서양의 연구자들은 **자비**라는 용어를 거의 사용하지 않았다. 자비를 연구하기에는 측정을 하기도 쉽지 않고, 양적으로 명시하기에도 어려움이 있기 때문이다. 그래도 이타주의는 다소 연구에서 언급되고 있는데, 이타주의도 사람의 행동을 중심으로 정의를 내리고 있었다. 만일 사람이 다른 사람을 돕고 있다면, 그 사람은 이타적으로 행동한 것이다. 이는 그동안 내가 어떻게 하면 타인을 도울 수 있을까에 대해 작업을 하고, 연구하고, 글을 쓸 때 신뢰해 온 **자비**에 대한 정의였지만, 그것마저도 진정한 행복이나 만족을 담고 있지는 않았다. 나는 가슴 속에 있는 것이 아니라 행동에 초점을 두고 있었다.

에머슨은 진정한 자비는 외적인 행동으로 정의될 수 없다는 것을 설득력 있게 표현했다.

> 우리는 단지 그 행위에 의해서 평가되는 자선에 대해서 생각하는 것만으로는 어떠한 즐거움도 찾을 수 없다. ……우리는 누가 자비로운지 안다. 이는 자선단체에 얼마나 많은 기부금을 냈느냐 하는 것과는 매우 다른 방법으로 알 수 있다. 이는 자선에 대해 열거할 수 있는 아주 작은 덕목일 뿐이다.

진정한 자선은 가슴으로 직접 느껴지는 것이다. 그것은 우리가 겉으로 드러낼 수 있는 선행을 자기 식으로 계산하는 그 이상이다. 자비는 마음과 가슴의 상태이기 때문에 사람의 외적인 행동으로 평가할 수 없다. 자비는 행동이 아니다. 자비는 자비의 현존과 부재를 결정하는 행동을 동기화하는 마음의 상태다. 나는 심리학자로 일을 하기 때문에 다른 사람들의 호감을 사기 위해 누군가를 돕느라 녹초가 되는 이들을 자주 본다. 또는 선한 행동을 하지 않으면 타인들이 그들에게 화를 낼지도 모른다는 두려움에서 타인을 돕는 사람들도 있다. 나는 사회복지사들이나 교육자들이 자신의 분야에서 성취를 얻기 위해 과도하게 노력하는 과정에서 소진되고 마는 경우도 자주 접한다. 나는 부유한 사업가가 지역사회에서 명예를 얻거나 새로운 사업적 인맥을 쌓기 위해서 자선기관에 돈을 기부하는 모습도 본다. 이러한 예들은 사람들의 외적인 행동이 겉으로는 자선을 베푸는 것처럼 보일지 몰라도, 그 선행의 동기가 그들의 가슴에서 우러나오는 진정한 자비심이라기보다는 자기중심적인 욕망이나 두려움 또는 습관으로 인한 것임을 보여 준다.

그래서 **자비**에 대한 진정한 정의는 마음이나 가슴의 상태를 인식하는 것에서 시작되어야만 한다. 불교에서는 **자비**를, 타인이 고통에서 자유로워지기를 바라는 마음상태로 정의한다. 자비는 사랑과 밀접한 관련이 있다. 불교에서 사랑의 정의는 타인을 소중히 여기는 마음이다. 즉, 사랑은 타인에 대해 애정을 가지고 친밀감을 느끼는 것을 말한다. 또한 사랑은 타인이 행복하기를 바라는 마음의 상태로 정의할 수 있다. 나는 여기에서 **정서**보다는 **마음의 상태**라는 용어를 사용한다. 왜냐하면 티베트 불교에서는 **정서**에 해당하는 단어가 없기 때문이다.

불교에서는 생각과 정서를 분명하게 구분하려고 하지 않는다. 불교에서는 우리의 생각이 정서를 일으키는 기초가 된다고 보고 있다. 그래서 정서는 기분이나 느낌의 강한 요소와 결합된 생각으로 표현된다. 우리가 의식을 하든지 하지 않든지 간에, 사고와 믿음과 인지는 항상 정서적 경험의 기초가 된다. 예를 들어, 화가 날 때 우리는 타인이 우리를 기분 나쁘게 하고 불행하게 하는 원인이 된다고 믿는다. 하지만 사랑받는다고 느낄 때 우리는 타인이 소중하고 행복할 만한 가치가 있다고 믿는다.

서양 심리학의 관점에서 보면 자비는 정서다. 그러나 서양의 관점에서는 이성에 반대되는 개념으로서의 정서를 가정하고 있기 때문에 여기에서는 이성과 정서라는 이원론을 피하기 위해서 정서를 주로 마음의 상태라고 정의한다. 사실 불교의 관점에서 보면 자비와 같은 건강한 정서는 우리 자신과 타인에 대한 타당하고 합리적인 사고에 근거를 두고 있고, 반면에 증오와 불안 같은 건강하지 못한 정서는 잘못되고 부정확한 사고에 근거를 두고 있다. 이러한 이유로 불교에서는 지혜와 자비가 긴밀하게 연관되어 있다고 본다. 우리가 현실을 정확하게 이해할 수 있는 지혜를 계발할수록 우리는 자연스럽게 더욱 자비로워지고, 자비로워질수록 자연스럽게 삶에 접근하는 방식이 좀 더 현명해지고 합리적으로 된다.

불교심리학에서 다양한 정신적 상태를 정의하는 목적은 자기 성찰, 즉 사람들이 자신의 마음속에 담긴 내용을 평가하고 자신을 더 잘 알 수 있도록 도와주기 위한 보조물을 제공하기 위한 것이다. 우리 대부분은 다양한 정신적 상태에 대한 특징을 자세히 구분하는 것에 익숙하지 않기 때문에 **자비**에 대한 좀 더 정교한 정의를 이 책에서 다루는 것이 유용하다. 나는 **자비**를 평화롭고 고요한 동시에 활기찬 마음의 상태라 정의한다. 자비로운 마음상태에서 우리는 자신감을 느낄 수 있고, 타인에 대한 사랑이나 친밀감을 느낄 수 있으며, 그들이 고통에서 벗어날 수 있기를 희망한다. 이것이 진심 어린 건강한 자비다. 그러한 자비는 사람들에게나 살아 있는 모든 존재에게로 향할 수 있다.

이러한 정의를 사용했을 때, 나는 내가 왜 만족하지 못하고 진정으로 행복하지 못했는지 되돌아볼 수 있었다. 첫째, 나는 나의 자선 행동을 마음상태보다는 행동에 근간을 두고 평가하고 있었다. 둘째, 나는 매우 바쁘고 스트레스를 받고 있었기 때문에 다른 사람들과 거리를 두고 내가 우선적으로 해야 할 일에만 초점을 두고 살았다. 그래서 나는 자비에 너무나 필수적인 친밀감과 애정을 느낄 수가 없었다. 그리고 바쁜 스케줄로 너무나 지치게 되었을 때, 나는 자신감이 줄고 기운이 떨어졌다. 이러한 어려움이 쌓이면서, 다른 사람보다는 내가 받고 있는 스트레스와 몸과 마음의 고통에서 자유로워지고 싶다는 바람에만 집중하고 있는 나 자신을 발견했다. 비록 내가 다른 사람들을 위한 일을 하느라 바쁘지만, 정작 나 자신은 큰 사랑과 자비를 진정으로 느끼지 못했다. 당신이 스트레스를 받고 있거나 압도되었을 때, 건강한 자비는 일어나지 않는다.

일반적으로 자아(ego)가 중심이 되어 내적인 갈등과 스트레스를 풀어 나가려 시도하게 되면 긍정적 감정들, 특히 자비를 일으키는 것과는 거리가 멀어지게 된다.

프로이트와 융은 우리가 어떻게 스트레스를 받는가에 대해 설명하는 놀라운 작업을 해냈다. 우리의 일상은 너무나 많은 욕망으로 채워져 있다. 우리의 자아는 계속적으로 현실과 투쟁을 하면서 자기중심적인 욕망을 채우려고 노력한다. 프로이트는 외부 세계는 크고, 예측하기 어렵고, 쉽게 또는 지속적으로 우리의 욕망을 채울 수 있도록 명확하게 계획되어 있지 않은 반면에 우리의 자아는 매우 왜소하다는 점을 강조했다. 우리는 욕망을 채울 수 있도록 여러 일을 계획하고 조절해야 하고, 셀 수 없는 타인들의 욕망과 우리 자신의 욕망이 일치하지 않기 때문에 이를 조절해야 하고, 또한 우리보다 훨씬 거대한 자연적 · 사회적 · 경제적 힘들과 직면해야만 한다.

융은 무의식적인 힘이 작용하는 내적인 세계는 자아보다도 훨씬 크다고 강조했다. 그는 자아를 강력하고 본능적이며 원형적인 힘의 대양 안에 있는 섬으로 비유했고, 때때로 무의식은 섬의 일부를 쓸어 버리고 섬 전체를 뒤덮을 것처럼 자아를 위협한다고 했다.

우리가 감정적인 평정을 유지하려고 애쓸 때, 우리는 자아가 조절할 수 없는 광범위한 영역의 다른 심리적인 경험들, 예를 들어 꿈, 기분, 충동적인 욕망, 걱정, 강박관념, 에너지의 분출, 공상, 낭만적인 열망, 불면증 같은 것을 경험할지도 모른다. 프로이트에 따르면, 자아의 주된 임무는 내적 세계의 자기중심적인 욕망과 외부 현실의 제한된 자원 사이에서 타협점을 찾는 것이다. 자아가 타협점을 찾는 데 성공할 때 우리는 내적인 균형감을 이룰 수 있지만, 이것은 항상 일시적일 뿐이다. 우리를 둘러싼 외적이고 내적인 환경의 변화가 어느 시점에서든 일어날 수 있고, 균형감을 방해할 수 있다.

우리는 균형이 깨졌을 때 스트레스를 받는다. 우리가 스트레스를 받았다는 것은 자아의 일상적인 방어기제가 제대로 작동하지 않음을 의미한다. 그래서 우리는 무엇을 해야 할지 모르게 되고, 내적으로 압박감과 좌절과 피로가 쌓이게 된다. 내적인 균형감을 찾을 수 없을 때 우리는 타인에게서 멀리 떨어지려고 하거나 변덕스러워지거나 거칠어지거나 쉽게 만족하지 않는 사람이 된다. 우리는 흔들리거나 좌절하거나 화가 나거나 지친다고 느낄지도 모른다. 프로이트를 이어 그의 이론을 발전시킨 대상관계 분석가들은 자아의 핵심에는 좌절스럽고 두려운 현실의 힘으로부터 도피하여 심리적으로 차단되고, 정신적으로 분열되고, 편집증적이며, 제한된 내적 세계로 철수하려는 경향이 있다고 말한다. 우리가 받는 스트레스의 본질은 혼란스럽고, 두려운 생각과 느낌이 가득한 폐쇄된 내적 세계에 갇혀 타인과 단절된 마음이다. 불교 수행자들은 욕망에 쫓기는 자아가 근본적인 고통의 본질이라고 주장한다. 우리 대부분은 욕망이 좌절되거나, 덧없는 평정이 깨지거나, 우리의 방어기제가 힘을 발휘하지 못할 때 비로소 자아의 고통스런 본질을 깨닫게 된다.

이 장에서 당신은 스트레스를 받거나 압박을 받으면 사람들이 진정한 자비 계발을 차단하는 것을 보게 될 것이다. 우리가 스트레스를 받을 때, 우리는 고요하거나 평화로울 수 없고, 안전감을 느낄 수도 없고, 즐겁게 노력을 할 수 있는 여력도 줄어들며, 타인들과 거리를 두게 된다.

심리치료를 하거나 명상을 가르치다 보면, 나는 사람들이 스트레스를 받아 진정한 자비와 멀어지는 패턴에 빠져 버리는 경우를 쉽게 보게 된다. 어린 시절부터 길러진 자아에 기반을 둔 방어기제가 무의식적이며 반복적으로 작용을 하여, 우리는 덫에 빠지게 되고 진정한 행복을 누릴 기회를 잃어버리게 된다. 이 장에서 나는 건강한 자비와 즐거움을 찾는 데 방해가 되는 몇 가지 장애물을 걷어 내는 해결책을 제시하고자 한다. 각각의 장애물은 진정한 자비에 대해 오해하게 만들고 행복보다는 스트레스를 받게 한다. 한 가지 단순한 법칙은 다음과 같다. 만약 당신이 스트레스를 받고, 압박을 받게 되거나 진정으로 행복하지 않다면, 당신은 건강한 자비를 느끼지 못하고 있다는 것이다.

사랑받고 싶은 욕구

타인의 사랑과 인정을 받고자 하는 강박적인 욕망은 자비의 일반적인 장애물 중 하나다. 확실히 타인이 나를 싫어하고, 헐뜯고, 무시하고, 거절하는 것보다는 사랑해 주고 인정해 주는 것이 더 즐거운 일이라는 것을 우리 모두는 잘 알고 있다. 이러한 욕구는 일상의 삶에서 사람들이 서로에게 예의 바르고, 융통성 있게 대하고, 친밀하게 대하도록 하는 긍정적인 힘으로 작용할 수 있다. 그러나 심리학자로서 나는 종종 친절하고, 지적이고, 배려 깊은 사람들도 사랑받고자 하는 욕망이 지나치게 되면 파괴적으로 변해 가는 모습을 본다. 우리 각자가 자비를 키우기 위해 노력하고자 한다면, 겉보기에는 훌륭하지만 실은 사랑받고 싶은 욕망에서 비롯된 행동과 진정한 자비에서 나온 행동을 혼동하지 않기 위해 주의를 기울여야 한다.

타인에게 사랑받고 인정받고자 하는 강박적인 욕망은, 타인이 우리를 잘 대해 주기를 바라며 마음속 깊이 내재된 불안감과 낮은 자존감을 보상받고자 하는 목표에서 나온 자아의 자아가 일으키는 대처기제다. 우리가 스스로 완전하다고 느끼지 않고, 자신감이 떨어지고, 평안함을 잃어버렸을 때, 우리는 자신을 좀 더 안전하게 느끼고자 하는 욕망에서 타인의 칭찬과 인정을 받기 위한 작업을 시작할지도 모른다. 우리는 심지어 타인이 원하는 것을 하거나 원하는 사람이 되기 위해서 자신의 소망이나 의견, 장점을 포함한 성격의 한 측면까지도 억압할지 모른다. 만일 우리가 이러한 대처기제를 종종 사용한다면, 우리는 타인에게 맞추기 위해서 자신을 바꾸려고 노력하게 되고 타인의 소망이나 기대에 매우 민감하게 될지도 모른다. 우리 중의 많은 이는 타인의 긍정적인 반응을 얻을 수 있다고 생각하는 어떤 대인관계의 역할을 무의식적으로 떠맡는다. 우리는 성자처럼 되거나 공감적인 조언자가 되거나, 항상 분위기를 띄우기 위해 코미디언처럼 행동하거나, 항상 함께해 주는 돌보미가 되거나, 어떤 임무든 떠맡을 준비가 되어 있는 이상적인 직원이 되도록 우리 자신을 밀어붙일지도 모른다. 셀 수 없는 변수가 있지만 내재된 공통점이 있다. 이는 우리가 다른 사람의 인정과 우정 또는 사랑을 받기 위해서 자신의 한 측면을 억압하고 제한하고 한정된 역할로 우리 자신을 몰아가고 있다는 점이다.

처음에는 우리가 그러한 역할을 할 때 매우 자비로운 것처럼 보일지 모른다. 심지어 성자처럼 보이거나 완벽하게 보일지도 모른다. 그와 같은 역할은 이런 식으로 보이기 위해 무의식적으로 조장되는 것일 뿐이다. 그것은 실제의 모습도 아니고 전인적인 한 인간의 모습도 아니다. 다만, 이상화된 이미지일 뿐이다. 내재화된 불안 때문에 우리는 자신의 불완전성과 단점들을 보여 주면 거절을 당할지도 모른다는 두려움을 갖게 된다. 완벽한 이미지를 보여 줌으로써 우리는 거절당하는 것을 피하려고 노력한다.

내가 앞에서 자비에 대해 정의를 내렸듯이, 이것은 자비가 아니다. 자비는 사랑받는 것보다는 사랑하는 것이다. 자비는 인정받는 것이 아니라 수용하는 것이다. 자비는 우리의 자아가 두려워하여 움켜쥐고 있는 것들을 내려놓는 것이다. 타인에 의해서 사랑받거나 인정받고자 하는 욕망과는 달리, 자비는 자아의 제한된 내적 세계에 근원을 두고 있지 않다. 진정한 자비심이 일어나는 순간, 우리는 자아의 핵심에 놓여 있는 강박적인 욕망과 두려움에서 자연스럽게 해방된다. 자비는 우리가 진심으로 애정 어린 방식으로 타인에게 다가가 마음을 열 수 있도록 도와준다. 어떠한 순간에도 자비는 우리를 욕망으로 이끄는 자아의 고통에서 해방시켜 줄 수 있다.

비록 이상화된 역할이 자비와 비슷하게 보일지 모르지만 실제로는 덫일 수 있다. 심리학 연구에서는 이와 같은 방식으로 타인과 관계하는 것은 이미 낮은 자존감을 더욱 낮출 수 있다고 제시하고 있다. 우리는 너무나 바라던 칭찬과 인정을 받기 원하면서 이러한 접근을 시작한다. 그러나 우리가 바라던 대로 반응을 얻을 수 없을 때, 그것은 몹시 좌절스럽다. 그리고 우리가 찾고 있던 반응을 얻었다 하더라도 비극적이지만, 그것은 도움이 되지 않는다. 우리는 정말로 받고 싶었던 긍정적인 반응과 인정, 칭찬 그 무엇을 들었든간에 마음 깊은 곳에서는 그것이 진실로 우리 자신에게로 향하는 것이 아니라는 것을 느낀다. 이는 우리가 수많은 외적 성취를 이루고 타인에게 수많은 칭찬을 들었을지라도 마음 안에는 낮은 자존감이 계속 존재하기 때문이다. 우리가 이상화된 역할을 할 때 우리는 아무것도 얻을 수 없다. 우리가 긍정적인 반응을 얻을 수 없을 때 그것은 좌절로 돌아온다. 그리고 긍정적인 반응을 얻었다고 하더라도 그것은 마음속으로 스며들 수 없다.

낮은 자존감은 단지 사랑받고 싶은 욕망을 따라오는 부정적인 결과 중의 하나일 뿐이다. 우리가 좋아하는 사람과 함께 시간을 보내는 것은 재미있고 힘을 주지만, 우리가 이와 같은 태도에 갇혀 있을 때 상황은 그 반대가 된다. 이상적이고 완벽한 이미지로 살기 위해 노력하면서 우리의 진정한 느낌과 의견을 억압하는 것은 우리를 지치게 한다. 우리가 이상적인 이미지를 연출하는 방식으로 타인과 관계를 맺으려고 노력을 할 때, 그들과 시간을 보내는 것은 스트레스를 받게 하고, 지치고, 가치를 인정받지 못한 느낌을 갖게 하고, 균형감을 깨뜨릴 수도 있다. 우리는 타인과 분리하여 마음을 편히 갖고 우리의 진정한 느낌과 닿을 수 있도록 해야 한다. 그러지 못한 채 이런 상태가 계속 진행된다면 우리는 결국 고립되고, 외로워지고, 심지어 우울해질지도 모른다.

사랑받기 위해서 이상적인 이미지로 사람들과 관계를 맺기 시작하면, 우리는 친밀해지려는 사람들과의 관계를 오히려 해치면서 왜곡킬 수 있다. 처음에는 모든 것이 괜찮게 보일지도 모른다. 우리는 그러한 긍정적인 반응을 받고 있는 자신에 대해서 기쁘게 느낄 것이고, 다른 사람들도 매우 친절하고, 관대하고, 유머러스하고, 다가가기 편안한 사람과 너무도 완벽한 만남을 가졌다고 느낄 수 있다. 그러나 오래지 않아 우리 자신이 억눌러 왔던 욕구가 스스로에게 다시 외치기 시작한다. 우리는 관계가 깊어 감에 따라 점점 지쳐가고, 상대방이 우리의 깊은 욕구를 충족시켜 주지 못하고 우리 자신에 대해서 진정으로 알아 주지 못하는 것에 대해 원망을 쌓아 간다. 우리는 상대방이 우리가 베푼 관대함에 대해 인정하지 않거나 보답하지 않는다고 느끼게 된다. 물론 우리는 되도록 다른 사람들이 진정한 내 모습을 알지 못하게 하거나 우리의 욕구를 충족시키지 못하게 하기 위해서 무의식적으로 우리 자신을 포장한다. 우리는 자신이 충족해야 할 욕구가 전혀 없는 사람처럼 자신을 보여 준다. 이 모든 것은 상대방을 혼란스럽게 하고, 실망하게 하거나, 심지어 배신당했다는 느낌을 주게 된다.

나의 환자 중의 한 명인 줄리아는 사랑받고 싶은 욕구에 기반을 두고 관계를 발전시켰다. 그의 약혼자 마크와 관계가 시작될 때부터 그녀는 지속적으로 자신이 원하는 것을 말하지 않고 약혼자의 계획을 따르기만 했다. 그녀는 오랜 시간 동안 그가 호소하는 문제에 대해 공감해 주면서 시간을 보냈지만 막상 그녀가 직면한 어려움에 대해서는 거의 언급하지 않았다. 사실상 표면적으로는 모든 것이 좋아 보였다. 그들이 함께 살기 위해 이사를 할 때, 줄리아는 혼자서 거의 모든 물품을 나르고, 세탁을 하고, 요리를 하고, 청소를 했다. 마크가 자신을 인정해 주는 것에 대해 자신이 없어서 필사적으로 매달렸던 그녀는 그에게 자신을 위해 무언가를 해 달라고 하거나 자신을 공감해 달라고 요구한 적이 거의 없었다. 시간이 지나면서, 그녀는 점차 지쳐 갔고 화가 났다. 공공연히 요구해 오는 것이 두려워서 그녀는 마크를 밀어냈고, 그에게 점점 까칠해지고 짜증을 내기 시작했고, 그가 그녀를 사랑하는지에 대해서 의문을 갖기 시작했다. 그는 뭔가 잘못되어 가고 있다는 것을 알아차렸고 그녀에게 그것에 대해서 물었지만, 그녀는 여전히 자신의 진정한 욕구나 느낌에 대해서는 한마디도 입을 열지 않았다. 그들의 관계가 위험에 처해 있음을 느낀 나는 마침내 그녀가 그와 진실한 느낌을 나누도록 설득했다. 그녀는 자신이 결함이 있고, 지쳐 있고, 화가 나 있고, 확신하지 못하는 것에 대해서 고백했다. 마크는 마침내 무엇이 잘못되어 가고 있는지에 대해서 알게 되어 안도가 된다고 대답했다. 그는 자신이 무언가를 도와줄까 제안을 해도 그의 제안을 거절한 채 항상 모든 것을 혼자하려고 했던 시절의 그녀를 떠올렸다. 그는 "이봐, 줄리아, 나는 내가 당신을 위해서 더 많은 것을 할 수 있도록 해 준다면 더 좋을 것 같아. 당신은 완벽해질 필요가 없어. 나는 서로 돕는 것이 결혼을 하는 이유라고 생각해."라고 말했다.

이상적인 역할을 하려던 줄리아의 노력은 점점 그녀를 지쳐 가게 했다. 그녀가 마크에게서 받기 원했던 자신의 욕구와 서운함을 인정하려 하지 않아서, 마크도 그녀를 지원해 주기 어려웠고, 이는 두 사람 모두에게 좌절을 가져왔다. 줄리아가 보여 주려 했던 자신과 진정한 줄리아 자신과의 불일치가 부부로서 서로 깊이 이해하고 친밀해지는 것을 막았다. 줄리아가 마크와 관계하는 방식은 이러한 접근이 불러오는 또다른 불이익을 보여 주는데, 이는 특히 불교적 관점에서 매우 중요한 점이다. 만약 누군가가 이상적인 역할을 한다면, 그것은 고통을 인정하기를 거부하고 도움을 받아들이지 않으며, 또한 배우자에게 자비로울 수 있는 기회를 주지 않는 것이다. 만약 타인에게 자비를 베푸는 것이 행복의 큰 원천이라면, 사실 그렇게 혼자서 움켜쥐고 있는 것은 상대방이 행복해질 수 있는 기회를 뺏는 것이다. 타인의 사랑과 자비를 받아들이는 것도 실제로는 친절함과 관대함의 한 형태다. 자신의 연약함을 인정하고 누군가의 자비를 받음으로써 우리는 그 사람에게 마음을 다해 베풀 때의 기쁨을 찾을 수 있는 기회를 주는 것이다.

우리는 보다 자비롭게 보이려고 애쓰기 때문에 자기다워지거나 자비로 마음을 채우거나 자연스럽게 자비를 표현하려고 하기보다는 이상화된 자비로운 성인의 역할을 하려는 경향을 가지게 되므로 이를 경계해야 한다.

우리가 그러한 경향에서 벗어나기 위해 할 수 있는 몇 가지가 있다. 우리는 타인에게 잘못을 할 수도 있고 취약한 면도 가질 수 있다는 것을 인정해야 한다. 가까운 사람들에게 실망하거나 화가 날 때, 우리는 그 사람에게 자신이 느끼는 것을 표현하고, 그것에 대해 대화할 수 있다. 우리가 친밀한 사람들에게 지지를 받거나 도움을 받고자 한다면, 위험을 무릅쓰고 그 부분에 대해서 이야기해 볼 수 있다. 다른 사람들이 친절을 베풀 때 우리는 그것을 겸손히 받아들일 수도 있다. 타인과 함께할 때 '우리가 느끼고 행동하는 방식과 실제의 자기' 간의 차이가 있다면, 우리는 가까운 사람들에게 이야기를 하고 간격을 좁히기 위한 방법을 찾을 필요가 있다.

우리는 또한 수시로 바뀌는 타인의 반응보다는 자신의 내적 품성에 근간을 둔 자존감을 키우기 위해 노력해야 한다. 외적인 보상이나 타인의 칭찬에 근간을 둔 자존감은 바람에 흔들리는 나뭇잎처럼 불안정하다. 그러나 우리가 자신의 자존감을 사랑이나 자비와 같은 긍정적인 내적 품성에 근간을 둔다면, 우리가 이러한 품성을 계발하려고 노력을 할 때 자존감은 끊임없이 성장할 것이다. 우리가 정직한 자기성찰을 통해서 자신을 판단할 수 있다면, 늘 바뀌는 타인의 의견이나 행동은 돌기둥에 부는 바람과 같을 것이다. 당신의 가장 깊이 있는 가치 위에 자신감과 자존감을 쌓아 올려 가는 것은 불안정한 느낌 때문에 사랑받기 위해서 이상적인 역할을 하고자 하는, 덫에 빠지지 않도록 막아 주는 강력하고 지속적인 해독제 역할을 할 것이다.

자신을 돌보지 않는 것

자비의 또 다른 일반적인 장애물은 자신을 돌보지 않는 것이다. 이것은 종종 바쁘게 삶을 끌고 나가는 데 익숙한 사람들이나, 쉬면서 생각을 하고 자신을 반성하는 데 시간을 날려 버릴 수 없다고 느끼는 사람들에게서 나타난다. 사회의 빠른 흐름 속에서 믿을 수 없을 정도로 바쁜 일상을 보내는 사람들이 자신을 위한 시간을 전혀 낼 수 없다는 것은 흔한 일이다.

심리치료를 할 때 나는 종종 오랫동안 너무 바쁜 생활을 해 온 사람들을 만나는데, 그들에게 우선 자신을 위한 시간을 갖도록 제안을 하면 그들은 무엇을 해야 할지 모르겠다고 한다. 우리는 자신과 너무 오랫동안 접촉하지 않아서, 단순히 자신으로 존재하며 마음속에 담긴 것을 보는 것이 편하지 않다. 상담을 하던 초기에는 사람들이 라디오나 텔레비전을 켜 놓지 않으면 잠을 잘 수 없다는 얘기를 할 때 나는 놀라지 않을 수 없었다. 밤낮으로 항상 바쁘고 주위를 산만하게 하는 어른이나 십 대들이 있는데, 이는 자신의 생각이나 느낌에 홀로 머무르는 것이 두렵기 때문이다.

너무나 바빠서 함께 보낼 수 있는 시간이 거의 없는 가족을 볼 수 있는데, 이는 더욱 특별한 문제가 된다. 나는 종종 가족과 작업을 하는데, 어떤 가족은 구성원이 수년간 서로를 진정으로 알아가고 이해하는 시간을 전혀 갖지 못한 채 동거만 하고 있었다. 위대한 정신분석가 윌프레드 비온(Wilfred Bion)은 부모가 편안하고 사랑스럽게 자녀의 욕구를 알아차리고 보살피는 시간을 갖는 것은 아이의 정서적 건강에 중요하다고 말한다. 이는 우유가 아이의 신체 건강에 중요한 영향을 미치는 것과 마찬가지다. 바쁜 사회에서 많은 아이들이 정서적으로 영양실조에 걸리고 있다.

어른인 우리도 또한 자신의 욕구를 편안하고 사랑스럽게 알아차리고 보살피는 시간을 가질 필요가 있다. 이것은 자기성찰에 필요한 태도이고, 자기성찰 없이 우리 자신을 알거나 마음과 작업할 수 없을 것이다. 자기성찰은 정신건강에 필수적이다.

사람들에게 왜 다른 사람들이나 자기 자신과 함께하는 데 시간을 내지 않느냐고 물으면, 그들은 그럴 시간이 없다고도 하고 그런 시간은 이기적이고 무책임하며 게으르게 보인다고 얘기한다. 실제로는 우리의 스케줄 안에 자신을 돌보고 자기성찰을 하고 타인과 좋은 시간을 보내는 시간을 정해 놓는 것은 매우 책임감 있는 행동이다. 우리 모두는 먹고 자는 것은 규칙적인 시간을 찾아서 한다. 그렇게 하는 것이 신체건강에 필수적이라는 것을 알기 때문이다. 우리는 너무나 빈번히 정신건강에 필수적인 일을 하지 않으며, 이는 우리 자신과 가족의 행복한 삶을 심각하게 해치고 있다.

몇몇 사람에게 있어서는 죄책감을 갖는 경향이 자신을 돌보지 못하는 기초가 된다. 우리는 자비롭다는 것에 대해 다음과 같은 가정을 할지도 모른다. 만약 세상의 누군가가 배가 고프다면 우리는 먹는 것을 즐길 수 없을 것이고, 세상의 누군가가 가난하다면 우리는 부유함을 즐길 수 없고, 누군가가 슬퍼한다면 우리는 행복할 수 없다. 우리는 해야 할 일이 너무 많기 때문에 쉴 수가 없다고 느낄지도 모른다. 우리는 다른 사람들이 스트레스를 받고 비참할 때 도의상 행복해지거나 자신을 돌보는 일을 할 수 없다고 생각할 수도 있다.

이것은 간단히 말해서 틀렸다. 그것은 사랑보다는 죄책감에 기본을 둔 접근이다. 우리가 불행하다는 것은 어느 누구에게도 이롭지 않다. 불교에서는 인내심의 수행은 세상에서 어려운 사람들이 모두 없어졌을 때가 아니라 모든 분노가 우리의 마음에서 없어졌을 때 완벽해진다고 가르친다. 관대함의 수행은 모든 가난이 세상에서 없어졌을 때가 아니라 '나'나 '나의 것'에 대해 탐착하고 있는 모든 것이 마음속에서 없어질 때 완벽해진다. 자비의 이상은 우리가 할 수 없는 것에 대해서 나쁘게 느끼는 것이 아니다. 자비는 주어진 순간에 타인에게 할 수 있는 모든 것을 기쁘고 활기차게 하는 것이다. 타인을 향한 진정한 자비는 우리에게 결코 해를 끼치지 않는다. 다만, 우리를 이롭게 한다.

유머가 있고 때로는 불량스러운 선 수행의 대가 하쿠인(Hakuin)이 그린 그림을 보면 자비수행에 있어 자신을 돌보는 것의 역할에 대해 말하고 있다. 그는 그림에서 관음(Kannon)이라는 자비에 대한 깨달음을 얻은 보살을 묘사하고 있다. 그 보살은 연꽃이 만발한 정원의 한가운데에서 평화로이 명상에 잠겨 쉬고 있다. 보살은 자비롭게 완전한 깨달음을 얻기 위해서 서원을 한 불교 수행자로서 고통에서 벗어나 모든 깨어 있는 존재에게 이로움을 베풀고자 한다. 관음보살의 림 옆에 하쿠인은 "그녀는 사람들과 떨어져 여가를 즐기고 있다. 이런 그녀를 보고 누가 인간 존재를 깨닫게 하겠다는 그녀의 서원이 깊다고 말하겠는가?"라고 썼다.

사실 하쿠인은 관음보살에 깊이 전념을 했다. 이 그림 속에서 그는 자비란 자신을 돌보지 않고, 불행해하고, 자신의 자아에 의해 의도된 계획에 따라서 타인의 문제를 해결하려고 노력하면서 강박적으로 달려가는 것이라고 믿는 사람들을 희화적으로 조롱하고 있다. 이러한 접근은 자비에 의해서가 아니라 전능한 통제를 향한 자아의 욕망에서 이끌어진 것이다. 우리의 자아는 세상의 모든 일을 잘 해내기 위해 너무 바빠서 자신을 돌볼 겨를이 없다.

불교의 가르침에서는 심지어 붓다조차도 전지전능하지 않다고 한다. 모든 것을 통제하려고 노력하는 사람은 반드시 커다란 좌절로 고통을 겪게 된다. 자비에 대한 붓다의 가르침은 다음과 같이 단언한다. 우리의 임무는 세상을 통제하기 위해서 애쓰다가 스트레스를 받는 것이 아니라, 마음 안의 사랑과 자비, 지혜를 키우고 이러한 품성을 자연스럽고 즐겁게 삶에서 표현하는 것이다.

보살이 나타내고자 하는 궁극적인 이상은 자신을 돌보는 것과 타인을 돌보는 것이 어떻게 서로 연결되어 있는지 보여 주는 것이다. 보살은 모든 곳의 모든 살아 있는 존재에 믿을 수 없을 정도로 강력한 자비를 불러일으킨다. 이는 달라이 라마가 보편적 책임감에 대한 헌신이라고 언급한 것이다. 보살은 모든 곳에서 모든 생명 있는 존재가 모든 고통에서 벗어나게 하는 개인적인 책임감을 지게 되고, 타인에 대한 그의 헌신을 완수하기 위해 우주의 모든 시간과 장소로 갈 수 있도록 남아 있겠다는 서원을 한다. 이 서원을 한후, 보살은 타인의 행복을 위한 일을 시작한다. 그러나 보살의 첫 임무는 자신의 고통에서 벗어나 자유를 얻고 자신의 완전한 깨달음을 얻는 것이다. 이것이 처음에는 이상하게 들릴지도 모르지만, 보살은 영원히 타인의 행복을 위해서 살겠다는 자비로운 서원을 한 후 무한한 축복과 지성, 재능, 즐거움, 지혜를 얻는 것뿐만 아니라 자신의 모든 고통에서 완전히 자유로워지는 깨달음의 상태를 얻는 임무를 우선 수행한다. 이렇게 하는 것에는 명확히 실제적인 의미가 담겨 있다. 자신이 가지고 있지 않은 것을 타인에게 줄 수는 없기 때문이다.

연꽃 한가운데 있는 관음보살의 평화는 그 자신이 얻었고 타인을 이끌어 줄 자유, 만족, 축복의 내적 실현을 상징한다. 깨달음의 상태를 얻은 보살의 마음은 어려운 환경 한가운데에서도 타인에게 자신의 자유를 향한 잠재력을 일깨우면서 평화롭게 거니는 여유로움을 발산한다. 이것은 자아가 세상에 존재하는 방식인 스트레스와 압박감을 초월하는 마음이다.

때때로 사람들은 위대한 성인의 예를 보게 되는데, 그는 성인이 자기 자신에 대해서 의식하지 않고 타인의 행복을 위해서 희생하는 것에만 초점을 두고 있다. 그래서 사람들은 다음과 같은 가정을 할 수 있다. 만일 그들이 자비롭기를 너무나 원한다면, 자신을 돌보는 것이나 자신을 개선하기 위해 노력하는 것은 중요하지 않을 것이다. 하지만 이것은 오해다. 당신이 자비가 어떻게 작용하는지 심리학적으로 더 깊이 이해하고 싶다면, 당신은 더 진보된 수준의 자비를 보게 될 것이고, 자기희생으로 보이는 것이 실제로는 자신을 돌보는 더 진보된 형태라는 것을 분명히 알게 될 것이다. 당신이 이 수준에 도달할 때, 자신을 희생하여 타인을 돕는 것은 자신의 가장 높은 수준의 행복을 얻는 방법이 된다. 일단 수행자들이 머리가 아닌 경험으로 어떻게 자비가 행복을 이끄는지에 대해 이해한다면, 더 큰 자비를 계발하기 위한 방법으로서 새로운 도전이 동시에 보이게 될 것이다. 다음으로 더 큰 자비는 타인뿐만 아니라 자신을 위해서도 더 큰 행복을 가져다 줄 것이다. 희생은 자아의 오래되고 제한적인 습관을 깨고 더 큰 자유와 즐거움을 얻기 위한 방법이 된다. 자유를 욕망이 이끄는 자아의 오래된 습관을 극복한 결과로 여기고, 행복을 자비에서 나온 것으로 보는 사람들에게 자비로운 희생의 기회는 열정과 즐거움을 가져다 준다.

우리 각자는 우리가 있는 그 자리에서 시작해야 한다. 나는 때때로 자비를 계발하는 과정을 신체적 운동에 비유한다. 예를 들어, 당신이 웨이트트레이닝을 시작했을 때, 당신은 얼마나 무거운 것을 안전하게 들어 올릴 수 있는지부터 알아보면서 시작한다. 당신은 근력이 늘어날수록 당신이 들어 올릴 수 있는 무게를 천천히

올려 간다. 당신이 할 수 있는 것의 두 배를 갑자기 들어 올리려고 한다면 분명히 부상을 입게 되고 진전이 늦춰질 것이다.

사람들은 종종 자비에 대해서도 이와 같은 실수를 하게 된다. 평화로운 관음보살이 연꽃정원에서 하는 것처럼 우리는 자비를 계발하기 위해서 시간을 거의 할애하지 않는다. 대신에 우리는 이런저런 활동을 하느라 매우 분주히 뛰어다닌다. 우리는 일을 하고, 축구 경기를 하고, 운전을 하고, 자원봉사를 하고, 병들거나 늙은 친척들을 돌보며, 심지어 명상이나 영적 모임, 또는 교회 활동을 하느라 분주하다. 잠시 멈추어서 우리가 스트레스를 받고 소진되었다는 것을 깨닫지도 못한 채 말이다. 우리는 가장 가까운 사람에게조차 참아 주고 사랑하지 못한다는 것을 알아차리지 못한 채 사회나 세상에 무언가를 공헌하고 있다는 환상을 품을지도 모른다.

우리는 실질적인 방법으로 내적인 계발을 하는 임무에 접근해야만 한다. 이는 우리가 스트레스를 받거나 압박받거나 소진되지 않고, 타인에게 얼마나 많은 일을 할 수 있는지 평가하는 것에서 시작한다. 그런 후에 우리는 그 지점에서부터 내적인 힘을 점차적으로 쌓아 가야 한다. 이러한 방식으로 우리는 분명하고 점진적인 과정을 볼 수 있게 된다. 만일 이러한 작업을 생각나는 대로 아무 때나 한다면 우리는 얼마 가지 않아 낙담하게 될 것이다.

심리학자이며 불교도인 나는 자신의 마음을 이해하고 능숙하게 움직일 수 있는 것이 타인을 돕는 데 있어서 내가 얼마나 쓸모있는 사람인지 결정하는 가장 큰 요소라는 것을 발견했다. 자신과 타인을 돕는 법을 배우는 것은 시간이 걸리고, 점진적이며, 종종 도전적인 과정이다. 이와 같은 과정의 매 단계에서, 우리가 얻은 통찰력을 다른 사람들과 나누기 전에 우리 자신에게 적용해 보는 것이 중요하다. 자신을 돌보는 가장 중요한 방법은 자기의 마음을 이해하고 돌보는 것이다. 우리가 진심으로 자신에게 실행해 보려고 노력하지 않은 것을 타인에게 설교한다는 것은 일종의 위선이다.

나는 앞에서 우리가 가지고 있지 않은 것을 타인에게 줄 수 없다는 것을 언급했다. 이것은 감정적으로도 매우 맞는 말이다. 만일 당신이 매우 화가 나 있고 불안감을 느낀다면, 당신이 가까이서 도우려고 노력하는 누군가도 불안감을 느낄 것이다. 이것은 우리의 얼굴표정이나 신체 동작, 심지어 숨을 쉬는 것만으로도 우리의 감정상태가 전달되기 때문이다. 다른 사람들은 무의식적으로 이러한 것을 알아차릴 수밖에 없다. 모든 포유동물과 마찬가지로 우리는 자연스럽게 우리와 가까운 사람들과 감정적인 상태를 함께 느낄 수밖에 없다. 만일 당신이 평화롭고 행복하게 느낀다면, 자연스럽게 당신과 가까운 사람들은 이러한 느낌을 알아챌 것이다. 그래서 자신을 현명하게 돌보는 것은 자연스럽게 타인을 돌보는 방법이 된다.

자신을 해롭게 하기

우리가 자신을 어떻게 대하는지가 결국에는 우리가 타인을 어떻게 대하는지를 보여 준다는 것이 사실이라면, 당신 자신을 해롭게 하는 어떠한 성향도 자비에 직접적으로 좋지 않은 영향을 미치게 된다. 티베트의 승려가 서양에서 처음으로 설법을 시작했을 때, 설법을 듣는 서양의 학생들은 어떻게 하면 자기를 증오하고 파괴하는 경향을 다룰 수 있는지에 대해서 종종 질문했다. 처음에 승려들은 "자기 증오와 같은 것은 없다."라고 대답했다. 승려들이 살던 문화에서는 분명 그와 같은 것이 결코 이해가 되지 않았기 때문이다. 하지만 승려들이 서양의 학생들과 더 많은 시간을 보내면서 이와 같은 현상에 점차 익숙하게 되었다.

만일 우리가 이러한 주제에 대해서 깊이 들어가 보면, 우리는 사람들이 무의식적으로 자신을 해롭게 하는 많은 다른 방법을 발견할 수 있다. 그들 중의 몇몇을 이 책의 후반부 장에서 상세히 언급할 것이다. 여기에서 나는 당신 자신에게 직접적으로 향하는 자기 증오나 분노에 대해서 간략히 이야기하고자 한다. 심리치료사로서 나는 사람들의 분노나 증오가 자신에게로 향하는 것이 얼마나 흔한 일인지 보면서 놀라지 않을 수 없었다. 자신에 대한 분노는 인지적이고 또한 감정적인 요소다. 인지적으로 분노는 주로 자신에 대해서 부정적으로 생각하고, 자신의 잘못에 대해서 집중하고, 자신의 미래에 대해서 부정적인 것을 예상하는 경향을 포함한다. 분노는 주로 심리적인 자기학대라고 표현할 수 있는 방식으로 자신에게 몰두하며 부정적인 감정상태에 빠지는 경향을 포함한다.

사람들은 자기 증오에 빠질 때, 어떠한 방식으로 자신을 괴롭히는지 인식하지 못하는 경우가 많다. 대개 그들은 오랫동안 자신에 대해서 부정적인 생각을 계속해 왔기 때문에, 심지어 자신이 그런 생각을 한다는 것조차도 깨닫지 못한다. 이러한 생각은 내적인 배경소음과 같다. 여기에 습관적이고, 부정적인 생각의 전형적인 예를 몇 가지 제시한다.

> "나는 못생기고 뚱뚱해서, 아무도 나에게 끌리거나 사랑을 느끼지 않을 거야."
>
> "나는 실패자라서 어떠한 일도 이루지 못할 것이고 잘하는 일이 아무것도 없을 거야."
>
> "나는 정말 엉망진창이라서 아무하고도 사랑하는 관계를 맺을 수 없을 거야."
>
> "나는 너무 바보라서 내가 줄 수 있는 가치 있는 것은 하나도 없어."
>
> "나는 너무 멍청하고 나쁜 짓을 많이 해서 나에게 희망은 정말로 없어."

이런 종류의 생각을 하는 사람들도 종종 잘 알지 못하는 사람들에게는 매우 친절하다. 그들의 분노나 증오, 다른 부정적인 감정들은 주로 자신에게로 향한다. 이러한 패턴을 알기 위해서, 나는 당신이 자신에 대해서 생각하는 최악의 부정적인 것들을 적어 보라고 충고한다. 당신의 가장 가혹한 부정적인 생각을 떠올리면서 시간을 보내보아라. 만일 당신이 부정적인 생각을 의식적인 마음으로 가져오면서 힘든 시간을 보낸다면, 그것은 당신의 행복을 위태롭게 하는 행동패턴에 대해서 생각해 본다는 뜻이다. 예를 들어,

당신의 관계를 해치고, 담배를 피우고, 과식을 하고, 지치고, 자신을 고립시키는 것과 같은 행동들이다. 그렇다면 자신에 대한 생각이나 믿음이 이러한 행동들의 기초가 된다는 것에 대해서 깊이 생각해 보고, 이러한 생각들을 글로 적어 보아라. 다음으로, 당신이 적어 본 생각들을 보고 당신이 말한 것들을 다른 누군가에게 말한다고 상상해 보아라.

만일 그러한 것들을 누군가에게 말하는 것이 비열하고 잔인하다는 생각이 든다면, 그것은 자신에게도 또한 잔인하다는 것을 의미한다. 자신을 포함해서 누군가에게 필요 이상으로 잔인하다는 것은 잘못된 것이라는 사실을 기억하라. 또한 당신이 자신에게 잔인한 말을 계속한다면, 이러한 잔인성 또한 당신과 가까운 사람들에게 결국 표현될 것이라는 것을 기억하라. 이러한 잔인성은 무의식적으로 불가피하게 당신의 연인이나 배우자, 특히 자녀에게 향하게 될 것이다.

자기를 증오하게 되면 무의식중에 스스로에게 부정적인 말을 반복하게 될 뿐 아니라, 부정적인 상태의 감정 그 자체를 자주 발산하게 된다. 가령, 어리석은 일을 하거나 잘못된 일을 하고 후회하는 것은 일상적인 일이다. 비록 그러한 후회가 즐겁지는 않지만, 만일 앞으로 벌어질 우리의 행동을 변화시킨다면 유용한 일이다. 그러나 내가 문제삼고자 하는 패턴에 빠져 있는 사람은 삶을 긍정적으로 변화시키기 위한 수단으로써 후회를 하는 것이 아니다. 대신에 그들은 후회를 하면서 죄의식을 갖게 된다. 티베트에서는 죄의식이라는 단어가 없다. 그것은 일종의 잘못된 후회다. 죄의식을 가지면 사람은 후회에 빠지고, 그것은 일종의 자기학대가 된다.

불안도 마찬가지다. 내가 티베트 스승에게 불안을 설명하려 했을 때 스승은 내게 "두려움을 말하는 것인가?"라고 물었다. 두려움은 위험에 대한 정신적인 반응이다. 독사를 봤을 때 도망치고 상어 지느러미를 봤을 때 물에서 뛰쳐나오는 것은 정상적인 반응이다. 심리적학적인 의미에서 불안은 어떠한 긍정적인 목적 없이 두려움에 빠져 사는 상태를 의미한다. 우리가 불안할 때, 두려움은 아무 의미도 없이 우리를 조정하고 괴롭힌다.

예를 들어, 나의 환자 중의 한 명인 마이크는 거의 15년 동안을 전기기사로 일을 해 왔다. 그에게는 매일 아침 불안한 생각이 떠올랐다. '나는 잘하지 못해. 나는 틀림없이 오늘 일을 망칠 거야. 나는 실패자야.'와 같은 생각이 마음속에 떠올랐고, 일을 하러 운전하며 가는 길에 배가 아파오기 시작했다. 그는 일을 할 때 어떤 파국적인 실수를 저질러서 다른 사람들에게 무능력한 모습을 보여주고, 사장이 당신은 해고됐다고 말을 하고, 더 이상 가족을 부양할 수 없게 되는 것과 같은 생각을 하며 두려워했다. 우리가 그의 만성적인 불안을 파헤쳐 가는 과정에서 그는 수십 년 동안 이러한 불안을 느끼며 살아왔다고 말했다. 나는 그 긴 세월 동안 그가 해온 것들에 대해서 물어보았다. 그는 "나는 항상 걱정을 하면서 살았어요."라고 대답했다. 마이크의 걱정은 더 배울 것이 없는지 찾아보거나, 사장에게 피드백을 요청하거나, 직업을 바꾸려고 결심을 하는 등의 구체적인 행동을 이끌기보다는 일종의 만성적인 괴로움이 되었다. 불안은 그의 주의가 산만해지게 만들어 그가 최선을 다해 일을 할 수 없게 했고, 자신에 대해서 끔찍하게 느끼게 하고, 문자 그대로 매일 자신을 진저리나게 느끼며 살게 했다.

자기성찰을 통해, 마이크는 불안이 그를 고통스럽게 하고 어떠한 이로움도 가져오지 않는다는 것을 볼 수 있게 되었다. 그는 신체적 증상을 없애기 위해서 이완 훈련을 하고, 왜곡되고 부정적인 사고에 도전하기 위해 인지적인 전략을 사용하면서 그가 가지고 있던 불안에 대해서 언급하기 시작했다. 그에게 강한 불안을 가져온 원인으로 작용한 어린 시절의 경험들을 작업하면서, 그는 자신의 취약점뿐만 아니라 강점에 대해서도 현실적인 감각을 키우기 시작했다. 이러한 자신에 대한 새로운 이해는 결국 직업의 변화를 가져왔고, 수학 선생님이 되어서 이전에 전기기사로 일하면서 찾을 수 있었던 것보다 훨씬 더 큰 만족감을 누렸다. 그는 후에 만성적인 불안을 극복한 것을 감옥에서 풀려난 것과 같은 느낌이라고 설명했다.

우리는 부정적인 감정상태로 살면서 여러모로 자신을 괴롭힐 수 있다. 우리가 스스로에게 부정적인 말을 하는 것이나 죄의식이나 불안 같은 부정적인 감정상태로 사는 것은 일종의 잔인함이다. 불안장애나 우울증처럼 그러한 경향이 매우 강할 때, 심리치료사는 가장 도움이 되는 개입을 할 것이다. 그러나 자신에게 가혹할 때 우리는 타인에 대한 잔인함을 견디는 것보다 자신을 학대하는 것을 더 이상 참아서는 안 된다. 잔인함이 파괴적이고 건강에 해롭다는 것을 인식한다면 우리는 그것과 반대로 해야만 한다. 종종 이러한 잔인함은 매번 그것이 돌아올 때마다 우리에 대해서 부정적인 말을 하게 하여, 보다 현실적이고 긍정적인 말을 하지 못하도록 한다. 만약 우리가 부정적인 느낌으로 산다면, 우리는 그런 느낌이 행동을 지배하지 않게 하고, 그것들을 뛰어넘어 해독제로 작용할 긍정적인 감정을 키워 가야 한다. 다음 장에서 제시하는 자비를 키우기 위한 연습은 파괴적인 감정에 해독제 역할을 하도록 할 것이다.

일반적으로 자비에 장애가 되는 것들을 극복하는 것은 자신과 타인에게 솔직해지는 것을 포함하고 있다. 우리는 건강하지 않은 패턴과 한계점을 인식하고 다루어야 한다. 그러한 문제를 부인하거나 비밀로 두는 것은 우리가 그것들에 대해 작업하는 것을 막는다. 우리가 자신의 한계를 인식했을 때, 의식적으로 그것을 다룰 수 있고 적절한 한계를 설정하여 자신의 역량을 넘는 행동을 하지 않을 수 있으며, 필요할 때 타인의 지원을 요청할 수 있게 될 것이다.

03
자비의 눈으로 바라보기

경계는 자비를 계발하는 데 있어 흥미롭고 때로는 복잡한 역할을 한다. 경계는 어린 나무가 뿌리를 내리고 곧게 자라도록 도와주는 받침목이나 철망과 같다. 건강한 경계가 미처 형성되기 전에 초심자로서 수행을 시작하게 된다면, 혹은 어렵고 새로운 도전에 직면하게 된다면, 자비가 뿌리를 채 내리기도 전에 바람에 뽑혀 날아가 버릴 수도 있다. 하지만 너무 단단한 경계도 자비를 질식시키고 그것의 성숙을 방해할 수 있다. 자비를 계발하는 과정에서 우리는 경계를 만들 때와 풀어 줄 때를 능숙하게 익히는 것이 필요하다.

건강한 경계를 세운다는 것은 '안 돼'라고 말하는 것, 혹은 거절하지 않는 것이 자신에게 스트레스와 상처를 주고 경멸감과 원망 그리고 분노를 일으킬 때 이러한 관계를 거절하는 것을 포함한다. 어떤 사람에게는 스트레스를 주는 일이 다른 누군가에게는 즐거움을 가져다 줄 수도 있다. 그래서 우리가 개인적인 경계를 세워야 하는 정확한 지점은 개인의 결정에 달려 있다. 어린 시절부터 학대를 받아 온 십 대와 상담을 진행했던 기억이 난다. 나는 그 소년에게 다양한 관계에서 어디에 경계를 세워야 할 것인지에 대해서 이야기했다. 학대를 받아 온 사람들은 경계가 혼란스러워져 있어서, 무엇이 건강한 경계인지에 대해 분별하는 것조차 어려울 때가 있다. 비극적이지만 과거에 상처를 받았던 사람들은 더욱 저항력이 떨어진 상태가 되어 또다시 희생자가 될 확률이 높아진다. 처음에 그 소년은 내가 건강한 경계에 대한 개념을 설명하려고 했을 때 내가 말하는 것의 의미를 잘 이해하지 못한 듯했다. 그 소년은 자신이 학대를 받았을 때 어떻게 느꼈는지에 대해서 구체적으로 이야기하는 도중에 갑자기 고개를 들며 "제 얘기를 듣고 선생님 마음이 아프시겠어요. 그럼 이건 뭔가가 잘못된 거네요. 경계가 있어야 한다는 게 바로 이런 거군요."라고 말했다. 그 소년의 말은 경계에 대해서 아주 분명하고 적절하게 정의를 내리고 있다.

건강한 경계를 세우기 위해서는 앞 장에서 논의한 부정적인 패턴들, 즉 사랑받고자 하는 강박적인 욕망을 갖는 경향, 자신을 돌보지 않거나 자신을 괴롭히는 경향 등과 직접적으로 맞서는 작업을 해야 한다. 경계를 세운다는 것은 상대방이 우리가 말해야 하는 것을 듣고 싶지 않다고 할지라도 그에게 정직하고 직접적으로 말하는 것을 포함하고 있다. 경계를 세운다는 것은 또한 자신을 보호하고 돌보는 것을 포함하고 있다.

우리는 어떤 특별한 행동이나 상호작용이 '우리 마음에 상처'를 주어 우리를 좌절하게 하고 상처받고 괴로워하고 화가 나게 하는지 판단할 수 있도록 자신에 대해서 충분히 알아야 한다. 불교 문헌에서는 **경계**라는 단어를 사용하지는 않지만, 이 문제에 대해서는 언급하고 있다. 예를 들어, 불교는 관용의 가치에 대해서 높이 평가하고 있지만, 당신이 베풀고 난 후에 화가 나거나 후회가 된다면 무언가를 나누지 말라고 경고하고 있다. 마찬가지로 타인을 돕는 선행일지라도, 그로 인해 우리가 지치게 되거나 불쾌해지거나 그 사람에게 화가 날 때 타인을 위한 어떠한 행동도 하지 말아야 한다. 우리 각자는 본인의 능력에 대해서 판단을 하고 이에 따라서 자신에게 맞는 경계를 세워야 한다.

건강한 경계는 지속적으로 자신을 존중하기 위해 중요할 수 있다. 때로 불안과 두려움에서 벗어나거나 화를 내는 상황에서 벗어나고 싶어서, 우리는 타인이 우리를 나쁘게 대하거나 무시를 할 때도 상대가 자신을 좌우하도록 내버려 둔다. 경계를 세운다는 것은 화를 낼 필요 없이 자신을 지키는 방법이다. 인권운동가들의 아버지로 유명한 마틴 루터 킹에 관한 일화가 있다. 그는 이런 방식으로 경계를 어떻게 사용할 것인가에 대해서 명백히 보여 준 목사였다. 어린 아들을 조수석에 태우고 인종차별이 심했던 미국 애틀랜타 도로를 운전하던 도중에 킹 목사는 뜻하지 않게 정지 신호를 지나쳤다. 한 백인 경찰관이 그의 차를 세우고 말했다. "이봐. 깜둥이(boy). 차를 옆으로 대고 면허증을 보여 줘." 어떤 망설임도 없이, 킹 목사는 "당신이 말하고 있는 사람이 깜둥이가 아님을 분명히 말하겠소. 당신이 계속 나를 깜둥이라고 지칭한다면, 나는 당신의 말을 한마디도 듣지 않은 것처럼 행동할 거요."라고 대답했다. 이처럼 경계를 세운다는 것은 종종 용기가 필요할 수도 있다.

장소나 상황에 따라서 킹 목사는 격렬한 반응에 대한 위험을 무릅써야 했다. 우리가 용기와 자기존중감을 가지고 행동을 하는 짧은 순간은 우리 자신의 인격과 주변 사람들에게 놀라운 효과를 가져올 수 있다. 킹 목사는 자신과 아들의 존엄성을 보호하기 위해 비폭력적으로 행동했다. 이러한 상호작용이 킹 목사 옆에 앉아 있던 어린 아들의 미래에 어떤 영향을 미칠 것인지 누가 말할 수 있겠는가? 경찰관은 너무 놀라서 조용히 교통 위반 딱지를 끊어 주고 빨리 차를 타고 가 버렸다.

이것은 건강한 경계를 세우는 정확한 방법이다. 당신은 상대방이 당신을 어떻게 대해 주기를 바라는지 말하고, 당신이 기꺼이 원하는 것과 원하지 않는 것을 말함으로써 상대에게 당신을 올바로 이해시킬 수 있다. 만일 이렇게 하는 것이 과거에 효과가 없었다거나 누군가가 당신의 의사표현에 기꺼이 따라 주지 않을 거라는 의심이 든다면 그 결과에 대해서 진술해 보기 바란다. 다른 사람들이 당신의 경계에 대해서 존중하지 않는다면 무슨 일이 일어날 것인가? 만약 당신이 공감적이지 못하다거나 매우 자기중심적이라거나 하는 식으로 경계가 건강하지 못하다면 어떤 상황이 벌어질까? 누군가 당신의 경계를 수용해 주지 않을 때 당신은 어쩌면 이렇게 말할지도 모른다. "그들은 내가 원하는 것을 주려고 하지 않

아. 결국 그들은 나와의 관계를 끊어 버리려 할 거야." 그렇게 된다고 해서 관계가 반드시 공격적이거나 거친 방향으로 흘러가지는 않겠지만, 서서히 관계가 멀어지게 될 것은 분명하다. 가까운 이들과 분명한 경계를 세운다는 것은 어렵고 힘든 일일 수 있다. 하지만 그 어려움은 잠시면 된다. 만약 그것이 힘들다고 경계를 세우지 않고 지낸다면, 훨씬 더 오랜 시간 동안 더욱 큰 고생을 할 수밖에 없다.

건강한 경계를 세우는 일을 잘하게 되는 것은 또한 분노를 막거나 감소시키는데 효과적이다. 분노는 불행한 느낌과 좌절된 욕망에서부터 생겨나는 흥분되고 공격적인 마음상태다. 화가 날 때는 마음이 흥분되고 다른 사람을 해치고 싶은 마음이 들기 때문에 분노는 자비를 계발하는 일과 정반대가 된다. 이에 대한 연구 결과는 상당한 증거를 제시하고 있다. 분노는 신체적 건강에 해롭고, 관계를 해치며, 내적인 만족감이나 행복을 저해한다. 누군가는 우리가 원하는 것을 하지 않거나 우리를 괴롭히는 행동을 할 때가 종종 있다. 우리는 그 사람에게 느끼는 바를 말하지 않거나 경계를 세우지 않을 수 있다. 그래서 그 행동은 지속된다. 우리는 점점 난처함과 좌절감이 쌓여 더 이상 참을 수 없게 된다. 그러면 우리는 그 사람에게 나쁜 감정에 대한 책임을 묻게 되고 화를 내게 된다.

분노를 해결하는 방법은 난처함이나 좌절감이 드는 초기부터 이를 인식하고 다루는 것이다. 일단 우리가 감정을 인식한다면, 우리는 그 감정을 어떻게 다루기를 원하는지 의식적인 결정을 내릴 수 있다. 만일 우리가 그 문제에 대해서 더 이상 말하지 않겠다고 결정하면, 그 후에 그 사람이 우리를 괴롭히는 행동을 계속한다고 해서 비난할 수는 없다. 그 문제에 대해서 언급하지 않겠다는 것도 우리 자신의 선택이기에 우리는 그 선택에 대해서 책임을 질 필요가 있다. 그렇지 않으면 우리는 그 문제에 대해서 경계를 세우는 선택을 해야 한다. 경계를 세움으로써 우리는 다른 사람이 우리를 괴롭히는 행동을 멈추게 할 수 있거나 가능한 많이 그 행동으로부터 우리를 보호하는 반응이나 결과를 가져올 수 있게 된다. 물론 다른 사람이 우리의 경계를 존중해 주는 상황이 가장 좋다. 그러나 수많은 사람과 겪은 나의 경험으로는 당신의 경계를 존중하지 않는 누군가에게 직면을 시키고 단호하고 비폭력적인 방법으로 자신의 입장을 관철시키는 것이 도전적이지만, 결국에는 기운 나게 하고 힘을 북돋우는 경험이 된다. 이렇게 하는 것은 종종 자신감을 키워 주고 자기존중감을 높여 준다.

오래된 경계 뛰어넘기

이 시점에서 나는 건강한 경계를 세우는 것이 왜 중요한지에 대해서 분명히 하고자 한다. 치료자로서 작업을 할 때나 사적인 생활에서, 나는 종종 사람들이 분명한 경계를 세우지 못하고 결국은 원망하거나 화를 내게 되는 것을 발견한다. 건강한 경계를 세우는 것은 그 사람에게 경계를 세워 주는 것뿐만 아니라 상대방에게도 경계를 세워 주는 분명한 이점을 가져온다. 관계는 이런 방식으로 빨리 개선된다. 그러나 자비에 가치를 두는 나 역시 사람들에게 타인을 위해서 행동을 하는 것을 줄이고 '안 된다'는 말을 더 많이 하라고 제안할 때 불편감을 느낄 때가 있다.

만일 이런 종류의 경계를 세우는 것이 실용적이고 유용하다면, 경계를 세운다는 것은 본질적으로 자기중심적인 것이다. 경계를 세울 때 경험하는 내적인 과정은 대개 어느 정도 자신의 이기심에 정직해지는 과정이고, 그것을 개방적이고 솔직한 방식으로 다룸으로써 다른 사람들과의 관계도 진실해질 수 있다. 사람들이 건강한 경계를 세우지 못한다면 그것은 관계 속에서 일어나는 어느 정도의 이기심을 솔직히 인정할 수 없기 때문인 경우가 많다. 그것은 자비를 모방하는 것일 뿐이고, 진정한 자비를 느끼는 것과 매우 다를 뿐만 아니라, 이따금 부정적인 결과를 가져온다. 경계를 바르게 세우고자 한다면 우리가 본질적으로 어떤 상황에 대한 호불호를 갖고 있으며, 자신의 욕구를 중심으로 상황을 바꾸길 원하는 마음이 있음을 인정한 후에 출발해야 한다. 정직하게 자기성찰을 하다 보면 마음속 깊은 곳에는 커다란 이기심이 자리해 있기 때문에 경계를 세울 때 자신의 욕구와 한계에 대해서 정직해지는 것이 중요하다.

심리학적으로 말하면, 건강한 대인관계의 경계는 자아로부터 나온 긍정적인 방어기제다. 프로이트가 말한 것처럼 자아의 목적이 주로 우리의 본능적이고 타고난 자기중심적인 욕망과 외적 세계의 현실 사이를 타협하는 것이라면, 경계를 세우는 것은 자아가 압도되는 것을 막아 주는 한 방법이다. 우리 자신과 타인에 대해 정직하고 존중하는 마음이 유지되는 한, 경계는 자신의 욕구를 가능한 크게 만족시키는 수단이 된다. 만일 우리가 강력한 자비를 계발하고자 한다면, 우리의 마음이 자비로 충만한 일상을 살아가는 방법을 점차 배우기를 원한다면 경계는 중요하다.

그러나 결국에는 이것이 장애물이 될 수도 있다. 경계는 자아가 압도되는 것을 막는 반면에, 자아가 자신의 중심적인 본질에 다가가는 것을 막을 수도 있다. 경계가 심리적인 벽이 되면, 경계는 어떤 좌절도 겪지 않게 하지만, 다른 한편으로 다른 사람들과 멀어지게 할 수도 있다.

우리는 경계와 방어를 내려놓는 순간을 모두 경험하게 된다. 대개 사랑과 자비와 이타적인 영감이 충만할 때가 바로 그때다. 사람들은 처음으로 사랑에 빠질 때나 연인을 위해서 어떤 것을 할 때 이런 경험을 하게 된다. 부모는 종종 어린 자녀에 대해서 이런 느낌을 갖는다. 어떤 사람들은 자신의 애완동물이나 다른 동물들이 고통당하는 것을 볼 때 이런 느낌을 갖게 된다. 그것을 보는 사람들은 그것을 돕기 위해서 어떤 것을 하고 싶어진다. 우리는 또한 사랑하는 사람이 심각한 질병이나 불치병으로 고통을 겪고 있을 때 이러한 감정을 느낄지도 모른다. 어린이들은 때로 옛날 성인이나 영웅들의 위대하고 이타적인 업적에 처음으로 고취되었을 때 그러한 감정을 느낄 수도 있다. 우리는 어떠한 경계도 없는 사랑과 자비를 느낄 때 강력한 절정의 경험을 하게 된다. 우리가 서로 연결되어 있다는 것을 느끼면서 그 경험을 깊이 들여다보면, 우리는 자비가 가지고 있는 본래의 초월적인 측면을 발견할 수 있다.

그러한 경험을 한 후, 어떤 사람은 그 즐거움에 사로잡혀 그 정도 수준의 개방성과 사랑을 직접 돌려주고 싶은 바람에서 건강한 경계를 세우는 것을 포기하기도 한다. 이것은 종종 저지르는 실수다. 그것을 시도하는 사람들은 대개 대인관계에 많은 문제를 만들고, 결국 분노하고 소진하게 된다. 자비가 세상에서 당신이 존재하는 고유한 일부가 되게 하면서 그 경험을 세상에 돌려주고 어떻게 유지하며 살 수 있는지 배우는 주된 방법이 있다. 그것은 당신의 마음속에서 자비를 계발하기 위해서 이 책에서 제시한 방법을 활용하면서 훈련하고 지속적으로 접근하는 것이다. 이러한 방식으로 당신의 경계를 점차 외부로 확장해 가면서 결국 당신은 자비의 최고점에 이르게 될 것이다. 그 지점에서 당신은 직관적으로 자신의 관심사와 세상 모든 존재의 관심사가 서로 나뉠 수 없다는 것을 인식한다. 자비가 완성될 때 모든 자기중심적인 경계는 진심으로 내려놓을 수 있다.

자비의 천 가지 눈

티베트 전통에 있는 어느 유명한 이야기는 자비에 대한 절정을 보여 준다. 이 이야기는 자비의 보살인 관음보살에 대한 것인데, 관음보살은 과거불과 미래불을 통틀어 모든 부처 중에서도 자비심에 관해서는 으뜸이라고 알려져 있다. 티베트 사람들은 달라이 라마를 관음보살의 현현(顯現)이라고 본다. 달라이 라마의 만트라(기도나 명상 시 외우는 주문-역자 주) **옴 마니 반메 훔**(Om Mani Padme Hung)은 많은 티베트 불자에 의해서 계속적으로 암송되고 있고, 전경기(기도나 명상 시 돌리는 바퀴 모양의 경전-역자 주)나 기도 깃발에도 나타난다. 뿐만 아니라 중앙아시아 전역에서는 '**마니**(Mani) 돌'이 새겨져 있다. 이 만트라는 여러 가지 다른 의미를 가지고 있지만 가장 보편적인 의미로 **옴**(Om)은 수행자의 몸과 말, 마음을 나타낸다. **마니**(Mani)는 산스크리트 어로 '보석'을 의미하는데 자비로운 방법을 나타낸다. **반메**(Padme)는 산스크리트 어로 '연(蓮)'을 의미하는데 지혜를 나타낸다. 그리고 **훔**(Hung)은 나눌 수 없음을 의미한다. 그러므로 전체적인 뜻은 우리의 일상적인 몸과 말, 마음이 나뉠 수 없는 자비와 지혜의 길에 의해 부처의 깨달은 몸과 말, 마음으로 변화할 수 있다는 것이다.

그 이야기에 따르면 오래전부터 관음보살은 모든 살아 있는 존재에 대한 무한한 공감과 연결감을 계발했다. 분명 관음보살은 이기주의적인 경계가 사라지고 자비가 넘쳐흐르는 가슴에서 초월적인 영감을 느낄 수 있는 경험을 하고 있었다. 그러한 마음의 상태에서, 관음보살은 그의 영적인 스승 아미타불을 찾아갔다. 그의 스승이 있는 곳에서 관음보살은 자비로운 영감을 받아 이야기하며, 그 순간 이후로 절대 자비와 멀어지지 않을 것이며 멈추지 않고 모든 존재가 고통에서 자유로워질 수 있도록 도울 것이라는 신성한 서원을 하였다. 관음보살의 서원은 다음과 같이 선언할 정도로 심오했다. "만약 내가 앞으로 다시 한 번이라도 이기적인 생각을 하게 된다면 나의 머리는 열 개의 조각으로 갈라지고 ……나의 몸은 천 개의 조각으로 나뉠 것이다.”

이와 같이 영감을 받은 맹세를 한 후에, 그는 대중에게 자비를 베풀기 위해 오랫동안 일을 했다. 그는 대중에게 가르침을 베풀고 그들이 고통에서 자유로워질 수 있도록 노력하며 여러 곳을 여행했다. 그는 자신의 자비가 더 깊어질 수 있도록 명상을 하며 시간을 보냈고, 세상의 고통을 보았을 때 때로는 자비로운 눈물을 흘리기도 하였다. 수년간 전심을 다해 노력을 한 후에, 그는 “완전히 소진되었다.”는 것을 느꼈다. 그래서 그는 멈추고 “회복하기 위한 명상으로 들어갔다.” 나는 관음보살의 소진이 개인적인 한계에 도달했다는 것을 나타낸다고 생각한다. 관음보살이 경계를 세우고 휴식을 취하기로 했다고 말할 수도 있다.

관음보살은 쉬는 동안 여전히 소진되었다고 느끼면서, 주변을 돌아다니며 그 상황에 대해서 점검해 보았다. 그리고 비록 그가 수많은 존재를 도왔다고 하더라도 셀 수 없이 많은 존재가 여전히 상상할 수 없을 만큼 또 다른 형태의 고통을 경험하고 있었다는 것을 발견했다. 관음보살이 고통을 받고 있는 무한한 대중을 보았을 때, 그는 그 상황을 더 이상 참을 수가 없다는 것을 알게 되었다.

이 이야기를 심리학적으로 보면, 이 시점까지 관음보살이 진심어린 자비를 느끼고 있지만, 여전히 약간의 사리사욕이 가슴 깊이 자리 잡고 있었다고 말할 수 있다. 이것은 우리의 대부분이 자신을 찾으려는 상황과 비슷하다. 우리는 자비에 대한 어떤 영감을 느낄지 모르지만 자기중심적인 관심사가 여전히 자아의 핵심을 형성하고 있다. 우리는 타인을 향한 진정한 자비를 느끼지만, 마음속 깊은 곳의 본능적이고 자기중심적인 관심사가 여전히 우리가 어떻게 세상을 경험하는지를 결정한다. 때문에 우리가 자비를 위해 끈질긴 노력을 기울일 때 자아가 지닌 방어 및 대처 기제들과 부딪치게 되고, 여전히 자아의 핵심에 자리한 자기중심적 욕구들은 강한 힘으로 스스로를 드러내려 시도하게 된다.

고통스러운 것을 보는 것은 관음보살의 가슴을 아프게 했다. 그는 자신의 모든 노력으로도 충분하지 않다는 것을 느끼고, 고통으로 울부짖었다. "무슨 소용이 있단 말인가? 나는 그들을 위해서 아무것도 할 수가 없다. 나는 나 자신이 행복해지고 평화로운 것이 더 좋다."

그가 이전에 서원했던 힘으로 인해 그의 머리는 열 개의 조각으로 나뉘고 그의 몸은 천 개의 조각으로 부서졌다. 심리학적으로 나는 이 시점에서 그가 오랫동안 자비를 수행해 왔던 내적인 동력과 내적인 힘이 자아의 자기중심적인 핵심에 남아서 갈등을 일으킨다고 말하고 싶다. 그의 오래된 경계와 한계의 모든 것이 쪼개지며 열렸다. 그의 자비가 그의 오래된 자아를 갈가리 찢어 버렸다.

이 시점에서 그의 스승 아미타불이 나타난다. 그는 관음보살을 안심시키고 치료해 준다. 그는 이전의 머리가 열 조각 난 것을 사방을 바라볼 수 있는 열 개의 새로운 얼굴로 변모시켰다. 아미타불이 얼마나 기뻐했는지에 대한 상징으로 아미타불은 관음보살에게 자신을 복제한 빛나는 열한 번째 머리를 선사했다. 아미타불은 천

개로 조각난 관음보살의 몸을 천 개의 팔을 가진 새로운 몸으로 변모시켜 주었다. 천 개의 손 각각은 손바닥에 눈을 가지고 있다. 한 때 자기중심적인 핵심에 자아가 있었지만, 이제는 자비를 중심에 둔 확장된 의식이 있다.

자신의 한계를 몰아붙이는 자신의 방어기제를 한계점까지 확장하는 순간, 우리는 경계를 세우거나 이전 한계점을 뛰어넘음을 선택을 할 수 있다. 그러나 오래된 한계점을 뛰어넘으려 할 때 선택에 있어 조심해야만 한다. 만약 준비가 되지 않았다면, 오래된 경계를 뛰어넘는 것은 매우 해로울 수 있다. 그러한 경우에 영적이거나 자비로운 노력은 자아가 허물어지는 것을 초래하지만 자아의 핵심에 있는 자기중심적인 에너지는 자비의 내적인 힘보다 훨씬 더 강력하다. 나는 명상 수행을 하거나, 다른 영적 수행을 하거나, 다른 사람을 돕기 위해 작업을 하는 사람들이 준비도 되지 않은 상태에서 너무 멀리, 그것도 너무나 준비되지 않은 상태로 옮겨 가도록 자신을 압박하는 경우를 많이 보았다. 자아가 허물어지는 압도적이고 강력한 부정적인 경험 후에, 그들은 자비를 추구하는 것을 포기해 버리고 만다. 이와 같은 부정적인 경험을 반복하는 것이 두렵기 때문에 그들은 훨씬 더 보수적이고 한정된 접근을 선택하게 된다.

관음보살은 매우 다른 방식이기는 하지만 자아가 허물어지는 경험을 한 후로 다시는 같은 일을 겪지 않았다. 그는 자신의 한계를 뛰어넘으려고 스스로를 압박할 만큼 충동적이거나 미성숙하지 않았다. 그는 자비를 계발하기 위해서 오랜 기간 내적인 작업을 하였기 때문에 그의 진정한 자비의 힘은 자기 자신을 뛰어넘게 했다. 또한 당신은 그가 스승 아미타불의 지도 아래 수행하였다는 것을 기억할 것이다. 우리가 이전의 경계를 넘어갈 시점에 다다랐을 때, 우리는 어려움을 이겨 내도록 도와줄 외부의 지지자를 갖고 있는 것이 중요하다. 그러한 과정을 이미 겪어 본 좋은 스승이나 비슷한 상황에서 함께 작업을 할 좋은 친구를 갖는 것은 매우 중요하다.

또한 우리가 한계에 다다르고 내적인 자원도 없고 한계를 뛰어넘을 수 있게 도와줄 외부의 지지자도 없을 때, 우리는 경계를 세우고 한계를 넘을 수 있는 준비가 될 때까지 기다리는 것이 중요하다. 자아의 핵심에 있는 힘은 강력하기 때문에 우리는 그 힘과 만나기 위해서 준비를 해야만 한다. 그러나 일단 우리가 준비가 된 후, 우리의 오래된 한계에 대항해 보는 것은 긍정적인 변화를 위한 강력한 기회가 된다. 자아에 대한 현실적인 견해는 코페르니쿠스 이전에 인기 있었던 우주에 대한 견해와 비슷하다. 우리는 우리가 모든 것의 중심이라고 생각하고 느낀다. 자비가 우리를 자아가 세워 놓은 경계 너머로 이끄는 순간, 우리는 이러한 관점에서 벗어날 수 있다.

우리가 얻은 관점은 관음보살의 새로운 몸이 상징하는 것과 같다. 우리가 우리 자신의 관점을 고착화시키려는 것을 멈출 때 우리는 많은 관점에서 볼 수 있게 된다. 우리의 접근은 경직되기보다는 융통성 있게 되고 부드러워진다. 관음보살의 열 개의 얼굴은 때로 압도되지 않고 모든 방향에서 모든 고통을 자비롭게 볼 수 있는 능력을 상징한다. 그의 열한 번째 얼굴은 지혜로 모든 것을 공감하며 아우르는 깨달은 마음을 상징한다. 그의 천 개의 눈은 광대한 깨달음을 향한 자비의 능력을 가리킨다. 우리의 접근이 자신의 관점을 제한하지 않을 때, 우리는 타인의 관점에서 사물을 볼 수 있게 된다. 관음보살의 많은 손은 필요한 무엇이든지 간에 넓게 대중을 도울 수 있는 광대한 능력을 상징한다. 관음보살의 손바닥에 있는 천 개의 눈은 이러한 도움이 자비로운 시각과 불가분한 관계이며, 동시에 자비로운 시각에서 나왔음을 제시한다.

이 이야기는 또한 우리가 자비로써 오래된 경계를 뛰어넘으려 할 때 일어날 수 있는 일을 상징한다고 볼 수 있다. 우리가 지치고 스트레스받고, 좌절하고, 소진되고, 압도될 때마다 우리는 바로 그 순간에 멈추어서서 우리가 선택할 수 있다는 것을 깨달아야 한다. 우리는 위축되어 좁은 자아의 세계 안으로 다시 돌아갈 수 있다. 이렇게 되면 자신은 타인과 멀어지게 되고, 분노, 절망, 결핍, 자기연민과 같은 부정적인 감정에 휩싸일 수 있다. 그렇지 않으면 바로 그 순간 우리는 자비를 선택하는 심리적인 결정을 내릴 수 있다. 우리는 가슴을 열고 계속해서 타인을 공감하는 선택을 할 수 있다. 관음보살의 이야기가 보여 주듯이, 그러한 선택은 갑자기 모든 변화가 단번에 쉽게 성취된다는 뜻은 아니다. 그러나 자아가 허물어지는 것 그 자체는 타인을 바라보고 자비의 눈으로 세상을 보는 과정 중의 하나가 된다.

감정을 통해 자신을 알아가기

관음보살의 이야기는 이전에 언급했던 바와 같이 우리가 이해해야 하는 중요한 관점을 하나 더 끌어낼 수 있다. 우리의 감정은 단지 느낌만이 아니다. 감정은 또한 자신을 알아 가는 방법이다. 만일 당신이 자신의 경험을 분석한다면, 감정의 진실을 이해하는 것이 쉬울 것이다.

한 남성이 한 여성에게 미치도록 사랑에 빠졌다면, 그녀에 관한 모든 것은 완벽하게 사랑스럽고 놀라워 보이며, 그녀를 거의 여신 같은 존재로 느끼게 된다. 그가 욕망에 빠져 있다면, 그녀에 관한 모든 것은 성적으로 끌리고 매력적이고 유혹하는 것으로 보인다. 그러나 만약 그가 그녀에게 정말로 화가 났다면, 갑자기 어떤 긍정적인 특징도 찾아볼 수 없게 된다. 모든 것은 부정적이고 기분이 상하고 짜증스러워진다.

이것은 우리가 경험하는 것의 본질이다. 우리는 항상 자신만의 특별한 관점으로 세상이나 서로에 대해서 알게 된다. 어떤 주어진 감정은 어떤 방식으로든 마음에 색채를 입히고, 우리가 주변의 타인이나 세상을 어떻게 보게 될지 결정하게 된다.

이상한 일은 우리 대부분이 지금 우리가 경험하고 있는 감정적 관점이 무엇이건 간에 전적으로 믿으려 한다는 것이다. 우리가 화가 났을 때 우리는 이렇게 생각한다. "그 사람은 정말 끔찍해. 왜 내가 예전에는 못 봤나 몰라. 내가 눈이 멀었던 거야. 내가 그동안 얼마나 참고 살았는지 알아? 그는 완전히 끔찍해." 얼마 안 있어

화해를 하고 다시 애정이 넘치면 우리는 이렇게 생각할지도 모른다. "내가 전에는 완전히 과잉반응을 보였어. 그것은 단지 오해였어. 그는 실제로는 너무나 상냥하고 친절해. 그는 멋져. 나는 정말로 그를 너무나 사랑해."

때로 나는 심리치료를 할 때 배우자나 연인과 심하게 싸우는 사람들과 작업을 한다. 상담을 할 때 나는 남자에게 처음으로 그녀와 함께할 때 그녀가 어떻게 보였는지를 묻는다. 처음 사귈 때의 견해는 현재와 너무나 달라서 그는 "그때는 내가 미쳤나 보다."라고 하며 의문을 갖게 된다. 그는 그의 연인이 이전에는 그녀의 진짜 색깔을 숨기고 있었다고 느낄지도 모른다. 그러나 만약 우리가 조심스럽게 그 점을 분석한다면, 우리는 대개 현재 그를 너무도 짜증나게 하는 똑같은 특징을 그때에도 가지고 있었다는 것을 발견한다. 그가 예전과는 다른 감정적 관점으로 그녀를 보고 있었던 것뿐이다.

감정에 대한 이러한 진실을 이해하는 것이 중요한 이유는 수없이 많다. 무엇보다도 우리는 어떤 단 하나의 감정적인 지각도 다른 사람이나 심지어 나 자신에 대한 전반적인 사실을 담고 있지 않다는 것을 인식해야 한다. 만일 우리가 자신의 감정을 잘 인식한다면, 우리가 누군가를 부정적인 관점에서 볼 때 우리는 그 사람을 화나거나 짜증나는 관점으로 보고 있다는 것을 상기할 수 있다. 우리는 또한 이 감정이 변해서 오래지 않아 그 사람을 다르게 볼 것이라는 생각을 떠올릴 수 있다.

탐욕이나 혐오와 같이 강한 느낌에서 나온 감정은 특히 정확하지 않고 왜곡된 인상을 만드는 경향이 있다. 그들은 놀이동산 거울처럼 구부러지고 뒤틀려 있다. 우리가 타인에게 강한 애착을 갖고 있거나 갈망할 때, 우리는 그 사람의 좋은 점을 강조하고 잘못을 무시하는 경향이 있다. 대조적으로 우리가 타인에게 짜증이 나거나 화가 날 때, 우리는 그들의 잘못을 강조하고 강점이나 미덕에는 눈을 감아 버리는 경향이 있다. 그래서 우리는 그러한 감정에 사로잡혀 있을 때 자신의 판단을 너무 확신하지는 말아야 한다.

자비의 관점으로 사람을 보는 것은 특히 그들을 잘 이해하는 데 가치가 있다. 우리가 자비를 느낄 때 우리는 애착이나 혐오감 같은 느낌을 다소 무시하게 되어 그들을 조금 더 분명히 이해할 수 있게 된다. 심지어 당신이 누군가를 좋아하지 않을지라도, 당신이 그 사람에 대해서 자비를 느낄 때 당신의 마음이 열리기 때문에 당신의 혐오감도 줄어들 것이다. 그리고 심지어 당신이 누군가에게 강한 애착을 갖고 있을지라도, 당신이 자비를 느낄 때 당신은 그 사람의 장점뿐만 아니라 잘못이나 고통도 볼 수 있게 되고, 이것은 그 사람을 이상화하는 경험을 줄어들게 할 것이다. 자비를 느낄 때 우리는 특히 상대방의 경험을 이해하려고 노력하고 사물을 상대방의 관점으로 보려고 노력한다. 그러므로 우리가 그들에 대해서 자비를 느낄 때 타인에 대한 우리의 견해는 특별히 현실적인 경향이 있다.

유연한 접근

이에 더해 자비는 또 다른 관점을 제시한다. 당신이 어떤 긍정적인 감정상태에서 다른 감정상태로 이동했을 때, 당신이 가진 다른 사람에 대한 견해는 바뀔 수 있다. 사랑은 자비와 다소 다른 견지에서 사물을 볼 수 있게 하는데, 즐거움이나 호기심 또는 단순하고 잔잔한 만족감도 마찬가지다. 이 책에서 제시된 방법들은 당신이 자신의 감정을 변화시키도록 도우려고 기획된 것이다. 당신이 그 방법들을 사용할 때, 당신은 어떤 방법들은 당신의 강점상태를 바꾸기 위해 다른 사람들에 대한 당신의 관점을 변화시키는 것에 초점을 둔다는 것을 알게 될 것이다. 다른 경우에 있어서 감정을 바꾸는 것은 당신 마음의 생각이나 이미지를 바꿈으로써 이루어진다. 그리고 또 다른 방법들은 감정 그 자체의 느낌의 요소들을 개발하거나 확장하는 것을 강조한다.

이런 방법을 적용함에 있어서 유연하거나 심지어는 재미있게 접근하는 것이 중요하다. 나는 사람들이 명상이나 심리치료를 매우 심각하게 받아들인다는 것을 알게 되었다. 물론, 둘 다 심각하고 중요한 노력이다. 그러나 우리가 마음이나 가슴으로 작업을 할 때 너무 엄격하거나 심각해지지 않는 것이 최상이다. 마음은 컴퓨터나 기계가 아니다. 우리의 감정은 활력적이고 유동적이다. 마음을 효과적으로 다루기 위해서 우리는 집중을 할 필요는 있지만 융통성도 있어야 한다.

내가 처음으로 티베트 불교에 관심을 가졌을 때 나는 그것을 매우 심각하게 받아들였다. 매우 바르게 앉아 집중하며 가르침을 들었고, 그 후에도 가르침에 대해 진심으로 명상하였다. 나는 이전의 서양 철학과 종교에 대한 연구가 나의 태도에 영향을 주었다고 생각한다. 깨달음이란 목표는 분명 숭고한 것이었다. 그래서 나는 초심으로 열의를 다하고 신중하고 분석적인 마음으로 경건하게 가르침에 접근하였다. 원장스님이나 노스님 같이 티베트의 존경받는 스님들과 많은 시간을 보낼 때 나는 그들의 마음이 집중적이고, 분명하고, 분석적이지만 또한 분명히 편안하고 즐겁고 재미있다는 것을 발견했다. 나는 마음을 작업하는 동안 진지한 태도도 중요하지만 유연하고 창조적인 것 또한 중요하다는 것을 발견했던 것이다.

우리의 마음, 정서, 세상을 보는 시각을 변화시키기 위해 작업을 하는 것은 분명히 쉽지 않다. 관음보살의 이야기가 제시하듯이 자비를 계발하는 과정은 도전적이고, 심지어 고통스럽기도 하다. 그러나 이 과정의 핵심은 우리 자신과 타인을 더 행복하게 만드는 것이다. 이 책의 다음 장에서 제시하는 방법들은 우리의 가슴에 강력한 자비심을 계발하도록 돕기 위해 기획되어 있다. 우리는 자비가 우리 자신과 타인을 위해 어떻게 행복으로 이끌어 주는지 경험하게 될 때, 자비 그 자체에 대해 신뢰할 수 있고, 우리 자신이 오래된 한계와 경계를 뛰어넘도록 허락하게 된다.

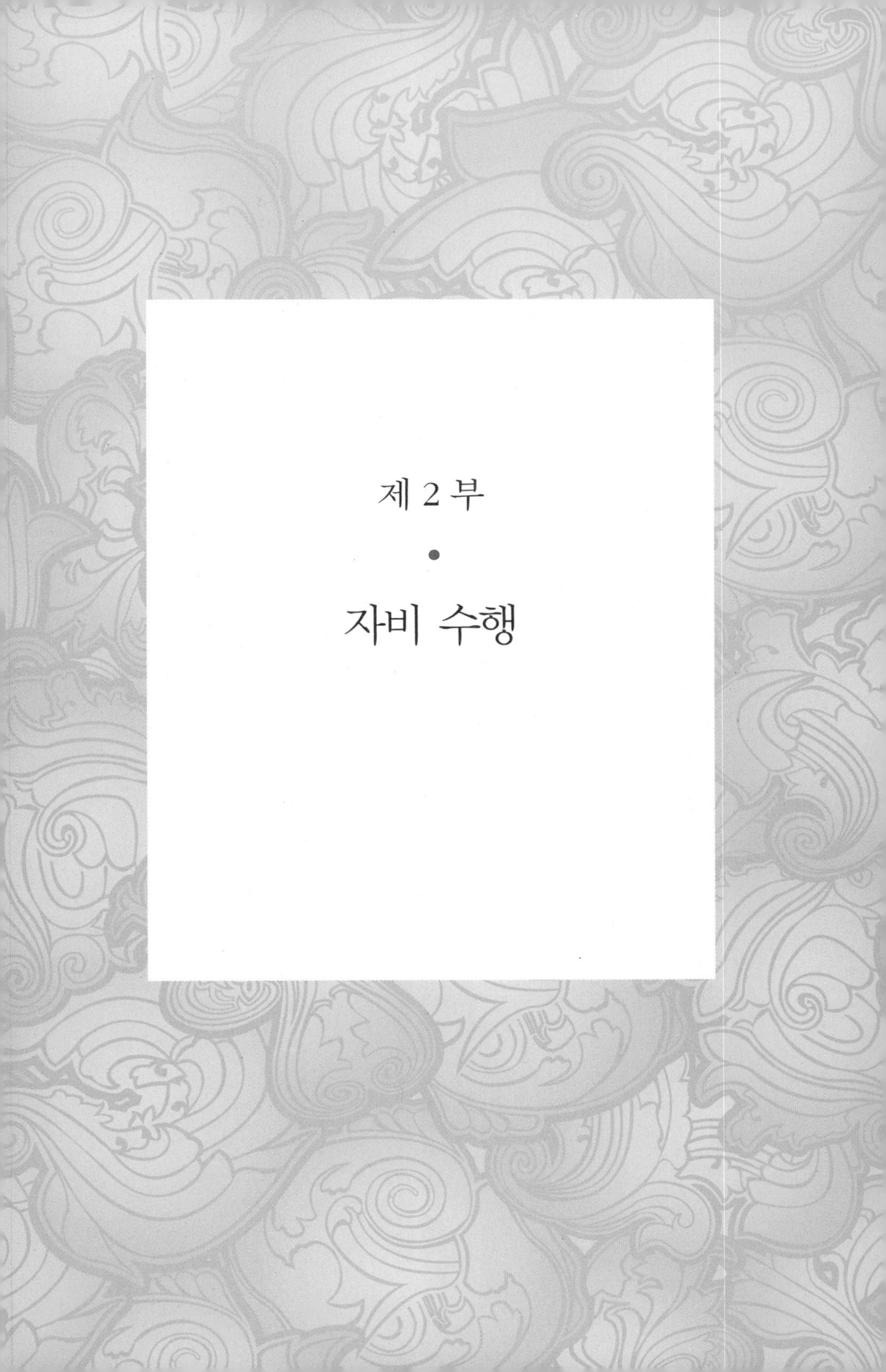

제 2 부

자비 수행

자신을 돌보는 가장 좋은 방법은 자신의 마음을 보는 것이다.
자신을 소중히 여기는 가장 좋은 방법은 다른 사람들을 소중히 여기는 것이다.

— 캬브제 라마 조파 린포체(Kyabje Lama Zopa Rinpoche)

04
자기에 대한 자비

참된 풍요로움은 어떤 것도 필요하지 않은 것이다.

– 개리 스나이더(Gary Snyder)

다른 사람에 대한 참된 자비를 가지기 전에 당신은 반드시 자기에 대한 자비를 지녀야 한다. 자비를 계발하는 방법에 대해서 탐구할 때 우리는 자기에 대한 자비를 닦는 것에서 시작해야 한다. 자기를 위한 자비를 계발하는 목적은 스스로를 고통에서 자유롭게 하기 위함이다. 다른 이들에 대한 자비는 자기를 만족과 행복으로 인도하기 때문에 타인을 위해 자비를 계발하는 것은 자기에 대한 자비의 발전된 형태라고 말할 수 있다. 사실 우리는 자기를 위해 매우 다양한 형태로 자비를 계발할 수 있다. 이 장에서는 고통의 근원을 이해하고 제거하여 자유를 찾을 수 있도록 하며, 자기를 위한 자비를 계발하는 데 초점을 둘 것이다. 그 누구도 고통받기를 원하는 사람은 없다. 이러한 시각에서 우리 모두는 근원적으로 자기에 대한 자비를 가지고 있다. 그러나 고통에서 자기를 자유롭게 해 줄 수 있는 깊은 자비를 계발하기 위해서는 자기가 겪고 있는 고통의 근본적인 이유를 정직하게 살펴보아야 한다.

자기에 대해 의미 있고, 성숙한 자비를 계발하는 것은 심리학적으로 매우 복잡하고 미묘한 과정이다. 그리고 이 주제는 오해하기 쉽다. 나는 서양 심리치료사들, 명상의 스승들, 그리고 신실한 영적 활동가들과 수년간 알고 지냈는데, 그들이 참된 자기에 대한 자비를 스스로 계발하는 가운데 오랜 기간 동안 혼란 또는 자기기만에 빠져 보지 않은 사람은 없다고 생각한다.

자비와 관련된 개념들은 지적으로 이해할 수 있는 것이 아니다. 문제는 우리의 자아가 고통의 진짜 원인에 직면하고 도전하는 데 거대하고, 무의식적인 저항을 하고 있다는 것이다. 강력한 심리적인 힘이 무의식적으로 고통의 원인을 움켜쥐고 있는 반면, 자유와 행복의 요인을 밀어내고 있다. 심리치료에서 환자들이 마음속 깊은 곳에 자리 잡은 고통의 근원적 요인인 핵심적 문제에 가까워질 때, 그들의 무의식은 종종 방어막을 친다. 그런 경우에 환자는 갑자기 다른 주제로 옮겨 가거나, 스스로가 혼란스럽다거나, 대화의 방향을 잃었다고 하거나, 아프다거나 화장실이 가고 싶다거나, 처음부터 이 치료가 좋은 생각이 아니었다고 말한다. 또는 불안해하거나 스스로 모자라게 느낀다. 만약 이러한 상황들을 조심스럽게 다루지 않으면, 용기 있었던 이들마저 자기의 아픔을 바라보지 않기 위해서 치료에서 달아날 것이다. 이렇듯 우리는 정확히 기억하지 못하지만 그렇다고 잊을 수도 없는 아픔들을 억누른 채 살아간다. 자기에 대한 진정한 자비를 계발하기 위해서 우리는 자기의 고통과 그 원인들을 기꺼이 바라볼 수 있어야 한다. 이 작업은 매우 고통스럽고 마음이 찢어지며 굴욕적이고 두려운 것이기 때문에 사람들은 어떤 대가를 치르더라도 이를 피하고 싶어 한다. 심지어 이러한 회피 때문에 매우 오랜 시간 동안 고통을 받아야만 할지라도 말이다.

동일한 현상이 영적 수행에서도 나타난다. 일반적으로 사람들은 새로운 통찰과 변화에 대한 커다란 열정을 가지고 수행을 시작한다. 그렇지만 수행 중에 자기이 대면하기 싫은 자기의 일부와 맞닥뜨릴 때 무슨 일이 일어나는가? 만약 훌륭한 스승이 있거나 혹은 자기의 문제를 극복하려는 강한 동기가 있다면 명상이나 다른 영적 수행을 통해서 자기의 어려운 문제를 다룰 수도 있을 것이다. 그러나 대개 우리는 주의를 다른 곳으로 돌린다. 어려운 문제를 피하기 위해 우리는 마음을 분산시키거나 정형화되고 형식적인 방식으로 수행한다. 자기에 대한 불편한 진실을 외면하기 위해 우리는 자기에게 일어나는 일은 자각하려고 하지 않은 채 적당히 수행하고 만다. 이런 방식의 수행은 영적 혹은 명상 수행이 가진 힘을 약화시킨다. 사람들은 무의식적으로 자기의 문제를 회피하기 위한 수단으로 영적 수행을 사용하기도 한다. 심리치료사인 나는 감정적 문제를 다루는 것을 피하기 위한 방법으로 일부 영적 수행을 사용하는 환자들과도 작업을 하곤 했다. 그러한 경우에 명상 그 자체가 자아의 건강하지 않은 측면을 막아 주는 방어 도구가 된다. 만약 우리가 너무 많은 무의식적인 타협을 한다면 우리의 영적 수행이 잠을 자거나 TV를 보는 것과 다름없는 공허한 행위로 퇴보할 위험이 있다. 수년간의 정신치료와 영적 수행에 관한 연구 후에 C. G. 융은 말하였다. "사람들은 그것이 아무리 불합리해도, 자기의 영혼을 직면하지 않기 위해서 모든 것을 할 것이다."

만약 우리가 스스로 의미 있고 성숙한 자비를 계발하기 위해서 고통과 그 원인에 대해서 정직하게 바라보며, 자기의 영혼을 힘들게 하는 것을 직면하는 방법을 찾지 않는다면, 우리가 외적으로 무슨 행동을 하든 상관없이 공허감과 불완전함이 가슴속에 남을 것이다. 우리는 결코 타인을 향한 깊은 자비를 지닐 수 없을 것이고, 우리의 삶에서 고통으로부터의 해방구를 찾을 수 없을 것이다.

고통의 원인을 뿌리 뽑기

잘생기고 부유했던 왕자 싯다르타는 위대한 붓다가 되어 서양인들에게 자비를 계발하는 훌륭한 모델을 제시하였다. 인도의 한 왕국의 왕이었던 싯다르타의 아버지는 그에게 전문적인 교육을 시켰고 춤과 음악, 다른 많은 유희, 그리고 다양한 운동을 가르쳤다. 아들이 자신의 왕위를 잇기 원했던 왕은 싯다르타를 삶에서 고통받는 사람들과 고통의 해방을 위해 수행하는 사람들로부터 격리시킨 채 왕실 생활의 쾌락과 권력을 찬양했다.

좋은 학생이자 운동에도 능했던 싯다르타는 왕자로서의 삶을 즐겼다. 그는 미래의 책임감에 대해 훈련을 받았고 시기가 되자 결혼을 했다. 일상생활로 바쁜 평범한 사람처럼 그는 고통의 원인이나 본질에 대해 멈춰서 깊게 숙고하는 시간을 거의 갖지 않았다. 싯다르타는 성인기 초기까지 세상이 그에게 펼쳐 놓은 삶 그대로를 살았고, 그의 삶은 정신적인 건강과 세속적인 행복의 표상으로 보였다. 하지만 표면적인 삶 이면에는 진정한 의미나 자유가 결핍되어 있었다.

그때 그는 위기를 맞았다. 아버지의 과잉보호를 받고 있었던 젊은 싯다르타가 질병과 노화, 그리고 죽음으로 인해 고통받는 사람을 처음으로 보게 된 것이다. 그 순간 그는 갑자기 인간적인 고통과 맞닥뜨리게 되었다. 그가 돌봐야 할 세상의 모든 사람이 슬픔, 비탄, 고통, 아픔 그리고 절망뿐만 아니라 노화, 질병, 죽음도 피할 수 없다는 것을 알았을 때 그는 그가 누리던 삶으로 돌아갈 수 없었다. 왕자들과 왕들도 노동자, 성직자, 농민과 마찬가지로 삶의 근본적인 고통에 영향을 받는다는 것을 깨닫고, 그는 인간에 대한 한량없는 압도적인 자비를 느꼈다. 이 시점에서 그는 영적인 탐구자를 우연히 만났다. 인도에서 흔히 만날 수 있는 그 영적인 탐구자는 자신을 고통의 굴레에서 열반하거나 해방을 모색하는 데 전적으로 자신을 바치기 위해 집을 떠난 사람이었다. 싯다르타는 자신과 다른 사람들의 고통의 원인을 뿌리 뽑는 것 이외에는 그 어떤 것에도 관심이 없었다. 이렇게 자비에 대한 동기가 생긴 그는 자신의 마음 안에서 고통의 원인을 찾으면서 깊은 명상의 자기성찰을 실행하기 위해, 그리고 그 시대의 가장 훌륭한 스승들과 공부하기 위해 집을 떠났다. 깨달음을 찾기 위해 싯다르타가 집을 떠난 것은 때때로 계속되는 고통의 굴레인 윤회를 끊어 버리는 것으로 언급하기도 한다.

어떤 의미에서 우리 모두는 깨닫기 이전의 싯다르타와 같다. 우리는 헤아릴 수 없는 다양한 형태의 고통을 경험한다. 그러나 우리는 그것을 보려고 하지 않는 것 같다. 싯다르타의 아버지와 같이, 우리 사회는 끝없는 쾌락과 즐거움을 쫓도록 유혹하면서 내면의 깊은 성찰을 가로막는다. 현대 기술은 과거의 왕자들만 느낄 수 있었던 감각적 즐거움을 우리 모두가 접할 수 있도록 해 주고 있다. 자아는 고통의 실체를 직접적으로 마주하는 불편함을 피하면서 이러한 즐거움을 따를 준비가 잘 되어 있다.

싯다르타는 집을 나설 무렵 모든 것을 지니고 있었다. 친구, 가족, 재물, 기쁨 그리고 권력. 그 자신은 아직 아프지도, 늙지도, 외롭지도, 슬프지도, 죽지도 않았다. 그러나 다른 이들의 고통을 바라보는 것은 그에게 일련의 깊은 통찰을 불러일으켰다. 그는 모든 이가 삶 속에서 고통의 수없는 형태를 겪을 뿐 아니라 행복하기 위해 외적 상황에 의존하는 것이 하찮고 불완전한 행복을 가져다 준다는 것을 깨달았다. 썰물 때 모래 위에 집을 짓는다면 그것이 성이든 저택이든 판잣집이든 같은 운명에 처하게 될 것이다. 우리 자신의 경험을 진솔하게 바라본다면, 우리가 주로 행복이라고 부르는 많은 것이 궁극적으로는 불만족스럽다는 것을 발견한다. 매 순간순간 우리의 마음을 살펴보면서, 우리는 순수한 기쁨처럼 보이는 그 이면에서 불완전함, 두려움, 불편함 그리고 감정적 동요를 발견할 것이다. 우리가 각자의 경험을 충분히 깊게 분석해 보면 욕망과 자아의 타협으로부터 느끼는 행복은 실제로는 미묘한 형태의 고통이라는 것을 알게 될 것이다. 우리 자신을 향한 깊은 자비는 우리 삶에서 고통의 원인들을 찾아 제거함으로써 거칠고 미묘한 형태의 고통을 전부 제거하는 것에 핵심적인 목적이 있다.

싯다르타가 자신의 왕국을 포기한 것은 우리 또한 삶의 어떤 순간에 그렇게 할 수 있다는 것을 보여 준다. 우리가 자신의 고통에서 피하지 않고 그것을 알아차렸을 때, 그 경험을 자각하며 머무를 수 있다. 자아가 고통의 자각에 저항하고 거부하며, 심지어 자신이 붕괴되는 느낌을 받을 때조차도 자각을 포기하지 않는다면 고통의 경험과 그 원인을 정직하게 인식할 수 있을 것이다. 우리는 자아가 고통에서 하는 역할을 볼 수 있다. 그리고 바로 그 순간, 자비의 수행을 통해 고통의 원인을 뿌리 뽑을 수 있다. 우리가 어떤 것을 훌륭하다고 생각하는 것과는 상관없이 정직한 자각을 통해 그것을 고통의 원인으로 인식한다면 자비의 수행을 통해 우리는 그것을 내려놓을 수 있다.

사성제(四聖諦, 네 가지 성스러운 진리)

왕궁을 떠난 뒤, 싯다르타는 해탈을 향한 여정에서 고통의 근본 원인을 깨닫고 자비의 삶을 살기 시작했다. 싯다르타는 당대의 몇몇 위대한 스승들과 함께 공부했다. 그러나 그는 그들의 가르침이 고통으로부터의 궁극적인 해방을 가져다주지 못한다는 것을 발견했다. 몇 해 동안 그는 다른 수행자들과 함께 극도의 금욕수행을 실천했다. 신체적인 금욕수행이 자유를 가져다주지 못한다는 것을 발견했을 때, 그는 이를 과감히 버리며 동료 수행자들을 깜짝 놀라게 했다. 그들은 그가 자유를 향한 여정을 포기했다고 여겼다. 우리가 우리에게 고통을 일으키는 행동들을 포기할 때 이를 모르는 자신과 가까웠던 사람들의 비난을 받는 것은 매우 흔한 일이다.

극단적인 고행을 포기한 후, 싯다르타는 인도 보드가야로 걸어갔다. 그리고 그는 깨달음을 얻을 때까지 머물기로 결심하고 보리수나무 아래에 자리를 잡았다. 7일간의 깊은 명상 후에, 마침내 그는 '깨달음을 얻은 사람', 즉 붓다라는 이름을 얻으면서 무지와 고통의 잠에서 깨어났다.

붓다가 가르치기로 마음먹은 후, 그가 처음으로 찾아간 사람들은 함께 명상하던 고행자들이었다. 자신이 고통에서 해방된 후, 이제 그는 그들을 도울 수 있었다. 그의 첫 가르침은 자기를 위해 자비를 실행하는 법을 설명하는 사성제였다.

첫 번째 성스러운 진리는 고통의 진리(고성제, 苦聖諦)다. 자기를 위한 자비를 수행하기 위해서 우리는 주의를 집중해서 자신의 고통을 인식하고 관찰할 필요가 있다. 이 성스러운 진리는 상실, 질병, 불안전함, 갈등, 노화, 죽음 그리고 자기중심적인 삶이 가지는 불만족스러운 속성 때문에 우리가 고통스럽다는 것을 깨닫는 것과 연관된다.

두 번째 성스러운 진리는 욕망이 고통의 참된 원인이라는 것(집성제, 集聖諦)이다. 번역가들은 고통의 근원으로 작용하는 마음의 상태를 언급하기 위해 craving(갈망), desire(욕망), wanting(원함), attachment(탐착)과 같이 다양한 영어 단어를 사용하고 있다. 여기서 나는 desire, wanting 그리고 craving을 동의어로 사용한다. 물론 모든 'desires(욕망들)'가 고통의 원인은 아니다. 자비도 다른 이들이 고통에서 자유롭기를 바라는 것을 포함하고, 사랑도 그들이 행복하기를 바라는 마음을 담고 있다. 여기서 고통의 원인이 되는 갈망과 욕망의 형태는 우리의 불완전하거나 불충분한 상태의 감정이다. 그래서 외적인 대상을 소유하기 위해 찾고 원하게 되는 것이 특징이다. 외적인 대상은 일반적으로 물리적인 사물 또는 사람이지만 때로 이 대상은 우리가 인기, 권력 또는 칭찬을 갈망하는 것처럼 전혀 만질 수 없는 것도 있다. 우리는 이 대상과 사람을 소유함으로써 나쁜 감정을 없애고 우리를 온전하게 만들고, 완전하게 하며, 충족시켜 줄 것이라는 환상으로 물든다. 욕망은 궁극적으로 망상이다. 왜냐하면 그것은 영원하지도 않고 완벽하지도 않은 대상을 통해서 영원하고 완벽한 충족감을 얻을 수 있다고 믿는 착각에 기초하고 있기 때문이다.

세 번째 성스러운 진리는 고통의 소멸(멸성제, 滅聖諦)이다. 이는 '갈망을 포기하고, 내려놓고 거부하는 것'이라고 설명한다. 네 번째 성스러운 진리(도성제, 道聖諦)는 고통의 소멸을 달성하기 위한 방법 또는 기술적인 접근을 보여 준다.

이 중에서 두 번째 성스러운 진리는 정말 놀랍다. 우리는 우리 삶의 엄청난 부분, 매 순간순간 깨어나서 잠들 때까지 심지어 꿈속에서도 욕망을 좇는 데 할애한다. 우리는 욕망에 따른 대상을 얻는 것에서 행복을 찾으리라는 희망을 가지고 엄청난 노력을 쏟고, 무수한 역경을 참아낸다. 우리가 행복을 찾으려고 하는 방법 자체가 문제를 야기한다는 것을 생각하기는 쉽지 않다.

문제는 우리가 각자의 고통을 한 번도 조심스럽게 분석해 본 적이 없다는 것이다. 깊은 자기성찰은 욕망이 질병 또는 상실의 시기에 겪는 강렬한 고통 속에서 중요한 역할을 한다는 것을 알게 해준다. 또한 우리를 현혹시키는 욕망 때문에 고통의 미묘한 형태가 우리의 삶에 영향을 준다는 사실을 드러나게 해 줄 것이다. 우리가 대상을 간절히 바라면 바랄수록 공허감과 갈망이 우리 마음을 괴롭히게 된다. 또 원하는 대로 얻을 수 없을 때는 절망, 슬픔 그리고 분노가 따라오고, 원하는 대로 얻었을 때는 흥분, 권태, 불만족 그리고 환멸이 따라온다. 우리가 재빠르게 이 욕망에서 다른 욕망으로 옮겨 갈 때, 욕망이 이끄는 행복에 대한 환상은 우리가 엄청난 상실을 경험할 때까지 지속된다. 멈춤으로써 우리의 마음속 깊숙이 들여다보게 되고, 우리는 그 모든 과정이 처음부터 고통의 속성 안에 있음을 발견한다.

우리 각자는 고통과 그 원인을 마주하지 않도록 하는 어떤 심리적인 방어를 가지고 있다. 심지어 욕망이 이끄는 삶에 뒤따르는 광범위하고 미묘한 고통에 대해서 우리가 알고 있다 해도, 이 방어는 계속적으로 작동하면서 우리가 자신의 경험을 분석하고 검토하는 것을 방해할 것이다. 우리가 성찰이나 명상을 통해 통찰을 얻었다 하더라도 이러한 방어들은 통찰을 망각하도록 하거나 통찰을 삶에 적용하는 것을 방해한다. 이때 요구되는 것은 자비는 진리에 대한 통찰을 지킬 수 있게 하고 오래된 습관을 깨뜨릴 수 있는 힘을 주며, 고통의 원인이 되는 마음의 망상적인 갈망을 포기하게 하는 심오한 자비심이다.

유아적 소망

불교 스승들은 대부분의 사람이 욕망을 따라야만 행복할 수 있다고 믿는 것을 잘 알고 있다. 총카파(Tsong Khapa) 스님은 "우리는 만족을 얻으리라는 희망으로 욕망을 따른다. 그러나 욕망을 따르는 것은 오직 불만족으로 이끌 뿐이다. 욕망을 따름으로써 마음은 거칠고 평화롭지 못하게 된다."라 하였고, 조파 린포체 스님은 "당신이 욕망을 포기해야 한다는 말을 들었을 때, 당신은 그대의 행복을 희생해야 한다는 것처럼 느낀다. 당신이 욕망을 포기하면 당신은 어떠한 행복도 지니지 않고 어떤 것도 당신에게 남지 않는다. 오직 그대 자신뿐이다. 당신의 욕망은 몰수되었다. 당신은 행복을 도둑맞았다. 그리고 당신은 바람 빠진 풍선같이 아무것도 남지 않았다. 당신은 더 이상 자기 안에 마음이 없는 것처럼 느끼고, 삶을 잃어버린 것 같이 느낀다. 왜냐하면 당신은 욕망의 단점들을 깨닫지 못했기 때문이다."라고 말했다.

우리는 많은 책을 읽고, 명상 수행을 하고, 심리치료를 받고, 그 밖의 다른 많은 것을 해 왔을지라도, 욕망이 어떻게 작용하며 고통이 어디서 오는지를 아직 알지 못한다.

당신은 욕망이 고통을 이끌어 내는 것을 발견하기 위해서 내적 성찰의 달인이 될 필요는 없다. 대부분의 블루스와 컨트리 음악들의 가사는 단순한 관찰에 기초한다. 알코올중독자 모임에 참석하거나 이혼재판 판사와 대화해 보면 당신은 욕망을 통해 도출될 수 있는 고통과 강한 환멸에 관한 생생한 이야기들을 들을 수 있다. 새벽 3시 반이나 4시에 라스베이거스의 카지노에 가 보면 또한 쉽게 욕망이 가져올 수 있는 고통을 볼 수 있다. 프로이트는 "사람의 행복은 우주의 목적이 아닌 것처럼 보이며, 불행의 가능성은 늘 가까이 있다."고 말하곤 했다. 비록 배당률이 분명 불리하지만, 우리는 매시간마다, 밤마다, 대박 나길 기대하면서 욕망의 대상에 배팅을 한다.

욕망은 언제나 이상적이다. 본질적으로 욕망은 대상을 이상화한다. 그것은 모든 결점을 무시하고, 오직 항상 온전히 대상을 소유하길 원한다. 욕망은 바다의 요정 세이렌의 노랫소리에 현혹된 선원들처럼 대상을 향해 우리를 이끈다.

후대의 많은 정신분석학자는 어떻게 유아적 욕망이 불교심리학에서 말하는 자아의 욕구로 발달하는지 훌륭하게 기술하였다. 유아기에 어린 아이가 지니는 욕망의 주된 대상은 어머니이며, 특히 어머니의 가슴이다. 발달심리학자들은 어머니의 심리적 역할은 대부분 생모를 통해 이루어지나, 아이를 안아 주며 웃어 주고 밤에 깨어 아이를 어르며 양육하는 다른 어른 역시도 일차적 보호자가 될 수 있다고 말한다. 나는 어머니란 용어를 대부분의 발달심리학자가 그러하듯이 이러한 역할을 하는 일차적 보호자를 언급하는 데 사용한다. 유아는 어머니를 분리된 사람으로 명확하게 지각하지 못한다. 유아는 안겨 있거나 돌봄을 받을 때, 자신이 경험하고 있는 기분 좋은 감각에 초점을 맞춘다. 그래서 분리의 감각은 사그라지는 것처럼 보인다. 이러한 초기의 쾌락 상태에서 유아는 어머니를 완벽하게 공생하는 동일체로 느낀다. 정신분석가들은 초기부터 우리는 완벽한 공생적 연합의 쾌락적인 환상을 유지하기 위해서 현실을 부인하거나 무시하며, 유아는 대상과의 완벽한 일치를 꿈꾼다고 한다. 그리고 이 환상에 끼어드는 모든 것을 떼어 놓고, 억압하고, 부인할 때 그가 원하는 것을 가질 수 없거나 이러한 방어에 실패할 때, 갑자기 모든 것이 좋음에서 싫음으로 바뀌고, 울며 몸부림치고 소리 지르며, 불끈 화를 낸다. 좌절된 욕망은 분노로 변한다.

두세 살 무렵, 우리는 원할 때마다 어머니와 공생의 결합을 쉽게 할 수 없다는 것을 깨닫기 시작한다. 우리는 원하는 것을 언제나 가질 수는 없다. 이 때의 유아들에게 어머니는 언제나 가질 수 있는 존재가 아니다. 어머니도 자신의 욕망, 관심 그리고 다른 책임들을 가지고 있다. 또한 그녀의 관심을 요구하는 다른 이들이(예를 들어, 유아의 형제나 아버지) 있다. 핵심은 우리의 유아적 욕망은 불가피하게 좌절되고, 아무리 떼를 써도 소용이 없을 때, 어머니를 대신할 다른 대상이 있다는 것을 배우게 된다는 것이다.

이러한 것이 일어나는 간단한 예를 들어 보겠다. 한 여자아이가 어머니의 따뜻하고 부드러운 몸을 껴안고 자는 것을 좋아한다. 그러나 결국 아이의 부모는 자기 방에서 자도록 한다. 아이는 처음에는 상당히 화가 나고 불안해한다. 아이는 울며 불끈 화를 내게 된다. 그러나 아이의 부모가 자기들의 영역을 지킨다면, 아이는 껴안기 위해 부드러운 이불이나 좋아하는 장난감을 선택하게 될 것이다. 아이는 홀로 침대에서 담요나 동물인형의 부드러운 온기를 느끼며, 마음속에서 그것들이 어머니를 대신하게 된다. 이제 아이의 불안과 초조는 줄어들지만, 문득 아이는 자기가 가장 좋아하는 장난감에 애착이 있음을 발견하게 된다. 아이는 그것 없이 잠들 수 없다. 이것이 자아가 성장하는 방법이다. 우리가 즉각적으로 욕망을 채우지 못할 때, 자아는 타협 또는 차선책을 찾는다. 그러기에 어머니에 대한 우리의 넘치는 욕망은 헤아릴 수 없는 대상들을 향해 뻗어 나간다.

이제 동일한 소녀가 수십 년이 지났다고 상상해 보자. 그녀의 남편이 출장을 갔거나 이혼을 해서 집에 없을 때, 갑자기 그녀는 밤에 잠을 쉽게 이룰 수 없다. 그녀는 매우 외롭고 초조하고 심지어 밤에 혼자 집에 있는 것이 두렵기까지 한다. 여러 해를 지나면서 그녀의 공포와 초조는 공생적 융합에 대한 유아적 욕망의 좌절에 그 뿌리를 둔다. 그녀가 처음에 어머니와 장난감에서 찾았던 편안함과 안전함을 남편에게서 찾은 것이다. 이러한 길을 걸어오면서 무의식적으로 그녀는 남편을 어린 시절 장난감의 대체로 여기고 있었다. 밤에 그녀가 침대에서 남편을 껴안고 있는 것은 그녀에게 공생적인 일치의 환상을 불러일으켰고, 그것은 그녀를 행복하게 만들었다. 남편이 없을 때 그녀는 공포와 초조함 같은 불편하고 퇴행적이며 나쁜 느낌들을 느꼈다. 밤마다 그녀는 유아적이고 이상적인 욕망을 꿈꾸었다.

프로이트는 "아이가 어머니의 젖을 빠는 것은 모든 애정관계의 원형이 된다. 대상을 찾는 것은 사실 그것을 다시 찾는 것이다."라고 했다. 어릴 때부터 우리 각자는 대상과의 완전한 결합을 통해 고통에서 벗어나고자 하는 영원한 희망을 따라왔다. 프로이트가 여기서 애정이라는 말을 사용할 때, 그것은 대상과 공생적으로 융합하고 완전히 소유하기를 바라는 욕망을 의미한다. 이는 붓다가 욕망의 원동력으로 바라본 것과 같은 것이다. 대상이 사랑하는 사람이든지, 초콜릿케이크 조각이든지, 새로운 스포츠카든지 또는 카푸치노든지 간에 욕망은 무의식적으로 대상을 이상화하고 대상 안에서 온전하고 지속되는 행복의 느낌을 찾을 것이라는 희망을 갖게 한다. 지금까지 우리는 고통, 공포, 비영속성, 그리고 상실에 대한 인식을 분리하고, 부인하고, 억압하고, 억제했다. 하지만 상처받거나 좌절하게 되는 상황이 온다면 억눌렸던 부정적 감정은 언제든 다시 의식 위로 올라올 수 있다. 우리가 강하게 갈망하던 것을 잃는다는 것은 그 모든 것을 다시 흘러나오게 할 수 있다. 그래서 우리는 다시 욕망을 위해 다른 것을 절실하게 찾는다. 우리가 걸을 때, 혼란과 좌절의 지속적인 과정을 떨치기 위해서 두 눈은 끊임없이 욕망의 대상을 찾는다.

만약 당신이 프로이트의 관찰을 깊이 생각한다면, 이는 꽤 혼란스럽다. 우리가 보기에는 성숙한 성인의 삶을 사는 것 같지만, 실제로 우리는 비참함과 외로움을 떨치기 위해 무언가를 바라고, 움켜쥐고 있는 커다란 유아들이다. 이것이 라마 조파 린포체가 이야기한 것과 동일한 요지다. 즉, 우리에게 지속적인 갈망이 없다고 느낀다면 이는 마치 바람 빠진 풍선과 같으며 가슴에 심장을 지니지 않은 사람과 같다는 것이다.

이는 스스로 확인할 수 있는 것이다. 하루의 매 순간 당신은 마음속에서 욕망이 어떻게 작용하는지 파악할 수 있다. 밤에 침대에 누웠을 때, 당신은 어떻게 배우자와 함께하는가? 또는 침대에 어떻게 누워 있는가? 텔레비전이 당신 삶에서 하는 역할은 무엇인가? 당신은 대인관계 또는 직장에서 적합한 사람인가? 당신의 자동차, 옷, 그리고 이미지는 어떠한가? 당신은 이것들을 매우 순수하게 완전히 개방된 자세로 편안하고 기쁜 마음으로 즐기는가? 또는 마음 한편에서 당신은 마치 아이가 밤에 이불을 움켜쥐듯이 이것들을 바라고 찾으면서 마술처럼 기분을 좋게 하여 두려움으로부터 자기를 지키고 있는가?

이것이 중독된 욕망의 마음을 극복하는 시작이며 가장 근본적인 단계다. 즉, 자비롭지만 냉철하게 정직한 태도로 분석하는 것이다. 반면에 스스로를 속이는 것은 매우 쉽다. 프로이트는 이 모두를 관찰했다. 하지만 사람들이 그의 흡연에 대한 심리학적 근거를 질문할 때, 그는 '때때로 담배는 그저 담배일 뿐'이라고 답했다. 후에 그는 구강암으로 엄청나게 고통스러운 죽음을 맞았다. 자기기만의 대가는 언제나 자신의 고통이다.

자비가 스스로를 고통에서 자유롭게 하기를 바라는 것처럼 우리는 자비를 계발하기 위해서 우리의 고통을 명백히 바라보아야만 한다. 단지 우리가 자비의 눈으로 고통과 그 원인을 바라보아야만 우리는 우리 마음에서 고통의 원인을 제거할 수 있을 것이다.

자신의 치료자가 되기

우리는 진정으로 자기를 위한 자비를 계발할 수 있고, 갈망과 욕망을 줄임으로써 행복을 누릴 수 있다. 사람들은 종종 욕망과 갈망을 줄이거나 내려놓으려면 필연적으로 무언가를 포기해야 한다고 생각한다. 그러나 그렇지 않다. 때때로 사람들은 특별한 생활방식을 택하는 것이 갈망으로부터 행복과 자유를 가져다주는 것에 도움이 될 것이라고 생각한다. 불행하게도 욕망의 문제에 대한 정형화된 해결책은 없다. 갈망은 마음의 상태다. 그리고 이는 오직 마음 그 자체를 이해하고 단련함으로써 다룰 수 있다. 라마 츠브텐 예셰(Lama Thubten Yeshe)는, "만약 당신이 자기성찰적 지식과 지혜를 가지고 마음을 살피지 않으면, 거기에 무엇이 있는지 결코 보지 못할 것이다."라며, "오늘날, 사람들은 심리학자가 되기 위해서 공부하고 훈련한다. 붓다의 생각은 모든 사람이 심리학자가 되어야 한다는 것이다. 각자가 자기 마음을 알아야 한다. 각자가 스스로의 심리학자가 되어야 한다. 이는 분명 가능하다. 모든 사람은 자기 마음을 이해할 능력을 가지고 있다. 당신이 스스로의 마음을 이해할 때, 조절은 자연적으로 따라온다."라고 말하였다.

시작하면서 마음 안에 끊임없이 떠오르는 갈망과 연관된 생각, 느낌 그리고 이미지의 지속적인 흐름에 깨어 있도록 하는 것이 매우 유용하다. 첫째, 그것들을 바라보며 시간을 보낼 때, 넘치는 욕망의 활동을 발견하지 못할지도 모른다. 당신은 자기 마음이 일, 학교, 계산서, 잊고 걸지 못한 전화, 차량 기름, 애인, 가고 싶은 곳 등을 생각하고 있음을 알게 될 것이다. 생각의 흐름을 살피다 보면, 당신은 생각의 움직임의 끊임없는 경로를 보게 될 것이다. 이제 이 경로에서 한 걸음 물러나 마음이 움직이는 것들에 대해서 '왜'라고 물어보아야 한다. 붓다가 멈추어서 이 문제에 대해 스스로에게 물었을 때, 그의 답은 '욕망'이었다. 붓다 후대의 제자들이 수세기가 넘는 동안 자신들에게 물었던 이 질문의 솔직한 답 또한 '욕망'이었다. 프로이트가 그의 상담실에 앉아 자신과 그의 환자에 대해서 이 질문을 하였을 때, 그 답 또한 '욕망'이었다. 프로이트 시대 이후 서양 심리학자들은 우리의 정신적 · 감정적 삶의 대부분은 바람과 욕망에 의해서 이끌려 간다는 사실에 주목했다.

학자들이 그들 자신의 마음과 지인들의 마음을 분석해서 이러한 답을 찾았음에도 불구하고 이는 충분하지 않다. 당신은 그 대답이 자신에게 영향을 끼치기 바란다면, 반드시 스스로 답을 내려야 한다. 당신은 마음 안에 돌아다니는 생각들과 이미지들을 확인해야 하고, 그것들이 욕망 아래에 있는 감정에 의해서 오는 것인지 아닌지 보아야 한다.

당신이 마음 안에 있는 생각과 이미지의 흐름을 관찰하고, 욕망이 당신 생각 대부분의 동기인지 아닌지 확인하는 작업을 거친 뒤에, 당신은 특정 욕망을 찾아 보다 조심스레 바라보면서 자기분석을 심화할 수 있다. 당신이 자주 갈망하고, 대체로 무의식적이며,

충동적이면서도 깊은 갈망을 느끼는 대상을 가지고 시작하는 것이 좋다. 이런 형태의 전형적인 욕망에는 돈, 명예, 관심, 성, 술, 마약 또는 음식 등이 있다. 아마도 당신에게는 많은 욕망이 있겠지만, 하나에 초점을 맞추고 시작하는 것이 도움이 된다.

이 과정을 며칠 또는 몇 주간에 거쳐 대상에 대한 당신의 욕망이 어떻게 작용하는지 조심스레 관찰하면서 보낸다. 당신이 발견한 것을 적어 두는 것도 좋은 방법이다. 당신이 스트레스를 받거나 무언가에 의해 화가 나면 이 욕망이 강해지는가? 욕망이 아침, 낮 시간, 또는 늦은 밤에 강해지는가? 욕망이 외로움, 불안정 또는 피로와 늘 연관되는가?

또한 당신이 바라던 무언가를 아직 갖지 못했을 때 무엇을 체험하는지 이해하려고 노력해야 한다. 기대감과 공허감, 불만족 그리고 불완전한 감정 들은 충동적인 욕망과 함께 간다는 것에 주의해야 한다. 이와 같은 자신의 경험에 초점을 맞추는 것이 두려움을 줄 수 있다. 그러나 당신이 깊이 있게 살펴본다면 내가 앞에서 언급한 갈망 아래 있는 결핍되었던 유아적 감정을 스스로 볼 수 있을 것이다.

당신이 원하는 것을 가질 수 없을 때, 우리 마음에 어떤 일이 일어나는지 적어 두는 것 또한 중요하다. 이것이 바로 욕망이 때때로 좌절, 화, 질투, 분노, 슬픔, 비탄 그리고 절망과 같은 다른 부정적인 감정을 일으키는 시점이다. 종종 우리는 원하는 것을 갖지 못해 매우 불쾌하여, 좌절의 감정에서 벗어나기 위해 재빠르게 다른 욕망을 추구하곤 한다. 당신이 원하던 것을 갖지 못했을 때 어떻게 행동하는지 반드시 정직하게 적어야 한다.

우리가 화를 터트리는 순간은 앞서 언급한 유아적이고 대개는 무의식적인 상태에서다. 심리적으로 우리가 욕망을 좇는 한, 화를 낼 가능성은 많아진다. 어른으로서 당신은 이러한 상황에서 어떻게 습관적으로 행동하는가? 사람들에게서 떠나 시무룩해지고 무뚝뚝해지는가? 혹은 무례하고 까다로워지는가? 다른 이들에게 비난을 퍼붓는가? 우울해지는가? 당신의 욕망을 이루기 위해 비윤리적인 방법을 사용하고자 하는 충동이 일어나는가? 살인, 강간, 유아학대, 폭행, 강도, 사기, 학대 그리고 거짓말 같은 대부분의 가장 나쁜 인간의 행동들은 욕망이 제어되지 않은 마음에서 발생한다. 비록 당신이 일상적으로 자신을 잘 제어하고 있더라도 예전에 그와 같은 행동을 했다면, 어떻게 다른 이들이 욕망에 이끌려 그러한 나쁜 행동을 하게 되었는가를 이해하고자 노력해야 한다. 이러한 이해는 부정적인 행동을 하는 이들을 공감하게 해 주고, 또한 충동적 욕망을 따르는 한 우리 또한 우리가 비난하는 이들과 다르지 않음을 겸허하게 깨달을 수 있게 한다. 이러한 겸손은 심리적으로나 영적으로 발전한 것처럼 보이지만 훗날 다른 이들에게 해를 끼치거나 비윤리적인 행동을 저지른 사람들과 같은 실수를 범하지 않도록 우리를 돕는 심리적 안전장치가 될 수 있다.

당신이 채워지지 않은 욕망의 경험을 살펴본 후에, 당신이 원하는 것을 얻은 경험에 대해 분석하는 것 또한 중요하다. 단지 이 주제에 대해서 읽거나 잠시 생각해 보는 것만으로는 부족하다. 가장 도움이 되는 것은 이때 마음속에서 무슨 일이 일어나는지 주의 깊게 살펴보는 것이다. 이 주제에서 또한 불교의 명상가들과 서양 심리학자들이 찾아낸 것은 유사하다. 두 분야의 전문가들 모두, 원하는 것을 얻는 것은 짧은 즐거움 또는 흥분을 가져오고, 그리고 곧 바로 전에 느꼈던 감정으로 돌아간다고 말한다. 예를 들면, 만약 당신이 집에 앉아 케이크를 먹고 있다면, 잠깐 동안 혀에서 느껴지는 맛의 즐거움과 만족이 있다. 그리고 다 먹으면 생각한다. "이제 또 뭘 하지?" 그래서 욕망은 돌아온다. 그리고 당신은 한 조각 더 먹는다. 이는 배가 불러서 아플 때까지 지속될 수도 있다. 돈을 버는 것 또한 유사하다. 당신이 거래를 성사시키면 잠깐 동안 즐겁다. 그 흥분이 사라지면, 또 다른 일을 성사시키길 원하고 또 원한다. 여기서 우리는 원하는 것을 갖는 것이 나쁘다는 얘기를 하려는 게 아니다. 그것은 나쁘지 않으나, 그저 잠시 동안 짜릿함과 즐거움을 줄 수 있을 뿐이다. 문제는 이들이 지속적이고 영원한 행복을 보장하지 않는다는 것이다. 욕망은 만족을 주지 않는다. 더 바라게 될 뿐이다.

계속적으로 더 바라게 되는 욕망의 굴레는 불교에서 말하는 윤회(samsara)를 설명하는 한 가지 방법이다. 윤회는 열반보다 나은 곳이 아니다. 당신이 지속적인 욕망과 불만족의 굴레에서 산다면 그것이 윤회다. 당신의 마음이 완전히 욕망, 좌절, 화 그리고 다른 고뇌에서 자유롭다면 그것이 열반이다.

당신이 자신의 욕망을 내가 설명한 것처럼 깊게 분석해 봤다면, 또 다른 것을 해 볼 수 있다. 당신이 신중하게 분석한 바로 그 동일한 욕망에 집중하면서, 이제 당신이 욕망을 단념하거나 내려놓으려고 시도할 때 무슨 일이 일어나는지 살펴보는 것으로 넘어간다. 서양인들, 특히 미국인들은 이를 매우 힘들어한다. 이들은 감각의 대상에 관한 물질적인 욕구와 동일한 대상에 대한 청교도적인 거부 사이에 매여 있다. 그러나 우리의 갈망을 내려놓는 것은 이들과 아무 상관이 없다.

우리가 욕망 또는 갈망을 놓아 버리려 할 때, 대부분은 욕망과 갈망의 대상을 놓으려고 한다. 우리는 이것이 우리에게 행복을 주리라는 희망으로 그러한 대상을 부인한다. 그러나 스스로는 부정하더라도 여전히 그 대상은 마음 깊은 곳에서 욕망을 움켜쥐고 있고, 이는 오히려 큰 좌절을 가져올 수 있다. 우리는 대상을 놓아 버리려고 하지만 욕망 자체를 버리려고 하지는 않는다.

당신은 자신의 경험 안에서 이 두 가지 접근 사이의 차이점을 확인해야 한다. 이 시점까지 관찰했던 그 욕망으로 돌아가 보아라. 첫째, 당신이 해 오던 대로 욕망의 대상을 쫓지 않겠다고 결심해 보아라—당신은 그 대상을 다시는 가지려고 시도하지 않을 것이다. 이때 무슨 일이 일어나는가? 아마도 내적인 갈등이 일어날 것이다. 욕망은 여전히 마음에 있고 대상을 원한다. 그러나 동시에 당신은 그 대상을 더 이상 원하지 않겠다고 결심했으므로 불편할 수밖에 없다. 시간이 흐르면서 이러한 모순은 모든 문제를 이끌어 낸다. 사람들로 하여금 스스로에 대해 죄의식과 나쁜 느낌을 갖게 할 수 있다. 이는 자신의 욕망을 단순히 억압한 것일 뿐이다. 이런 경우 욕망은 그대로 있지만 사람들은 이를 깨닫지 못한다. 억압된 욕망은 새로운 강요의 형태로 나타나며, 다른 심리적 증상을 발생시키거나 이전보다 강한 힘을 지니고 표면으로 떠오른다. 이것은 붓다가 이야기한 욕망을 버리는 것이 아니며 자비로운 행위 역시 아니라는 것이 명백하다.

자신의 치료자가 됨으로써 욕망을 다루는 과정의 마지막 단계는 욕망의 대상이 아니라 욕망 그 자체에 대한 감정에 초점을 맞추는 것이며, 그것을 버리는 것이다. 대부분의 사람은 이것을 시도해 본 적이 있다. 욕망을 억압하지 마라. 온전히 깨어서 마음 안에 그것을 바라보아라. 그리고 과거를 분석함으로써 그것이 단지 고통을 일으킬 뿐임을 깨달아라. 자비의 눈으로 스스로를 바라보고 사랑하면서 고통의 원인으로부터 자신을 자유롭게 하고, 스스로를 잘 챙기기로 결심하라. 눈을 크게 뜨고, 그냥 놓아 버려라. 이것을 잘 하기 위해서는 연습과 요령이 필요하다. 처음에 바로 그렇게 되지는 않을 것이다. 이는 테니스에서 정말 잘 들어간 서브 또는 농구에서 네트에 스치지도 않고 들어간 클린 점프슛 같은 것이다. 처음에는 그저 내려놓는 연습을 하라. 때때로 잘못 갈 수도 있다. 그러나 연습을 통해 옳게 가고 있음을 느끼게 될 것이다.

꾸준히 욕망들을 내려놓게 되면, 당신은 예상했던 것과 정반대의 감정들을 느끼게 될 것이다. 당신은 위축되지도 격앙되지도 않는다. 욕망은 일반적으로 우리를 현재의 순간에서 끄집어 내어 언제나 더 나은 것을 바라게 한다. 당신이 놓아 버릴 때, 자신이 바로 그 현재의 순간에 있음을 발견하게 되고, 전체를 느끼며 만족하고 편안해진다. 욕망이 없으면 긴장도 스트레스도 없다. 당신은 자기 삶의 실제에 완전하고 단순하게 되고 개방됨을 느낀다.

사람들은 때때로 욕망이 없으면 즐거움도 없다고 상상한다. 사실 그 반대다. 당신이 갈망에 사로잡히면 당신의 마음은 계속해서 다른 욕망들로 스스로를 밀어내기 때문에 실제로 어떤 것도 즐겁지 않다. 당신이 욕망을 버릴 때 당신 앞에 놓인 그 어떤 것이라도 자유롭게 즐길 수 있게 된다.

욕망을 버림으로써 알게 되는 또 다른 좋은 점은 이것이 당신에게 더 많은 정신적 여유를 준다는 것이다. 이전에 욕망에 의해서 이끌려진 생각의 지속적인 흐름은 의미 있거나 창조적인 생각에 약간의 여유만 남겨 놓은 채 정신적 에너지의 대부분을 차지했다. 윌리엄 블레이크(William Blake)는 이 점을 언급하며 “내가 돈을 사랑하게 되면, 나는 근본적인 생각의 모든 힘을 잃을 것이다. 욕망은 사람의 재능을 죽인다.”라고 말한다. 우리는 욕망 없이는 많은 것을 이룩할 에너지가 없다고 생각한다. 하지만 나는 사실 그 반대라고 말한다. 억압된 욕망은 많은 시간을 잡아먹는다. 그리고 그 힘으로 우리가 이룩하려는 일은 대체적으로 스스로나 다른 이들에게 만족을 주지 못한다. 반면, 우리가 자기중심적 욕망에서 자유로울 때, 우리는 에너지의 전부를 중요하고 의미 있게 생각하는 것에 직접적으로 쓸 수 있다. 특별히 우리는 자유롭게 우리의 에너지, 창조성 그리고 재능을 자비에 대한 작업에 쓸 수 있다.

만족감 키우기

마음 안에 있는 고통의 원인을 내려 놓고 자비를 계발하는 것은 결코 하룻밤 사이에 이루어지지 않는다. 특정 욕망을 가지고도 당신은 조심스레 그것이 어떻게 작용하는지 분석해야 하고, 버리는 연습을 계속해야 한다. 한두 번 성공적으로 그것을 버렸다는 이유로 욕망이 다시 돌아오지 않는다고 말할 수 없기 때문이다. 마음은 행동의 습관 속에서 무엇이든지 한다. 만약 수년간 어떤 욕망을 느꼈다면, 이는 한동안 다시 돌아오기를 계속할 것이다. 좋은 소식은 욕망을 버리는 것을 잘 할수록 그 과정은 쉬워진다는 것이다. 이전에 당신의 마음이 욕망에 익숙했다면, 이제 당신은 욕망을 버리고 만족에 익숙해지는 것이다.

우리가 겪어 온 과정의 각 부분을 상기하고 기뻐하는 것은 중요하다. 우리가 욕망을 버리는 것에 성공한 매 순간은 고통에서 만족과 자유로 향하는 첫걸음이다. 이러한 시각에서 욕망을 버리는 그 순간은 우리가 어떤 보상, 부 또는 욕망의 대상을 얻는 순간보다 더 의미 있다. 이러한 순간들을 견지함으로써 우리는 행복을 향한 내적 여정에 용기를 북돋을 수 있다.

억압된 욕망이 줄어들면, 우리는 자신에게 고통에서 벗어난 자유를 주게 된다. 나는 나의 어머니가 대형 투자회사의 부정직한 회계 처리 때문에 예금의 상당 부분을 잃어버린 시절을 생각해 본다. 그 당시 어머니는 욕망을 버리는 것을 공부하고 있었다. 그때 돈을 잃어버린 어떤 사람은 자살했다. 다른 여자는 너무 스트레스를 받고 화가 난 나머지 면역력이 약해져서 만성적 질병에 시달렸다. 나의 어머니도 경제적 안정에 대한 욕망과 걱정을 완전히 버리지는 못했지만 욕망을 놓아 버리는 것에 대해 이해한 후 그 손실에 차분히 대처할 수 있었다. 어머니는 생활 방식을 바꾸어야 했지만 자신의 상황을 담담히 받아들일 수 있었다.

만약 당신이 한두 가지의 욕망을 어떻게 버리는지 이해했다면, 꾸준한 노력을 통해 다른 욕망들을 다루는 것 역시 쉬워질 것이다. 실제적 접근은 수년에 걸친 점진적인 과정을 만드는 것이다. 새로운 욕망이 떠오를 때 당신은 그것을 분석하고 흘러가도록 놓아 준다. 몇 년이 지난 후 묵은 갈망이 다시 떠오를 수도 있다. 그럴 때 화를 내고 이에 죄책감을 느끼는 것은 분명 도움이 되지 않는다. 대신에 자신의 삶과 마음에 현명하고 자비로운 방법으로 접근하여, 다시금 고통의 원인을 제거하려는 노력을 하는 것이 바른 접근이다.

당신이 욕망의 대상과 새로운 방식으로 관계를 맺고자 결심했다면, 자비롭고 또한 실제적이어야 한다. 술집 옆이나 주변에 맥주나 위스키가 있는 집에서 사는 알코올중독자는 분명 이 진행이 어려울 것이다. 술에 관심이 없는 사람은 그로 인한 어떤 문제도 겪지 않겠지만 말이다. 유사하게도 달콤한 것에 대한 강한 갈망에서 벗어나고자 하는 사람은 주변에 많은 케이크와 과자들이 있는 현실의 문제를 발견할 것이다. 긴 시간 동안, 자신의 경향을 아는 것과 스스로를 자유와 만족을 쉽게 얻을 수 있는 상황 속에 놓음으로써 자신에게 친절하게 대하는 것이 중요하다.

다른 종교와 마찬가지로 불교는 정기적인 장기수행의 전통이 있다. 명상은 자신을 일상에서 분리하는 기회를 주며, 욕망의 원인과 결과를 보다 선명하게 볼 수 있게 해 준다. 우리가 억압하며 갈망하는 대상들에 둘러싸여 있을 때, 애착과 탐착이 우리에게 고통을 야기한다는 사실을 우리는 인식하지 못할 수도 있다. 다양한 종교적 전통을 가진 많은 사람이 이러한 대상과 정기적으로 분리하여 보다 깊은 자기성찰을 하게 하고, 억압된 욕망을 줄이고 행복을 추구하는 긴 과정이 도움이 될 수 있다고 말한다.

나 또한 간단하게 금욕생활이 욕망을 다루는 데 영향을 미친다고 언급하고 싶다. 심리학적으로 말하면 자유를 위해서 자신의 욕망을 이겨 내려는 강한 동기를 지닌 사람들에게 수행공동체는 그들의 욕망을 깨닫고 버리기 위해서 보다 나은 진전을 만들기에 매우 유용한 도구가 될 수 있다. 붓다가 분명히 말하길 그가 수행공동체를 만든 주된 목적은 제자들이 욕망으로부터 자유를 가장 쉽게 얻을 수 있는 환경을 제공하기 위해서라고 했다.

더 일반적으로 나는 참된 수도승적 금욕이 만족과 행복은 욕망의 포기에서 올 수 있다는 의미 있는 예를 모든 사람에게 제공한다고 믿는다. 당신은 싯다르타가 방랑하는 고행자와 토론 이후 깨달음을 얻기 위해 그의 여정을 시작했다는 것을 기억할 것이다. 이 고행자를 만나기 전에 싯다르타는 욕망에서 오는 고통을 보았으나, 욕망에 이끌린 삶과는 다른 대안적인 삶은 알지 못했다. 불교 전통에서 불교는 수행공동체가 존재하는 국가나 지역에서만 융성해질 수 있었다고 말한다. 이는 단지 수도승만 불교를 공부할 수 있다는 것이 아니라, 욕망의 포기를 통해서 만족을 찾은 사람들의 살아 있는 표상이 우리에게 필요하다는 것을 의미한다. 우리는 일반적인 욕망과 탐착의 과정을 뛰어넘으면 행복을 만나게 된다는 것을 달라이 라마, 마더 테레사 또는 간디 같은 사람들을 통해 알 수 있다. 그들을 통해 그러한 행복을 위한 우리의 가능성을 엿보게 된다.

우리가 자비 수행을 할 때 '욕망 버리기' 또는 자비를 키우는 것 자체가 강박적인 욕망의 새로운 대상이 되지 않도록 하는 것이 중요하다. 높은 성취를 빨리 이루기 위해서 강박적으로 행동하는 것은 자비가 아니라 모습을 바꾼 욕망이 우리 노력을 이끌고 있다는 증거다. 진정한 진보는 정직한 자기 성찰에서 이끌어진다. 그리고 서두르면 신중하게 우리의 마음을 분석할 수 없다. 마음의 변화는 점진적이고, 유기적인 과정이며, 자신을 위한 자비의 성공적인 계발은 성숙하고 침착한 접근을 필요로 한다. 만약 우리가 다른 사람들보다 우월감을 느끼기 위해서 포기를 이용하는 것에 매인다면, 그것은 억압된 욕망이 우리의 수행을 좌우한다는 나쁜 징조다. 만족이란 움켜쥐고 쌓아 놓는다고 해서 얻을 수 있는 재화가 아니다. 만약 우리가 자신의 순수함, 좋음 또는 덕과 같은 것들을 우월감을 위해 사용한다면, 우리는 이것들을 우리를 기만하는 욕망의 대상으로 바꾸었음을 알게 될 것이다. 우리가 다시 고통의 굴레에 잡혀 있다는 것을 인식할 때 우리는 그러한 탐착을 버림으로써 자비를 수행해야 할 것이다.

우리는 고통을 일으키는 욕망들을 내려놓는 것에 한발 나아가기 시작하였지만, 끊임없이 나타나는 우리의 수많은 욕망을 다루는 어려움 때문에 좌절감을 느낄 수도 있다. 다행스럽게도 불교 수행자들은 이러한 좌절에서 갈망으로부터 자유로운 근원적인 만족을 발견하기 위한 방법들을 찾아냈다. 고통의 굴레에서 우리 자신을 자유롭게 하기 위해 욕망을 내려놓는 과정 속에서 일어나는 가장 의미 있는 것 중 하나는 무상(無常), 즉 모든 것이 변화하며 영원한 것이 없음을 명상하는 것이다. 무상에 대한 명상은 충동적 욕망이 올라오는 심리적 토대를 약화시키며, 동시에 우리가 자연스럽게 많은 욕망을 버릴 수 있도록 한다. 비록 무상과 상실을 마주하는 것이 처음에는 불편할 수 있지만, 이를 계속해 나가는 것은 자비를 키워 나가는 데 매우 효과적인 방법이다. 티베트의 스승들은 "무상에 대한 성찰은 놀랄 만한 이익을 낳는다."고 말한다. 여기에는 욕망의 감소, 삶을 잘 영위하기 위한 엄청난 에너지의 증가, 사랑의 삶을 사는 것에 집중하도록 도움을 주는 것, 그리고 고통에 대한 직접적 해결책의 제공이 포함된다. 다음 장에서는 자기 자신과 다른 이들을 위한 자비의 계발을 위해 무상에 대한 명상을 설명할 것이다.

05

살아 있는 사람들을 애도하기

시간은 우리에게 혼란을 준다. 우리는 꿈에서 깨어나 놀란 채 주위를 둘러보지만 꿈을 기억하지 못한다. 그리고 수년 동안 계속해서 실수를 되풀이한다. 내가 원하는 모든 것은 머리를 들고 나무로 된 이쑤시개로 눈을 받쳐 깨어 있는 것이다.

– 애니 딜라드(Annie Dillard)

모든 만남은 이별로 끝이 나고, 쌓아 온 모든 것은 결국 흩어지고, 모든 탄생은 죽음으로 끝이 날 것이다. 주어진 순간이 지나가면 우리 안의 것이나 주위의 모든 것이 변한다. 우리의 생각과 느낌은 의식의 끊임없는 흐름 안에서 흘러간다. 공기는 눈에 보이지 않게 우리 주변에서 소용돌이치고 있고 우리 가슴 안팎으로 빠르게 달리고 있다. 원자의 힘은 서로 작용하고, 전자는 돌고, 분자는 충돌하고 수천 개의 뉴런은 눈 깜짝할 사이에 작동한다. 지구가 다른 은하와 떨어진 은하의 중심 궤도인 태양 주위를 도는 것과 같이 우리의 심장이 뛰고 있는 한 우리의 피는 계속해서 정맥을 빠르게 흐른다.

직접적인 관찰과 분석은 세상이 완전히 비영속적이고 무한히 복잡한 상호 의존적인 사건들로 구성된다는 것을 드러낸다. 그럼에도 우리는 아침을 먹으면서, 포크는 견고하다고 느끼며, 우리 자신도 견고하다고 느낀다. 우리는 독립적이고, 견고하고, 영원하고, 실재하는 방식으로 존재한다고 가정한다. 우리는 이런 방식으로 계속 존재하고, 오늘 죽지 않을 것이라고 상상한다. 또한 우리는 지금 죽지 않을 것이라고 가정한다.

우리가 견고하고, 독립적이고, 영속적인 실체로 존재한다는 믿음은 자비에 있어서 큰 장애물이 된다. 우리가 이러한 환상에 강하게 매달릴수록 점점 더 강박적인 욕망에 사로잡히게 된다. 우리는 자신의 허약함과 무상의 현실을 알아차리는 것을 차단하기 위해 노력한다. 우리는 지위, 권력, 재산을 얻는 것을 포함한 자기 이미지를 유지하기 위해 엄청난 노력을 하며 마치 이것들이 우리를 마법처럼 보호할 것이라고 생각한다. 이별과 죽음에서 우리를 보호할 수 있는 소유물이나 권력은 없다. 상실과 죽음의 근본적인 두려움에 사로잡힌 욕망은 끝이 없다. 결국 그들은 성공할 수 없다. 즉, 견고하고 영속적인 실체에 대한 환상은 우리가 욕망을 내려놓고 자기에 대한 자비를 계발하지 못하도록 막는다. 타인의 고통을 알아차리는 것을 차단함으로써, 그리고 우리 주변 세계로부터 연결이 끊기고 분리되었다고 느끼게 만듦으로써, 이 환상은 또한 타인에 대한 애정과 자비를 계발하는 것과 우리를 차단한다.

나는 우리의 존재가 견고하고 영속적인 실체라는 것이 환상이라는 점을 분명하게 증명하고자 한다. 그렇다고 심각하게 어렵고 철학적인 이야기를 하려는 것은 아니다. 불교철학에서는 공(空)에 대한 철학적 관점의 아름답고 정교한 분석을 찾을 수 있는데, 이는 모든 망상과 부정적인 감정의 바탕이 되는 미묘하고 잘못된 견해에서 수행자들은 벗어나게 하기 위한 것이다. 그러나 나는 여기에서 훨씬 더 기초적인 무언가를 논의하고 있다. 사람들은 아침 식사를 하면서도 내가 논의하고 있는 견고한 영속성의 환상을 찾고 도전하는 것을 볼 수 있다. 어느 날 아침, 그날이 우리의 삶이나 우리가 사랑하는 사람들과의 삶에서 마지막 날이 될지도 모른다는 것을 생각해 볼 수 있다. 그리고 이 소중한 하루를 의미 있게 보내기로 결심한다면, 우리의 마음이 이러한 진실을 받아들이는 것을 어떻게 저항하는가를 인식할 수 있고 그 저항을 통해 작업할 수 있다.

우리는 무상(無常)을 인식하는 것이 일반적으로 삶이나 다른 사람들과 분리될 것이라고 상상할는지 모른다. 우리는 죽음과 상실을 직면하는 것이 우울감이나 절망감으로 이끌 것이라고 가정한다. 붓다는 명상을 위해 그의 제자를 송장터(인도의 장례문화)로 보내곤 하였다. 이것은 무섭고 우울하게 들릴지 모른다. 붓다는 무상을 깨달으면 억압이나 회피 없이도 애착을 잘라 낼 수 있다는 것을 발견하였다. 즉, 삶의 취약성을 인식하는 것은 우리를 일깨울 수 있고, 사소한 욕망을 버리고 온전히 매 순간을 가장 소중한 것에 전념할 수 있도록 영감을 준다는 것을 발견하였다. 그러나 자아는 무상의 자각을 방해한다. 따라서 무상에 대한 인식을 길러 자신의 삶과 타인과의 관계에서 더 깊고 만족스러운 연결을 경험하고자 한다면 자아의 경계와 방어를 넘어서야 한다.

만약 우리가 무상을 직접적으로 직면하지 않으면, 우리는 삶에서 가장 중요한 것이 무엇인지를 기억하지 못할 것이다. 그리고 비록 우리가 가끔 기억할지라도, 우리는 진정으로 우리의 깊은 가치와 일치하는 삶을 살 수 없을 것이다. 자아의 욕망과 방어는 우리를 막으면서 방해할 것이다. 소로(Thoreau)는 예전에 "내가 숲으로 간 것은 신중하게 살고 싶었고, 삶의 본질적인 사실들만을 마주하고 싶었으며 배워야 할 바를 내가 배우지 못했는지 알아보고 싶었으며, 죽음에 다다랐을 때 내가 제대로 살지 않았음을 발견하지 않기 위해서다."라고 썼다.

만약 당신이 죽음의 의미에 대해 직면하는 것을 거부한다면, 그것은 당신이 삶에서 진정 중요한 것을 포기하게 됨을 의미한다. 일생을 욕망과 두려움, 무지라는 이름의 감옥 속에서 살며 기만당하는 위험을 무릅쓰게 되는 것이다. 지금 진실을 직면하지 않으면, 끔찍한 후회와 자아에서 비롯된 두려움이 생길 것이다. 죽음에 임박했을 때는 달리 방법이 없다. 그때는 너무 늦을 것이다. 이것을 인식하면서 소로는 정말로 집을 떠났다. 그리고 삶과 죽음의 본질과 마주하기 위해 숲으로 갔다. 의미 있는 삶을 살기 위해 우리 각자는 익숙하고 제한된 자기방어의 벽 밖으로 나가야 한다. 그리고 무상과 상실의 참된 진실과 마주하기 위해 우리 자신의 황무지, 송장터로 들어가야 한다. 상상 속의 낯선 묘지에서 우리 자신을 애도하면서 우리는 갑자기 가장 본질적인 것이 무엇인지를 우연히 발견하게 된다. 우리는 상실을 직면하면서 사랑을 발견한다.

알아차림을 회피하기

몇 년 전 내가 네팔 코판사원(Kopan Monastery)에서 공부했을 때, 사원 원장인 게쉐 라마 룬드룹(Geshe Lama Lhundrup)은 가르침을 주고 있었다. 그리고 무상의 진실을 진정으로 깨닫는 것 없이는 불교에서 묘사하는 최상의 자비 상태인 **보리심**(菩提心, bodhicitta)을 깨달을 수 없다고 언급하였다. 그가 이런 말을 했을 때 나는 약간 충격을 받았다. 내가 자비와 보리심에 강한 흥미를 느꼈을 때, 나는 죽음과 상실, 애도 그리고 무상을 명상하는 것이 즐겁지만은 않다는 것을 발견했기 때문이다. 뿐만 아니라 그 무상의 진실은 자명한 것으로 보였고, 그래서 명상을 하기에는 지루한 주제로 보였다. 게다가 내가 관심을 가졌던 모든 사람과 사물의 상실이 불가피하다는 것을 생각하며 시간을 소비하는 것을 불편하게 여겼다. 나는 그의 말을 내가 정확히 들었는지 게쉐 라마 룬드룹에게 물었다. 그는 자애롭게 웃으며 “삶이 무상하다는 것을 깨닫지 않고서는 당신은 보살이 될 수 없습니다.”라고 말했다.

그는 근본적인 진실을 언급하고 있다. 우리가 무상과 고통에 대한 진실을 더 깊이 직면하여 이러한 주제에 대한 우리의 이해가 삶과 성격에 통합된다면, 우리는 항상 더욱 깊이 자비롭고, 만족하며, 즐거울 것이다. 다른 사람들이 어떻게 지속적으로 변화하는지를 보는 것은 그들에 대한 경직된 투사를 놓도록 돕는다. 그리고 그들이 상실과 무상으로 어떻게 고통받는지를 깨닫는 것은 자비를 키우도록 돕는다. 우리 자신의 무상을 되돌아보는 것은 욕망의 불만족스러운 마음의 흐름을 멈추도록 돕는다. 그 욕망의 충동은 죽음 앞에서는 별 의미가 없는 것처럼 보인다. 우리가 무상과 죽음에 직면하지 않는다면, 우리의 삶은 바빠지고, 복잡해지며, 스트레스가 많아진다. 우리가 그들과 직면하면 우리의 삶은 더 단순해지고, 더 의미로 가득 차게 된다. 이러한 주제에 직면할 때 우리가 느끼는 두려움이나 혐오감은 자아가 만들어 내는 속임수에 불과하다. 이 속임수는 우리를 자기중심적이고 강박적이며, 신경증적인 이기주의의 덫에 빠지게 만든다. 우리가 견고하고, 영속적인 존재로 살아간다는 환상은 사실상 우리를 마음의 덫이나 감옥에 가두는 것이다. 무상이라는 진실을 직면하는 것은 그 출구가 되어 줄 것이다.

무상을 직면하는 것이 어째서 우리를 만족스럽게 하거나 자비롭게 하는 데 도움을 주는지를 이해하기 위해 우리는 잠시 자아와 성격이 어떻게 형성되는가에 대한 논의로 돌아가야 한다. 이전 장에서 논의한 것에 따라 당신은 아이들이 원하는 것을 얻지 못했을 때 본래 욕망의 대상을 대신하기 위해 다른 것을 찾기 시작한다는 것을 기억할 것이다. 예를 들어, 밤에 엄마가 옆에 있을 수 없는 아이는 엄마를 대신하거나 자신을 달래 줄 테디베어 혹은 담요를 찾는다.

되도록 우리는 항상 우리가 원하는 것을 갖고자 하고, 욕망의 대상과의 완벽하고 공생적인 융합이라는 환상에 얽매인 고통에서 끊임없이 벗어나려 할 것이다. 대상관계분석가들에 따르면, 유아에게 엄마와의 초기 관계에서 공상적이고 완벽한 공생의 상실 경험은 거의 참을 수 없으며, 두려움과 분노를 일으킨다고 한다. 한 아동분석가는 "(엄마로부터) 신체적으로 분리되는 것을 인식하는 것은 모든 인간 존재의 근원적인 고통이다."라고 기술하였다. 엄마가 아이와 접촉할 수 없을 때 접촉하기를 원하는 어린 아이는 아직 그 상황을 처리하는 데 도움이 되는 기억력, 추리력, 상상력을 사용할 능력이 없다. 유아는 아직 '**아! 예전에도 이런 적 있었지. 엄마는 곧 돌아오실 거야.**'라고 생각할 수 없다. 유아가 견딜 수 없다는 것을 알게 된 그 순간 유아는 공포에 휩싸인다. 현재 눈앞에 없어도 대상이 여전히 존재한다는 것을 아직 깨달을 수 없는 유아는 소멸 혹은 죽음과 같은 부재를 경험한다. 어떤 희망도 느낄 수 없는 분리된 느낌은 비통하고 압도적이며 공포스럽다.

끔찍하고 힘들지만 피할 수 없는 이런 좌절된 욕망의 경험은 사실 아이들의 발달에 필요한 부분이다. 물론 아동은 공생적 융합의 환상에 영원히 머무를 수는 없다. 소아정신과 의사이자 대상관계 분석가인 위니콧(D.W Winnicott)은 이러한 초기 상실의 경험들로 인하여 '탈환상'이 시작되는 과정을 묘사했다. 아동의 초기 환상은 필연적으로 자기애적이고 절대적인 통제의 환상, 거대한 자기의 중요성, 완벽한 공생, 그리고 자유로운 감각의 기쁨을 포함한다.

좌절 경험은 아동이 그러한 환상을 수정하도록 하고, 아동의 기대를 더욱 현실에 순응하도록 유도하므로 긍정적인 면을 갖고 있다. 좌절 경험은 또한 아동이 건강한 대처 기술을 발달시키도록 압력을 가한다는 점에서도 긍정적이다. 또 다른 대상관계분석가인 멜라니 클라인은 "유아 초기에 대상 상실의 공포는 최초의 자아방어를 형성한다."라고 말했다.

아동은 자신이 원하는 것을 손쉽게 얻을 수 없을 때 감각 경험을 생각으로 대체하는 법을 배운다. 아동은 자신의 어머니를 붙잡을 수 없을 때, 어머니를 붙잡고 있었던 것을 기억함으로써 자신을 진정시키는 법을 배운다. 아동은 기다리며 만족감을 지연시키는 것을 배운다.

아동은 자신이 원하는 것을 요청하기 위해 언어를 사용하기 시작한다. 그리고 아동은 자신의 욕구에 보다 효과적으로 접근하기 위해 복잡한 문제를 해결하는 기술을 개발한다. 아동은 또한 자신의 상상력을 활용하는 방법을 배우는데, 이는 아동이 이제 더 이상 외부세계에만 의존할 필요가 없기 때문에 매우 중요하다. 아동은 어려움에 직면했을 때 돌아갈 수 있는 내적인 관념과 이미지 그리고 내적인 자원의 세계를 발달시킨다. 이러한 초기의 좌절 경험은 합리적인 사고, 자기통제, 언어의 사용, 놀이, 외부 세계의 경험에 의한 문제해결, 상상력의 사용을 포함한 자아의 많은 긍정적인 능력을 개발하기 위한 자극을 제공한다.

건강한 자아를 형성하는 것은 중요한 발달 과업이다. 그것은 우리 자신을 통제하고, 사회적인 현실을 이해하며, 상상하는 것을 가능하게 할 뿐만 아니라 다른 사람의 감정을 이해하고, 공감하며, 그들을 위한 자비의 계발을 가능하게 한다. 생명을 가진 존재들이 존재의 다양한 영역에서 다시 태어날 수 있다는(불교의 육도윤회를 말함-역자 주) 티베트 불교의 전통은 인간 세상에 태어난 것이 긍정적인 방향으로 마음을 계발하기 위해 가장 유용한 기회를 부여한다고 말한다. 정신분석가들이 말한 것처럼 자아의 고유한 능력을 살펴보면 인간으로 태어난 것이 왜 특별한가에 대한 많은 이유를 알 수 있다. 자신을 통제하고, 상상하며, 이성적으로 생각하며 말할 수 있는 인간의 능력은 건강한 자아가 없는 다른 존재에게는 불가능한 성찰과 자기변형이라는 특별한 가능성을 제공해 준다. 또한 티베트 스승들은 인간으로서 우리는 행복과 고통, 안정과 상실을 동시에 경험하며, 이를 통해 자비를 계발할 수 있다고 말한다.

건강한 자아는 중요한 성취다. 그러나 자아가 세계와 관계 맺는 방식이 궁극적으로 불만족스럽고 좌절스럽다는 본질적 문제는 여전히 남아 있다. 자아는 욕망에 이끌린 목표를 추구하기 위해 자신의 긍정적인 능력을 사용한다. 그러면서 죽을 운명이라는 것과 상실, 무상에 대한 인식을 차단하기 위해 노력한다. 자아의 핵심에는 자아가 태어나기 이전 상태로 자아를 끌고 가는 소멸과 상실, 그리고 죽음에 대한 공포가 있다. 건강한 자아의 긍정적인 측면을 잘 인식한 융은 "자기희생의 두려움은 모든 자아에 깊이 잠재해 있다."라고 말하였다. 그는 자아가 '대체로 실체가 없는 자유를 얻기 위해', 변화와 본능의 역동적인 세계에서 자신을 분리하고 격리하지만, '결국 (자아는) 존재하지 않는 것'이라고 언급하였다.

우리는 최초의 상실과 비통함을 애도할 수가 없었으며, 우리의 자아는 아직 그러한 경험을 이해할 수 없었다. 우리의 두려움과 공포는 소화하고 이해하기에는 너무 압도적이었다. 그래서 상실에 대한 유아기 경험의 조각은 분열되고 혼란되어 우리는 고통과 비영속성 그리고 상실의 인식에 대항하여 방어와 벽, 보호막을 만든다. 프로이트는 인식을 차단하는 역할을 하는 우리의 이러한 기능을 '자극에 저항하는 특별한 표피나 세포막'에 비유했으며, 이를 초기의 상실 경험에 대한 반응으로 죽어 버린 우리의 일부라 기술했다. 어린 아이의 경우, 정신의 일부를 굳게 하고 죽이는 것이 압도되는 것으로부터 보호하는 역할을 한다. 그와 같은 상황도 아이의 경우에는 성장에 도움이 될 수 있다. 하지만 어른의 경우에는 즐기고, 사랑하며, 자비로워지는 것의 방해물이 된다.

심리적 방어가 단단해질수록 이는 우리 자각을 방해하고 실상에 대한 이해를 가로막는다. 그것은 앞서 언급했듯이 주로 우리 자신이 견고하고, 영속적인 실체로 존재한다는 환상을 만든다. 아침 식사 시간, 그리고 일상에서 우리와 함께 존재하는 견고하고, 영속적인 자기이미지는 진정한 정체성이 아니다. 자기이미지는 자아의 방어가 굳어진 결과일 뿐이며, 그것은 마치 마음의 화석과 같은 것이다. 사물을 있는 그대로 보고 전심으로 사랑하는 것을 막는 자아의 이러한 측면을 제거하며, 반대로 자아의 모든 긍정적인 능력을 유지하기 위해서는 무상과 죽음을 받아들이고 인식하는 것이 필요하다.

나는 한때 보석세공가와 며칠을 보내면서 그가 값비싼 돌들을 자르고 갈고 윤을 내는 것을 지켜보았다. 그는 훈련되지 않은 내 눈에 그리 값지게 보이지 않는 돌덩이를 가지고 작업을 시작하였다. 그는 빠르게 회전하면서 불쾌한 고주파를 만들어 내는 다이아몬드 분말로 덮인 세공기로 돌덩이를 반복적으로 갈았고 얼마 후 아름답게 깎은 값비싼 보석을 보여 주었다. 무상을 깊이 숙고하는 것은 보석을 깎아 내는 작업과 매우 유사하다. 우리는 죽음과 비영속성의 인식이라는 다이아몬드 세공기에 돌처럼 거칠고 단단한 우리의 자아를 갖다 대고 연마함으로써 작업을 시작한다. 깨달음을 얻기 위해 단단한 자아를 연마하는 과정은 힘들고 불쾌한 경험일 수 있다는 것을 명상을 해 본 이들은 알고 있다. 하지만 만약 우리가 그 과정을 계속한다면, 결국 우리 안에 있는 값비싸고 보석 같은 기쁨, 의미, 사랑의 능력이 드러날 것이다. 그 최종 결과물은 그러한 힘들고 어려운 과정을 감당할 만한 충분한 가치가 있다. 우리는 그러한 연마를 통해 훈련되지 않은 눈은 볼 수 없는 자신 안에 있는 능력을 발견하면서 우리의 자아를 수정한다.

자기 자신을 애도하기

프로이트와 그 이후의 분석가들은 특히 세상과 연결하는 자아의 방식 너머로 가는 것에는 흥미가 없었다. 그러나 융은 이 주제에 흥미를 가졌다. 예를 들면, 그는 많은 문화는 자아 기능이 어떻게 바뀔지에 대한 계획된 입문식이 있다고 기록했다. 참가자는 입문식의 과정에서 종종 중요한 도전과 위험, 심지어 상징적인 죽음과 부활에 직면한다. 그 과정은 참가자의 자아와 자기상을 바꾸기 위하여 자아의 핵심공포를 불러일으키는 것이다. 어떤 문화에서는 수년간의 과정에서 영적인 경험과 관련된 일련의 입문식이 자아가 자신의 단단한 껍질을 깨고 나올 수 있도록 돕는다. 당신이 이러한 탈출의 과정을 시작하기 위해 할 수 있는 가장 중요한 것은 무상과 죽음에 대한 자신의 감정을 의식적으로 직면하고, 작업하는 것에 시간을 할애하는 것이다.

붓다는 제자들을 송장터로 보내서, 온몸이 불타거나 심하게 부패한 시체들을 보게 하여 제자들이 그들 자신의 죽을 운명에 직면하도록 했다. 그들은 이러한 시체를 보았을 때, 자기 자신과 주변의 모든 사람 또한 곧 시체가 된다는 것에 대해 생각했다. 제1대 달라이 라마는 '풍장(티베트 장례법의 하나)'이 행해졌던 큰 돌 옆에서 명상을 하는 티베트 고대 불교 전통을 유지하였다. 티베트에서는 추위 때문에 매장이 어려웠고, 높은 고도로 인해 장작이 너무 비싸서 정기적으로 화장을 하는 것 또한 어려웠다. 그래서 일부 에스키모가 툰드라에서 늑대들에게 그들의 시체를 제공했던 것처럼 티베트 사람들은 관대함의 마지막 행위로 죽은 자를 대신해서 독수리에게 시신을 제공했다. 제1대 달라이 라마는 심한 상처가 생겼거나 먹혀진 몸을 보면서 풍장돌 바로 옆에 앉았다. 그동안 내내 그는 곧 비슷한 운명으로 고통받을 것이라고 생각했다.

무상에 대한 이러한 명상은 그에게 분명하고도 강한 충격을 주었다. 그는 풍장돌 옆에 앉아 자신의 자아를 변화시켰다. 견고함과 영속성이라는 환상을 부수어 먼지로 만들었으며, 자신의 전부를 자비를 행하는 데 바쳤다. **쵸드**(Chod)라고 알려진 티베트의 수행에서는 풍장에서 시체를 잘라 새들에게 내어 주듯 자기 몸을 내어 준다고 상상한다. 그러고는 자신의 몸 전체가 모든 존재의 바람을 들어주는 신들의 음료인 넥타로 변하여 흐르는 것을 상상한다. 이러한 수행과정은 수많은 욕망과 방어기제를 지닌 오래된 자아를 희생하는 상징적 행위다. 그렇게 함으로써 오래된 자아의 긍정적인 능력은 유지하고 두려움이나 욕망은 포기하며 지혜나 축복이 가득한 자비로 대체하는 새로운 정체성으로 다시 태어나는 것이다.

이 명상을 수년간 따른 제1대 달라이 라마는 중앙아시아 전역에서 가장 명성 높고 활동적인 자비의 스승 중 한 사람이 되었다. 몇 년 후 많은 사람은 그의 가르침을 보존하고 전하는 수도원 건축을 요청했다. 그는 수도원을 위한 특별한 장소를 선택했고, 타시 룬포(Tashi Lhunpo)에 수도원을 지었다. 그 수도원은 티베트 역사상 가장 훌륭한 수도대학 중 하나가 되었다. 그는 한때 명상을 했던 넓은 돌에서 몇 미터 떨어진 곳에 교단을 배치했다. 나는 그가 자아의 환상과 비영속성을 깨달았던 때를 잊지 않기 위해 그들을 사용했을 것으로 생각한다.

현대 서양 문화에 송장터나 풍장돌은 없다. 문화적으로 우리는 무상과 죽음의 현실에서 분리되어 있다. 죽음의 현실에 대한 노출이 결핍된 것은 자아가 죽음에 대한 인식을 회피하는 것을 부추긴다. 방송매체는 죽음의 문제를 피하거나 우리에게 깊이 감동을 줄 수 있는 것보다는 흥미를 일으키거나 주의를 산만하게 하는 영광의 장면들을 담은 사례들만 제시하는 경향이 있다. 심지어 장례 산업은 죽음의 진짜 얼굴을 숨기기 위한 환상을 만들기 위해 화장하고 색칠한다. 개인적으로나 문화적으로, 만약 우리가 죽음과 무상의 인식에서 우리 자신을 분리한다면, 우리는 무엇이 가장 최선인지에 대해 많은 부분을 발견할 수 없을 것이다.

우리가 자아의 단단한 껍질을 탐구하기 위해 실제로 납골당이나 풍장터를 방문할 필요는 없다. 우리는 적극적으로 무상과 죽음의 현실로 우리의 인식을 이끌어 갈 수 있다. 나는 우리의 환상을 약화시키기 위해 추리력과 상상력을 사용할 수 있는 몇 가지 활동을 제시할 것이다. 이러한 활동을 함으로써 우리는 영속성에 대한 자아의 감옥 같은 환상을 극복하고, 그럼으로써 자신에게 더 큰 자유와 기쁨을 부여하여 자아의 긍정적인 측면을 사용할 수 있다.

만약 당신이 전에 이러한 활동을 시도한 적이 없다면, 그 활동들이 약간 병적인 것처럼 들릴지도 모른다. 당신은 어쩌면 자신이 자아의 환상을 직면하기를 회피하면서 고통스러워하고 있음을 알아차리게 될지도 모른다. 그러나 일단 당신이 잠시나마 자아의 환상 이면으로 침잠해 들어간다면, 그 환상을 꿰뚫어 보는 것이 당신의 마음과 삶에 어떠한 긍정적 영향을 줄 수 있는지를 깨닫기 시작할 것이다. 당신은 자아의 껍질 밑에 있는 보석을 어렴풋이 알아차리기 시작할 것이다.

첫째, 나는 종종 치료에서 환자와 함께 활용하는 상당히 간단한 상상 훈련을 제시할 것이다. 당신의 마음을 진정시키기 위해 앉거나 편안하게 누워서 몇 분 동안 자신의 호흡에 집중하는 것에서 시작하는 것이 좋다. 다음은 미래의 어떤 시간에 있는 자신을 상상해 보아라. 당신은 오늘부터 수십 년 후 몇 미래의 자신에 대해 상상할 수 있다. 당신은 수련을 할 때마다 다른 연령대의 자신을 상상할 수 있지만, 일단은 한 나이를 선택하고, 수행 기간 동안 그

나이를 고수하라. 당신이 그 나이로 보이는 것을 상상하라. 당신의 얼굴과 손 그리고 옷을 상상해 보아라. 그 시간에 무엇을 하고 있는지, 누구와 상호작용하고 있는지 상상하라. 이것으로 시간을 보내라. 그리고 구체적으로 하라. 더 명확하게, 더 깊게 상상하라. 그러면 더 효과적인 훈련이 될 것이다.

다음으로, 자신의 죽음을 상상해 보아라. 훈련을 통해 이것을 실행함에 있어 죽는 방법 하나를 선택하라. 반복해서 연습할 때 다른 죽는 방법들을 생각해 보아라. 때로는 심장마비, 교통사고, 전쟁, 살인 등과 같은 방식의 갑작스런 죽음을 상상해 보아라. 어떤 때는 에이즈, 암, 알츠하이머, 폐기종, 뇌졸중 등과 같은 방식의 더디고 오랜 기간에 걸친 죽음을 상상하는 과정을 경험해 보아라. 다시 말하지만, 죽음의 과정을 상상하는 것은 가능한 상세하고 구체적으로 하라. 일반적으로 죽음과 당신이 아끼는 모든 사람과 사물로부터 오는 이별의 고통과 함께 오는 육체적인 고통을 겪는다고 상상하라.

이 훈련을 시작했음에도 별다른 것을 느끼지 못할 수도 있다. 이유는 간단하다. 당신의 자아방어가 감정을 강하게 막기 때문이다. 처음에 당신이 감정을 잘 느끼지 못하는 것이 죽음에 대한 두려움을 초월했다는 것을 나타내는 것이라고 생각하지 마라. 이러한 감정의 결핍은 무상과 죽음의 두려움이 너무 강해서 자아의 핵심에서는 아직 그것을 직면하고 처리할 수 없음을 보여 준다. 만약 이런 경우라면, 나는 죽음에서 한 걸음 물러나 당신의 목숨보다 작은 무언가를 잃는 상상을 하기 바란다.

당신의 차를 도난당했다거나, 직장을 잃었다거나, 저축한 것을 잃었다거나 혹은 집이 불탔다는 상상부터 시작하라. 또한 당신은 사랑하는 누군가를 잃는다는 상상부터 시작할 수도 있다. 견고함과 영속성의 환상을 연마하기 위한 목적에는 뜻밖에 시력이나 청력 혹은 다리를 잃는 것을 상상하는 것이 도움이 된다. 이러한 상실은 우리가 죽었을 때 경험하는 상실보다는 훨씬 더 작기 때문에 매우 방어적인 사람들은 작은 상실부터 시작해서 점점 죽음에 대한 상상에 이르기까지의 단계를 거치면 자아의 핵심에 있는 두려움에 접근할 수 있게 된다. 물론, 우리가 죽으면 우리는 이런 것들과 다른 모든 것을 한번에 잃게 된다.

우리는 종종 삶의 끝에서 우리가 어떻게 살았는지를 다시 돌아보고 재고해 본다. 이것은 명상의 마지막 단계다. 당신 삶의 끝 시점에서 돌아보는 것을 상상하라. 그 시점에서 무엇이 중요한지 스스로에게 물어보라. 우리가 보통 중요하다고 생각하는 수많은 것이 죽음을 앞둔 시점에서는 얼마나 공허하고 의미 없는가를 알아차려라. 가장 솔직하게 죽음의 얼굴에 필수적인 것이 무엇인지, 무엇이 중요한 것인지 자신에게 반복해서 물어보아라.

물론, 이러한 훈련은 불교에만 있는 것은 아니다. 많은 전통의 종교 수행자들은 이러한 상상력을 이용한 훈련에 참가해 왔다. 예를 들면, 18세기 동안 유럽 신비론자인 랍비 나흐만(Rabbi Nahman)은 그의 학생들에게 "여러 번 (자신의) 죽음을 상상했는데, 마치 정말로 죽은 것처럼 죽음을 맛보면서 너무나 생생하였다."라고 말했다. 그는 죽음의 장면을 매우 명확하게 묘사하였다. 그는 그 끔찍한 냄새를 맡을 수 있었고, 우는 소리를 들을 수 있었으며, 영혼이 그의 몸을 떠나는 것을 느낄 수 있었다. 이것이 불러일으키는 강렬한 느낌과 함께 그는 다른 사람의 행복을 위해 스스로 희생할 수 있는 용기와 사랑의 힘을 구하는 기도를 했다.

나는 치료와 명상 수업 시간에 다양한 사람과 이러한 훈련을 해 왔다. 나는 사랑, 친절, 자비가 죽음 앞에서 가장 중요한 것이라고 대답하지 않는 사람을 단 한 명도 본 적이 없다. 근사(近死) 체험 연구자들은 또한 이러한 경험을 해 본 사람들이 일관되게 사랑하는 사람에 대해 더 큰 헌신을 한다고 말한다. 평범한 사람들도 가장 끔찍한 비극에 처하면 거의 대부분 놀랄 정도로 이타적인 영웅심을 발휘하게 되기도 한다. 죽음의 현실에 직면하는 것은 진정 자연발생적인 자비 계발의 필수적인 수단이라고 보는 불교심리학적 관점을 지지하는 많은 증거가 있다.

고위직 회사 컨설턴트인 나의 환자도 이와 같은 훈련에서 다르지 않게 반응했다. 그는 회사에 대학 시절 운동선수로 받은 상과 트로피 그리고 많은 전문적인 성취로 받은 수많은 상과 트로피를 전시해 놓았다. 이 훈련을 한 지 일주일도 지나지 않아, 그는 그것 전부를 내려놓았고, 사랑하는 사람들의 사진으로 대체하였다. 그는 나에게 말하였다. "나는 항상 사업계획을 세우는 것이 너무 좋았어요. 이번 주에 처음으로 나는 앉아서 가족에 대한 나의 사랑을 보여 주는 방법에 대한 계획을 세우기 시작했어요. 나머지 모든 것은 정말 중요하지 않았어요."

그의 수상 경력과 트로피는 그의 자아의 욕망을 반영해 온 것이었다. 그것들은 견고하고, 영속적이며, 힘 있는 존재라는 속마음을 쌓아 올림으로써 두려운 감정을 피하기 위한 상징이었다. 이 훈련을 통해 자신의 방어의 벽을 뚫고 나갔을 때, 그는 사랑을 위하여 그것들을 포기하면서, 공포에 좌우되는 자기상을 내려놓을 수 있었다는 것을 깨달았다.

나는 오늘 죽을지도 모른다

이 훈련의 두가지 다른 형태는 심리적으로 매우 유용하기 때문에 나는 그것들 역시 나누고 싶다. 이 훈련들이 일으키는 독특한 결과물은 티베트 불교에서만 찾아볼 수 있는데, 두 가지 훈련 모두 간단하다. 이 훈련들은 견고하고, 영속적인 존재와 같은 기존의 생각과 관련된 자기방어를 파괴하는 간단하고 직접적인 방법이다.

첫 번째 방법의 경우, 당신 앞에 있는 탁자 위에 초침 달린 탁상시계를 놓아라. 이 훈련에 투자할 확실한 시간을 미리 선택하라. 만약 당신이 그렇게 하지 않으면, 당신의 자아는 훈련시간 길이에 신경을 쓰느라 집중을 하지 못할 것이다. 자, 혼자서 째깍째깍 소리를 내는 탁상시계를 보아라. 각각의 째깍째깍 소리를 통해 당신은 죽음에 더 가까이 다가간다는 것이 절대적이며, 확실하다는 것을 기억하라. 당신에게는 제한된 시간이 남아 있고, 그 시간들은 물이 폭포에서 떨어지는 것처럼 계속해서 흘러간다. 이것을 막을 수 있는 것은 아무것도 없다. 당신에게 남은 시간은 손에 담은 물이 손가락 사이로 새는 것처럼 쏟아지는 것이다. 당신의 시간은 글자 그대로 새고 있다. 각 초침의 째깍거리는 소리를 통해 당신의 삶이 끊임없이 그 끝을 향해 달리고 있다는 것을 기억하고, 반복해서 스스로에게 무엇이 중요한지를 물어라. 유창하고 지적인 대답으로 만족하지 마라. 시간이 흐를수록 더욱더 마음 깊이 가라앉기 위한 질문을 하면서 무엇이 중요한지에 대한 질문을 가지고 앉아 있어라. 만약 당신의 마음이 다른 주제로 가 버리면, 초침을 보면서 당신의 목숨이 사라지고 있는 것을 알아채고 무엇이 중요한지를 다시 물으며 원상태로 돌아오면 된다. 미리 정해진 시간이 끝날 때, 당신에게 남아 있는 말할 수 없이 소중한 매 순간을 현명하게 보낼 것을 결심할 것이다.

이 훈련은 앞서 말한 훈련과 유사한데, 자아의 방어를 더 예리하게 잘라 낸다. 앞의 훈련에서 우리는 죽음과 죽을 운명에 직면했지만, 더 깊이 들어가 보면 견고함과 영속성에 대한 느낌이 여전히 남아 있는 것을 볼 수 있다. 이 훈련은 매 순간 이러한 느낌을 흘려보내는 것이다. 처음 이 훈련을 할 때 불안감을 느낄 수 있다. 그것은 당신이 자아의 방어에 도전하고 있다는 신호다. 만약 당신이 이 수행에 몇 주 혹은 몇 달 이상 계속 참여한다면 점차적으로 자아의 방어에서 자유로워져 매 순간을 사는 방법을 배우게 될 것이다.

매우 강력한 또 다른 방법은 아침에 일어나자마자 가능한 빨리 행하는 것이다. 눈을 뜨자마자 자신에 대해 생각해 보아라. **내가 여전히 살아 있다는 것이 얼마나 놀라운지, 나의 삶이 얼마나 깨**

지기 쉬운지를 생각해 보아라. 나는 지난밤에 죽었을 수도 있었다. 그렇기 때문에 내가 깨어나서 여전히 여기에 있다는 것은 정말로 놀라운 일이다.

세상에 있는 다른 사람들이 어젯밤에 죽었다는 사실을 기억하라. 하지만 당신은 그동안 삶을 유지하고 있었다. 또한 쉽고 빠르게 죽음을 불러일으키는 다른 많은 요소가 있다는 것도 기억하라. 많은 사람들은 매일 죽어 간다. 어떤 사람은 질병으로 죽지만 또 다른 사람들은 건강해도 죽는다. 어떤 사람들은 늙어서 죽지만 어떤 사람들은 젊은데도 죽는다. 이들은 모두 단지 죽을 뿐이다. 자동차 사고나심장마비, 뇌졸중, 살인, 사고 또는 테러리스트의 습격에 의해 당신의 삶은 쉽게 빼앗길 수 있다. 잠깐 동안 직관적으로 당신이 오늘 죽는다고 상상해 보아라. 생각은 이렇게 흘러간다. **내가 오늘 죽는다는 것은 명백한 사실이다. 그리고 그 사실에 대해 내가 할 수 있는 것은 아무것도 없다. 그러므로 나는 오늘을 살 것이다. 오늘이 마지막 날인 것처럼.** 글자 그대로 당신 삶에서 오늘이 마지막 날이라는 것을 인식하라. 그리고 오늘 할 일 중에서 중요한 것이 무엇인지, 오늘 하루를 어떻게 보내기를 원하는지, 당신이 볼 다른 사람들과 어떻게 관계를 맺고 싶은지에 대해 생각하라. 당신의 하루를 현명하게 보낼 수 있다고 강하게 결심함으로써 훈련은 끝난다.

일어나자마자 이러한 명상을 하는 것은 자아의 장벽 안에 숨어 있는 보석 같은 능력들을 짧게나마 경험할 수 있는 강력한 방법이다. 일반적으로 우리가 잠들어 있을 때 자아는 적어도 부분적으로 휴식을 취한다. 견고하고 영속적인 존재일 것이라는 우리의 느낌은 꿈속에서조차 완전히 사라지지 않고 다소 약화될 뿐이다. 우리가 잠에서 깰 때 자아는 빠르게 다시 일하기 시작한다. 우리의 견고한 자기상은 다시 돌아온다. 그리고 자아는 끊임없는 욕망에 따라 우리의 하루를 계획하기 시작한다. 이러한 기술로 훈련된 티베트의 명상가 중 한 사람은 “만약 당신이 이른 아침에 무상에 대한 명상을 하지 않는다면, 한낮까지 많은 욕망을 가지게 될 것이다.”라고 썼다. 이러한 훈련을 함으로써 우리는 자아의 방어가 그날 하루를 완전히 침입하기 전에 개입할 수 있다. 일어나자마자 무상에 대한 진실을 기억함으로써 우리는 견고하고 영속적인 자기의 환상적인 이미지에 도전한다. 아침에 침대 바로 그곳에서 이러한 환상들이 하루를 지배하기 전 깨어 있음으로써 우리는 이것이 환상 그 자체라는 것을 인식할 수 있다. 이러한 환상이 우리의 하루를 지배해 버리기 전에 우리는 이런 욕망을 재조정할 수 있다. 우리는 삶이 계속될 것이라는 환상 대신에 무상을 충분히 이해하고 현실을 바로 인식할 수 있다.

이 순간 우리가 오늘 죽을지도 모른다는 것에 대해 생각할 때 자아의 핵심 근처에 숨겨진 두려움을 내려놓게 된다. 단단한 자아의 장벽이 어린 시절에 생긴 압도적인 두려움으로 생긴 것임을 기억하라. 일반적으로 우리는 기본적으로 태어날 때부터 자아의 일부인 두려움을 가지고 산다. 의식적으로 우리의 견고함과 영속성의 확고한 환상을 깨뜨림으로써 우리는 두려움에 직면하고 두려움 없이 삶을 살 것을 결심하면서 하루를 시작한다.

보통 우리는 강박적인 욕망에 이끌려 산다. 하지만 여기에서 우리는 알아차림과 자비를 가지고 의식적으로 살 것을 결심한다. 일반적으로 우리는 자신이 영속적이고 (세계를) 통제할 수 있으며, 매우 중요한 존재라는 무의식적인 믿음을 가지고 살아간다. 여기에서 우리는 자신이 끊임없이 변화하는 상호 의존된 연결망에 속한 매우 깨어지기 쉬운 조각이라는 인식을 갖고 하루를 시작한다. 우리는 경직됨과 욕망을 내려놓고, 우리 스스로의 생명을 위해, 친밀함을 위해, 그리고 사랑을 위해 마음의 문을 열면서 하루를 시작하는 것이다.

만약 당신이 일정 기간 동안 이러한 방법을 사용하기 위해 노력한다면 깨달음이라고 묘사되는 느낌을 일으키는 것이 보다 쉬울 것이다. 긍정적인 자각의 성장 속도에 따라 당신은 크리스마스 아침에 자신의 죽음을 꿈에서 본 후의 스크루지처럼 어느 날 자신이 잠에서 깨어나기 시작하는 것을 알아차릴지도 모른다. 스크루지가 자신의 가슴을 꽉 쥐었을 때, 자신이 살아 있음을 알고 기쁨에 소리지를 때, 그리고 침대로 뛰어올라 그가 가진 모든 것을 모든 사람과 나누기 시작했을 때와 같이 스스로 깨어나게 될지도 모른다. 소로가 숲에서 사는 동안 삶에 대해 보여 주었고, 티베트의 승려들의 삶이 무상과 직면하는 것에 있다는 것을 보여 준 것이 바로 그 에너지다.

일반적으로 우리의 귀중한 매일을, 심지어 매 순간을 깨닫지 못하고 있기 때문에 우리는 이러한 종류의 에너지와 기쁨을 불러일으키지 못한다. 만약 우리가 이러한 훈련에 참여하고, 무상에 직면하면서 시간을 보낸다면, 이러한 인식은 점점 더 분명해질 것이다. 그리고 우리는 자비롭고 활력 있는 삶으로 나아가는 자신을 발견하게 될 것이다.

연금술적 변형

나는 때때로 자신의 무상과 죽을 운명에 진심으로 직면하기 위한 방법으로 '자기 자신을 애도하기'라는 방법과 그 실천법을 소개하곤 한다. 심리학적으로 애도하기는 우리가 이전에 욕망과 탐착을 통해 대상에게 투사해 왔던 에너지를 철회하는 것을 의미한다. 프로이트는 저술에서 애도에 대해 설명하면서 "모든 리비도는 대상에 대한 애착에서 철회해야만 한다."라고 쓴 적이 있다. 대상관계분석가인 한나 세갈(Hannah Segal)은 "애착의 대상에 대한 성공적인 포기는 오직 애도의 과정을 통해서만 일어날 수 있다."라고 말했다.

우리는 오직 그것에 애착할 때 어떤 사람 또는 어떤 물건을 애도한다. 매일 많은 사람이 죽지만 우리는 애도하지 않는다. 만약 당신이 그 어떤 욕망이나 욕심 또는 사람에 대한 애착을 가지고 있지 않다면, 당신은 그들이 떠날 때 슬픔이나 동정심 또는 걱정을 느낄지 모르지만, 그들을 진정으로 애도할 수는 없을 것이다.

불교 문헌에서 **애착**(attachment)이라는 단어는 서양의 심리학 연구와는 달리 함축적인 뜻을 가지고 있다. 불교에서 애착에 대해 언급할 때, 그들은 우리의 욕망이 똑같은 한 대상에게로 지속적으로 향하여 그 대상을 갈망하고 그 대상에 사로잡혀 있는 것이 오랫동안 습관화되어 있는 상태라고 언급한다. 착각 속의 갈망에 기반을 둔 이러한 애착을 불교에서는 직접적인 고통의 원인으로 보고 있다.

서양의 심리학자들은 아이들이 어떻게 그들의 부모에게 애착하는지에 대한 수많은 연구를 했다. 또한 사람들은 각자 자신의 가족, 결혼 그리고 우정에 어떻게 애착하는지에 대해서도 많은 연구를 했다. 서양의 심리학자들은 애착을 마음의 상태로 정의하지 않았다. 대신에 그들은 '어떤 특정한 대상에 접근과 접촉을 추구하고, 놀라거나 피곤하거나 아플 때와 같은 상황에서 이와 같이 하려고 하는' 강력한 성향으로써 애착을 행동주의적으로 정의한다.

심리학자들은 부모나 가족구성원이 자녀에 대해 애착하는 것은 정신건강에 좋고 행복의 원인이 된다고 가정한다. 그래서 표면적으로 우리는 불교와 서양 심리학자들이 이러한 주제에 반대되는 의견을 가진다고 가정할 수 있다. 하지만 서양 심리학자들의 연구를 신중하게 살펴보면 그들이 말하는 애착의 근저에 놓인 감정 상태는 욕망에 추동된 감정이라기보다는 사랑의 감정이라는 것을 알 수 있다.

서양 심리학자들이 애착에 대해 언급한 것은 사실 욕망과 애정 어린 감정의 혼합이다. 애착했던 어떤 사람 혹은 물건을 잃었을 때, 우리는 반드시 욕망 에너지를 철회해야 한다. 하지만 우리의 애정 어린 감정은 남는다. 애도하기는 우리의 욕망에 추동된 애착과 투사를 철수하는 과정이며, 우리에게 남은 것은 떠나간 사람에 대한 감사와 사랑이라는 것을 가장 잘 이해하는 것이다. 애도는 떠나간 사람에 대한 감사와 사랑만 남을 때까지 욕망에 추동된 애착과 투사를 철수하는 과정이다. 우리는 애착으로부터 순수하고 애정 어린 정서는 남겨 놓으면서 욕망의 에너지를 불태워 없앤다.

우리는 사람뿐 아니라 때때로 우리가 행한 역할 또는 우리 스스로 만든 이미지를 애도한다. 우리는 자주 하나 혹은 그 이상의 자기상에 지나치게 탐착하면서 많은 욕망 에너지를 투자한다. 자신이 탐착하는 이미지가 상황과 맞지 않을 때 우리는 자신의 이미지와 이별해야 한다. 예를 들어, 어린 아이가 어른의 책임을 맡아야 되는 상황에 놓이게 되면 자신의 아동기의 상실을 애도하게 될 것이다. 이는 철없고 걱정 없었던 자신의 이미지를 애도한다는 의미다. 유사하게 어떤 사람이 오랫동안 일했던 직장에서 은퇴했을 때, 그는 모든 시간 동안 행했던 자신의 역할을 잃은 것에 대해 애도하기 시작할 것이다. 수시로 떠오르는 슬픔, 상실 그리고 공허함은 우리가 사랑하는 사람을 잃었을 때 느끼는 감정과 유사하다. 우리는 지나치게 탐착하였던 물건을 내려놓을 때도 이러한 느낌을 갖는다.

자신의 무상에 직면하는 이러한 방법에 반복적으로 참여함으로써 당신은 견고하고 영속적인 실체와 같은 당신 스스로의 이미지를 애도하기 시작한다. 이러한 이미지는 자아와 매우 친밀하게 연결되어 있다. 당신이 견고하고 영속적일 것 같은 자신의 이미지를 애도하는 만큼 당신은 더 유연하고 현실적인 자기상을 더 자유롭게 발달시킬 수 있다.

애도는 또한 많은 에너지를 자유롭게 한다. 당신이 견고하고 영속적일 것이라는 자기상에 탐착하는 한, 당신의 많은 심리적인 에너지는 그러한 환상을 붙잡고 방어하는 데 사용된다. 당신이 그 환상을 내려놓을 때, 모든 에너지는 자유로워지고 더욱 긍정적인 방향으로 갈 수 있게 된다. 스스로를 애도하는 것을 통해, 우리는 무의식적이고 습관적으로 탐착에 쏟았던 에너지의 소비를 막고, 의식적으로 사랑과 자비심으로 에너지의 방향을 돌릴 수 있도록 자유로워진다.

대개 우리는 어쩔 수 없을 때에만 우리의 욕망 에너지를 철수시키고 애착으로부터 순수한 사랑으로 순화시키는 식으로 애도하는 경향이 있다. 예를 들어, 만약 지나치게 탐착하고 있는 사람이 죽거나 헤어지거나 할 경우라면 그 사람은 더 이상 자신의 욕망을 충족시킬 수 없다. 우리의 욕망 에너지가 여전히 그 사람을 향하고 있지만, 그 사람은 더 이상 존재하지 않는다. 우리는 테이블 맞은편에 있는 빈 의자를 보고 미소를 짓지만 고통을 느낀다. 전화를 들고 그에게 전화를 하지만 그가 그곳에 없다는 것을 깨달을 뿐이다. 우리가 느끼는 공허감은 밤에 침대 맞은편에 손을 뻗어 보지만 빈자리만을 발견하는 것과 같다. 이것이 우리가 잃은 누군가를 애도하는 대단히 고통스러운 과정의 핵심이다.

우리는 상대방에 대한 욕망으로 수많은 행동들을 하지만, 매번 그 사람이 거기에 없음을 발견한다. 각각의 일방적인 행동과 공유되지 않는 순간은 우리에게 다시 상실감을 준다. 우리는 아무도 없는 곳을 향해 손을 뻗으며 미소 짓곤 하지만, 매번 좌절된 욕망의 눈물을 흘리게 된다. 그러면서 서서히 우리는 세상에 없는 이를 찾아 헤매는 것을 멈춘다. 그러면 그들을 향하던 에너지는 점차 우리에게 되돌아오게 된다. 애도가 잘 될 때, 그 사람들이 누구인지, 무엇을 주었는지에 대한 감사와 그 사람에 대한 우리의 진정한 사랑은 남겨둔 채 우리의 욕망과 욕심은 머지않아 가라앉는다.

자아의 관점에서 상실과 애도하기의 고통스러운 과정은 완전히 부정적이다. 그것은 우리의 욕망을 좌절시키고, 견고하고 영속적인 실체로서 존재한다는 이미지를 손상시킨다. 사람들이 애도하기 과정에 깊이 들어가면 그들은 자주 "나는 무너지고 있다." "내가 미쳐 가고 있는 것 같다." "더 이상 내게 현실은 없다." "나는 완전히 이성을 잃었다."라고 말한다. 실제로 일어난 일은 자아가 무너졌다는 것이다. 자아의 세계관은 환상이었다는 것으로 밝혀진다. 자신의 자아에 살면서 슬퍼하는 사람은 자신과 주변 세계가 견고하고 영속적으로 존재한다는 것을 무의식적이기는 하지만 깊이 믿는다. 오늘 여기 있는 사람은 내일도 여기 있을 것이다, 혹은 사람은 자신의 인생에서 다음에 일어날 일을 통제한다, 혹은 다른 사람에 대한 욕망을 따름으로써 지속되는 행복을 발견할 수 있다는 등의 생각을 믿는 것이다. 우리가 깊이 애착한 누군가를 상실한다는 것은 자아 깊은 곳으로부터 우리의 근본을 없애는 것과 같다.

비록 이러한 경험이 자아의 관점에서는 완전히 부정적일지라도, 이것은 자기 자신을 변화시키고 자비를 키우기 위해 노력하는 사람을 위한 기회를 제공해 준다. 수년 전에, 나는 게쉐 라마 쿤촉(Geshe Lama Kunchok)이라는 이름의 승려를 알았다. 그는 오랜 세월을

히말라야에 있는 동굴에서 살았다. 어느 날 그는 서양인들로부터 그의 삶에 대한 이야기를 해 달라고 요청받았다. 그는 앉아서 자신의 개인적인 삶에 대한 세세한 부분을 나누기보다는 널리 알려지지 않은 붓다의 가르침에 대해 이야기하기 시작했다. 그 붓다의 가르침이란 얻기보다는 잃는 것을 선호하는 것, 칭찬받기보다는 모욕받기를 선호하는 것, 편안함보다는 어려운 환경을 선호하는 것에 대한 것이었다. 그는 이러한 구체적인 가르침과 일치되게 자신의 삶을 살기 위해 노력했다고 말했다. 그는 매우 똑똑하고, 단순하며, 내가 만난 대부분의 사람보다 크게 웃는 솔직한 사람이었다. 이러한 방식으로 그가 자신의 인생 이야기를 할 때, 어떤 사람들이 보기에는 스스로 불행을 즐기고 있다고 생각해서 당황스러워 하며 그를 바라보았다. 더 자비롭게 살기 위하여 자아의 해체와 변화에 전념하는 사람들에게 어려운 환경은 특별한 기회를 제공하기 때문에 게쉐 라마 쿤촉과 같은 사람에게 사소한 위로는 우리의 유아적인 욕망을 달래기만 할 뿐이다.

대조적으로 상실은 견고함과 영속성의 환상을 허물기 때문에 가치가 있다. 자아의 거대함을 무너뜨리는 모욕 또한 가치가 있으며, 다른 사람에 대한 봉사에서 오는 고난은 자기애를 자비로 대체하는 기회를 주기 때문에 소중하다. 그러한 인생 경험은 자아의 단단한 벽을 열심히 파고드는 누군가에게 진리의 보석 세공기에 닿게 함으로써 자신의 마음속에 있는 보석을 드러내게 한다.

고통을 겪거나 우리가 원하는 것을 잃는다는 것은 본질적으로 도움이 되지는 않는다. 만일 우리가 상실의 경험을 능숙하게 이용하는 방법을 모른다면, 그 경험은 우리를 예전보다 더 악화시킬지도 모른다. 심리학자로서 나는 종종 상실의 경험을 서툴게 다루다가 정신적으로 상처받은 사람들을 만났다. 어떤 사람들은 죽거나 혹은 그들을 떠난 사람을 절대 그냥 내려놓지를 않는다. 그들에게 오직 고통만을 야기하고 있음에도 불구하고, 그들은 수년 혹은 수십 년 동안 화나 갈망, 죄책감을 붙잡고 있다. 그들은 떠난 지 오래된 누군가와 애착된 채로 남아 주변 사람들과 자신을 분리할지도 모른다. 수년간 좌절된 욕망 속에서 살아가는 것은 그들이 더더욱 두꺼운 자기방어를 만들게 하여 진정한 친밀감을 불가능하게 한다.

어떤 사람들은 상실의 아픔과 직면하기를 두려워하여 욕망의 대상을 이리저리 바꾼다. 그들은 상실한 사람과 관련된 슬픔과 외로움을 잊기 위해 새로운 사람을 이용한다. 그들 스스로의 경험을 되돌아보기 위해 멈추지 않고 한 경험에서 또 다른 경험으로 재빨리 움직인다면, 그들은 과거에서 배울 기회를 잃는다. 자신의 실수에서 배우지 못했다는 것은 그들이 비극적으로 그 실수들을 반복할 가능성이 있다는 것이다.

만약 우리가 상실과 애도의 경험을 내적 성숙의 기회로 이용하고자 한다면, 우리는 자신의 진실한 감정을 직면하고 그것에 관해 깊이 생각하는 것부터 시작해야 한다. 누군가가 당신과 이별하거나, 당신을 떠나거나, 죽었을 때 당신이 느끼는 고통의 소리를 듣는 방법을 안다면 그것은 중요한 스승이 될 수 있다. 2,500년 전 붓다는 사성제 중 앞의 두 가지 진리인 고통과 고통의 원인에 관해 이야기하였다. 우리는 부처가 의미한 것을 이성적으로는 이해할지 모르지만, 내심 우리의 자아는 우리에게 여전히 우리는 괜찮을 것이고, 고통받지 않을 것이며, 욕망은 행복을 가져다줄 것이라고 이야기한다. 그래서 당신이 누군가 혹은 무엇인가의 상실을 애도할 때, 그것은 사성제 중 앞의 두 가지 진리의 인식으로 당신의 인격과 삶에 대한 자각을 통합하는 기회가 된다. 당신이 상실을 애도할 때, 만약 당신이 자신의 경험을 연구한다면, 당신은 자신의 자아가 어떻게 당신을 속이고, 자신의 욕망과 애착이 어떻게 스스로에게 고통을 가져오는지 직접 볼 수 있다.

애도의 과정 동안 당신의 고통스러운 경험을 직면하고 그것에 관해 생각하는 것은 유용할 수 있지만, 잠시 후 자아는 또다시 스스로를 옹호할 게 확실하다. 욕망은 다시 일어나고, 당신은 영원함의 환상에 의해 또다시 속게 되는 진정한 위험에 직면할 것이다.

이런 일이 얼마나 자주 일어나는지 간단한 예를 들어 보자. 웬디라는 이름의 내 환자는 남편이 다른 여자 때문에 자신을 떠났을 때 '완전히 무너져서' 치료를 받으러 왔다. 그녀는 결혼 전에 한 남자가 자신에게 신체적으로 학대했던 경험을 포함해서 관계 안에서 나쁜 경험을 많이 했다. 지금 그녀는 결혼의 종결로 '완전한 실패자처럼' 느꼈다. 치료 중에 그녀는 관계의 상실을 애도했을 때 자신의 경험에 대해 진심으로 직면했다고 생각했다. 그녀는 겉으로 드러나는 몇 가지 모습에 끌려 반복적으로 남성들을 이상화해 왔다는 것을 볼 수 있었다. 자신의 자아의 두려움과 욕망에 이끌려서 그녀는 계속해서 남자들과의 관계를 피난처로 택했고, 그런 관계가 자신의 인생에 안정감과 지위, 행복 그리고 기쁨을 가져다주리라 기대했다. 그녀의 비현실적이고 낭만적인 욕망에 따라, 그녀는 계속해서 그녀에게 어울리지 않거나 그녀에게 나쁘게 대하는 남자들에게 애착하게 되었다. 다시 찾아올지 모를 고통을 피하기 위해 그녀는 이런 역동을 변화시키기로 결심했다. 그러나 몇 달 후 애도의 고통이 가라앉기 시작하자, 그녀는 스스로가 새로운 사람을 만나고 싶어 한다는 것을 알았다. 그녀는 스스로에게 이번에는 다른 종류의 관계를 찾을 거라 말했다. 그녀가 그것을 깨닫기 전에 그녀는 표면적으로 그녀의 남편과 매우 달라 보이지만 또다시 자신을 잘 대해 주지 않는 남자와 인연을 맺었다. 그녀는 "나는 내가 완전히 새로운 관계를 맺었다고 생각했지만, 예전의 나쁜 관계로 다시 돌아왔다."라고 말했다.

비록 우리가 애도의 고통에서 무언가를 배운다 할지라도, 그 고통이 가라앉을 때 상실 이전과 비슷한 상황으로 돌아가려는 욕망을 따르려 하는 경향이 있다. 프로이트가 친숙한 것을 반복하는 인간 충동의 놀라운 힘에 주목했을 때, 그는 심지어 쾌락의 원리보다 이런 반복 충동이 더 강한 것은 아닌지 궁금해했다. 비록 행동과 감정의 패턴이 우리에게 고통을 준다는 것을 알 수 있음에도 불구하고, 그것들이 익숙하기 때문에 우리는 자주 무의식적으로 그러한 패턴을 반복한다.

또 다른 선택이 있다는 것을 이해하는 것은 중요하다. 애도하기를 통해 어떻게 자신의 욕망이 스스로에게 고통을 가져다주었는지 볼 수있다면, 당신은 다른 사람들과 관련된 다른 방법을 선택할 수 있다. 애착 대상을 상실했을 때, 그에게 향했던 욕망 에너지를 또 다른 대상에게 향하도록 함으로써 당신은 스스로 고통을 가중시킬 수 있다. 그렇지 않다면 당신은 더 긍정적인 감정의 경로를 통해 그 에너지를 다른 방향으로 유도할 수도 있다. 예를 들면, 몹시 슬퍼하는 사람과 작업할 때, 그들이 자신의 에너지를 기도 형태의 사랑이나 고통받는 다른 사람에게 봉사하는 형태의 자비로 향하게 하는 것이 좋은 치유 방법이 된다.

우리는 사랑과 욕망을 구분하는 데 능숙하지 못하기 때문에 우리 중 많은 사람은 의식적으로 자신의 에너지를 건강한 방향으로 전환하는 것을 어려워 한다. 나는 서양 심리학자들이 종종 이런 두 가지 다른 정신적 상태의 조합을 말하기 위해 애착이라는 단어를 사용한다고 언급한 적이 있다. 그 두 가지 상태는 다른 사람에게 관심을 가지고 가까워지려 하는 공통적인 감정을 갖는다. 대부분 우리 관계는 그 두 가지의 조합에 의해 특징지워진다. 그 둘 간의 차이를 능숙하게 구별하는 것은 매우 중요하다. 당신은 당신의 현재 관계 안에서 사랑과 욕망 사이를 왔다갔다하는 움직임을 지켜봄으로써 둘 사이를 구분하는 연습을 해볼 수 있다. 욕망에 빠져 있을 때, 그 에너지는 당신에게 행복을 가져다 줄 것이라 믿는 타인을 놓지 않으려는 탐착의 감정을 낳는다. 그 감정은 당신이 인생에서 그 사람을 원하거나 필요로 한다는 것이고, 그렇지 않으면 당신이 행복해지지 않는다는 것이다. 욕망 속에 있을 때 만약 그 사람이 당신이 싫어하는 것을 하거나 당신이 원하는 것을 하지 않으면, 당신은 실망하고 화가 날 것이다. 탐착은 사랑이 아니며, 행복으로 이끌지도 않는다.

사랑 안에 있을 때 주된 감정은 다른 사람들을 향한 따스한 애정이다. 당신은 다른 사람들이 행복해지기를 진심으로 원하고, 이 사람들에게 그렇게 할 때 깊고 참된 기쁨을 얻는다. 행복해지기 위해 꼭 누군가에게 탐착하거나 누군가로부터 반드시 무언가를 받아야만 한다고 느낄 필요는 없다. 당신은 그저 그 순간에, 당신의 따스함과 에너지를 다른 사람에게 주는 것을 깊이 즐기는 것뿐이다.

당신이 특별한 상실로 인해 애도하고 있을 때, 당신은 에너지를 욕망과 애착 혹은 진정한 사랑으로 다시 돌아오게 할 선택권을 갖고 있다. 당신의 에너지를 사랑이나 자비로 이동시키는 것을 배우는 것은 하룻밤에 일어나지는 않는다. 당신은 오랜 시간 동안 연습을 통해서 그것을 발전시켜야 한다. 그것은 연금술의 과정과도 같다. 고대 연금술사들은 기본적인 물질을 가열하고 화학처리를 하는 과정을 통해 불순물을 골라 내어 신비한 현자의 돌로 변형시키는 작업을 할 수 있다고 한다. 애도하기는 자아를 불태워 정화시키는 불과 산성물질과도 같다. 견고하고 영속적인 욕망과 환상을 분리해 냄으로써 당신은 보통의 자아를 연금술적으로 순수하고 귀중한 사랑의 정수로 변형시킬 수 있다.

다른 사람들을 애도하기

당신은 관계로부터 애착을 정화하고 연금술로 순수한 사랑을 발전시키기 위해 누군가를 잃을 필요는 없다. 누군가를 애도하기 위해 그 사람이 죽을 때까지 기다리는 것은 실제로 큰 낭비다. 당신이 욕망과 애착이 있는 누군가와 함께 귀중한 시간을 허비한다면, 당신은 그 사람이 존재하는 동안 당신의 사랑을 나누는 기회를 잃는 것이다.

얼마 전에 아버지를 잃은 한 친구가 나에게 "나는 오랫동안 정말로 아버지에게 감사하지 않았어요. 나는 아버지가 누구였는지 정말 몰랐어요."라고 하였다. 이는 흔히 일어나는 일이다. 우리는 다른 사람과의 애착에 사로잡힌 관계와 애착과 관련된 두려움, 불안정, 좌절, 분노에 대부분의 시간을 보낸다. 우리의 진정한 사랑의 감정은 이러한 다른 모든 감정에 의해 소멸되고, 그래서 우리는 우리의 사랑을 다른 사람과 가능한 많이 공유할 수 있는 좋은 기회를 놓친다. 그리 자주는 아니지만, 우리는 누군가를 애도하고 애착을 내려놓는 것에 성공할 때, 갑자기 애착과 투사에 의해 오랫동안 가려졌던 진실한 사랑의 감정을 발견한다. 이 시점에서 우리는 우리의 기도와 좋은 소망들을 이미 떠난 사람을 향하게 할 수는 있지만, 우리의 사랑을 그들과 직접 공유하기에는 너무 늦었다.

우리는 이전에 논의했던 자신의 죽을 운명에 직면하는 방법을 따름으로써 살면서 다른 사람의 무상과 죽을 운명에 대해 생각하는 것에 시간을 쓸 수 있게 된다. 당신은 혼자 있을 때나 사랑하는 사람과 함께 있는 동안 이것을 할 수 있다. 당신이 관심을 가지는 누군가를 바라보거나 생각하라. 그리고 적극적으로 그 사람의 죽을 운명에 대해 기억하라. 다음과 같이 생각하라.

> 내가 관심을 가지는 이 사람들이 죽을 것이라는 것은 무조건 확실하다. 그리고 그 사실에 대해 내가 할 수 있는 것은 전혀 없다. 그 사람이 어떠한 예고나 선택 없이 10년 혹은 올해, 이번 달 또는 이번 주, 심지어 오늘 중으로 죽을지도 모른다.

당신이 관심 갖는 사람이 정말로 매우 빨리 죽을 수도 있다는 것을 인식하는 데 초점을 맞추며 시간을 보내라. 만약 그 사람이 이번 주 혹은 오늘 이후에 죽는다면 당신은 어떻게 느끼고 반응할지 상상해 보아라. 마지막으로, 그 사람이 죽을 것이라는 것을 생각했을 때 그 사람에 대한 당신의 느낌이 어떻게 바뀌는지에 주목하라. 만약 오늘이 정말 그 사람의 마지막 날이 된다면 당신이 그에게 말하고자 하는 것이 무엇인지, 그리고 그 사람을 어떻게 대할지에 관해서 생각하라.

사랑하는 사람 혹은 배우자에 대해 이런 수행을 규칙적으로 하는 사람들은 더욱 인내심 있고 친절하게 그 사람들에게 반응하게 된다. 사람들은 한동안 이러한 수련을 받은 후에는 다른 사람들에게 그들이 얼마나 사랑하고 감사하는지 더 자주 표현하게 되고, 더 인내심이 생기고, 얼마나 타인을 돕고 섬기게 되는지 보고한다. 사람들이 다른 친척들을 생각하며 이 훈련을 할 때, 그것은 종종 그들이 오래된 가족 문제를 해결하는 동기가 된다. 그들은 갑자기 예전에 하지 않았던 방식으로 자신의 실수에 대해 사과하고, 그들의 사랑을 더욱 직접적으로 표현하며, 사랑했던 사람들을 소중히 여기게 된다.

당신 자신을 애도하는 훈련을 할 때, 핵심은 마치 사랑하는 사람을 잃어버린 것처럼 진심으로 깊고 직접적으로 당신의 감정에 직면하는 것이다. 계속해서 이 감정들과 직면하는 것은 자아를 요리할 수 있는 내적인 불로 작용하여 당신의 탐착이나 욕망을 태운다. 그리하여 이전의 행복과 고통이 혼재되어 이끌었던 당신의 자아를 당신의 삶을 순수한 행복과 즐거움의 순간으로 점점 더 많이 가져올 수 있게 만들어 주는 순수한 사랑의 현자의 돌로 전환시켜 준다.

욕망에서 비롯된 타인에 대한 탐착을 내려놓는 것은 또한 욕망과 동반되는 이상화된 투사나 욕망이 좌절되어 분노할 때 일어나는 평가 절하된 투사를 내려놓는 데 도움이 될 수 있다. 투사가 우리의 탐착과 관련되어 있기 때문에 우리는 다른 사람들을 제대로 알지 못한 채 오랜 기간 동안 그들과 함께 살 수 있다. 다른 사람을 진실하게 사랑하기 위해서 우리는 우리의 투사를 내려놓고 사람들을 있는 그대로 인정해야 한다. 살아 있는 사람들을 애도하는 것은 다른 사람들을 이해하고 인정하기 위해 우리의 투사를 극복하는 한 가지 방법이다. 다음 장은 진정한 공감과 자비를 얻기 위해 자신의 투사를 발견할 수 있도록 도와줄 특별하게 계획된 또 다른 방법을 보여 준다.

06

투사 이해하기

불교심리학에 따르면, 삶에서 우리의 경험은 세 가지 기본 감정 중 하나를 동반한다. 즉, 즐거운 감정이나 불쾌한 감정, 혹은 중립적인 감정으로 이것들은 모든 경험과 더불어 온다. 불교학자들은 이러한 기본적이고 본능적인 수준의 반응을 '동시에 어디에나 존재하는 정신적인 요소'로서의 경험으로 분류한다. 상황이 즐겁거나 불쾌하거나 중립적이라는 느낌은 세상에 대해 우리가 주관적으로 경험하게 되는 가장 기본적인 특성 중의 하나다. 그것은 우리가 쫓아 버리거나 벗어날 수 있는 것이 아니다. 그것은 모든 시간에, 심지어 우리가 꿈꿀 때에도 있다.

자궁 안에 있는 태아조차도 자신을 즐겁게 하는 어머니의 목소리와 다른 부드러운 소리를 찾는다는 증거가 있다. 태어나자마자

아기들도 고통스러울 때는 본능적으로 크게 울음을 터뜨린다. 심지어 동물조차도 이러한 기본적인 수준의 느낌을 공유한다. 당신이 고양이를 잠시 동안만 지켜봐도 그들이 참치를 찾거나 햇볕이 내리쬐는 장소를 찾으면 즐거워하는 모습을 볼 수 있고, 으르렁거리는 개나 시끄러운 진공청소기 소리에는 불쾌해하는 모습을 볼 수 있다.

매 순간 우리의 오감은 대상을 경험하고, 우리의 마음은 생각을 만들어 내기 때문에 어느 순간 사라지는 각각의 대상이나 사고의 경험은 느낌을 동반한다. 당신이 라디오를 켠 채로 운전하거나 음악을 들으며 길을 내려갈 때, 기분이 좋아질 수 있고, 그때 누군가가 당신 앞에 끼어들면 불쾌해질 수도 있다. 또는 누군가가 당신 옆을 운전해서 지나가면 중립적 감정을 가질 수 있을 것이고, 사랑하는 사람을 회상하면 기뻐지는 등, 이와 같은 방식으로 느낌은 지속될 것이다.

이러한 초기 단계에서 우리의 느낌은 문제가 되지 않는다. 그 느낌들은 매우 단순하고 자연스러운 것이다. 당신이 바다에 떠 있는 진홍색과 보라색 구름의 물결로 장식된 태양을 볼 때, 혹은 부드러운 돌 위로 춤추 듯 흐르는 물소리를 들을 때, 순수하고 이기심 없는 친절한 행동을 기억할 때, 기쁨의 감정을 느끼는 것은 자연스러운 일이다. 또한 당신이 상큼한 신맛이 사라진 음식을 맛볼 때, 분노로 외치는 소리를 들을 때, 혹은 산업오염으로 인해 몸에 해로운 연기 냄새를 맡을 때, 이러한 것들이 불쾌하다고 느끼는 것도 당연한 일이다.

우리의 문제는 이러한 느낌 자체가 아니라 우리가 느낌에 반응하는 방식에서 야기된다. 예를 들면, 우리가 즐거운 어떤 것을 경험할 때 우리는 그 경험에 대해 단순한 방식으로 즐겁게 반응하지만은 않는다. 곧 우리는 무의식적으로 과거에 즐거운 상황이 일어났던 때와 연관된 사람이나 사물에 집중하기 시작한다. 우리는 그 사람이나 사물에 대한 내적이고 이상화된 투사를 만든다. 우리는 대상의 부정적인 측면에 대한 인식을 차단하고, 오로지 긍정적인 속성에 대해서만 초점을 맞춘다. 우리는 그것을 실재보다 더 가치 있게 보면서 비현실적이고 왜곡된 방식으로 대상을 보기 시작한다. 그렇게 우리는 대상에 대한 욕망과 탐착을 만들어 낸다. 우리가 언제든지 그 대상을 소유할 수 있다면 항상 좋은 느낌일 것이라는 상상을 하면서, 상상의 성배(예수가 최후의 만찬에 썼다는 잔)에 각각의 욕망화된 대상을 무의식적으로 담는다. 이것은 말할 필요도 없이 망상이다. 그 대상은 우리의 기대를 결코 채울 수 없다. 우리가 즐거운 감각을 찾는 순간, 동시에 우리는 그 순간을 무의식적으로 고통의 기회로 만든다.

불쾌한 감각의 경우도 즐거운 감각과 마찬가지로 우리는 그 감각이 발생한 때와 연관된 사람이나 사물에 집중하게 된다. 마음은 평가 절하한 그 사람이나 사물에 대한 투사를 만든다. 우리는 무의식적으로 대상의 부정적인 측면만을 보고 선택하며, 그 결과 그 대상의 좋은 점은 우리의 눈에 거의 보이지 않게 된다. 마음은 흔들리게 되고, 우리는 반감과 혐오감을 느낀다. 우리가 부정적이고 평가 절하된 투사를 지속할 때마다 우리는 그 사람이나 사물 가까이에서 시간을 보낸다. 마음은 바로 그것을 부정적으로 보고 흔들리게 된다. 결국, 이 흥분과 반감은 그 대상을 향한 화, 원한, 혐오 심지어 증오와 같은 감정을 일으킬 가능성이 있다. 우리는 불쾌한 감각을 스스로 찾아내고, 무의식적으로 의도하지 않은 채 더 불쾌한 감각을 경험하는 확실한 상황을 만든다.

위대한 인도 불교 스승인 나가르주나(Nagarjuna)는 우리의 고통은 모두 투사와 부정적이고 동요하는 감정에 의해 야기된다고 말한다. 유쾌한 감각에 대한 반응으로 우리는 이상화된 투사를 만들고 탐착하며 고통받는다. 불쾌한 감각에 대한 반응으로 우리는 평가절하된 투사를 만들고 몹시 싫어하게 되며 고통받는다. 중립적인 감각에 대한 반응으로 우리는 무관심하게 된다. 즉, 우리는 대상을 무시하고 대상과의 관계에 대한 진정한 본질을 연구하지 않는다. 우리는 무지한 채로 남는다. 그래서 우리는 고통받는다. 나가르주나는 "행복은 탐착하지 않고, 혐오하지 않으며, 무관심하지 않은 것에서 온다."고 말한다.

나가르주나는 우리가 잘 훈련된 방식으로 우리의 경험과 느낌을 어떻게 관계지을 수 있는지를 언급하고 있다. 그는 우리가 스스로 터무니없이 뒤얽혀 있는 복잡함과 문제를 만들지 않고 좌절과 고통 없이 우리의 경험을 소박하게 즐기면서 어떻게 일상의 삶을 경험하며 행복을 찾아갈 수 있는지를 보여 주고 있다.

함께 길을 가던 두 명의 스님에 대한 이야기는 이 내용을 이해하는 데 도움을 줄 것이다. 두 명의 스님이 건너야 하는 강에 다다랐을 때, 그들에게 도움을 요청하는 한 여자를 우연히 만났다. 그녀는 혼자서는 그곳을 건널 수 없었다. 망설임 없이 노스님은 그녀를 들어 올려 강을 건넜다. 그녀는 스님들께 감사의 마음을 전하고, 스님들은 자신의 길을 계속 갔다. 한참 뒤 젊은 스님은 번민어린 마음을 감추지 못하며, 금욕을 지키는 스님이 강 건너편으로 옮겨 주기 위해 한 여자를 만지고 안은 행위는 잘못되었고 부적절한 것처럼 보인다고 노스님에게 말했다. 노스님은 "아, 그 여자 말인가? 나는 그녀를 우리가 강 건너편에 도착했을 때 이미 내려놓았는데, 스님은 그 여자를 여전히 안고 있군요."라고 대답했다.

그 젊은 스님은 분명히 상당한 욕망과 여자에 대한 탐착을 여전히 마음속에 품고 있었다. 우리는 그가 무의식적으로 자신의 탐착에 대해 혼란이나 죄책감을 느꼈다고 생각해 볼 수 있는데, 이는 여성에 대한 혐오감을 키우도록 이끌었고, 그것은 그의 욕망에 대한 내적인 방어와 무의식적인 부인을 가져왔다. 노스님이 여자를 돕는 것을 보았을 때, 여자에 대한 그의 탐착과 혐오감이 동요된 것이었다. 탐착에 대한 그의 불편함은 바로 이어서 그가 노스님에게 그것들을 투사하게 했다. 이제 그 젊은 스님의 탐착과 혐오로 만들어진 투사는 여자에 대한 관점뿐 아니라, 노스님에 대한 관점까지 왜곡했다. 이러한 투사 때문에 그는 자신의 동료를 평가 절하하였고, 그를 향한 혐오적인 판단을 발달시켰다. 이러한 방식으로 여자에 대한 그의 탐착은 매우 복잡하고 서로 밀접한 관계가 있는 투사와 탐착과 혐오를 만들어 냈고, 이 모든 것은 그에게 정신적인 혼돈과 고통을 가져왔다. 이와 같은 현상은 우리에게 언제나 발생한다.

우리는 단순한 경험을 갖고 생을 시작한다. 그러나 우리는 기본적인 감정을 다루는 기술이 부족하기 때문에 수많은 복잡한 투사들을 만들어 낸 후 탐착과 혐오의 고통으로 끝을 맺는다. 이 경우에 견주어 보면, 노스님은 투사에서 자유로웠고, 탐착과 혐오에서 자유로웠으며, 따라서 고통에서도 자유로웠다.

편견에 사로잡히지 않는 마음

특히 다른 사람들과 관련하여, 탐착과 혐오, 무관심에서 자유로워지는 마음을 키우는 수행은 때때로 평정심, 혹은 '편견에 사로잡히지 않는 마음'을 계발하는 것으로 설명된다. 어떤 사람들은 평정심을 계발하는 것은 모든 것에서 무관심하게 되는 것을 의미한다고 잘못된 가정을 하기도 한다. 그들은 편견에 사로잡히지 않는 마음이 어떤 것에도 관심을 두지 않는 것이라고 생각하는데, 이것은 전적으로 잘못된 것이다. 편견에 사로잡히지 않는 마음은 탐착과 혐오뿐만 아니라 무관심에서 자유로워지는 것을 의미한다. 편견에 사로잡히지 않는 마음은 강을 건너는 사람에게 탐착하지 않고 도와줄 수 있는 것을 의미한다. 곧 그것은 당신이 모든 것을 돌볼 수 있다는 것이다.

심리학적으로 말하자면, 이러한 수행은 우리가 탐착과 혐오, 무관심에 빠지지 않도록 자신의 투사를 이해하는 법을 배우는 것이다. 이러한 수행은 우리가 스스로 불필요한 고통을 불러오지 않도록 다른 사람들에 대해 기쁘거나 불쾌하거나 중립적인 감정을 능숙하게 다루도록 한다. 우리가 투사로부터 더 자유로워질수록 우리는 복잡한 감정적 문제나 인간관계 문제를 만들지 않고 더 자유로운 삶을 즐길 수 있고 타인을 돌볼 수 있게 된다.

티베트 불교 전통에서는 편견에 사로잡히지 않는 마음을 계발하는 수행은 강한 자비 함양을 위한 필수요소와 같다고 강조한다. 편견에 사로잡히지 않는 마음이 없을 때, 당신은 가끔 당신이 탐착하고 있는 것에 자비를 보일 수도 있지만, 당신 자신의 욕구와 좌절은 반복적으로 자비를 압도할 것이다. 당신이 무관심하거나 혐오감을 느끼는 누군가를 위해서는 진정한 자비를 계발할 수 없다. 탐착과 무관심, 혐오와 관련된 투사는 다른 사람에 대한 이해를 너무 왜곡시켜서 그들에 대한 자비를 충분히 베풀지 못하도록 당신이 그들을 공감할 수 없게 하거나 그들의 고통을 볼 수도 없게 한다. 투사의 이러한 왜곡된 효과 때문에 티베트 스승들은 때때로 편견에 사로잡히지 않는 마음을 계발하는 것을 당신이 초상화를 그리기 전에 표면을 평평하고 매끄럽게 만드는 것에 비유한다. 만약 당신이 울퉁불퉁한 표면 위에 그림을 그리려 한다면, 그림이 잘 그려지기는 쉽지 않을 것이다. 마찬가지로 만약 당신이 편견에 사로잡히지 않는 마음을 우선 계발하지 않으면 당신의 공감과 자비는 향상되지 않을 것이다.

편견에 사로잡히지 않는 마음을 계발하기 위해 티베트 불교에서 사용하는 강력하고 실제적인 방법 중의 하나는 자신의 투사에 도전하기 위해 다른 사람을 향한 탐착과 혐오, 무관심을 줄이는 것에 관하여 기억력, 추리력, 상상력을 사용하는 것을 포함한다. 당신은 당신 앞에 있는 세 명의 다른 사람을 생각하고 상상하는 것으로 이 훈련을 해 볼 수 있다. 이 사람 중 한 사람이 당신을 화나게 하거나 짜증나게 한다. 그는 당신이 약간 혐오감을 느끼고 원수로 보는 사람일 것이다. 두 번째 사람은 당신이 좋아하는 사람이다. 그는 당신이 다소 강한 탐착을 느끼는 친구일 것이다. 마지막 한 사람은 낯선 사람이다. 그는 당신이 무관심하다고 생각할 정도로 잘 모르는 사람일 것이다.

이 세 사람을 향한 현재 당신의 진정한 느낌을 알아차리면서 시작하는 것이 유용하다. 탐착과 혐오, 무관심을 이해하기 위해서는 당신의 마음속에서 그것들이 어떻게 기능하는지를 보아야 한다. 당신의 적이 괴롭히는 것에 대해 어떻게 느끼는지 주목하라. 잠시 동안 그 사람에 대한 당신의 부정적인 생각에 집중하고, 혐오감에 집중하며, 그 사람이 어떻게 하든 본질적으로 불쾌하다는 당신의 관점에 집중하라. 당신이 친구에 대해 생각할 때, 그 친구에 대한 생각이 어떻게 즉시 행복을 느끼게 하는지 주목하라. 이 사람에 대한 당신의 특별하고, 긍정적인 생각과 또한 마치 그 친구가 확실히 타고난 매력 있는 소양을 가진 것처럼 당신이 어떻게 그렇게 매료되었는지에 주목하라. 당신이 낯선 사람에 대해 생각할 때, 당신이 어떻게 이 사람에 대해서 에너지를 거의 가지고 있지 않은지에 주목하라. 이 사람에 대한 생각과 감정의 부족, 이 사람에 대한 공감과 연결, 관심의 부족에 대해 주목하라. 당신의 최초의 감정을 부인하거나 합리화하지 마라. 단지 자신의 관점에만 주목하라.

티베트 불교 수행자는 다음으로 오랫동안 이 세 사람과의 관계를 바꾸는 방법을 심사숙고함으로써 자신의 투사에 도전한다. 그는 특히 시간이 지남에 따라 관계가 어떻게 변하는지에 대해 생각한다. 그래서 전생에서는 원수 사이였는데, 현생에서는 가장 가까운 친구들과 가족으로 바뀌는 것, 그리고 전생에서는 가장 소중히 여기고, 사랑하는 사람이었는데 현생에서는 원수로 바뀌는 것에 대해 생각한다. 환생에 대한 강한 믿음을 가진 사람은 그러한 명상이 매우 효과적일 수 있다. 여기서 나는 전생과 후생의 삶에 대해 생각할 필요없이 투사를 제거하기 위해 기획한 수정된 형태의 훈련을 제안한다. 이러한 접근은 투사를 더욱 인식하기 위해 서양 심리학에서 개발된 질문으로 연구하고 있는 티베트 수행자의 몇 가지 주제와 결합된다.

이 세 사람 각각에 대해 생각하면서 다음의 질문을 신중히 고려한다. '어떻게 그 사람을 이런 식으로 보아 왔을까?' 당신이 원수에 대해 불쾌감을 가지고 있는 동안 어떻게 제한된 상호작용을 했는지에 주목하라. 이러한 몇 가지 경험에 기초하여, 당신은 마음속에서 그 사람에게 투사하는 부정적인 이미지를 만들었다. 당신의 경험을 신중하게 분석하라. 당신의 마음이 그 사람에 대한 부정적인 이미지를 어떻게 만들었는지 보면서 그를 어떻게 평가 절하하고 있는지 분석하라. 나머지 두 사람에 대해서도 같은 종류의 명상을 하라. 당신이 그들과 몇 가지 제한된 상호작용을 하는 동안 기쁘거나, 중립적인 감정을 바탕으로 어떻게 그들에 대해 이상화되거나 무관심한 투사를 만드는지에 주목하라. 당신이 다른 사람에 대해 가지고 있는 이러한 이미지는 그 사람에게서 온 것이 아니라 본래 당신의 마음에서 온 것이다.

'당신은 항상 그 사람을 이런 식으로 보았는가?' 당신의 친구와 원수가 당신에게 낯선 사람이었다는 것에 주목하라. 그때 당신은 매우 다르게 그들을 보았다. 또한 아마도 당신의 원수가 친구였거나, 친구가 원수였을 것이다. 이와 관련하여 각 개인에 대한 사람들의 감정과 투사가 어떻게 시간이 흐르면서 급격히 바뀌었는지를 명상하는 것이 유용할 수 있다. 이러한 예는 셀 수 없이 많다. 우리는 안 좋게 헤어지거나 이혼한 남녀의 경우를 알고 있다. 전에 그들은 각자에 대해 무관심했던 낯선 사람이었을 때 만났다. 그들은 만나 너무 미친 듯이 사랑에 빠져 헤어지는 것을 참을 수 없게 된다. 그 시점에서 그들은 서로를 위해 기꺼이 죽을 수도 있었을 것이다. 함께 몇 년을 보낸 후, 그 둘의 관계는 서로 가까이 있으면 거의 견딜 수 없을 때까지 더욱더 악화된다. 그 헤어짐이나 이혼은 너무 혼란을 일으켜서 결국에는 실제로 서로를 증오하게 된다.

초기에는 서로를 거의 완벽한 신처럼 보았다. 나중에는 각자 서로를 어떤 끔찍한 악마처럼 보기 시작하고, 모든 것이 짜증나고 불쾌하게 보인다. 어떤 관점이 옳은 것일까? 어느 쪽도 아니다. 강한 탐착을 바탕으로 하는 것과 강한 혐오를 바탕으로 하는 것 둘 다 심각한 투사다. 사람들은 좀처럼 자신의 투사를 의심하지 않는다는 것에 주목하라. 그 남녀가 전부 놀랍고 경이롭게 서로를 보았을 때, 그들은 자신의 관점이 옳다고 확신하였다. 후에 그들이 서로를 끔찍하게 보았을 때, 그들에게 이러한 관점에 대한 확신은 틀림없었다. 당신 자신의 투사와 당신이 아는 다른 사람의 투사가 얼마나 정확하지 않은지, 그리고 얼마나 오랫동안 계속해서 변화되어 왔는지에 대해 깊게 생각함으로써 당신은 현재의 투사를 의심하기 시작하는 이로움을 얻는다. 당신이 언급했던 세 사람을 상상할 때, 아마도 당신은 그들에 대한 현재의 관점이 옳은지 궁금해지기 시작할 것이다.

'모든 사람이 당신이 보는 것처럼 그 사람을 볼까?' '다른 사람은 당신이 보지 않는 그 사람의 자질을 볼까?' 이 주제 역시 투사에 대해 순진하게 믿는 것에 도전하도록 의도되었다. 당신의 원수에 대해 생각해 보아라. 그리고 만약 모든 사람 또한 부정적으로 이 사람을 본다면 당신 스스로에게 물어보아라. 다른 사람은 그 사람 안에서 당신이 보지 않는 긍정적인 자질을 볼까? 혹시 세상에서 그 사람을 사랑하고 흠모하는 사람은 없을까? 그 사람들이 그에 대해 어떻게 느끼는지 상상해 보아라. 당신이 그에 대한 다른 사람의 관점과 자신의 관점을 비교할 때, 당신의 관점이 얼마나 불완전하고 과장되었는지를 느껴 보아라.

당신이 탐착하는 그 사람에 대해서는 그 사람의 원수가 그 사람을 어떻게 보는지를 생각하면 된다. 그 사람의 옛 애인이 그 사람에 대해 뭐라고 말할지를 생각하라. 그녀가 까다롭다고 하는 사람들을 생각해 보아라. 그들은 자신의 눈이 멀어서 그 사람의 결점을 보는 걸까? 이러한 생각은 그 사람에 대한 비판을 하려는 것이 아니다. 이는 실제로 벌어지고 있는 일이다. 진정한 친구가 되면서 다른 사람을 사랑하는 것은 정말로 그 사람이 누구인지 알고 그가 생활에서 직면하고 있는 어려움을 이해하며, 그러한 것을 통해 그 사람을 돕는 것을 포함한다. 당신이 그 사람을 이상화하는 정도에 따라 그 사람을 사랑하는 것이 불가능해지기도 한다.

또한 당신이 낯선 사람에 대해 명상을 할 때는 그 사람을 위해 특별히 깊은 관심을 갖는 다른 사람에 대해 생각하면 된다. 그 사람의 부모님, 친구, 자녀들에 대해 생각하라. 그리고 그에 대한 그 사람들의 관점을 잠시 동안 명상하라. 당신의 무관심 때문에 보지 못했던 그의 자질이 얼마나 많은지 상상해 보아라.

'만약 당신이 상황에 따라 그 사람의 관점에 공감하면서 상대방을 알았다면, 당신의 관점이 달라졌을까?' 이것이 정말 중요한 점이다. 당신은 다른 사람을 향해 탐착, 혐오 또는 무관심을 가질 때 당연히 그 사람과 진심으로 공감하는 데 시간을 투자하지 않았다. 탐착, 혐오, 무관심은 본래 우리 자신의 관점에 초점을 맞춤으로써 발생한다. 우리는 감정에 초점을 두고, 그것에 기초하여 다른 사람에게 반응한다. 이것이 자기중심적인 접근이다. 상대방의 경험과 감정에 공감하는 것은 매우 다른 것이다. 그것은 자비로 이끈다.

당신이 누군가에게 화가 날 때, 당신은 그 사람이 어떻게 불쾌한 감정을 불러일으키는지에 초점을 맞춘다. 당신은 그 사람을 게으르거나 무례하거나 어리석거나 의도적으로 잔인한 사람으로 볼지도 모른다. 상대방을 확인하지 않음으로써 당신은 스스로 이러한 부정적인 관점을 무한정 고수한다. 만약 당신이 가서 상대방의 관점에 구체적으로 공감하면서 대화를 한다면, 당신은 종종 그의 행동이 의도적이지 않다거나 그가 직면한 어떤 어려움에서 발생되었다는 것을 발견할 것이다. 만약 당신이 그가 직면한 어려움에 잠시 주의를 기울이고 그가 어떻게 느꼈는지에 초점을 맞춘다면, 그를 향한 부정적인 관점은 갑자기 조금은 옹졸하고 가혹하게 보일지도 모른다. 여기에서 이러한 관점은 우리가 불쾌한 경험을 했다는 그 자체를 부정하지는 않는다. 그것은 단지 혐오와 분노의 고통에서 자신을 자유롭게 하기 위해 그러한 경험을 맥락 속에 넣는 것이다. 다른 사람을 향한 부정적인 감정과 투사를 내려놓는 것은 혐오와 분노를 야기하는 고통을 감소시킬 수도 있다. 그리고 그것은 당신 스스로 야기하는 고통을 확실히 감소시킨다.

또한 공감은 분명히 무관심을 없앤다. 만약 당신이 정말로 누군가의 이야기를 들으면서, 그리고 그의 관점에서 인생을 생각해 보려고 노력하면서 시간을 보낸다면, 당신은 그에게 무관심한 채로 남아 있을 수 없다. 사람에 대한 무관심은 그들에 대한 우리의 무지에서 발달한다. 공감, 호기심, 친절은 다른 사람에 대한 무지에 대한 방어수단이다. 누군가에 대한 적극적인 공감에서 당신은 그에게 흥미를 갖게 되고, 그의 행복에 대해 적어도 약간은 관심을 갖기 시작할 것 이다.

진정한 공감은 탐착에 대한 이상화된 투사를 감소시키는 데에도 도움이 될 수 있다. 당신이 탐착하는 그 사람에 관해서 그가 경험한 여러 종류의 고통에 대해 깊이 생각하라. 그가 인생에서의 고민거리를 묘사할 때, 그의 이야기를 들어라. 그리고 상실과 슬픔, 두려움과 불안, 그리고 고통과 같은 그의 경험에 공감적으로 초점을 맞추어라. 정말로 그가 경험하는 모든 고통을 상상하기 위해 노력하라. 이제는 너무 이상화된 그의 이미지를 위해, 그의 인생에서 고통에 직면해야 하는 사람으로서의 그의 이미지를 연결해 보라. 당신의 자비와 탐착을 구별하라. 당신의 탐착은 순수하고 완벽하게 그를 보기 원한다는 것에 주목하라. 당신의 탐착은 그에게서 지속적이고 완전한 행복을 얻을 것이라는 환상에서 비롯된다. 당신이 그가 직면한 고통에 대해 생각해 본다면 이 환상이 현실적으로 보이는가? 또한 친절하게 보이는가? 당신이 그를 너무나 행복해지길 원하는 사람으로 생각한다면, 당신이 당신 자신의 행복을 위해 그를 이용하고자 하는 욕망의 충동과 맞닥뜨릴 때, 그 모습은 당신에게 어떻게 보이겠는가? 처음에는 당신의 탐착이 자비로 변장할지도 모른다. 당신은 그를 도우려고 그를 위해 탐착하였다고 생각할지도 모른다. 이것은 자기기만일 뿐이다. 만약 당신이 자기기만을 없앨 수 있다면, 공감은 당신이 탐착을 줄이는 것을 도우면서 긍정적인 역할을 수행할 것이다.

'다른 모든 사람과 같이 이 사람도 행복해지기를 원하고, 고통에서 자유로워지기를 원하는가?' 이 마지막 질문은 분명히 이전 질문에서 발전된 것이다. 이 질문에 대해 생각할 때 세 종류의 사람이 확실히 행복해지기를 원하고, 고통에서 자유로워지기를 원하는 것에서 얼마나 같은지에 특히 초점을 맞춘다. 우리 모두는 행복해지고 고통에서 벗어나기를 원한다는 점에서 동일하다.

태어날 때부터 우리는 행복과 자유에 대한 자신의 욕망에 의해 움직인다. 그러나 우리는 거의 모든 사람이 우리만큼이나 이런 것들을 원한다는 사실에 주의를 집중할 수가 없다. 이러한 사실을 인식하는 것은 평정심이나 편견에 사로잡히지 않는 마음을 근거로 한다. 우리가 기본적으로 이러한 것들을 원한다는 점에서 모두 동일하다는 것을 인식할 수 있는 능력은 모든 투사와 자기기만, 탐착과 혐오, 두려움, 신경증적 갈망, 그리고 분노 충동을 극복하느냐 그렇지 않느냐에 달려 있다. 당신의 투사를 이해하려 한다면 친구들과 원수들 그리고 낯선 사람들 모두가 어떻게 행복해지기를 원하고, 어떻게 고통에서 자유로워지기를 원하는지에 대해 생각하면서 시간을 보내는 것은 매우 중요하다. 만약 당신이 이러한 진실에 초점을 맞추면서 시간을 보내지 않는다면, 당신의 마음가짐은 쉽게 바뀌지 않을 것이다. 당신의 감정에 영향을 미치는 이러한 진실을 인정함으로써 다른 사람에 대한 당신의 관점은 더욱 근거를 갖추고 현실적으로 변하게 될 것이다.

편견에 사로잡히지 않는 마음은 당신에게 친구를 갖지 말라는 것이 아니다. 많은 다른 사람들보다 몇몇 주변의 사람들과 시간을 보내면서 즐기는 것은 잘못이 아니다. 마음이 평온한 사람이란 자신의 투사를 이해하는 것을 의미하고, 눈에 보이는 대로만 보지 않는다는 것을 의미한다. 또한 모든 사람이 행복을 원하고 고통에서 자유로워지는 것을 원한다는 것을 이해하는 것에서 비롯되는 존경심과 공감, 친절 그리고 평정심을 가지고 관계를 맺는 것을 의미한다.

누군가 당신에게 어떤 것을 줄 때, 당신에게 매력적으로 보이거나 기쁨을 가져다주는 방식으로 당신의 마음은 여전히 이상화된 투사를 만들 것이다. 그러나 당신은 그것을 이해할 수 있다. 당신은 이 사람들 또한 그 밖의 모든 사람처럼 행복해지기를 원하고, 고통에서 자유로워지기를 원하는 인간이라는 것을 깨달을 수 있다. 당신은 투사를 내려놓을 수 있고 그 사람들과 당신의 순간을 단순히 즐길 수 있다. 누군가 불쾌함을 주는 방식으로 당신을 대할 때, 당신의 마음은 여전히 평가 절하하고 혐오스러운 투사를 만들기 시작할 것이다. 그럼에도 당신은 그것을 이해할 수 있다. 당신은 이러한 사람들이 어쨌든 당신 자신이 그런 것처럼 그들 자신의 행복을 찾는 것이라는 것을 깨달을 수 있다. 당신은 고통을 일으킬 뿐인 부정적인 감정에 사로잡히지 않으면서 불쾌한 순간들이 그대로 지나가게 내버려 둘 수 있다. 그리고 누군가 기쁨도 불쾌함도 주지 않는다면, 당신은 처음에 그를 무시하고자 하는 충동이 생길지도 모른다. 그러나 당신은 이러한 충동을 직면할 수 있고 관심을 가지고 그 사람을 바라볼 수 있다. 당신은 열린 마음으로 상대방을 공감할 수 있다.

이러한 방식으로 당신은 기쁘기도 하고 불쾌하기도 하며 중립적이기도 한 감정들을 능숙하게 이해할 수 있다. 당신은 탐착하지도 않고 혐오감도 없으며 무지하지 않은 채 당신의 인생을 살 수 있다. 당신은 여전히 그러한 세 가지 감정을 경험한다. 그러나 그것들을 기반으로 한 부정적인 감정을 계속해서 만들어 내지는 않는다. 그렇게 함으로써 당신은 신경증적이고 감정적인 많은 혼란과 고통을 피할 수 있다.

꿈처럼

우리의 투사는 탐착과 혐오 그리고 무관심에 기반을 둔 부정적인 감정과 밀접한 연관이 있는 것이 분명하다. 불교와 서양의 정신역동적 사고는 사람들이 탐착과 혐오에 기초한 감정으로 다른 사람과 관계를 맺는다는 것에 동의한다. 우리는 필연적으로 투사를 만들어 낸다. 다음으로 나는 투사가 우리의 일상생활 속에서 하는 역할을 좀 더 깊이 있게 보게 되기를 원한다. 이것은 우리가 투사를 내려놓거나 투사를 이해하는 부가적인 방법을 찾는 데 도움이 될 것이다.

티베트 불교 수행자들은 인생에서 관계들이 어떻게 변하는지에 대한 생각에 호흡과 힘을 덧붙여 회상하며 앞 장에서 제시한 방법들을 따라 계속해서 명상한다. 투사에 대한 불교적 이해를 더욱 높일수록 편견에 사로잡히지 않는 마음을 발달시키려는 그들의 노력은 지지된다. 불교 스승들은 깨어 있는 현실은 꿈과 같다고 말하곤 한다. 우리가 깨어 있을 때는 마음뿐 아니라 오감이 작동하고 있기 때문에 꿈과는 다르다. 그러나 여전히 마음은 현실에 대한 우리의 경험을 만들어 가는 근본적인 역할을 한다. 마음이 꿈을 만드는 것과 마찬가지로 감각으로부터 입력된 것을 기초로 마음은 현실의 어떤 시각을 만들어 간다.

잠자는 동안 뇌의 활동에 대한 서양의 연구는 이러한 불교의 가르침에서 표현된 견해를 뒷받침해 준다. 과학자들이 꿈꾸는 동안 뇌의 활동을 관찰했을 때, 그들은 뇌의 대부분의 영역이 꿈꾸는 동안이나 깨어 있는 동안에 유사한 기능을 한다는 것에 주목한다. 물론 감각 입력과 감각기관의 활동을 받아들이는 신경기관 영역은 꿈꾸는 동안에는 대부분 활동하지 않는다. 그러나 뇌의 대부분의 다른 영역과 마찬가지로 과학자들이 단지 신경계 활동을 지켜보는 것만으로는 사람이 실제 경험을 한 것인지, 그런 꿈을 꾼 것인지를 분별할 수 없다. 꿈은 우리가 꿈속에 있을 때 매우 현실처럼 보인다. 왜냐하면 우리가 깨어 있을 때 마음이 우리의 경험을 구축하기는 하지만, 마음은 우리의 꿈 역시도 구축하기 때문이다.

일상생활 속에서 이런 작업을 어떻게 하는지 일반적인 예를 들어 보자. 나의 내담자인 한 젊은 남자가 가게에 들어간다. 그는 고개를 들어 방 맞은편에 있는 한 여자의 얼굴을 본다. 그녀 또한 그 사람의 분위기를 살핀다. 그의 분위기도 그녀에게 감각적인 인상을 준다. 그러나 사실 그는 이미 그가 본 것에 대해 생각하고 있다. 눈은 색깔과 형태만을 본다. '여자' '얼굴' 그리고 '분위기'는 정신적 구성물이다. 그의 마음은 그녀만의 특별한 얼굴을 인식한다. 그리고 이런 특별한 시각적 이미지는 기억이나 이름과 연결된다. 그는 '제인이구나.'라고 생각한다. 믿을 수 없이 빠르게 일련의 무의식적인 정신적 과정들이 일어난다. 그는 한때 자신이 제인에게 얼마나 매력을 느꼈는지에 대해 생각한다. 비록 지금 그는 단지 방 맞은편에 있는 그녀의 얼굴을 보고 있지만, 그의 마음은 그녀에 대한 다른 이미지들과의 연합을 만든다. 그는 무의식적으로 탐착을 바탕으로 한 투사로 이상화되고 매력적인 그녀의 이미지와 연결하게 된다. 그녀의 몸과 몸짓, 미소에 대한 정신적 이미지에 대한 연상들이 있는데, 그것은 또한 그가 매력적으로 보았던 무의식 속 여자의 다른 이미지와 연관된다. 그는 그들이 데이트를 하고 키스했던 몇 주 전의 시간을 회상한다. 그는 흥분되었고 강한 탐착을 느꼈다. 그런 다음 그는 그 이후로 그녀에게 전화하지 않았던 것을 기억해 낸다. 그는 혐오를 바탕으로 한 투사로 자신에게 짜증나고 화나게 된 그녀의 이미지를 무의식적으로 상상하게 된다. 그것은 자신에게 화를 내는 무의식 속 여성의 다른 이미지와 연합되고, 그가 그것들을 어떻게 두려워하는지에 대한 다른 이미지와 연합된다. 그는 그녀의 잠재적 분노가 두려워서 도망가고 싶은 약간의 충동을 느낀다. 이제 그는 갈등한다. 그는 자신의 끌림을 바탕으로 하면, 그녀에게 가까이 다가가서 좋은 상호작용을 하는 상상을 할 수 있다. 그가 자신의 두려움을 바탕으로 하면, 그 가게를 빨리 떠나거나 그녀에게 가까이 다가갔을 때 그녀가 화를 내는 모습을 상상할 수 있다. 그는 더 불안해진다. 그는 자신의 불안을 알아차리고, '젠장! 난 왜 항상 여자들과 이러지?'라고 생각한다. 그는 지금 혐오를 바탕으로 한 자신에 대한 투사로 자신의 부정적인 이미지와 연결되어 있다. 이러한 이미지를 바탕으로 그는 자신에게 화가 나고 약간 우울해지기 시작한다. 기분이 나빠지기 시작하면 수시간 동안 지속될 것이다.

감각적인 경험이 발생하면, 마음은 빠르게 점점 더 많은 투사를 만든다. 몇 시간 동안 수많은 내적 이미지와 연상, 생각, 감정이 발생한다. 심지어 그 주어진 환경적 조건인 '가게'라는 곳에서, '가게'에 대한 그의 특별한 이미지와 다른 모든 사람에 대한 무관심한 반응은 자신의 마음에 의해 만들어진 것이다. 그가 제인과 상호작용하는 방법은 거의 전적으로 자신의 감정 및 그녀와 연합된 투사에 의해 결정된다.

이 젊은 남자의 경험이 특별히 독특한 것만은 아니다. 우리 모두는 항상 이런 경험을 한다. 잠시의 감각 경험을 바탕으로 우리 마음은 그러한 경험에 이름을 붙인 다음, 무의식적으로 복잡한 감정반응과 생각, 판단, 투사를 만들어 낸다. 우리의 행동은 이러한 감정과 생각, 투사에 의해 움직인다. 이것이 우리의 현실이다.

티베트 불교 수행자들은 마음이 세상에 대한 우리의 경험을 만드는 근본적인 역할을 하는 것에 관한 이해를 증진시킨다. 불교 수행 중 하나는 마음이 당신의 현실을 구축하는 대로 신중하게 마음을 관찰하는 것을 포함한다. 종종 이러한 수행은 어떻게 마음이 테이블과 관련되는지를 관찰하는 것과 같이 간단한 것부터 시작하곤 한다. 당신은 당신의 마음이 테이블에 대해 네 개의 다리와 평평한 상판이 있는 단단한 물체라는 확실한 내적 이미지를 갖고 있다는 것을 안다. 만약 당신이 여섯 개나 여덟 개의 다리가 있는 테이블을 우연히 본다면 마음은 이것 또한 테이블이라는 이름을 붙이기 위해 그 개념을 적용할 것이다.

다음으로 당신은 자신의 기억과 자신의 과거의 생각과 느낌, 행동에 의지해서 테이블에 대한 모든 종류의 내적 이야기를 만드는 것을 계속할 것이다. 어떤 사람은 '오! 얼마나 아름다운 골동품인가.'라고 생각할 수도 있다. '할머니 집을 생각나게 하는구나. 나도 저것과 같은 것을 갖고 싶다.'라고 생각할지도 모른다. 또 다른 사람은 똑같은 테이블을 보고 '너무 못생기고 오래되었구나, 이런 값비싼 골동품을 방치해 두다니! 얼마나 허세인가!'라고 생각할 수도 있다. 그 테이블을 '내 것'이라고 이름을 붙인 사람은 이렇게 생각할 수도 있다. '아니! 저 여자가 나의 가장 좋은 테이블에 자신의 술을 올려놓다니, 얼마나 끔찍하게 경솔한 짓인가! 나는 절대로 그녀를 초대하지 않을 거야.' 어떤 목공은 '얼마나 좋은 품질의 자재인가! 나는 그 나무들로 식탁 다리에 선반을 만드는 것을 좋아해.'라고 생각할 수도 있다. 아이는 테이블을 보고는 '와! 좋은 요새다. 테이블 아래에 숨어야지!'라고 생각할 수도 있다. 수도승은 그것을 보고 '오! 붓다께 제물을 드리기 위한 제단이구나!'라고 생각할 수도 있다. 혹한의 추위에 있는 사람은 '땔감이구나!'라고 생각할 수도 있다. 흰개미는 '식량'으로 볼 수도 있다. 당신이 마음을 보는 것처럼 당신은 우리에게 주어진 어떤 사물에 대해 무한하고 다양한 투사를 만들어 낼 수 있다. 우리는 밖에 존재하는 나뭇조각처럼 우리가 경험하는 것이 무엇이든지 본질적으로 우리가 지각하는 대상과 관련된다고 단순히 받아들인다. 사실 우리가 보고 경험하는 것은 주로 우리 자신의 마음에서 파생된다.

불교와 서양 심리학은 당신이 본래 자신의 과거에 의해 주어진 것을 어떤 상황에 투사하려 한다는 것에 동의한다. 불교심리학은 투사의 뿌리가 전생에서의 경험과 같이 훨씬 이전에 있다고 보는 반면, 서양 심리학은 어린 시절에 있다고 본다. 어느 쪽이든 여기서 이해하기 위해 중요한 것은 당신 자신의 생각과 정서적 습관, 과거의 행동이 세상에 대한 현재의 경험을 만들어 내는 주요 요인이라는 것이다. 그리고 매 순간 당신은 특별한 일련의 생각과 감정을 가지고 다른 사람이나 사물에 반응한다. 당신은 이러한 투사의 형태를 바탕으로 세상을 바라보는 경향이 깊어진다. 당신이 과거에 생각하고 느꼈던 것은 당신이 무엇을 경험하는지와 지금 당신이 어떻게 느낄 것인지를 결정한다. 당신이 자신의 마음을 조절하고, 그것을 긍정적인 방향으로 계발하는 순간 놀라운 능력을 갖게 될 것이다. 이것은 이 책의 접근법에 기초한 도움이 되는 기본적인 생각 중의 하나다. 당신은 자신의 생각과 감정을 변화시킴으로써 글자 그대로 당신의 세상을 바꿀 수 있다.

상상 속의 관계

비록 서양 심리학이 투사의 관계적인 특성에 좀 더 초점을 두는 경향은 있지만, 서양 정신분석가들은 투사가 어린 시절에 발생하게 된 방식과 그 후에 다른 사람과의 관계에 미치는 영향을 보면서, 본질적으로 투사의 힘에 대한 불교적 분석에 동의한다. 융은 이렇게 썼다.

> 우리는 우리가 보는 대로 세상도 존재한다고 가정하는 경향이 있는 것처럼 우리가 그들을 상상하는 대로 그 사람이 존재한다고 단순하게 가정한다. 우리는 단순히 사람들에게 우리 자신의 심리적인 투사를 계속한다. 이러한 방식에서 모

> 든 사람은 본질적으로 투사를 바탕으로 더 많거나 더 적은 상상 속의 관계를 만든다.

여기에서 융의 주장은 불교적 개념과 매우 비슷하다. 그러나 그는 '우리 자신의 심리'의 일부가 무엇에 투사되고 있는지에 대한 흥미로운 관점을 강조한다. 융과 프로이트는 우리가 항상 우리 자신의 일부를 투사하고 있다는 것을 강조했다. 일반적으로 우리가 처리하기 어려워서 억압하거나 분리하거나 혹은 의식 밖으로 밀어낸 것들 또한 우리 자신의 일부다. 우리는 이러한 우리 자신의 일부를 의식적으로 다룰 수 없거나 이것을 꺼려할 때 무의식적으로 투사로 밀어낸다.

불교 스승들은 보통 이것들의 부정적인 영향에서 자유로워지기 위해 자신의 투사를 인식하고 내려놓는 것의 이점을 강조한다. 불교 수행자들은 확실히 자신의 마음을 잘 다루기 위해 습관적인 투사를 이해하려고 노력한다. 게다가 당신이 효과적으로 다룰 수 없었던 자신의 특정 부분을 발견하기 위해서 투사를 분석할 것을 강조한 융의 지적은 전통적인 불교적 접근에 유용한 하나의 가치를 덧붙인다. 투사를 분석하는 것은 자신의 억압된 모습을 다루고 관계에서 다른 사람에게 부정적으로 영향을 미치는 방식을 수정하는 데 큰 도움이 될 수 있다.

다른 사람에게 자신의 일부를 투사하는 것을 알아차리는 것은 매우 흥미롭다. 그것은 언제나 약간 이상하게 느껴질 것이다. 이 방식은 꿈에서 깨어나는 것과 같다. 당신은 문자 그대로 사실이라고 생각했던 것이 당신의 마음에 의해 만들어졌다는 것을 갑자기 깨닫는다. 당신이 누군가에게 말했던 것이 실은 자신에게 말하고 있는 것이란 사실을 알게 될 수도 있으며, 또한 당신이 무의식적으로 창조해 낸 드라마 속의 어떤 역할을 다른 사람에게 강요하고 있었다는 사실을 발견할 수도 있다. 그것은 다른 사람 또한 자신의 투사를 통해 만들어 낸 상황과 연관되어 있을 가능성도 있다. 그러나 당신의 주된 일은 자신의 투사를 인식하고 투사를 통해 작업하는 것이라는 점을 기억하는 것이 중요하다. 당신이 그에 대한 무의식적인 투사에 사로잡혀 있는 채로 다른 사람의 투사에 대해서 훈습하도록 돕는 것은 마치 급물살에 빠져 있는 사람이 아직 어려움에 처하지도 않은 사람을 돕겠다고 나서는 경우와 마찬가지다. 당신은 그를 도울 수 없을 뿐 아니라 그 또한 물에 빠지게 할 수도 있다.

사람이 서로에게 투사하는 다양한 감정과 심리적 능력은 끝이 없다. 우리 자신의 부정적이고 긍정적인 측면 모두 투사될 수 있다. 예를 들면, 질투는 일반적으로 우리 가까이에 있는 사람에게 자신의 부정적인 측면을 투사하는 것에서 시작한다. 융은 '모든 질투의 핵심은 사랑의 결핍이다.'라고 주장하였다. 진정한 사랑보다는 여자에게 강력하게 이상화된 이미지를 투사하고, 그러한 투사를 기반으로 결혼한 남자에 대해 언급해 보고자 한다. 시간이 지나자 그의 아내는 불가피하게 이상화된 투사에 맞춰 살 수 없었다. 그녀를 '소유한다는 것'은 그에게 영원한 행복을 가져다줄 수 없다. 그래서 그의 투사가 에너지를 잃었을 때, 그는 자신 안에서 공허감을 느끼기 시작한다. 그는 마음속으로 다른 여자와 함께하면 더 행복해지지 않을까 하고 생각한다. 동시에 그는 이상적인 결혼의 이미지를 유지하고 싶어 한다. 그는 여전히 그의 아내에게 탐착하고 있고, 어쨌든 그녀에 대한 그의 욕망에서 행복을 찾고 싶어 한다. 그는 자기 자신에 대한 어떤 사실에 직면할 수 없다. 즉, 그는 아내에 대한 진정한 사랑이 부족하다는 것, 사랑을 위해 자기 자신을 포기하는 법을 모른다는 것, 다른 여자들에 대한 욕망을 통해 행복을 추구하는 충동으로 몸부림치고 있다는 사실에 직면할 수 없다. 그는 이러한 모든 주제를 알아차리지 못한다. 그가 알아차린 것은 그녀가 직장에서 집에 늦게 올 때 매우 의심을 한다는 것이다. 그녀 주변의 남자 친구들과 동료들을 보는 것은 그를 몹시 불편하게 한다. 그는 그녀가 정말 그를 사랑하지 않고, 그녀가 다른 남자와 더 행복할 거라고 생각하고 있다고 상상한다. 그는 그녀에게 자신의 내적 갈등을 투사해 왔다. 그는 아내가 늦게 오면 비난하고, 진위를 확인하면서 그녀를 귀찮게 하기 시작한다. 그녀는 그를 안심시키려 노력하지만 소용이 없다. 아무리 안심시키려 해도 사람들이 질투를 투사하고 있을 때에는 작업을 할 수가 없다. 왜냐하면 그들은 상대방을 의심하기보다는 스스로를 의심하기 때문이다. 당신이 투사하고 있다는 분명한 신호 중 하나는 당신이 긍정적인 결말이 거의 없는 똑같은 대화나 논쟁을 반복하는 것이다. 누군가가 투사하고 있을 때, 아무리 많은 논쟁을 해도 그 문제가 해결되지 않는다. 왜냐하면 개입된 그 사람들은 서로가 무엇에 대해 이야기하고 있는지 알지 못하기 때문이다.

만약 이 남자가 그가 투사하고 있는 내적 문제들에 대해 인식하지 못하게 되면, 그는 시간이 지남에 따라 자신과 아내의 인생을 더욱더 비참하게 만드는 것을 멈출 수 없을 것이다. 그가 무엇을 투사하고 있는지를 인정하고, 자신의 사랑의 결핍과 욕망의 이상화된 투사를 따름으로써 행복을 추구하는 경향을 어떻게 다루기 원하는지 의식적으로 결정하는 것이 그 해결책이다.

당신의 긍정적인 능력을 다른 사람에게 투사하는 것 또한 문제를 일으킨다. 한 대학원생은 자신의 대학원 과정 동안 세계적으로 유명한 교수와 함께 공부하게 된 사실에 흥분하였다. 그녀는 그의 책을 읽었고, 해당 분야의 전문가로서의 그의 명성을 알고 있었다. 그녀는 심지어 그를 만나기도 전에 그 교수는 '천재'라고 생각했다. 아주 똑똑했지만 이 젊은 여성은 낮은 자존감과 불안감으로 수년간 고통을 겪었다. 그 교수 앞에서 그녀는 불안해하고 말이 잘 나오지 않는 자기 자신을 발견했다. 그녀는 그의 수업을 신청했다. 그러나 그녀는 매우 당황해하는 자신을 발견했고, 수업시간 동안 이러한 불안은 더욱 심해졌다. 대학원 과정 2년째까지 그녀는 이 교수와 함께 공부하는 것에 대해 복잡한 감정을 가졌다. 한편으로 그녀는 너무 불편하고 불안해서 그 교수를 피하고 싶었다. 누군가에 대해 두 가지 마음이 존재하는 것은 거의 대부분 당신이 인식하지 못하고 있는 자신의 한 측면을 강하게 투사하고 있다는 신호다. 그 의식적인 마음은 무의식과 싸우고 당신은 해결책을 찾을 수 없게 된다. 왜냐하면 당신은 그 문제가 실제로 무엇인지 알지 못하기 때문이다.

이 젊은 여학생의 경우, 그녀는 교수에게 명석하고 자신감 있으며 천재적인 자신의 능력을 투사하고 있었다. '천재'라는 단어가 파생된 라틴 어의 뿌리는 탄생에서부터 당신의 운명을 안내하는 영(靈)이나 신(神)을 의미한다. 가장 훌륭한 천재는 가장 높고 신성한 운명이다. 그녀의 불안감과 낮은 자존감 때문에 이 여성은 자신의 지능이나 다른 능력을 인정할 수 없었다. 그래서 교수에 대해 자신이 가진 최고의 천재성을 투사함으로써 그녀는 그를 존경하고 자신의 숨겨진 능력에 대한 우상으로 만들었다. 이러한 투사로 인해, 그녀는 그의 존재에 대해 거의 종교적인 경외심을 느꼈다. 사실상 그녀는 우선 그의 작품에 깊이 감탄할 수 있었다. 왜냐하면 그녀는 자신의 재능을 그와 비슷한 방향으로 놓았기 때문이다. 만약 그녀가 현실적으로 그와 관련될 수 있다면, 그는 그녀에게 좋은 멘토와 역할모델이 될 수 있을 것이다. 그녀의 투사는 그렇게 되는 것으로부터 그녀를 막았다. 그에게 자신의 최고의 특성을 투사함으로써 그녀는 더욱더 그것들이 자기 자신의 것이라고 인정하지 않았다. 그를 아주 많이 우러러보기 위해 그녀는 무의식적으로 자신을 매우 낮은 위치에 두었다. 더 괜찮은 모습의 자신을 그 교수에게서 보았고, 더 모자란 모습의 자신은 자기 안에서 찾을 수 있었다.

이것이 투사와 존경의 차이다. 당신이 누군가에 대한 깊고 지속적인 존경과 찬사를 가진다면, 그 사람과 관련된 것은 당신 스스로에 대해 더 좋게 느끼도록 당신을 돕는다. 그 관계는 당신의 천재적 재능을 발견하고 개발하도록 당신에게 영감을 주고 힘을 줄 수 있다. 대조적으로 당신이 다른 누군가에게 무의식적으로 당신의 좋은 특성을 투사한다면, 당신은 그 특성을 잃게 된다. 당신은 다른 사람보다 본질적으로 가치 없고 좋지 않다고 느끼게 된다. 당신은 좋지 않다고 느끼는 그것을 개발하기보다 불안함과 약점 안에 갇혀 숨어 있게 된다. 명확히 이러한 문제를 해결하기 위해 당신은 당신의 투사를 인식하는 것이 필요하고, 우상화하는 것에서 존경으로 옮겨가는 것이 필요하다. 이 젊은 여성의 경우 그녀는 그렇게 할 수 있었고, 그녀는 점차 교수와의 관계에서 그녀의 자신감을 개발하고 자신의 전문적인 목표를 향한 진보를 가져올 수 있도록 힘을 실어 주는 스승의 역할을 발견해 갔다.

여기서 특별히 관련이 있는 투사의 예를 하나 더 나누고 싶다. 잭 케루악(Jack Kerouac)이 불교에 큰 관심을 가진 후의 삶을 예로 들려고 한다. 케루악은 매우 열정적인 사람이었다. 그리고 그가 불교를 알게 되었을 때는 불교 서적을 읽고 친구들과 그것에 대해 토의하고 명상하는 것에 열정을 쏟았다. 그는 특히 욕망이 고통을 이끌고 우리의 경험이 투사에 의해 일어나는 꿈이나 환상과 같은 것이라는 불교의 가르침에 이끌렸다.

성인기 초기부터 케루악은 알코올중독과 성에 대한 내적 갈등으로 고통을 받았다. 그가 불교에 흥미를 가진 후에, 그는 잠시 동안 금주와 금욕을 함으로써 욕망을 버리려고 노력했다. 그는 숲에 있는 화재 전망대 같은 곳에서 몇 달 동안 혼자서 일을 했고, 명상하고 욕망에서 자유로워지려고 노력했다. 명상을 한 후 며칠 지나지 않아 그는 술에 취해 스트립클럽에서 놀고 있는 자신을 발견했다. 그가 자신의 강박적인 욕망을 어떻게 다루기를 원하는지에 대해 깊이 갈등했다는 것이 분명하다. 그는 강박적으로 알코올과 스트립퍼에 대한 이상화된 투사를 만드는 욕망을 통해 행복을 추구하는 경향에 압도되었다. 그리고 또한 그는 이러한 투사들이 실체가 없다는 것과 그의 강박적인 욕망은 자신을 고통으로 이끈다는 것을 조금은 이해하게 되었다.

이 기간 동안 그는 종종 오랜 친구이자 자신의 소설 『여행 중에(On the Road)』에서 주인공에 대한 영감을 준 닐 캐서디(Neal Cassady)를 방문했다. 캐서디는 불교에는 특별한 흥미가 없었다. 그러나 케루악은 실제의 세계에 대해 밤새 논쟁하며 그를 잠들지 못하게 했다. 많은 열정과 좌절로 케루악은 다음과 같은 말을 하며 불교적 관점을 내놓았다. "흥! 모든 인생은 고통이야. 그 원인은 욕망이고, 세상은 모두 환상의 ……시간이야!" 방문하고 또 방문하면서, 케루악은 같은 논쟁을 계속했고, 자신의 관점을 오랜 친구에게 납득시키려 노력했음에도 불구하고 절망스럽고 억지스러운 느낌을 벗어날 수 없었다.

케루악은 이렇다 할 결과 없이 계속해서 같은 논쟁을 하고 있었다. 이것은 그가 그의 친구가 아니라 자기 스스로에게 이야기하고 있다는 신호였다. 또한 그는 투사의 또 다른 신호로 그 논쟁에 대해 양가감정을 느꼈다. 케루악은 논쟁에서 욕망과 투사에 대한 불교적 가르침은 타당하다고 의식적인 입장을 유지하고 있었다. 그러나 그의 행동은 무의식적 수준에서는 이러한 가르침의 진실을 전혀 납득하지 않고 있음을 보여 주었다. 술을 너무 많이 마시고, 술집과 스트립클럽에서 놀고, 다양한 여자와 친하게 지내고, 필사적으로 문학적 명성을 추구하는 것은 불교적 절제가 아닌 자극에 의해 움직이고 있음을 보여 주는 행동들이었다. 그는 자신의 내적인 의심을 부인하고 억압하는 경향이 있었다. 그때 그는 그의 의심을 친구인 캐서디에게 투사하였다. 캐서디와 논쟁을 했지만 그는 실제로 자기 자신과 논쟁하고 있었다. 투사를 믿고 욕망을 따르는 것을 멈추기 위해 스스로를 납득시키려고 노력하고 있었다. 왜냐하면 그는 자신의 깊은 의심과 질문에 의식적으로 직면하지 않았기 때문이다. 케루악은 여전히 불교에 흥미가 있었지만, 결국은 깊고 무의식적인 수준은 납득하지 못했다. 그의 의심을 친구에게 투사하는 것은 단지 그들 모두에게 수많은 좌절된 논쟁만을 가져왔다. 자신의 강박적인 욕망에 관한 내적인 의심을 해결하지 못한 것은 결국 알코올중독과 관련된 합병증으로 인해 비극적인 죽음으로 그를 이끌었다.

나는 강박적인 욕망과 투사가 어떻게 우리가 추구하는 행복을 찾는 것으로부터 우리를 쉽게 방해하는지를 강조하기 위해 이러한 예를 들었다. 비록 우리가 동서양의 심리학적인 개념을 연구할지라도 그것에 대해 아주 조금 생각하는 것만으로는 충분하지 않다. 만약 우리가 그것들로부터 의도된 결과를 가져오기를 원한다면, 우리는 그것들과 계속해서 깊게 관련되어야 한다. 우리는 우리 자신의 의심과 불확실함에 직면해야만 한다. 우리는 의식적인 마음 혹은 인격의 작은 부분에서는 오지 않는 자비와 기쁨을 계발하기 위해 우리의 투사와 부인에 도전해야만 한다. 만약 우리가 투사를 이해하고 편견에 사로잡히지 않는 마음을 계발하는 것에 실패한다면, 자비를 계발하기 위한 우리의 노력을 방해하는 자기중심적인 자아를 허용하는 진짜 위험이 있을 것이다. 전통적인 티베트의 은유를 사용하면, 자기중심적인 자아가 남아 있는 한 자비는 깊고 광활하고 오래 지속되는 저수지가 아니라 쉽게 증발할 수 있는 수많은 작은 물웅덩이가 될 것이다.

적절히 처리되지 않은 우리 자신의 일부가 투사되는 방식에 관한 성찰은 몇 개의 추가적인 질문을 제공한다. 이 질문은 자신의 투사를 확인하고 작업할 수 있도록 도와줄 것이다. 우리가 친구와 원수 그리고 낯선 사람과의 관계를 볼 때 스스로 다음의 질문들을 할 수 있다.

'나는 이 사람과의 관계에 대해 갈등하거나 양가감정을 느끼는가?'

'나는 만족스러운 해결책을 찾지 못한 채로 반복적으로 이 사람과 같은 종류의 논쟁이나 상호작용을 하는가?'

'나는 잘 설명할 수 없는 그 사람에 대한 강한 느낌을 경험하는가?'

'나는 자주 관계에서 흥분하거나 우쭐해지거나 당황하거나 불안하거나 화가 나거나 사로잡히는 감정을 느끼는가?'

만약 당신이 이 질문 중 어떤 것에 '예'라고 대답한다면, 당신은 무의식적으로 그 사람에게 '중요하지만 부인하고 있는 자신의 측면'을 투사하고 있을 가능성이 높다. 일단 당신이 이것을 인식하는 것은 당신이 무엇을 투사하고 있는지를 이해하는 데에 중요하다. 당신이 다른 사람에게 무의식적으로 공격성이나 의심, 두려움, 갈망과 같은 부정적인 측면을 투사할지도 모른다는 것을 기억하라. 그리고 당신은 재능, 자신감, 힘, 심지어 자비와 같은 긍정적인 측면 역시 투사할 수도 있다. 당신이 투사하고 있는 것을 간파하는 쉬운 방법은 상대방에 대해 무엇을 강하게 느끼는지를 스스로에게 물어보는 것이다. 당신이 가장 강하게 느끼는 것이 그 사람의 탁월함, 무능력함, 불안, 성적인 에너지, 화인가? 당신이 이 사람에 대해 가장 강하게 보고 느끼는 특성을 꼭 명확하게 정의해라. 그 특성은 당신이 투사하고 있는 바로 그 특성일 가능성이 가장 높기 때문이다.

일단 당신이 그 특성을 확인한다면, 당신이 다시 투사하기 시작할 때를 알아차리는 것이 중요하다. 당신이 투사하고 있다는 것을 인식했지만, 그것에 대해 아무것도 하지 않는다면, 이는 당신이 예전에 경험했던 것보다 훨씬 더 나쁜 고통을 일으킬 것이다. 투사와 작업할 때 투사하고 있는 대상이 어떤 역할을 하도록 당신이 조종하고 있는 방식을 이해하는 것이 매우 중요하다. 예를 들면, 질투심이 많은 남자는 더 많은 질투를 유발하여 자신의 아내를 밀어낸다. 다른 사람에게 화와 공격성을 투사하는 사람들은 종종 무의식적으로 다른 사람들이 공격적으로 행동하도록 일을 한다. 이를 통해 그들은 타인에게 공격성을 투사하는 것이 더 정당하다고 느낀다. 만약 당신이 스스로 그런 일을 한다는 것을 발견한다면, 당신의 투사가 자신과 상대방 모두에게 상처를 주기 때문에 이를 멈추기 위해 성실한 노력을 할 것이다.

그때 당신이 투사해 왔던 것은 무엇이든 의식적으로 다루어야 하는 필수적인 단계가 온다. 당신이 투사했던 것은 효과적으로 처리되지 않았던 자신의 감정이나 능력임을 인식함으로써 이 단계를 수행한다. 당신이 투사해 온 것이 정말 당신이라고 스스로 인정하는 것, 이것이 가장 어려운 부분이다. 일단 인정하면 당신은 인생에서 자신의 그 부분을 다루거나 표현하고자 하는 방법에 대해 의식적이고 사리에 맞는 결정을 하도록 시간을 할애해야 한다.

융은 개인이 투사를 철회하고 그러한 부분들을 자신의 인격으로 통합하여 진보할 때, 그 결과를 '전체성'이라고 기술한다. 우리가 투사와 탐착, 혐오감, 무관심을 기반으로 다른 사람들과 관계 맺을 때, 우리는 분열되고 불완전한 느낌을 갖게 된다. 우리는 결코 찾을 수 없는 것을 자신의 외부에서 찾고 있다. 그것은 본질적으로 불만족스러운 생활방식이다. 당신의 인격에 전체성과 통합성을 계발하는 것은 편견에 사로잡히지 않는 마음을 계발하는 것에 대한 이야기의 또 다른 방식이다. 우리가 다양한 형태의 투사와 강박적인 욕심을 내려놓을 때, 더 만족스럽고 완전하며 차분함을 느낄 것이다. 우리는 행복을 추구하기 위해, 혹은 고통에서 벗어나기 위해 자신의 외부에서 그 요인들을 찾을 필요가 없다. 그러므로 우리는 점점 더 강요와 강압 없이 다른 사람과 관계를 맺을 수 있게 된다. 우리는 흥미로움과 돌봄, 자비심을 가지고 그들과 관계 맺는 것이 더 자유로워진다.

바로 전에 나는 티베트 사람들이 초상화를 그리려고 매끄러운 표면을 만드는 것을 평정심을 계발하는 것에 비유했다. 편견에 사로잡히지 않는 마음을 계발하는 정도는 대체로 정확한 공감에 대한 능력과 비례한다. 우리가 삶에서 정확하게 타인들을 인식하고 표현하는 것은 우리 자신의 마음이 편안할 때뿐이다. 일단 우리가 자신의 투사를 이해할 수 있다면, 그다음에는 어떻게 공감을 사용하여 강력한 사랑을 불러일으킬 수 있고, 공감을 통해 깊은 만족과 행복의 근원으로 변화시킬 수 있는지 다음 장에서 설명할 것이다.

07
애정 넘치는 의사소통

대부분의 경우, 유능한 부모, 자녀, 시민, 배우자 또는 좋은 친구가 되는 방법을 가르쳐 주는 사람은 한 사람도 없다. 학교에서 전쟁, 원소 주기율표, 계산법 등을 배울 수는 있다. 그러나 자신의 마음속에 간직하고 있는 가치관과 욕구에 대해 사랑하는 사람들과 의사소통하는 방법은 배울 수 없다. 이처럼 우리는 서로를 이해하고 공감하는 방법을 배우지 못한다. 의사소통이 단절되고, 공감이 없으며, 사랑이 깨지는 일은 지역사회, 가정, 결혼 당사자, 친구들 사이에서 빈번히 발생하고 있는 일이다. 대인관계의 어떤 시점에서 무엇을 할지 전혀 모르는 상황을 경험하지 못한 사람이 있는가?

의사소통 기술이나 대인전략 기법을 교육하는 자기계발서, 워크숍, 상담사는 많이 있으며, 심지어 텔레비전 프로그램에서도 이러한 기술을 교육하고 있다. 이러한 기술은 효과가 있을 수도 있다. 나 역시 가끔 내담자들에게 특정한 대인관계 기술을 가르쳐 주고 있다. 그러나 이 장에서는 어떤 구체적인 의사소통 기술이 아니라, 의사소통에 대한 관점의 변화를 논의하고자 한다. 건강하지 않은 감정 상태에서는 가장 훌륭한 의사소통 기술을 활용해도 효과가 없을 것이다. 그러나 올바른 내적 이해를 갖추고 의사소통에 접근하면 놀라운 해결책이 도출되는 경우도 많다.

의미 있고 긍정적인 의사소통을 위해서는 세 가지가 필요하다. 우선, 자기 성찰을 통해 자신의 생각과 감정에 솔직해져야 한다. 두 번째, 공감을 통해 타인의 감정, 생각, 욕구를 파악해야 한다. 마지막으로 타인을 배려하고 사랑해야 한다. 일상적인 대화의 많은 부분은 탐착, 혐오, 무지에 의해 이루어진다. 우리는 종종 자신이나 상대방에게 의미 없는 내용을 말하기도 한다. 한 달, 일주일, 또는 한 시간 동안이나 서로 이야기를 나누었으나 대화 당사자 모두가 대화 내용을 기억하지 못하는 경우가 얼마나 많은지 헤아릴 수도 없다. 가족이나 친구들과의 대화는 투사를 중심으로 이루어진다. 이러한 형태의 대화를 통해 전달되는 언어에 사람들이 깊이 영향을 받을 수도 있다. 그러나 공감이나 진정한 사랑으로 전달되는 것은 아니기 때문에 이러한 대화가 상대방이나 관계 양상에 긍정적인 효력을 발휘하기는 어렵다. 투사 중심의 대화는 같은 내용을 반복할 뿐, 아무런 긍정적인 결과를 이끌어 내지 못한다.

붓다는 '정어(正語)'가 행복한 삶과 깨달음의 핵심 요소라고 가르쳤다. 그는 정직하지 못한 말, 남을 헐뜯는 말, 감정을 해치거나 사람들을 이간질하는 말, 그리고 본질적으로 아무런 의미가 없는 말은 결국 고통의 원인이 된다고 말했다. 애정과 자비에서 발현한 사려 깊고 공감적인 발언은 긍정적인 관계와 행복을 만들어 내는 요소다. 아울러 붓다는 애정을 갖고 의미 있게 대화하는 습관을 기르면, 언어에 설득력을 부여하는 내적 특성이 점점 발달하면서 타인에게 영향을 미치고 도움을 줄 수도 있다고 가르쳤다. 정어를 규칙적으로 수행하는 사람은 진솔성, 인격, 자기존중감이 개발된다. 이러한 특성들은 누군가 말을 할 때뿐만 아니라 침묵할 때조차 측정할 수는 없지만 반드시 느낄 수 있는 어떠한 힘을 발휘한다.

불교신자이자 심리학자인 나는 인간관계 문제의 절대다수가 정직, 공감, 사랑이 결여된 의사소통에서 유발된다고 단언한다. 언급하여야 하는, 긍정적인 내용을 말하지 않거나, 무의식적으로 감정을 상하게 하는 또는 의미 없는 말을 하거나 대인관계 문제를 직접 그리고 애정을 기울여 해결하지 못할 때 온갖 종류의 고통과 문제가 발생하는 것이다. 인내심을 갖고 정직하게 공감하고 애정을 기울인 의사소통을 하면 긍정적으로 해결되지 않는 문제가 없다고 믿는다.

말하기 전에 생각하기

우리는 종종 별다른 생각을 하지 않고 대화한다. 짜증이 나거나 화가 나면 남에게 상처를 주는 말을 불쑥 내뱉을 수도 있다. 사람들은 자신이 무엇 때문에 화가 났는지조차 모르는 경우가 많다. 우리는 직장이나 학교에서 뭔가에 대해 감정이 좋지 않거나 화가 난 나머지, 거칠고 빈정대는 말을 쏟아 내면서 우리와 가장 가까운 사람들의 감정을 상하게 한다. 화가 난 사람은 말을 하지 않고도 가정에서 분란을 야기하는 경우가 많다. 가족은 한숨과 거친 행동을 나타내면서 점차 긴장되고 두려움은 높아진다. 그래서 결국 갈등은 피하지만 살얼음 위를 걷는 것과 같은 상황이 벌어진다. 이러한 관계 양상이 날마다 반복되면 우정과 가족관계에 영향을 미치게 된다. 마치 개미가 집을 갉아먹는 것과 같이, 대인관계의 토대를 허무는 것이다.

유해한 감정으로 유발된 의사소통도 이와 마찬가지다. 예컨대, 사람들의 주목을 끌고 인정을 받는 것을 우선적인 목표로 삼는 사람들의 행동은 겉으로는 남을 즐겁게 해 주는 것으로 보일 수 있다. 그러나 시간이 지나면서 이들은 대화에 간섭하고 대화의 방향을 자신의 뜻대로 조정하면서 자신을 과장하는 모습을 보인다. 이에 따라 그 자신의 의도와는 반대되는 결과가 초래된다. 결국 상대방뿐만 아니라 자기 자신도 이러한 열정적인 몸짓과 얼굴 표정을 지겨워하는 상황이 발생할 수도 있다. 우리 각각은 자신과 상대방을 행복으로 이끌지 못하는 의사소통을 하는 경향이 있다. 붓다는 갈등과 문제가 없는 삶을 영위하는 방법을 제자들에게 알려 준 적이 있다. 그는 우리가 말을 하기 전에 '진실하고 올바르고 유익한' 내용이 무엇인지 먼저 알아야 한다고 말했다.

그의 가르침은 우리가 말을 하기 전에 먼저 생각을 해야 한다는 의미를 내포하고 있다. 불교신자의 입장에서 볼 때 의사소통의 목적은 자신과 상대방으로 하여금 진리에 다가가도록 하는 것이다. 대학원 시절 나의 지도교수 중 하나였던 정신분석학자 아베디스 파냐안(Avedis Panjian) 박사는 사람들이 말하는 순간 가장 중요한 부분으로부터 자신과 상대방의 주의를 다른 곳으로 돌리는 발언을 얼마나 자주 하는지를 내게 가르쳐 주었다. 우리는 가장 진실한 것에서 주의를 돌리면서 우리 자신과 다른 사람들을 둔하게 하는, 일종의 몽유병 환자로 만든다. 그는 제대로 된 심리치료사는 항상 깨어 있어야 하며, 진술을 하거나 해석을 하기 전에 그 목적에 대해 신중하게 생각해야 한다고 지적했다.

단지 뭔가 말하고 싶다는 욕망은 말을 해야 하는 충분한 이유가 되지 않는다. 우선 자신이 말하고자 하는 내용이 진실이고 가치가 있는지 분명하게 따져 보아야 한다. 뿐만 아니라, 말하기에 적절한 시점을 파악해야 한다. 붓다의 가르침도 이와 비슷하다. 우선, 우리는 자신이 말하고자 하는 것이 진실인지 자문해야 한다. 거짓을 말하는 방법은 많다는 사실을 유념해야 한다. 크고 작은 거짓말이 가장 명백한 사례다. 의식적 자각이 결여되어 거짓말을 할 수도 있다. 예컨대, 누군가가 우리에게 어떻게 지내냐고 물으면, 우리는 자신이 뭔가에 대해 분노하고 있다는 사실조차 인식하지 못하기 때문에 '잘 지내고 있다.'고 대답한다. 그러다가 시간이 흐르면서 점차 분노를 드러내기 시작하는 것이다. 이러한 상황은 친밀한 관계에서도 매일 일어나고 있으며, 자신에 대한 타인의 신뢰를 떨어뜨린다.

내가 심리치료를 하면서 종종 발견하는 또 다른 미묘한 거짓말은 이미 알고 있으면서 모른다고 말하는 것이다. 사람들에게 중요한 문제에 대한 생각과 자신에게 중요한 사람에 대한 감정, 또는 자신이 진정으로 원하는 바를 물어보는 경우가 있다. 이러한 질문을 받는 사람들은 실제로는 알고 있으면서 '모르겠다.' '확실하지 않다.' 또는 '혼란스럽다.'라고 답한다. 그들은 이미 알고 있는 자기 자신이나 다른 사람을 인정하는 것을 두려워한다. 왜냐하면 그들에게 익숙했던 것보다 더 친밀해지고, 더 깊은 대화를 이끌어 내기 때문이다. 사람들은 연인과의 관계에서도 항상 이러한 행동을 한다. 친밀한 관계에 들어가지 않기 위해 질문을 회피하는 것이다. 정직한 태도는 스스로를 돌아보고 솔직한 대답을 하거나 말하기가 쉽지 않다고 솔직하게 말하는 것이다. 모든 사소한 거짓말은 자존감과 대인관계의 기반을 조금씩 갉아먹는다.

붓다는 설령 진실이라도 그것이 자신이나 상대방에게 유익하지 않으면 말할 필요가 없다고 말하였다. 우리의 의사소통은 애정이나 자비를 바탕으로 이루어져야 한다. 우리의 대화는 의미와 유용한 목적을 지니고 있어야 한다. 대화는 우리가 진리를 자각하는 데 도움이 되어야 하며, 우리를 더 깊은 잠에 빠지게 해서는 안 된다.

붓다가 이야기한 대로 정직하게 살고 만성적인 긴장과 갈등이 없는 관계를 구축하려면, 의사소통을 하기 전에 먼저 생각하는 습관을 길러야 한다. 위대한 스승 아티샤는 다음과 같이 조언했다. "사람들과 함께 있을 때에는 자신의 말을 살피고, 혼자 있을 때에는 자신의 마음을 살펴라." 어떤 얘기가 진실인지 확인하기 위해서는 일단 스스로에게 정직해야 한다. 습관적으로 "괜찮습니다." "모르겠습니다."라고 답하기보다는 자신의 마음을 들여다보아야 한다. 진실을 말하는 것은 처음에는 매우 어렵고 두려운 일이 될 수도 있다. 그러나 이러한 어려움에 맞서는 것은 의미 있고 만족스러운 관계를 형성하는 데 있어 필수적인 요소다.

얼마 전에 내 친구는 남자친구와 최근 몇 달 동안 소원해졌다고 내게 털어놓았다. 처음에 그녀는 무엇을 해야 할지 몰랐다. 그러나 그녀는 남자친구에게 다가가서는 "잘 들어, 나는 진심으로 당신을 걱정하고 있어. 하지만 최근에 우리는 서로 멀어진 것 같아. 내 잘못도 있다는 것을 알고 있어. 나는 당신에게 화가 났어. 당신은 내가 무엇을 원하는지 생각하지 않는 것처럼 보였기 때문이야. 하지만 나는 그 점에 대해 당신에게 말하지 않았어. 그것은 내 잘못이야. 그렇지만 지금 당신에게 말하고 있어. 그러니까 당신도 솔직하게 말해 주기 바라. 나는 우리가 현재 상황에 대해 서로 솔직하게 털어놓았으면 좋겠어."라고 말했다. 그녀는 매우 용감했다. 물론 그녀는 남자친구가 자신의 요구를 거절할 가능성도 어느 정도 인지하고 있었다. 그러나 이러한 위험을 거듭 감수해야 서로를 진정으로 이해하는 친밀한 관계를 형성할 수 있다.

내 친구의 경우, 남자친구는 그녀가 화가 났다는 것을 이미 알고 있었음을 인정했다. 이 때문에 그녀를 멀리하게 되었던 것이다. 서로 대화를 하면서 남자친구는 그녀가 왜 화가 났는지 이해할 수 있어서 기뻐했다. 그녀가 자신의 요구사항을 솔직하게 털어놓고 남자친구가 그녀의 감정을 이해하게 되자 관계는 회복되었다.

사람들과 친밀한 관계를 형성하려면 정직한 태도로 접근해야 한다. 그러나 붓다가 지적한 바와 같이 정직만으로는 충분하지 않다. 예컨대, 정직하지만 고함을 지르고 분노를 쏟아 내면서 상대방의 감정을 해치는 사람들이 있다. 그리고 자주 충동적으로 말하다 보니 정직한데도 자신이 원하는 결과를 가져오지 못하는 경우도 있다. 상대방이 수용할 만큼 적절한 시간과 장소, 태도로 전달되지 않았기 때문이다. 의사소통을 통해 행복해지기 위해서는 진실을 말해야 할 뿐만 아니라, 유익한 내용을 말해야 한다는 사실을 알아야 한다. 그리고 공감능력을 키워야 유익한 의사소통이 가능하다는 점도 알아야 한다.

대리내관(Vicarious Introspection)

'공감(empathy)'은 20세기에 영어에 도입된 용어로 독일어 **'Einfühlung'**에서 유래됐는데, 타인의 감정을 경험할 수 있는 능력을 의미한다. 심리학 문헌에서는 상대방의 내적 경험을 이해할 수 있는 능력을 의미한다. 하인츠 코헛(Heinz Kohut)은 개인의 성격 발달 과정에서 공감의 역할에 대해 방대한 논문을 썼는데, 공감을 '대리내관'이라고 규정했다. 공감은 상대방의 생각과 감정을 이해하기 위해 상대방에 대한 자신의 직접적인 관찰 결과와 감정을 자신의 기억, 이성, 심상과 연관 짓는 과정을 동반한다. 공감은 기술 또는 능력으로, 춤추고 노래하는 능력과 유사한 측면이 있다. 우리는 공감능력을 어느 정도 갖고 태어난다. 이러한 타고난 능력이 발달할 수 있는 정도는 우리의 노력과 실천에 달려 있다.

수많은 연구 결과가 공감이 건강한 관계의 핵심 요소라는 주장을 뒷받침하고 있다. 연구 결과 공감은 효과적인 양육의 필수 요소 중하나고, 친사회적이고 이타적인 행동을 강화하며, 감성 지능의 핵심 요인이라는 사실이 입증되었다. 공감과 결혼 만족도, 친밀하고 안정적인 가족관계, 효과적인 의사소통, 대인관계 기술 향상의 상관관계가 연구를 통해 밝혀졌다. 반면에 공감능력의 결핍은 높은 수준의 분노, 공격적인 행동, 소시오패스, 아동학대, 청소년비행과 상관관계가 있다. 몇몇 학자들은 공감이 도덕성의 토대라고 주장한다. 타인의 고통을 이해하고 공감하는 것은 타인을 해치지 않고 도와주도록 유도하는 1차적인 원동력이라는 것이다. 만약 우리가 공감적으로 함께 공명한다면, 그들에게 고통을 일으키는 것은 우리에게도 고통을 주고 우리의 행동을 통제하는 것이다.

공감능력을 키우기 위해서는 타인의 고통과 직면할 수 있는 용기가 필요하다. 타인의 생각과 감정을 이해한다는 것은 그의 고통을 이해하는 일을 대체로 수반한다는 사실을 당연하게 받아들여야 한다. 상대방의 내적 삶을 공감하고 이해하기 시작하면, 자신의 마음에도 그와 매우 유사한 감정이 일어난다. 우리는 상대방이 우리 자신보다 더 나쁜 상황에 있다는 사실을 종종 발견한다. 우리는 공감을 통해 많은 사람이 애정, 혐오, 무관심을 거의 연속적으로 경험하고, 대체로 투사를 하면서 생활하며, 고통스러운 감정에 휘말린다는 것을 알게 된다. 이러한 부정적인 감정은 심한 상심, 좌절, 소진을 필연적으로 유발한다.

상대의 마음을 깊이 살펴보면, 일반적인 도시나 교외를 들여다볼 때와 마찬가지로 마음의 황무지를 발견할 수도 있다. 표면적으로는 좋아 보이지만, 그 표면 아래에는 온갖 고통으로 가득한 내적 풍경을 발견하는 경우도 있다. 긍정적이든 부정적이든 극단적인 감정을 경험하는 사람들에 둘러싸여 있으면, 이러한 내적 풍경을 매우 명확하게 살펴볼 수 있다. 자신이 알고 있는 수준보다 심한 분노, 열광, 고독, 공포, 애정, 또는 강박관념을 경험하는 사람들에게 공감을 하면, 새로운 정서적 풍경에 익숙해지는 효과가 있다. 이에 따라 향후에 보다 수월하게 공감을 할 수 있게 된다.

타인의 고통을 마주하면, 우울하고 실망하게 되며 상대방의 감정에 압도당할 수도 있다. 물론 우리 각각은 우리가 통제할 수 있는 속도로 새로운 심리적 지형에 진입해야 한다. 그러나 전체적으로 볼 때 공감은 긍정적인 결과를 유발한다. 대인관계에서 투사가 줄어들고 더 현실적으로 된다. 중독, 분노, 근심 또는 병적인 흥분을 오랫동안 경험한 사람들을 공감하면, 자신이 이러한 정신상태에 빠지면 어떻게 되는지 보다 잘 이해할 수 있다.

공감이 우리의 삶과 대인관계에 미치는 긍정적인 효과를 모두 열거하기는 어렵다. 그러나 공감은 친밀한 관계, 애정, 동정심의 핵심 요소다. 상대방의 고통에 직면하고자 하는 의지가 없다면 자비를 키울 수 없다.

타인에게 집중하기

공감능력을 향상시키려면, 우선 자신의 마음에 차분하게 집중하는 방법을 익혀야 한다. 대부분의 사람과 같이 자신의 생각과 감각의 흐름에 사로잡혀 있는 한, 타인의 경험을 공감하기는 어렵다. 상대방에게 집중하기 위해서는 자신의 감각, 감정, 욕망에 대한 주의를 일시적으로 중단해야 한다. 프로이트는 종종 '고르게 떠 있는 주의'를 '분석가가 자신의 주의를 욕망 추동의 사고 흐름에서 벗어나 환자에게 유용하게 사용하는 방법'이라고 언급했다.

차분하게 자신의 마음에 집중하는 것은 훈련으로 가능한 일이다. 많은 서양인들이 간단하고 주의 깊은 명상으로 이러한 수준에 도달할 수 있다는 사실을 알게 되었다. 마음을 대상에 집중하는 훈련을 주기적으로 반복하면, 긴장은 자연스럽게 해소되고 집중력과 통제력이 향상된다. 이러한 훈련을 주기적으로 반복하면 긴장과 불안이 해소되고 면역력이 강화되며, 공감능력도 향상된다는 사실을 입증하는 연구 결과도 상당히 많다.

나는 종종 환자들에게 주기적으로 자신의 호흡과 평화로운 심상에 집중하거나, 긴장과 불안을 해소하고 집중력을 강화하는 데 도움이 되는 단어나 구절을 반복해 볼 것을 제안한다. 불교, 힌두교 신자들이 마음을 고요하게 하고 집중하기 위해 만트라를 외우듯이 일부 가톨릭 환자들은 묵주 기도를 올렸다. 이러한 수행을 계속하는 사람들은 많은 효과를 보고하고 있는데, 근심과 스트레스가 감소한 경우도 많았다. 현재 많은 병원에서 이러한 긴장완화요법을 보조치료로 활용하고 있다. 시간이 다소 걸리더라도 이런 주의력 집중훈련을 주기적으로 반복하면 효과를 볼 수 있다.

일단 당신이 주의를 집중할 수 있는 능력이 향상되었다면, 당신과 함께하는 다른 사람들에게도 집중하는 능력을 사용할 수 있다. 대화 상대를 주의 깊게 바라보고 상대방이 말하는 내용과 말하는 방식에 주의를 기울일 수 있다. 이러한 태도는 공감능력을 향상하기 위해 반드시 필요한 요소다. 아이들이 학교에서 잠시 차분하게 정신을 집중한 다음, 마주 앉은 상대방에게 한동안 주의를 기울이는 훈련을 한다면, 이것은 정말 멋진 일이 아닐까? 누구든 오늘 당장 연습할 수 있다. 마음을 가라앉히고 대화를 하면서 상대방에게 주의를 기울이는 훈련을 시작하면, 금방 기분이 달라진다는 것을 느끼게 될 것이다. 상대방의 눈을 응시하고 그의 말에 주의를 집중하면, 익숙하지 않은 친밀함과 이해가 생길 것이다. 우리 대부분은 너무나 분주한 나머지, 가장 가까운 친구나 배우자 또는 자녀에게도 집중할 시간을 거의 갖지 못하고 있다. 상대방의 눈을 응시하고 주의를 기울이는 연습을 하면, 주의를 집중하는 것이 매우 소중한 선물이라는 사실을 깨닫게 될 것이다.

개념적 공감

나는 공감을 이해하고 개발하기 위해 서양 심리학이 논의하는 두 가지 종류의 공감을 구분하는 것이 유용하다고 본다. 나는 연구

문헌에서 사용하는 용어를 차용해, '개념적 공감(conceptual empathy)'과 '공명하는 공감(resonant empathy)'으로 칭하고자 한다. 그중에서 보다 이해하고 개발하기 쉬운 개념적 공감을 먼저 살펴보자.

상대방의 이야기를 경청하고 어조나 몸짓에 주의를 기울인다고 당장 공감을 할 수 있는 것은 아니다. 우리는 우리가 보고 들었던 내용을 반드시 우리 자신의 기억, 관념, 심상과 의식적 · 무의식적으로 연관 지어야 이해할 수 있다.

최근의 연구 결과에 따르면, 일부 사람들, 특히 자폐증이나 전반적 발달장애를 지닌 사람들은 개념적 공감능력이 크게 떨어지는 것으로 나타났다. 일부 연구자들은 이러한 결핍을 '심맹(心盲)'이라고 부른다. 다른 사람의 마음상태를 가늠할 수 없다는 의미다. 예를 들어, 중증 심맹 환자에게 "나는 조가 걱정돼. 그는 지금 아파. 내가 직접 가서 상태를 살펴봐야겠어."라고 말하면, 그는 이렇게 답할 것이다. "나는 내 친구가 걱정되지 않아." 이에 대해 "그래, 넌 한 번도 조를 만난 적이 없지. 하지만 나는 그가 걱정돼서 가 봐야겠어."라고 말하면, 그는 이렇게 답할 것이다. "나는 걱정이 안 돼. 난 갈 필요가 없어." 그에게 "나는 지금 매우 신경이 쓰여."라고 말하면, 그는 무심하게 "나는 별로 걱정 안 해."라고 답할 것이다. 그는 상대방이 걱정하는 내용을 자신의 경험과 연관 짓고, 상대방의 마음이 자신이 과거에 경험했던 마음과 유사할 것이라고 생각하지 못한다. 이들은 상대방의 주관적인 경험이 자신과 다르다는 사실을 이해하지 못한다. 중증 심맹 환자는 자신의 마음상태는 인지하지만, 다른 사람들도 이러한 상태를 경험한다는 사실을 이해하지 못한다.

심맹 환자들은 우리 대부분이 일상생활에서 보여 주는 기본적인 수준의 개념적 공감을 하지 못한다. 만일 누군가가 자신의 생각과 감정을 이야기하면, 우리는 자신이 직접 또는 가까운 사람들의 유사한 경험을 상기한 후 상대방의 생각, 감정의 유사점과 차이점을 파악하고 상대방의 마음을 짐작해 본다. 이것이 기본적 형태의 개념적 공감이다.

우리들 대부분의 경우, 이 정도 수준의 공감이 항상 이루어진다. 누군가가 시간이 늦었다거나, 뭔가에 화가 났다거나, 무엇인가를 요구하거나, 사과를 하면, 우리는 그것이 어떤 의미인지 이해한다. 왜냐하면 우리도 그와 유사한 심적 상태를 경험했기 때문이다. 따라서 공감을 통해 그의 감정을 짐작할 수 있다.

물론, 개념적 공감은 언제나 근사치다. 우리는 타인의 감정상태를 정확하게 상상할 수 있다고 확신할 수 없다. 우리는 듣고 본 내용을 토대로 상대방의 마음상태를 상상한다. 우리가 상대방의 마음상태를 직접 지각하는 것은 아니다. 연구자들은 개념적 공감은 훈련을 통해 향상될 수 있다는 사실을 발견했다.

개념적 공감의 정확성을 향상시킬 수 있는 방법은 사람들과 함께 확인해 보는 것이다. 자신이 상대방의 생각과 감정을 얼마나 잘 '포착했는지' 상대방의 평가를 통해 확인하면 된다. 이는 간단한 방법이다. 상대방의 생각과 감정을 상상한 다음, 상대방에게 자신의 추정이 맞는지 물어보면 된다. 부부, 가족 치료사들은 상담 시간에 이러한 훈련을 종종 실시한다. 이러한 훈련을 주기적으로 반복하면 기본적인 개념적 공감능력이 향상될 것이다.

자신이 경험한 것과는 전혀 상이한 심적 상태나 이전에 공감한 적이 없는 경우, 또는 성격을 파악하기가 쉽지 않은 사람들을 대상으로 하는 개념적 공감은 훨씬 어려운 작업이다. 이 경우에는 더 많은 생각과 상상력을 동원해야 한다. 마치 새로운 심리적 지형에 진입하는 것과 같다. 자신의 관점을 잠시 벗어나서 개방적이고 상상력 있고 거의 시적인 마음상태를 키워야 한다. 이는 배우가 자신이 연기할 새로운 인물의 마음을 상상하는 것과 다소 유사하다. 상대방의 말하는 내용, 몸짓, 어조, 얼굴 표정을 고려해야 한다. 자신이 그러한 말과 몸짓을 드러내는 사람의 입장을 상상해 보고 자신이 상대방이라면 어떤 생각과 감정을 갖게 될 것인지 자문해야 한다.

낯선 상황에서 공감할 수 있는 상상력을 키우기 위해서는 심리학 이론을 공부하는 것도 도움이 될 것이다. 나는 시집, 소설, 자서전, 연극도 이에 못지 않게 도움이 된다는 사실을 알게 되었다. 자신이나 자녀의 공감능력을 기르는 데는 영화, 텔레비전 프로그램, 책이 대단히 효과적이다. 주인공에 집중하면서 그의 감정과 경험 방식을 상상하고 토론할 수 있다. 스토리텔링 역시 효과적인 방법이다. 나는 아동을 치료하는 과정에서 이 방법을 종종 활용한다. 우리는 사람이나 동물에 관한 이야기를 갖고, 주인공의 감정과 이야기 속에서 그렇게 행동한 이유에 대해 생각해 보는 시간을 주기적으로 부여하고 있다.

우리는 자신에게 익숙한 관점으로 대상을 바라보는 경향이 있기 때문에 가장 극단적인 마음상태를 상상하는 것이 특히 도움이 된다. 한 가지 방법은 극단적인 경험을 하는 주인공이 등장하는 책을 읽고 이 주인공에게 공감하는 것이다. 티베트 불교 수행자들은 불교 우주론에서 설명하는 다양한 존재 영역을 적극적으로 상상하면서 공감적 상상을 훈련한다. 이들은 앉아서 온갖 기괴한 그림과 책을 보고 자신을 투영한다. 이들은 개, 물고기, 벌레의 삶을 상상할 뿐만 아니라 지옥에 있는 사람들, 굶주리고 방황하는 유령, 매혹적인 꽃과 황홀한 하모니로 가득한 정원에서 영원한 삶을 누리는 천사를 상상한다. 심지어 이들은 붓다의 경지를 상상하기도 한다. 고통이 전혀 없고 완전한 지혜를 갖추고 있으며, 온 세계에 지복의 에너지를 영원히 방사하는 상황을 그려 보는 것이다. 수행자들은 온갖 존재 양식을 최대한 철저하게 명상한다. 상상력의 극단으로 몰아가는 것이다. 이렇게 하면 공감뿐만 아니라 자비도 강화된다.

내가 치료했던 사람들 가운데는 지적이고 인생의 중요한 변화를 가져오는 방법을 자문하지만, 거의 강박적인 걱정에 사로잡혀 이를 실천하지 못하는 경우가 있었다. 우리는 이러한 상황에 대해 수없이 이야기를 나누었다. 그러나 나는 그에게 공감을 하기가 어려웠다. 그런데 어느 날 엘리엇(T.S. Eliot)의 시에서 묘사하는 앨프리드 프루프록(Alfred Prufrock)을 통해 그를 보다 잘 이해하게 되었다. 프루프록은 '울며 단식하고, 울고 기도하면서' 심오한 질문을 한다. 그러나 그의 강박적이고 자기중심적인 걱정이 그 자신의 가장 심층적인 고민과 영적인 갈망을 항상 압도했고, 이러한 고민과 욕망은 사소한 강박관념으로 변했다. 신과 우주에 대한 생각은 자아에 의해 퇴색되었고, '머리카락을 뒤로 넘겨야 할까? 복숭아를 먹어도 될까?'와 같은 사소한 문제와 구분되지 않는 지경에 이르렀다. 이렇게 사소한 고민은 그 자신을 몽유병 상태로 몰아가는 마약과 같았다. 그는 '마취되어 수술대에 오른 환자'와 같은 심정이었다. 나는 이 시를 읽고 그 환자의 상황이 갑자기 이해되었다. 삶의 변화를 원하는 그의 깊숙한 욕구는 강박적인 걱정거리에 휩쓸려 버렸고, 실제로 행동을 개시하는 시점이 되자, 최면상태가 되어 아무런 행동을 할 수 없었던 것이다. 그의 불안은 중요한 문제를 바라보지 못하게 하고, 그를 마취상태로 몰아넣었다. 일단 내가 그 역동을 이해하게 되자 나는 그가 걱정거리에 휩쓸리지 않고 삶에서 원하는 것에 대한 통찰력을 유지할 수 있도록 도울 수 있었다.

개념적 공감능력을 향상하기 위해서는 상상력을 계발해야 한다. 낯선 마음상태를 공감하는 경우 상대방의 입장에서 상상하고, 그의 입장에서 세상을 바라보는 것이 도움이 될 때가 많다. 공감적 상상력을 계발하는 사람들은 이것이 흥미로우면서도 즐거운 일이라는 사실을 종종 깨닫게 된다. 나는 다른 사람의 관점에서 세상을 바라볼 수 있는 능력이야말로 우리가 영화와 문학에 열광하는 부분적인 이유라고 본다. 고전에 빠져들거나 대형 스크린에서 연기하는 위대한 배우를 보면서 정신을 차리지 못할 때의 기분을 생각해 보자. 자신의 관점에서 빠져나와 다른 사람의 입장을 이해하는 것은 어떤 해방되고 즐거운 감정을 유발한다. 이러한 관점의 변화는 대인관계를 통해 키울 수 있다. 공감적인 상상을 하는 것은 즐겁고 유쾌한 일이 될 수 있으며, 이것이 반복되면 자연스럽게 자비로 귀결된다. 아울러 자신의 세계관은 무한한 세계관의 하나에 불과하다는 소중한 지혜를 얻게 된다.

공명하는 공감

또 하나의 공감 형태로 개념적 공감과는 다소 다른 유형이 있는데, 연구자들은 이를 '공명하는 공감'이라고 한다. 이러한 유형의 공감은 대개 심리적인 과정으로 포유류의 신경계에 깊이 뿌리박혀 있다. 생물학자들과 진화심리학자들은 공명하는 공감은 인간에게만 고유한 것이 아니라 포유류의 생물학적 구조에 필수적인 부분이라는 사실을 입증하는 증거를 엄청나게 축적했다. 한 사회심리학자는 이 과정을 "타인의 감정상태를 목격하는 관찰자는 은연중에 그의 감정신호를 즉각 모방한다. 예컨대, 스트레스를 받는 상대방을 목격하고 근육을 긴장시키는 행위는 관찰자 역시 비록 정도는 약하지만 이와 유사한 반응을 나타낸다."고 설명한다.

우리 인간은 매우 사회적인 동물이다. 우리는 같은 음으로 조율한 두 개의 기타 현이 함께 공명하는 것과 마찬가지로 타인의 감정에 즉각 반응한다. 유아기부터 우리의 감정과 신경발달은 주변의 사람들, 심지어 애완동물과 같은 포유류와의 상호적이고 공명하는 상호작용에 커다란 영향을 받는다는 점을 뒷받침하는 연구결과가 점점 많아지고 있다. 평온한 상태의 엄마에게 안겨 있는 아기는 자연스럽게 엄마의 호흡, 얼굴 표정, 부드러운 몸짓을 통해 엄마의 이러한 상태를 감지한다. 아기는 엄마의 평온을 느끼면서 자신도 차분해진다. 아기가 화가 날 때에도 엄마가 차분하게 대하면, 아기는 엄마와 공명하면서 기분을 가라앉히는 방법을 자연스럽게 습득한다.

우리는 성인이 되었을 때도 주변 사람들의 감정에 본능적으로 반응한다. 영화관에서 긴장되는 장면을 지켜보는 관객들은 주인공이 위험에 빠지면 자신들도 모르게 근육이 긴장되고, 주인공이 위험한 상황을 성공적으로 극복하면 안도의 한숨을 내쉰다. 보통 이러한 과정은 무의식중에 발생하지만 우리의 대인관계와 정서적 삶에 막대한 영향력을 발휘한다.

화가 나 있는 친구와 같이 있다고 생각해 보자. 그 친구가 화가 나서 소리를 지르면 우리는 그의 말만 듣지는 않는다. 그가 무서운 표정을 지으면 무의식적으로 같은 얼굴 표정으로 그에게 반응한다. 친구의 호흡이 빨라지고 근육이 긴장되면, 우리의 근육도 약간 긴장하고 호흡도 약간 빨라진다. 그의 흥분한 목소리를 듣고 신경질적인 몸짓을 지켜보는 우리도 다소 불안해지기 시작한다.

이러한 불안감은 우리의 다음 행동에 영향을 미친다. 당신이 무슨 일이 일어나고 있는지 알아차리지 못한다면, 그리고 그와 같은 사람들이 당신 주변에 많다면, 시간이 흐를수록 당신은 점점 더 불안한 사람이 될 것이다. 다른 사람들의 불안에 계속해서 공명하다 보면 당신은 점차 습관적으로 불안해지게 될 것이다. 우리는 문자 그대로 이와 같이 공명하는 상호작용을 통해 서로 간의 정서적 삶에 영향을 준다. 또 다른 흔히 일어나는 예를 들겠다. 한 여성이 자주 흥분하게 된다. 이것이 지속되면 몇 달 후 그녀의 긴장은 요통이나 두통과 같은 신체 증상으로 발전할 수 있다. 남편이 화를 내고 소리치면 그녀 또한 이에 공명한다. 남편처럼 그녀 또한 아드레날린이 솟구치는 것을 경험한다. 그녀의 생리적 반응에 어떻게 대응하는가는 그녀의 성향에 따라 달라진다. 그녀의 긴장은 분노로 터져 나와 남편을 향해 소리를 칠 수도 있다. 만약 그녀가 분노를 불편해한다면, 그녀는 자신의 감정을 억누르고 공포나 불안 혹은 우울을 경험하게 될 것이다. 여기서 말하고 싶은 점은 우리 모두는 공명하는 공감능력을 통해 타인의 감정에 반응한다는 것이다. 이러한 현상은 두 사람 사이뿐 아니라 큰 집단 안에서도 일어날 수 있다. 록 콘서트나 시위 현장에서 우리가 느끼는 엄청난 에너지는 공명하는 공감적 반응에서 일어나며 사람들이 서로 간의 흥분과 열망을 알게 될 때 점점 더 큰 힘을 얻게 된다. 가수나 연설자들은 군중의 에너지와 공명하며 군중들은 집단의 폭발하는 에너지에 공명함으로써 엄청난 에너지가 형성된다.

우리 모두는 공명하는 공감능력을 갖고 태어난다. 따라서 다른 사람을 이해하고 애정어린 의사소통을 하기 위해 그것을 개발할 필요는 없다. 그러나 우리가 개발할 필요가 있는 것은 공명이 일어나는 과정을 알아차릴 수 있는 능력이다. 당신이 다른 사람과 상호작용할 때, 대화하는 동안 당신의 신체적 · 정서적 반응이 어떻게 일어나는지 주의를 기울여 보라.

물론 우리는 공명하는 공감이 아닌 투사에 따라 반응할 가능성이 있다. 공명하는 공감은 상대방의 입장에서 반응하는 것인 반면,

투사는 상대방으로 인해 무의식적으로 형성된 자신의 감정에 반응하는 것이다. 따라서 공명하는 공감을 효과적으로 활용하려면, 투사에 치우치는 자신의 성향을 알고 있어야 한다. 정서적 · 심리적 반응이 크게 나타났다면, 이러한 반응이 투사에 따른 것인지, 아니면 공명하는 공감에 따른 것인지 확인해야 한다. 그것이 투사에 따른 것이라면 관계를 증진하기 위해서 투사에 대해 작업하는 것이 필요하다. 그러나 그것이 공명하는 공감에 의한 것이라면 이는 상대방을 더 깊이 이해하는 기회가 될 것이다. 어떤 의미에서 우리의 신체는 서로를 향해 있는 안테나나 위성과도 같다. 신체는 의식적인 마음이 알아차리지 못하는 미묘한 감정들을 잡아 낸다. 공명하는 공감에 주의를 기울이기 시작하면, 상대방과의 관계에서 자신이 침착해지거나, 우울해지거나, 불안해지는 이유를 자연스럽게 살펴보게 될 것이다.

어떤 상황에서는 공명하는 반응의 이유를 분명하게 알 수 있을 것이고, 그렇지 않은 상황도 있을 것이다. 예를 들면, 이전에 성공한 사업가 환자를 치료한 적이 있는데, 그는 대체로 자신감 있고 침착해 보였다. 결혼생활의 변화를 원했던 그는 분노로 인해 문제가 발생하는 경우가 가끔 있다는 사실을 인정했다. 그와 대화하면서 나 자신이 불안해지는 일이 많았다. 나는 나 자신의 삶과 그와의 관계를 생각하면서 그 이유를 찾아내려고 했으나 아무런 단서도 찾지 못했다. 어느 날 그가 자신의 분노에 대해 말하자, 나는 그의 말을 끊고 “제가 보기에는 분노가 일차적인 문제는 아닌 것 같습니다. 선생님의 분노는 어떤 마음 깊은 곳의 두려움이나 불안 때문이 아닐까 생각합니다."라고 말했다. 그는 약간 놀란 표정으로 나를 쳐다보았다. 그는 자신의 두려움이나 불안에 대해 한 번도 언급한 적이 없었다. 그러나 상담 회기에서 그의 문제를 심도 있게 살펴보았더니 그가 아내, 직장동료에게 종종 불안감을 느끼고 있다는 사실이 분명해졌다. 그들이 그의 어떤 결점을 볼 수 있을지 모른다는 것이 그의 불안의 큰 부분이었고, 그가 어떤 결점을 숨기고 있다는 것도 추정할 수 있었다. 그가 두려워하는 것은 사람들이 자신의 이러한 결점을 알게 되면, 자신을 조롱하고 거부할 수 있다는 점이었다. 이에 따라 그는 이러한 결점으로부터 주의를 돌리기 위해서 상대방이 자신을 거부하기 전에 자신이 먼저 상대를 밀쳐냈다. 그는 이러한 두려움을 극복하고 나서야 분노를 성공적으로 해소할 수 있었다.

이 사례를 분석해 보면, 개념적 공감을 통해서는 결코 발견할 수 없는 정보를 공명하는 공감이 제공했다는 사실을 확인할 수 있다. 이러한 공명하는 공감에 능숙하면 상대방을 보다 깊이 있고 정확하게 이해할 수 있다. 자신의 공명하는 반응을 인지하고 있으면, 부정적인 분위기에 휘말리거나 상대방의 부정적인 감정에 동요하면서 부정적인 정서 습관이 생기는 일을 예방할 수도 있다. 이러한 부정적인 느낌의 원천을 알고 있으면, 우리는 마음을 가라앉히고 자신의 마음을 보다 긍정적인 방향으로 이끌어 갈 수 있으며, 상대방이 야기한 불안한 느낌도 해소할 수 있다. 아마도 가장 중요한 부분은 공명하는 반응을 인지하면, 부정적 정서 흐름을 바꿀 수 있는 능력을 기를 수 있다는 점일 것이다. 상대방이 내게 공명을 불러일으키는 것과 마찬가지로 나도 상대방에게 공명을 불러일으킨다. 상대방의 분노나 불안이 내게 공명을 불러일으킬 수 있다면, 나의 고요함, 애정, 연민이 상대방에게 공명을 불러일으킬 수도 있다.

감정의 흐름 바꾸기

1989년 달라이 라마는 잠시 동안이었으나 공명하는 공감을 통해 상대방을 이해하는 방법과 부정적인 감정 흐름을 바꿀 수 있는 방법을 내게 알려 주었다. 이때는 달라이 라마의 노벨상 수상이 발표된 지 얼마 지나지 않은 시점이었다. 나는 자원봉사자로 참여해 달라이 라마와 그의 통역원, 티베트 정부 관료를 비롯한 그의 수행원을 태우고 운전을 했다. 우리는 달라이 라마와 수행원들을 위스콘신 대학교 만찬장에 내려 주었다. 이 만찬은 대학교와 지방정부에서 주최한 공식 행사였다. 다른 운전자와 나는 달라이 라마를 경호하기 위해 이곳에 파견된 대규모 경찰 부대와 함께 만찬장 밖의 복도에 서 있었다. 이때 덩치가 큰 젊은 남자가 갑자기 뛰어 들어왔다. 눈빛은 사나웠고 머리카락이 헝클어져 있었으며, 찢어진 청바지와 낡은 티셔츠를 입고 있었다. 그는 경찰들을 밀치면서 안에 들어가 달라이 라마를 만나야 한다고 소리쳤다. 경찰이 가로막자 더 큰 소리를 지르며 몸을 더 힘차게 떠밀었다. 수많은 경찰관이 그를 문 밖으로 내보낸 후, 내가 서 있는 곳 바로 뒤에서 그를 진정시키고 있었다.

이때 달라이 라마의 수행원들은 만찬장을 떠나기 시작했고, 우리가 서 있는 출구 방향으로 이동했다. 나와 동료 운전자 뒤에 있던 경찰관은 그를 제지하고 달라이 라마에게 접근하지 못하도록 도와줄 것을 우리에게 요청했다. 달라이 라마가 내가 서 있는 지점 바로 앞에 있는 출구로 걸어 나오자, 나는 신경을 곤두세우고 내 자리를 굳게 지켰다. 나의 뒤에서 밀치고 있는 그 젊은이의 목소리를 들을 수 있었다. 나는 이 상황을 염려했다. 물리적인 충돌에 대처하는 나의 호흡은 빨라졌다.

달라이 라마는 자연스럽게 그 젊은이의 입장을 이해했다. 그는 신속하게 문 밖에 나온 후, 차에 타지 않고 내가 서 있는 방향으로 걸어왔다. 그는 친절한 태도로 나와 동료 운전자의 어깨 사이에 틈을 만들었다. 우리 사이에 통로를 만든 것이다. 달라이 라마는 그 사이에 걸어 들어가 그 젊은이에게 접근했다. 그는 그 젊은이의 손을 잡았고 부드럽게 미소지었다. 그는 젊은이에게 "만나서 참 반갑습니다. 고맙습니다."라고 말하면서 그 젊은이를 다정하게 어루만졌다. 나는 젊은이의 얼굴을 쳐다보았다. 그는 미소를 지으며 기뻐했다. 이제 행복해진 젊은이의 평화로운 얼굴에서 고개를 돌리자, 달라이 라마는 이미 사라지고 없었다. 그는 차에 접근하고 있었다. 나는 그를 따라잡기 위해 뛰었다.

이 이야기는 공명하는 공감을 어떻게 활용하면 상대방을 이해하고 그를 도와줄 수 있는지를 보여 주는 훌륭한 사례다. 그 젊은이는 이미 흥분과 긴장으로 가득한 복도에 진입하고 있었다. 그는 불안하고 공격적인 에너지를 분출하면서 사람들에게 반향을 불러일으켰다. 근육이 긴장되고 호흡은 빨라졌으며, 아드레날린 수치는 높아졌다. 각자의 성향에 따라 이러한 반향은 불안, 짜증, 두려움, 걱정, 분노를 유발한다. 그 젊은이 자신도 이러한 감정에 반응하면서 더욱 심하게 동요하고 분노했다. 여기저기에서 반향이 발생하면서 복도의 불안한 분위기는 급속하게 악화되었다. 부정적인 감정의 오케스트라가 클라이맥스로 치닫는 듯했다.

그때 달라이 라마는 복도에 들어섰다. 누구에게도 말을 하지 않고, 현장의 분위기를 포착했으며, 긴장과 고조된 분위기를 감지했다. 특히 젊은이의 분노와 이러한 분노의 이면에 자리 잡고 있는 만남에 대한 갈망을 이해했다. 그다음 순간, 이 짧은 만남에서 가장 중요한 일이 발생했다. 달라이 라마는 실내에서 반향을 불러일으키고 있는 부정적인 감정에 두려움이나 불안과 같은 부정적인 감정으로 반응하지 않고 자비를 보였다. 달라이 라마는 반향적 반응에 휘말리는 대신 자비심을 활용해서 그 상황을 이해했다. 그런 다음 그는 자신의 깊은 자비를 실내의 감정 교향곡에 추가했다. 그는 상황을 파악한 다음, 다정하고 자비로운 의사소통을 실천했다. 격렬한 클라이맥스가 아니라 놀라울 정도로 조용하고 부드러운 멜로디로 마무리한 것이다.

우리 모두는 일상생활에서 공명하는 공감을 의식적으로 활용할 수 있다. 우리는 이러한 공감적이고 애정 넘치는 의사소통을 통해 수많은 대인관계 문제를 의미 있고 긍정적인 경험으로 변형할 수 있다. 애정 넘치는 의사소통으로 상대방의 기운을 북돋게 하는 것이 성공을 결정하는 요인이 되는 경우가 많다. 예컨대, 달라이 라마는 매우 열정적인 태도로 젊은이에게 다가갔다. 그는 부드러웠으나 매우 직접적이었다. 그는 젊은이를 붙잡고 눈을 응시하면서 말을 걸었다. 그의 자비 어린 의사소통은 젊은이의 분노만큼이나 직접적이고 강렬했다.

우리는 사랑과 자비가 연약한 감정이라고 판단하는 경우가 많다. 사실 이러한 긍정적인 감정이 인간관계의 변화를 유발하려면 다른 감정만큼이나 직접적이고 강력해야 한다. 사랑과 부정적인 감정이 충돌하고 공명하며 상호작용하는 경우, 사랑은 부정적인 감정을 압도할 정도로 강력해야 한다.

진실과 사랑의 힘

내가 보기에는 동양사상과 서양사상의 교류를 통한 가장 중요한 발전의 하나는 지금까지 논의했던 공감적이고 애정 넘치는 의사소통인 것 같다. 시민 불복종, 사티하그라하(Satyagraha), 비폭력운동들은 이러한 사상적 결합의 산물이다.

1800년대 중반에 이러한 사상을 제시한 헨리 데이비드 소로(Thoreau)는 불교와 힌두교 사상에 영향을 받았다. 1900년대 초반, 간디는 이러한 사상을 강력하게 실행했다. 그는 전통 동양사상과 서양의 정치학, 언론학, 심리학을 결합했다. 마틴 루터 킹 주니어(Martin Luther King Jr.)는 자신이 미국에서 실천한 비폭력 전략이 간디의

사상에서 많은 영향을 받았음을 공공연하게 인정했다. 지난 40년 동안 달라이 라마는 이러한 정치 전략을 구사하는 가장 탁월한 세계 지도자였다. 그는 자신의 고유한 불교 사상을 이러한 전략과 통합했다.

사람들은 비폭력적 직접 행동이 일차적으로는 정치적인 수단이라고 간주하는데, 이것은 잘못된 생각이다. 간디, 마틴 루터 킹 주니어, 달라이 라마는 이러한 전략의 핵심은 사랑이라고 강조했다. 간디는 자신의 전략을 '사티하그라하'라고 불렀다. 그에 따르면 이 용어의 의미는 진리와 사랑의 힘이다. 사티하그라하를 실천하기 위해서는 진리를 이해하고 사랑의 힘을 통해 의사소통하기 위해 노력해야 한다. 간디는 진리는 주로 자기성찰을 통해 발견되지만 공감이나 반성을 통해서도 이해할 수 있으며, 사랑의 힘을 통해 의사소통하기 위해 노력해야 한다고 주장하였다. 간디는 영국 정부에 맞서는 자신의 전략이 인도와 영국의 국민에 대한 사랑에서 우러나오는 의사소통이라는 점을 분명히 했다.

마틴 루터 킹도 마찬가지였다. 그는 자신의 '수동적 저항'을 사랑의 힘으로 용기 있게 악에 맞서는 전략이라고 규정했다. 그의 전략은 폭력의 가해자보다는 피해자가 되는 것이 낫다는 신념을 바탕으로 한다. 왜냐하면 가해자는 폭력의 존재와 고통을 배가하지만, 피해자는 상대방에게 수치심을 불러일으키면서 마음의 변화를 유발하기 때문이다.

비폭력적이고 애정 넘치는 의사소통을 하기 위해서는 주어진 상황에서 진실을 파악해야 하고, 모든 사람에 대한 강한 애정을 가져야 한다. 이러한 사랑의 힘은 결국 사려 깊은 의사소통을 이끌어 낸다. 외적 행동은 진실과 사랑에 대한 내적 헌신의 신체적인 표현에 지나지 않는다.

그렇다면 사랑을 부드럽고 약한 것으로 간주해서는 안 된다. 사랑은 힘을 지니고 있다. 마틴 루터 킹은 "우리는 사랑이라는 무기를 사용해야 합니다. 우리를 싫어하는 사람들에게도 자비를 가지고 이해해야 합니다."라고 썼다. 그가 보기에 애정, 자비 그리고 공감은 영원히 강력한 힘을 발휘하기 때문에 만일 이것이 일관성 있고 용기 있게 적용된다면, 부정이나 악의 변화를 가져올 수 있다. 동서양 사상의 교류를 통해 발전한 이러한 직접적이고 적극적인 사랑 개념은 강력한 영향력을 발휘해 왔다.

때때로 사람들은 개념적 공감을 행하지만 여전히 타인과 거리를 두고 자신을 분리하기도 한다. 일부 서양 심리이론가들은 이렇게 거리를 두는 공감이야말로 올바른 심리치료 전략이라고 주장하기도 한다. 사실 상대방에 대한 애정이 전혀 없는 공감은 보편적인 인간성에 반하는 것이다. 이런 공감은 기껏해야 일종의 관음증으로 전락하고, 최악의 경우에는 소시오패스의 술책으로 발전한다. 사기꾼과 아동유괴범은 개념적 공감을 통해 상대방을 이해할 수 있지만 상대방의 안녕을 고려하지 않는 사람들이다. 애정이 결핍된 공감은 단순한 모략에 불과하다. 공감이 타인에 대한 애정, 유대와 결합하면 자연스럽게 진정한 사랑이 발생한다.

간디가 가장 즐겨 인용하는 바가바드 기타(Bhagavad Gita)의 구절은 다음과 같다. "만물을 평등하게 바라보면, 만물 속에서 자신을 볼 수 있고 자신 안에서 만물을 볼 수 있다." 우리가 자신과 타인을 상호 연결되고 상호 의존적인 존재로 바라보면 공감과 사랑은 별개가 아니다. 이러한 핵심적인 통찰력을 바탕으로 하는 공감을 통해 사랑과 자비가 발현하는 것이다. 전통 불교사상은 이러한 사상을 분명하게 제시하고 있으며, 다른 위대한 종교에서도 이러한 사상을 분명히 갖고 있다.

실용적인 관점에서 볼 때 공감능력이 발달하면, 우리 모두가 한결같이 행복을 추구하고 고통을 회피한다는 사실을 점점 명확하게 인식하게 된다. 뿐만 아니라, 다른 사람들도 우리와 같이 고통을 느낀다는 사실을 알게 된다. 그리고 우리도 다른 사람들과 같은 수준의 잠재력을 갖고 있다는 사실을 인식할 가능성도 있다. 만일 우리가 우리의 적에 대해 심도 있게 공감하면, 그가 그렇게 행동한 이유를 이해할 수 있게 된다. 내가 보기에는 이것이 바로 마틴 루터 킹이 간파한 가장 위대한 진리다. 그는 인종차별주의자들에게 공감하면서 이들을 이해하고 사랑했고, 사랑의 힘을 통해 이들의 유해한 증오와 편견을 치유하고자 했다. 이것이 공감적이고 애정 넘치는 의사소통의 핵심이다. 우리는 공감을 통해 상대방을 이해한다. 그리고 우리는 자신의 행복과 안녕이 다른 사람들과 밀접하게 관련되어 있다는 사실을 발견한다. 상대방을 공감적으로 이해하고 그와의 긴밀한 연관성을 파악하면, 배려, 사랑, 자비가 발현된다. 이러한 감정은 대인관계를 회복하고 행복을 유발하는 강력한 원동력이 된다.

개인 간의 의사소통에서 타협이 발휘하는 효과를 언급하는 심리치료사들이 많은데, 대인관계에서 타협이 유용한 수단임은 분명하다. 그러나 타협은 자아의 영역에 속한다. 타협은 종종 공감과 사랑의 실패 또는 결핍 때문에 발생한다. 이 중요한 통찰은 사랑과 자비에 관한 심리학을 통해서만 이해할 수 있다. 서양 심리학 전통에서는 이 점을 아직까지 진지하게 다루지 않았다. 국가, 종교, 인종, 친구, 배우자, 가족 또는 직장동료 사이에서 의견 불일치로 인한 타협은 양자 모두에게 뭔가를 포기할 것을 요구하고, 이 때문에 양자는 다소 불만을 갖게 된다. 각 당사자는 여전히 자기중심적인 입장에 갇혀 있고 다른 것을 위해 무언가를 포기한다. 이러한 방식은 공감과 사랑으로 인한 문제 해결과는 다르다. 공감과 사랑으로 도출한 해결방안은 오래된 갈등을 극복하고 진정한 정의, 화합, 평화를 이룩한다. 일상생활에서는 사랑의 힘이 욕망 추동의 자아를 압도할 때 이러한 해결이 가능하다.

붓다의 가르침을 공부하면 그가 타협을 언급하지 않았다는 사실을 알게 될 것이다. 붓다는 사람들이 진리와 해방을 구할 수 있는 방안을 제시했다. 그가 보기에 의사소통은 사람들의 자아가 서로 타협하기 위한 것이 아니라 진리를 깨닫고 자유를 찾는 것을 도와주기 위한 것이다. 진실을 규명하려는 당사자나 자유와 기쁨을 추구하는 당사자가 애정 넘치는 의사소통을 하는 목적이 바로 이것이다. 이들 당사자 모두는 사랑의 힘과 타고난 공감능력을 통해 이전에 자신이 어느 정도 실체라고 보았던 의견 불일치, 문제 또는 갈등이 허구적인 투사에 불과함을 간파하게 된다. 바로 이 점이 붓다가 진실과 사랑을 바탕으로 하는 의사소통으로 만성적인 문제와 갈등을 극복할 수 있다고 설파한 이유가 될 것이다. 양자가 공감과 사랑에 눈을 뜨면 오래된 문제나 갈등은 악몽에 불과하다는 것을 알게 될 것이다.

쇼핑몰에서의 애정이 넘치는 의사소통

내가 강조하려는 것은 위대한 비폭력주의 개혁자들이 실천한 공감적이고 애정 넘치는 의사소통은 본래 정치적인 목적을 지니고 있지 않았다는 점이다. 달라이 라마가 세계의 진정한 평화는 우리 자신의 마음과 삶에서부터 시작되어야 한다고 지적할 때, 그는 일상생활에서 공감적이고 애정 넘치는 의사소통을 실천할 것을 촉구하고 있는 것이다. 모든 인간은 한 가족이고, 서로 불가분적으로 연결되어 있다. 그리고 상대방에게 공감하고 사랑의 힘으로 의사소통하는 방법을 배우지 못한 사람은 대인관계에서 평화를 찾기 어려울 것이다. 우리가 욕망에 이끌려 인간관계에 접근하는 한, 기껏해야 일시적인 타협만 이루어질 뿐이며, 이러한 타협은 거듭되는 갈등으로 인해 손상될 것이다.

어떤 순간이든 우리가 다른 사람과 관계를 맺는 경우, 우리는 잠시 시간을 갖고 정직, 공감, 사랑을 키울 수 있다. 우리는 언제나 투사와 부정적인 감정으로 의사소통할 것인지 아니면 공감과 사랑으로 의사소통할 것인지를 선택한다. 나의 아내 테리는 캘리포니아의 고급 백화점 피부관리센터에서 이러한 전략을 활용했다.

피부관리센터의 위층에서는 피아노로 클래식 음악을 연주했다. 유리로 된 카운터의 꼭대기에는 조명과 거울, 그리고 여성의 얼굴에 가상의 색깔을 입히기 위한 플라스틱 장치가 설치되어 있었다. 직원들은 젊고 아름다웠다. 어느 밸런타인데이에 테리는 나이 든 고객이 2명의 직원을 향해 고함을 지르는 광경을 목격했다. 테리는 직원들을 도와주러 갔다. 그런데 그 여성 고객은 텅 빈 아이크림 통을 테리의 얼굴에 들이밀었다.

"이건 눈가 주름, 붓기 제거용 화장품인데, 제 눈을 보세요. 한 번 보라고요! 효과가 없잖아요. 환불해 주세요. 이건 쓸모가 없다고요."

이 시점에서 테리와 직원들은 그녀의 분노에 공격적인 반응을 했다. 이미 그들은 긴장과 짜증을 느끼고 있었던 것이다. 테리가 영수증을 요구하자, 그녀는 영수증을 꺼내 테리를 향해 집어 던졌다. 이 상황에서는 분노로 응수하는 것이 쉬운 방법일 수도 있다. 상대방이 부정적인 태도를 보이면, 우리는 자연적으로 그와의 공감을 꺼려하고 친절을 베풀 가치가 없다고 생각할 것이다. 이 상황에서 상대방에 대해 무의식적이고 철저하게 부정적인 투사가 발생하기 십상이지만, 이러한 투사를 제거하려고 노력해야 한다. 공감적이고 애정 넘치는 의사소통을 실천할 수 있는 이상적인 시기가 바로 이런 시점이기 때문이다.

테리는 화를 내지 않고 그녀에게 공감을 하기 시작했다. 개념적 이해와 그녀의 분노에 대한 반향적인 이해를 결합했다. 테리는 "기꺼이 환불해 드리겠습니다. 그건 우리 가게의 방침이에요. 걱정하지 마세요."라고 말한 후 잠시 침묵했다. 그러고는 "오늘 눈이 퉁퉁 부어 있군요. 기분은 괜찮으신가요?"라고 덧붙였다.

그녀는 "아니요."라고 답했다. 테리와 고객은 서로 한동안 말없이 꼼짝 않고 서 있었다. 이들은 희미한 피아노 음악이나 주변에 있는 고객들이 내는 소리에는 전혀 주의를 기울이지 않았다. 테리의 개방적인 태도 때문인지 아니면 그녀의 눈빛이 진실해 보였는지는 몰라도 그 상황의 부정적인 반향은 바뀌고 있었다. 어쩌면 매장에서 서로를 쳐다보면서 진정한 유대감을 경험했을지도 모른다. 고객은 누그러졌다. 매장에 들어올 때는 몰랐지만 고객은 자신이 갈망하던 것을 찾았다. 그것은 연결감이었다.

그녀는 "사실은 밤마다 울었어요. 당신들같이 젊은 여자들은 몰라요. 나이 들어 외톨이가 되면 어떤 기분인지. 끔찍한 일이에요."라고 말했다. 그녀의 눈에서는 눈물이 쏟아져 나왔다. 공감을 통해 그녀의 분노가 은폐하고 있던 고독을 발견했고, 보다 친밀한 관계가 형성되었다.

테리는 "밸런타인데이에는 분명 더 힘들 거예요."라고 말했다. 그러고는 여성용 아이크림을 내려놓고 카운터로 가서 그 고객을 카운터 옆에 있는 의자에 앉힌 다음 그녀의 손을 어루만졌다. 고객은 한동안 조용하게 울었다. 테리는 그녀의 목에 걸린 황금빛 십자가를 보았다. 그녀가 울음을 그쳤을 때 테리는 그 십자가에 대해 물었고, 이들은 예수, 신앙, 사랑에 대해 다정하게 얘기를 나누었다. 테리는 그녀를 포옹하면서 "아시다시피, 당신은 혼자가 아니에요."라고 말했다. 그런 다음 다른 고객들이 조명이 비추는 진열대를 지나가고 있을 때 그들은 함께 기도했다.

우리는 고객, 직장동료, 친구 또는 가족과의 의사소통 과정에서 언제든 공감하고 다정하게 의사소통할 수 있다. 앞의 사례와 같이 단 한 번 만난 사이에서도 의미 없고 불쾌한 경험을 의미 있고 긍정적인 만남으로 변화시킬 수 있다. 만일 상대방이 우리 삶에서 중요한 비중을 차지하는 사람인 경우, 그와의 관계에서 매번 공감과 사랑의 힘을 적용한다면 관계는 더욱 건강해진다. 인종 차별이나 정치적 불평등도 마찬가지지만 대인관계는 하루아침에 바뀌지 않는다. 나는 달라이 라마의 주목을 받은 그 젊은이의 다혈질적인 성격이 당장 바뀌리라고 생각하지 않는다. 밸런타인데이에 판매원과의 긍정적인 상호작용으로 그 여성 고객의 고독이 단번에 해소되지도 않을 것이다. 그러나 주기적으로 접촉하는 사이라면 특별한 기회가 주어진다.

만일 우리가 반복해서 그리고 일관성 있는 자세로 진실을 솔직하고 다정하게 말한다면, 상대방뿐만 아니라 우리 자신도 크게 달라질 수 있다. 만일 누군가의 관계에서 만성적인 긴장과 갈등을 경험했다면 정직, 공감 그리고 사랑으로 그 사람과 의사소통하는 것이 도움이 될 수 있다. 이렇게 하면 사티하그라하, 즉 진리와 사랑의 힘을 직접 구현할 수 있을 것이다.

08
밝은 가슴

불교와 서양 심리학은 우리가 어떤 감정을 깊이 있고 강렬하게 자주 경험할수록 이러한 감정에 더욱 강하게 길든다는 데 입장을 같이한다. 우리가 특정한 감정을 강렬하게 경험하면, 향후에도 그 감정을 경험할 가능성이 높아지고 이러한 감정을 통해 세계를 바라보게 된다. 불안이나 분노와 같은 부정적인 감정이 바로 이러한 경우이며, 사랑이나 자비심과 같은 긍정적인 감정도 다르지 않다.

어떤 경우에는 우리가 자신의 감정을 전혀 통제하지 못한다고 생각할 수도 있다. 감정을 깊이 있게 분석하지 않았다면, 이러한 감정이 저절로 일어나는 단일한 주체라고 생각할 수 있다. 사실 어떤 감정이 저절로 발생하는 것처럼 느껴진다면, 우리 자신이 그러한 감정에 철저하게 길들였기 때문이다. 우리는 자신이 경험하는 감정을 점차적으로 조절해 나갈 수 있다. 만약 우리가 감정의 본질과 그것이 어떻게 작용하는지에 대해 이해하지 못한다면, 무의식적으로 부정적인 감정을 키워 가게 된다. 우리가 무엇인가를 염려하고, 분노를 되새기며, 자신을 괴롭히는 사건에 대해 강박적으로 떠올리거나, 욕망의 대상을 갈망하는 데 시간을 보낸다면, 이는 무의식적으로 부정적인 감정을 키우는 것이다. 즉, 무의식적으로 자신을 더욱 괴롭히게 된다는 것이다. 우리의 감정이 어떻게 작용하는지 이해하면, 부정적인 감정이 강화되는 것을 차단하고 긍정적인 감정에 길들 수 있다. 긍정적인 감정을 키우는 데 많은 시간과 에너지를 투자할수록 이러한 감정은 즉각적으로 더욱 강력해지며, 이에 따라 자신과 주변 사람들이 행복해진다.

이 장에서는 비교적 간단하고 대중적인 접근으로, 우리가 경험하는 사랑과 자비심을 강화할 수 있는 불교식 훈련방법에 대해 논의하고자 한다. 서양 심리학에서도 공감을 강화하는 방법을 제시하고 있으나, 현실적으로 이런 방법을 통해서는 이타적인 사랑이나 자비심을 강화하기는 어렵다. 그러나 서양 심리학은 불교식 훈련방법이 어떤 작용을 하는지 이해하는 데 도움이 될 수 있다. 우리는 서양 심리학을 활용해 감정의 다양한 요소를 분석하고, 우리 자신과 타인에게 도움이 되거나 파괴적인 감정 요소가 의식적이거나 무의식적으로 강화되는 양상을 설명할 수 있다.

감정의 요소

무의식적인 차원에서 우리 각각은 감정을 키우는 방법을 이미 알고 있다. 우리는 수년간 자신도 모르게 분노, 갈망 또는 불안을 키워 왔을지도 모른다. 만일 우리가 강렬하고 긍정적인 감정을 계발하는 방법을 알기 원한다면, 우리가 직관적으로 이미 알고 있는 감정을 키우는 방법을 의식적으로 자각하는 것이 필요하다.

우선, 우리의 감정이 단일한 주체가 아니라는 점을 알아야 한다. 우리에게 특별한 의미가 있는 감정적인 경험은 다양한 요소를 포함하고 있는데, 이러한 요소에는 사고, 심상, 기억, 믿음, 신체적 반응과 감각 등이 해당된다. 이들 요소는 종종 감정과 연관된 행동을 종종 유발하고, 행동을 강화할 수도 있다.

예컨대, 내가 치료하던 환자 샘은 많은 사람 앞에서 발표를 준비하던 중에, 이 일에 대해 불안해하고 있었다. 처음부터 그는 '나는 지금 무슨 말을 하고 있는지도 모르겠어. 나는 할 수 없어. 결국 웃음거리가 되고 말 거야.'라는 식으로 생각하고 있었다. 이러한 생각은 부정적인 자기상을 유발했고 스스로를 인정받거나 존중받을 가치가 없는 무능한 인간으로 간주하게끔 하였다. 이러한 심상은 과거의 불쾌한 경험에 대한 기억과 연결되어 있었다. 이전에 그는 자신에 대해 실망했고 사람들 앞에서 거부당하거나 망신을 당한 경험이 있었다. 그는 이러한 과거를 통해 형성된 심상을 타인에게 투사해 이들이 자신을 조롱하거나 거부하는 장면을 떠올렸다. 이러한 심상과 과거의 부정적인 경험이 결합해 '나는 기본적으로 무능한 인간이야. 나는 멍청해. 나는 어떤 일도 잘할 수 없어.' 라는 식으로 과장되고 부정적인 자신에 대한 신념을 촉발했다. 그가 이렇게 부정적인 생각과 부정적인 자기상에 몰두함에 따라 신체도 반응하기 시작했다. 심장 박동은 빨라졌고 호흡은 거칠어졌으며 손바닥에서는 땀이 났다. 어깨와 목의 근육은 경직되었고, 심지어 머리도 약간 어지러워졌다.

샘이 의식적으로 자신이 불안하다고 깨달았을 때 신체적 증상도 시작되었다. 그는 아무 노력 없이 계속해서 마음속에서 떠오르는 수많은 부정적 사고와 심상에 빠져 있었다. 그는 과거에 경험했던 불안이 현재의 경험에도 영향을 미치고 있다는 사실을 알지 못했다. 다양한 심상, 생각 그리고 기억이 떠오른다는 사실조차 인지하지 못했고, 다만 '불안하다.'라고 생각했을 뿐이었다.

이 시점에서 습관적인 불안으로 인해 신체적 감각, 생각, 심상은 서로를 강화했고, 불안은 증폭되었다. 그의 손바닥은 땀에 젖었고 샘은 경미한 현기증을 느꼈다. 그는 '아! 내가 얼마나 불안해하고 있는지 좀 보라고, 나는 엉망진창이야.'라고 생각했다. 이에 따라 그의 자기상은 더욱 부정적으로 형성되었다. 그는 이렇게 생각하기 시작했다. '프레젠테이션을 어떻게 준비할지도 모르겠고, 불안해 미치겠어. 기절할지도 몰라. 나는 정말 미치겠어. 아! 견딜 수가 없어.' 이렇게 부정적이고 두려운 생각에 몰입할수록 그의 자기상은 더욱 부정적인 형태가 되었고 신체적인 증상도 악화되었다. 샘은 과거에도 불안감을 초래하는 대화나 행동을 회피했다. 이 때문에 자신의 부정적인 자기상을 대치할 만한 성공적인 경험을 하지 못했다. 우리는 이러한 악순환에 사로잡힘으로써 비교적 작은 초기의 느낌을 키우고 극도의 불안으로까지 확대시켜 간다. 부정적인 생각, 심상, 기억 그리고 감각이 서로 쌓여 간다. 이렇게 됨으로써 결국 우리는 두려움으로 인해 완전히 마비된다. 사실 어떠한 부정적 감정이라도 이와 같이 하나의 감정 요소가 다른 요소와 합쳐져서 우리를 압도할 수 있다.

부정적인 감정을 이런 식으로 키우게 되면 엄청난 고통이 뒤따르게 되어 있다. 서양 심리치료의 많은 부분은 다양한 부정적인 감정 요소를 경험하는 사람들을 치료하면서, 이들이 압도당하고 있는 불안, 분노, 편집증, 우울 또는 강박관념을 완화하기 위해 개발되었다.

부정적인 감정의 다양한 요소를 이해하면, 이러한 감정의 작용 방식을 파악하는 데 도움이 된다. 예컨대, 샘은 '나는 이 일을 할 수 없어.'와 같은 과도하게 부정적인 생각을 인지하게 되었고, 그는 이러한 생각이 떠오르면 이에 저항하면서 '만만치 않은 일이지만, 열심히 준비한다면 가능한 일이야.'와 같은 보다 현실적인 생각으로 대체하기 위해 노력했다. 그는 다양한 긴장완화훈련을 수행했고 신체적인 불안 증상을 통제할 수 있게 되었다. 아울러 자신의 단점뿐만 아니라 강점도 인지하는, 보다 현실적인 자기상을 키우는 작업을 했다. 최근에 그는 프레젠테이션을 준비했고, 이전에는 불안해서 시도조차 할 수 없었던 일에도 도전하고 있다. 이러한 일에 성공하자, 그의 자존감은 강화되었고 불안해하는 성향은 줄어들었다.

어떠한 부정적인 감정이 고통을 유발한다는 사실을 인지하고 이러한 부정적인 감정의 구성 요소인 특정한 생각이나 이미지, 기억 또는 신체감각, 행동을 분석하면, 이러한 부정적인 감정에 직접 개입해 그 영향력을 완화할 수 있는 다양한 방안을 강구할 수 있다. 일부 주요 서양 심리학파에서는 우리의 사고, 내적 심상 또는 행동에 개입할 것을 강조하고 있는데, 이 모든 방안이 부정적인 감정을 완화하기 위한 것이다.

그러나 서양 심리학은 이러한 이해를 활용해 긍정적인 감정을 키우는 방법을 제시하지 못했다. 이는 감정을 다루는 작업을 접목하는 데 있어 큰 간극을 만들었다. 지금 내가 논의하고자 하는 불교식 실천 방법은 이러한 감정 요소를 인지하게 함으로써 사랑과 자비를 강화하는 것이다. 부정적인 감정 요소를 내버려 두면 이들 요소가 서로를 키우는 것과 마찬가지로 우리가 의식적으로 긍정적인 감정의 요소들을 취해 서로를 강화한다면, 보다 강렬한 사랑과 자비를 키울 수 있고, 또한 이러한 감정을 무한하게 확장시킬 수 있다.

무한한 자비

감정의 특성을 이해한다면, 감정에 압도되는 와중에는 사랑이나 자비를 강화할 수 있는 이상적인 방법도 없고, 억지로 강화할 수도 없다는 사실을 알게 될 것이다. 충격적인 공격을 당한 사람은 우주에 끔찍하고 숨 막히는 불안이 가득 들어차 있는 것 같은 감정을 경험한다. 온 세상을 저주하는 사람에게는 어떤 좋은 것도 눈에 들어오지 않는다. 이와 마찬가지로 우리가 이러한 방법을 활용하면, 부정적인 감정이 우리 자신을 압도하도록 내버려 두는 대신, 의식적으로 긍정적인 감정을 키우고, 의도적으로 무한한 자비를 계발할 수 있다.

감정의 영향력은 그것을 경험하는 방식이나 빈도와 긴밀한 관계를 갖기 때문에 자비심을 키울 때마다 우리는 긍정적인 감정과 세계관을 습관화하게 된다. 자비로운 생각, 심상, 기억, 감각 그리고 행동에 익숙해지면, 자비심은 더욱 강력하게 즉각적으로 발생한다. 자비심의 구성 요소들은 부정적인 감정의 구성 요소들과 매우 다르기 때문에 자비심이 발달되면 부정적인 감정은 자연스럽게 약화된다. 이 방법을 주기적으로 실천하면, 자비심은 점차 세상을 대하는 기본 감정이 될 것이다. 이는 자비심으로 가득한 우주를 상상함으로써 당신이 멀리 있는 산이나 지구 또는 별을 물리적으로 바꿀 수 있다는 의미가 아니다. 그보다는 오히려 자기 자신과 자신의 세계관을 바꿀 수 있다는 것이다. 이러한 방법을 실천하면, 부정적인 감정이 줄어들고 진정한 자비심으로 인해 기쁨을 느끼게 되면서 내적 평화가 찾아올 것이다.

우선 편안하게 앉아 긴장을 풀고 자신의 호흡에 몇 분간 집중하라. 자비심을 느끼게 되면, 호흡은 대개 매우 깊어지고 안정적으로 변한다. 그래서 이 첫 번째 단계만으로도 자비심의 신체적 요소들의 일부가 발현하기 시작한다.

그다음은 자기에 대한 자비심을 불러오는 단계다. '고통에서 벗어날 수 있기를' 생각하기 시작하라. 이제 자비심의 인지적 구성 요소가 작동하기 시작한다. 한동안 자신에게 집중하면서 '고통에서 벗어날 수 있기를'이라고 생각하기 시작하라. 이 시점에서 기억과 심상을 활용하는 것도 자비심을 강화하는 데 도움이 된다. 구체적으로 경험한 고통의 상황을 상기해 보고, 온갖 종류의 고통을 당하기 쉬운 자신을 상상해 보아라. 자신이 소중하게 여기는 것을 얼마나 쉽게 잃을 수 있고 질병에 걸릴 수 있는지, 또는 고난을 겪을 수 있는지를 잠시 동안 상상해 보아라. 이렇게 생각하면서 '고통에서 벗어날 수 있기를' 계속해서 생각하라. 자비심이 발현될 때까지 이러한 생각과 상상을 계속해 보아라.

그런 다음, 가까운 사람들을 먼저 떠올려 보아라. '이들이 고통에서 벗어날 수 있기를' 하고 계속 생각하라. 이렇게 기도하는 동안, 당신의 가슴에서 나온 빛이 그들에게 닿아 그들의 고통을 씻어 내 주는 자비로운 장면을 상상해 보아라. 티베트 불교 수행자들은 가끔 자신의 마음에서 나오는 것을 시각화하여 자비심이 따뜻한 햇볕과 같이 온 세상에 닿는 장면을 상상한다. 자신의 감정을 능숙하게 다루면서 이를 자비를 강화하는 방향으로 유도하는 것이 중요하다. 자신이 사랑하는 사람들을 생각하고, 이들이 경험하는 구체적인 고통에 주의를 집중한다. 자신의 마음에서 발산되는 에너지가 이들을 어루만지고 이들의 고통을 제거하는 광경을 상상해 보아라. 자신 또는 아는 사람이 애완동물을 키우고 있다면, 애완동물에 대해서도 생각해 보아라. 위험한 상황에 있거나 고통을 당하는 야생동물을 생각해 볼 수도 있다. 어떤 사람들은 같은 인간보다는 동물에게 강렬한 자비를 느끼기 쉽다. 자신의 마음을 파악하고 자신의 성향을 효율적으로 다루어 긍정적인 감정을 강화하는 것이 좋다. 자신이 알고 있는 아이들을 생각해 보는 것도 좋은 방법이다. 한동안 자신과 가까운 사람들을 지속적으로 생각하면서 '이들이 고통에서 벗어날 수 있기를' 하고 기원해 보아라. 그리고 자신의 마음에서 발현된 자비심이 이들에게 닿는 광경을 상상해 보아라. 최대한 많은 사람을 포용할 수 있도록 자비를 확장해 보아라.

그런 다음 낯선 사람들에게도 이러한 방법을 실천해 보아라. 자신이 알지 못하는 사람들을 생각해 보고, '이들이 고통에서 벗어날 수 있기를' 하고 기원해 보아라. 자신의 마음에서 발현된 자비심이 도시 전체를 따뜻하게 감싸는 광경을 상상해 보아라. 자비심을 계속 확장해서 가능한 모든 존재를 포용할 수 있도록 한다. 국가는 물론 세계의 특정 지역에 있는 사람들에게까지 자비심이 확장되는 광경을 상상해 보아라. 집을 잃은 아이들, 굶주린 사람들, 질병에 걸린 사람들, 억압받는 사람들을 생각해 보아라. 불안하게 살아가는 사람들, 절망적인 상황에 처한 사람들, 고독하고 말할 대상이 없는 사람들, 가장 사랑하는 것을 잃어버린 사람들, 그리고 자기 자신을 돌 볼 수도 없는 사람들을 생각해 보아라. 만일 특정한 사람이나 장소에 주의를 집중하는 것이 더 강렬한 자비심을 불러일으키게 된다면, 이러한 심상을 잠시 동안만 떠올려도 '이들이 고통에서 벗어나기를' 간절히 희망하게 될 것이고, 자신의 마음에서 불러일으킨 하나의 빛이 이들에게 닿아 이들을 고통에서 해방시키는 장면이 강렬해지게 된다.

수행의 이 시점에서는 자비심이라는 감정의 다양한 요소가 서로를 강화하기 시작한다. 이러한 심상훈련을 계속하면 마음이 열리기 시작한다. 타인에게 마음의 문을 열면 이들과 연결되는 심상이 떠오를 것이다. '이들이 고통에서 벗어날 수 있기를' 하고 계속 기원하면 타인과의 유대감도 강화된다. 진심으로 이들을 소중히 여기는 마음이 키워지는 것이다. 이러한 생각과 심상이 발달하면, 신체도 자비심에 대해 민감하게 반응한다. 차분해지고 긴장이 완화될 뿐만 아니라, 주의력이 높아지고 민감해지며 마음이 열리게 된다. 호흡 역시 깊어지고 매우 고요해진다. 가슴이 열리고 에너지가 신체 밖으로 발산되는 느낌이 들 수도 있다. 타인의 고통으로 인해 슬픔이나 환멸이 느껴진다면, 마음이 열려가는 긍정적인 징조다. 슬픔을 마음에 담아 두지 마라. 잠시 지켜본 뒤, 자신의 에너지를 계속해서 발산하라. 자비심이나 사랑에 계속해서 집중하면, 슬픔이나 환멸과 같은 감정이 긍정적인 감정의 물결에 휩쓸리면서 오히려 이러한 물결에 에너지를 보태게 된다.

낯선 사람들에게 집중한 다음에는 자신의 적이나 자신이 일상적으로 불편하게 느끼는 사람들에 대한 자비심을 계발하는 단계다. 관계가 원만하지 않은 사람, 과거에 자신을 모욕한 사람, 그리고 자신이 부정적인 감정을 갖고 있는 나라의 사람들이 이러한 적의 범주에 포함된다. 처음에는 적에 대해 자비심을 키워야 한다는 사실이 불편할 수도 있다. 그러나 이들에 대한 자비심을 키우는 것이, 이들이 저지른 부정적 행동을 인정한다는 의미가 아니라는 사실을 이해하는 것이 중요하다. 또한 자비심을 기르는 것이 상처에 취약해진다는 것을 의미하는 것은 결코 아니다. 사실 적에 대한 자비심을 키우는 것은 자신의 이익을 도모하면서 스스로를 보호하는 최선의 방법 중 하나다. 누군가에 대한 반감, 편견, 분노에 탐착하면, 오히려 자신이 고통을 당한다. 뿐만 아니라, 누군가에게 분노하면 부정적인 투사로 인해 상대방의 결점만 보인다. 이 때문에 갈등을 해소하는 데 도움이 될 수 있는 긍정적인 측면을 바라보지 못하고 현실 감각을 잃어버리면서 상대방을 이해하지 못하게 된다. 이에 따라 다시금 부정적인 투사는 악순환적으로 더욱 쉽게 발생한다. 이렇게 되면 긴장상태가 고조되고, 심지어 폭력이 발생할 수도 있다. 누군가와 대립하는 경우에도 자비심을 간직하고 있으면, 부정적인 투사나 충동적인 행동이 발생하지 않을 것이다. 만일 적에 대한 자비심이 그 목적을 달성한다면, 다시 말해 적이 고통에서 벗어난다면, 그가 당신에게 문제를 일으킬 이유가 더는 남아 있지 않게 될 것이다. 사람들이 부정적으로 반응하는 원인은 대개 자신이 고통을 겪고 있기 때문이다. 고통은 부정적인 행동을 촉발한다. 만일 이들이 고통과 그 원인에서 해방된다면, 그들은 적으로서 행동하지 않을 것이다. 그러나 극심한 고통을 겪고 있거나 자비심이 가장 요구되는 사람들은 이렇게 해방되기 어려운 경우가 많다.

자비심 강화 훈련을 계속하면서 적의 구체적인 고통에 공감하고 '이들도 고통에서 해방되기를' 하고 생각하라. 공감을 통해서 이들의 고통을 상상할 때, 실제로 자비심이 키워지는지 확인하라. 이에 더하여 자비심이 이들의 마음에 닿고 이들이 자신의 부정적인 감정, 문제, 고통을 극복하는 상황을 상상해 보아라. 이들이 기쁨을 누리며, 새롭고 긍정적인 방향으로 살아가는 장면을 상상할 수 있을 것이다.

어느 정도 시간을 들여 적에 대한 자비심을 키운 후에는 자신의 마음에서 발현된 자비심이 모든 존재에 가닿는 장면을 상상해 보아라. 자비심이 지구 전체를 감싼 다음, 전 우주를 가득 채우는 상황을 상상하는 것이다. 이 시점에서 '모든 존재가 고통에서 벗어나기를' 하고 생각해 보아라. 자비심을 확장하면서 무한한 형태의 자비심을 상상해 보아라. 자비심이 온 사방으로 퍼져 나가 모든 사람을 포용하고, 무한한 공감, 자비심과 사랑이 뿜어내는 에너지가 우주 전체를 뒤흔들고 있는 장면을 상상해 보아라.

가능한 오랫동안 무한한 자비심을 느껴 보아라. 집중력이 흐트러져 정서적 에너지가 약해 지더라도, 다시 집중력을 회복해 자비심을 키우고 있었던 사람과 사물을 상상해 볼 수 있다. 고통받는 존재들을 다시 한 번 구체적으로 생각해 보고, 이들이 고통에서 해방되기를 기원해 보아라. 이와 함께 자비심이 이들에게 닿는 장면을 상상해 보아라. 일단 자비심이 강렬한 수준으로 회복되면, 자신의 가슴에서 뿜어져 나온 자비심의 에너지가 우주를 가득 채운 광경을 상상하고, 그 무한한 사랑과 자비심의 경지를 음미해 보아라.

우리 모두는 일상생활에서 자비심을 어느 정도 자연스럽게 경험한다. 앞에서 설명한 방법을 실천하면, 우리의 자비심이 더욱 강화되고 확장될 수 있으며, 자비의 눈으로 세상을 이해하는 습관이 형성될 수 있다.

빛나고 공명하는 기쁨

이와 같은 무한한 사랑과 자비심 강화 훈련에 일단 익숙해지면, 우리는 이를 매우 즐겁게 실천할 수 있다. 이는 사랑에 빠진 사람들의 깊은 즐거움과 유사하다. 사랑에 빠지면, 우리에게는 다양한 감정이 뒤섞인다. 탐욕이나 탐착이 생길 수도 있고, 성적인 흥분을 느낄 수도 있다. 그러나 우리가 진정으로 사랑에 빠지면, 상대에 대한 깊은 애정과 친밀감을 느끼게 된다. 이러한 감정은 상대방을 소중히 여기고 그의 안녕에 큰 관심을 두는 상태로 발전하는 경우가 많다. 이러한 감정을 경험하는 사람들은 자신의 마음을 상대방에게 내주었다고 종종 말한다.

욕망에 따른 탐착이 고통을 초래하는 양상에 대해서는 앞에서 이미 설명했다. 탐착과 성적 흥분을 일차적인 목적으로 하는 관계는 오래가지 못하고, 결국 그다지 만족스럽지 못한 결과를 초래한다. 반면, 서로를 소중하게 여기고 배려하는 감정을 키우면 시간이 흐를수록 관계는 더욱 만족스러워진다. 상대방에 대한 진정한 애정, 사랑, 자비심의 씨앗을 의식적으로 키워 내는 것이 결혼관계나 다른 장기적인 대인관계에서 진정한 행복을 느낄 수 있는 가장 효과적인 방법이다. 무한한 자비심 훈련을 비롯해서 이 책에서 설명한 여러 가지 방법을 활용하면 도움이 될 것이다.

앞에서 설명한 방법을 실천하면, 수많은 사람과 깊고 뜨겁게 사랑에 빠지는 것 같은 느낌이 들 수도 있다. 모든 사람에게 마음을 나누어 주면 무엇을 잃는 것이 아니라, 자아가 확장되고 스스로 기쁨을 느끼는 이익을 얻는다. 이는 탐욕, 탐착, 흥분을 내버리는 대신 깊은 애정과 사랑의 즐거움을 취하는 것과 같다. 이는 애정과 기쁨이 무한하게 확장된 것이다. 밝은 가슴 요법을 실천하면 이러한 즐거움을 누릴 수 있다.

업(karma)에 대한 불교와 힌두교의 가르침에 따르면, 이러한 방법을 실천하는 사람은 천국에서 신으로 환생한다고 한다. 증오는 지옥에서 환생하는 원인이 되고, 사랑과 자비심은 신으로 환생하는 원인이 된다. 환생을 믿든 안 믿든 상관없이 증오가 현생에서 지옥 같은 존재를 창조한다는 사실은 우리가 직접 확인할 수 있다. 만일 가족 구성원 중 한두 명이 증오심에 불타고 있다면, 아름다운 저택도 그 안에 사는 사람들에게는 지옥으로 느낄 수 있다. 이와 마찬가지로 진지한 훈련을 통해 방대한 사랑과 자비의 에너지를 키웠다면, 현생에서도 신과 같은 존재를 창조할 수 있다. 누군가와 처음으로 열정적으로 사랑에 빠졌을 때, 눈앞에 펼쳐지는 세계와 자신의 느낌을 잠시 동안 떠올려 보아라. 우리가 한순간 세계를 경험하는 방식은 반복되거나 지속될 수 없다고 생각할 수도 있다. 그러나 우리의 마음을 주었을 때 경험하는 깊은 즐거움과 감동적인 아름다움은 사실 애정, 사랑 그리고 자비심에서 유래하는 것이다. 따라서 이러한 감정을 점진적으로 키워 내면, 신성한 사랑의 왕국에서 오랫동안 살아갈 수 있다.

나는 이러한 방법에 익숙해져서 깊은 즐거움이나 행복을 어느 정도 맛본 서양인들이 즐거운 경험에 탐착하거나 자신의 커다란 행복에 죄책감을 느끼는 경우를 본 적이 있다. 탐착과 자책은 기뻠을 파괴한다. 탐착은 우리의 오래된 욕망에 따른 결과다. 욕망에 이끌린 사람은 좋은 것은 제한적으로 공급된다고 본다. 이러한 내적 물질주의는 자비심을 약화시키고 우리를 욕망과 좌절의 끝없는 악순환으로 몰고 간다. 이러한 탐착은 우리의 즐거움이나 행복이 사랑과 자비에 따른 결과라는 사실을 유의하면 극복할 수 있다. 탐착하면 사랑과 자비가 멀어짐으로써 기쁨은 줄어든다. 더 많은 기쁨을 누리려면, 타인에 대한 사랑과 자비심을 계속해서 키워 가야 한다. 그렇게 하면 긍정적인 결과가 계속 발생할 것이다. 달라이 라마는 이러한 경지를 '현명한 이기주의(wise selfishness)'라고 불렀다. 그는 슬기롭게 행복해지고자 한다면, 타인에 대한 자비를 키우는 것보다 더 좋은 방법은 없다고 지적했다.

자신의 행복에 대해 죄책감이 든다면 이를 직접 다루는 것이 중요하다. 사랑과 자비심 강화 훈련을 하다가 중단한 많은 사람은 의식적으로 알지는 못하지만, 지나치게 행복한 상태를 두려워한다. 이들은 자신이 행복을 누릴 자격이 없다고 생각하거나, 다른 사람들보다 지나치게 행복해지는 것을 두려워하는 듯하다. 이러한 행복한 상태를 누리는 것에 대한 죄책감과 두려움은 사랑과 자비심의 발전을 방해할 뿐이다. 긍정적인 감정을 효과적으로 다루는 방법은 이러한 감정이 사랑과 동정심을 강화하도록 내버려 두는 것이다. 심리학적인 측면에서 볼 때, 스트레스를 받고 비참한 상태에 있는 사람이 타인을 위해 할 수 있는 일은 별로 없다. 지혜, 행복, 에너지, 동정심, 기쁨을 많이 소유하고 있을수록 사람들에게 많이 나누어 줄 수 있다. 핵심은 타인에게 점점 더 많이 베푸는 동시에 자신의 내적 특성을 지속적으로 계발해야 한다는 것이다.

타인을 위해 구체적인 행동을 시작하기 전에, 우리 안에서 발달하고 있는 사랑, 자비심, 기쁨은 공명하는 공감을 통해 주변 사람들에게 이익을 가져다 준다. 많은 사람은 달라이 라마와 같은 자비의 대가와 시간을 보내는 것만으로도 매우 기쁘고 기운이 솟아난다고 얘기한다. 이는 이러한 시간 속에서 공명하는 공감을 통해 엄청난 행복과 기쁨을 얻게 되기 때문이다. 나는 훌륭한 수행자와 함께 시간을 보내는 것이 이전에는 전혀 알지 못했던 자신의 잠재력을 발견할 수 있는 주요 방법 중의 하나라는 사실을 알게 되었다. 불교 경전을 읽는 것만으로는 진지한 수행을 하기에 충분하지 않은 이유 중 하나가 바로 이것이다. 우리는 공명하는 공감을 통해, 경전을 읽어서는 자각할 수 없는 자유와 행복 그리고 에너지를 맛볼 수 있다. 그렇게 일단 자신의 잠재력을 발견하게 되면, 이를 키울 수 있다.

우리의 자비심과 기쁨이 확장될수록 더 많은 사람이 공감을 통해 이익을 얻는다. 격렬한 분노나 불안을 느끼면, 이를 직접 행동으로 드러내지 않아도 부정적인 결과가 발생한다. 그저 걸어 다니기만 해도, 주변 사람들은 공감적으로 공명하는 것이다. 이와 마찬가지로 우리가 강렬한 자비와 기쁨을 느끼는 경우, 그저 걸어 다니기만 해도 주변 사람들은 기분이 좋아진다. 사람들에게 도움을 주려면, 먼저 자신의 만족감과 행복을 키워야 한다.

빛나는 길

강렬하고 압도적인 사랑과 자비심을 키우기 위해서는 어느 정도의 시간과 조용한 공간을 확보해서 지금까지 설명한 모든 방법을 실천하는 것이 가장 좋다. 일단 이러한 방법에 익숙해지면, 일상생활에서 조금씩 응용해 보는 것도 도움이 될 것이다. 많은 사람이 집 주변이나 도심을 걸어 다니면서 앞에서 설명한 방법의 축소판을 활용해 효과를 보았다. 걸어 다니다가 사람들이나 동물이 보이면, 이들을 향해 '이 모든 존재가 행복해지기를. 이들이 고통에서 벗어나기를' 하고 생각해 보아라. 이런 방법을 실천하면, 집 주변이나 채소 가게 주변을 걷는 것도 사랑과 자비에 대한 명상이 된다.

한 수녀는 다음과 같은 이야기를 내게 들려주었다. 그녀는 밤에 무언가를 걱정하면서 명상센터 주변을 걷고 있었는데, 갑자기 티베트 승려와 마주쳤다고 한다. 승려는 혼자 걷고 있었다. 그녀는 "스님, 이 밤에 여기서 뭐하세요?"라고 말했다. 승려는 "아, 저는 걸어 다니면서 도움을 필요로 하는 중생을 찾고 있습니다."라고 답했다. 그는 사랑과 자비에 대해 명상하고 있었다.

그녀는 다시 걷기 시작했다. 그때 걱정거리가 떠올라 고개를 돌리고는 "제가 도움이 필요한 중생입니다."라고 말했다. 승려는 활짝 웃었다. 이들은 함께 걷기 시작했다.

밝은 가슴 요법은 운전하면서도 실천할 수 있다. 내 주변의 많은 친구와 환자들은 운전을 하는 가운데 간단한 방법을 활용해 긍정적인 효과를 보았다. 다니엘이라는 환자는 출퇴근길을 굉장히 혐오했다. 그는 수년 동안 퇴근길에서 분노를 키웠다. 직장에서 집으로 돌아올 때마다 그는 직장 상사에 대해 실망감을 느꼈으며, 이직에 대해 생각했다. 직장 상사, 직업, 출퇴근에 대해 다니엘의 부정적인 이미지는 쌓여 갔고, 이는 결국 극단적인 혐오와 짜증으로 발전했다. 교통이 정체되거나 다른 운전자가 무례하게 굴면, 그의 짜증은 분노로 변했다. 한숨이 나오고 근육은 경직되었다. 어떨 때는 상대방을 째려보기도 했다. 그는 사람들의 나쁜 운전습관과 자신이 살고 있는 곳에 대한 혐오감을 경험했다. 가끔 완전히 폭발한 나머지, 차 안에서 고함을 지르기도 했다. 집에 도착할 때가 되면, 그의 목과 어깨는 경직되어 있고 매우 신경질적이고 짜증스러워졌다. 어느 날 아내는 차고에 자동차가 들어서는 소리가 나면, 아이들이 매우 불안해한다고 그에게 말했다. 가족은 무슨 일이 일어날지 전혀 예측할 수 없었다. 아이들은 아버지가 흥분해 화를 낼까 두려워 다가오지 않았다.

다니엘은 아내와 대화를 나눈 후, 뭔가 변화가 필요하다고 느꼈다. 그는 자기관리를 하기 시작했다. 집에 도착하면 곧바로 긴장을 풀고 마음을 다스렸다. 어느 날 우리는 퇴근길에서 사랑을 키우는 일에 대해 논의했다. 흥분한 분노의 반대편에는 즐거운 사랑이 있다. 따라서 사랑은 분노의 이상적인 해독제다. 그는 이런 생각을 받아들였고, 자동차를 몰고 집에 돌아오는 과정에서 앞에서 설명한 방법을 실천하기 시작했다. 그는 다른 운전자들을 공감하고, 자신만큼이나 집에 돌아가고 싶어 하는 이들의 마음을 상상했다. 그는 직장 상사와 동료를 공감하며 이들의 행복과 성공을 기원했다. 그는 자신의 마음에서 우러나오는 자비심이 직장동료와 주변의 모든 운전자에게 닿는 상상을 했고, 이들이 모든 갑작스런 사고와 분노, 고통에서 벗어나기를 기원했다.

내 생각에는 다니엘이 1시간 걸리는 퇴근길에서 매일 10~15분 정도 이 방법을 실천한 것 같다. 그런데 약 2주일 만에 퇴근길이 훨씬 즐거워졌다고 말했다. 이제 집에서 따로 시간을 내서 수련할 필요가 없었다. 그는 "제가 얼마나 불안한 상태인지 이전에는 전혀 몰랐습니다. 주변 운전자를 공감해 보니, 내가 직장에서 느낀 좌절을 이들에게 투사하고 있다는 사실을 알게 되었어요. 제가 째려보는 바람에 이들의 스트레스도 더 심해졌을 거예요. 집에 있는 아이들은 더 험악한 분위기를 느꼈겠죠. 제가 이런 사람인지 이전에는 상상도 못했어요. 지금은 운전을 하면서 명상을 해요. 음악을 틀어놓고, 더 좋은 생각을 하지요."라고 말했다.

아내와 아이들에게 자신의 변화를 굳이 말할 필요가 없었다. 이들은 그의 변화를 금방 알아차렸다. 아이들은 멀리 도망가지 않고 그의 새로운 감정에 반응했으며, 그가 쉬고 있는 거실에서 놀기 시작했다. 막내아들은 그가 집에 들어서면, 곧장 달려와서 안기게 되었다. 다니엘은 사랑이 불안과 분노를 대체한다는 사실을 깨달았다.

자비를 습관화하기 원하며 즉각적이고 강렬하게 발현되기를 원한다면, 매일 시간을 확보해 앞에서 설명한 방법을 끝까지 해 보는 것이 가장 효과적이다. 운전을 하거나 은행에서 줄을 서면서, 아니면 시장을 보거나 친구의 이야기를 들으면서, 잠깐씩 실천해 본다면 큰 효과를 볼 수 있다. 적어도 자신의 불만과 불안에 휩쓸린 사람들이 기분 나쁜 하루를 보내는 일은 줄어들 것이다. 더 좋게는 더욱 관대하고 즐거운 마음으로 일상생활을 영위하면서 만나는 사람들에게 활기를 불어넣을 수 있을 것이다.

즐겁게 설거지하기

중앙아시아에서 가장 널리 알려져 있는 종교적 이미지의 하나는 자비의 화신 타라다. 녹색으로 빛나는 그녀는 앉아 있는 모습이지만, 마치 자리에서 일어나려는 듯 오른쪽 다리를 펴고 있다. 이 모습은 자비가 넘치는 태도를 보여 준다. 그녀는 빛이 나고 집중하고 있으며 활기가 넘친다. 타라의 왼쪽 다리는 명상하는 자세인데, 자비심을 발현하기 위해 집중하는 모습이다. 그리고 쭉 뻗은 오른쪽 다리는 자비 있는 행동을 위해 철저하게 준비된 자세다. 당장이라도 벌떡 일어나서 도움이 필요한 사람에게 달려갈 기세다. 이 모습은 헌신적인 자비심이 무엇인지 느끼게 한다. 우리는 외부 세계에만 집중하면서 정신없이 뛰어다님으로써 자신을 소진해서는 안 된다. 오히려 행동은 자비심으로 인해 자연스럽게 흘러나와야 하고, 이러한 행동은 자비심을 강화한다.

서양인들은 남을 돕는 것은 뭔가 어렵고 힘든 일이라고 생각하는 경우가 많다. 책임은 자기에게 무거운 부담을 지운다고 생각할 수도 있다. 물론 책임을 많이 질수록 스트레스는 심해진다. 그러나 진정한 자비심에서 우러나오는 헌신적인 행동은 스트레스가 아니라 기쁨을 유발한다.

자신이 원하는 일을 한다면 아무리 바쁘더라도 스트레스를 받지 않는다. 친구와 열심히 테니스, 수영, 쇼핑을 하거나 함께 교회에 갈 때에는 스트레스를 받지 않는다. 왜냐하면 내가 하고 싶은 일을 하기 때문이다. 자신이 원하지는 않으나, 어떤 이유로 반드시 일을 해야 할 때, 우리는 스트레스를 받는다. 예컨대, 많은 사람이 직장에서 스트레스를 받는 것은, 자신이 진정으로 원하지는 않지만 돈을 벌기 위해 어쩔 수 없이 일을 하기 때문이다. 이는 자아의 타협이다. 향후에 보상을 받기 위해 유쾌하지 않은 일을 하는 것이다. 남을 도와주는 것이 부담스럽고 스트레스를 받는 일이라면, 자비심이 아니라 보상을 원하는 자아의 욕망에 이끌린 행동이라는 의미다.

자비심의 초기 단계에서 외적 행동이 지나치게 많으면, 깊은 자비심이 아니라 사람들에게 훌륭한 사람 또는 성인으로 대접받고자 한다는 인상을 주기 쉽다. 만일 우리가 진정으로 자비심 있는 사람이 되고자 한다면, 시간과 에너지를 확보해서 자기 마음에서 먼저 자비를 키워야 한다.

사랑과 자비심을 키우기 위해 어느 정도 노력을 했다면, 가족과 직장동료를 대상으로 작지만 자비로운 행동을 실천해 보는 것이 도움이 될 수 있다. 타라의 모습이 암시하고 있듯이 이러한 행동을 할 때는 주의를 기울이는 것이 특히 중요하다. 우리 자신의 내적 자비심의 상태에도 주의를 기울여야 하고 타인을 돕는 일에도 주의를 기울여야 한다. 자신의 자비심이 확장되고 자신의 행동이 사람들에게 이익을 가져다주는 데 기쁨을 느끼면, 자비심이 고조되면서 행동을 유발하게 된다. 그리고 이러한 행동이 더 많은 자비심을 불러일으킨다. 진실한 사랑과 자비심을 가득 담아 이러한 행동을 조금씩 해 나간다면, 자연스럽게 사람들의 안녕에 대해 커다란 책임감을 느끼게 될 것이며, 이에 대해 특별한 부담을 느끼지는 않을 것이다. 이러한 점진적인 전략을 구사하면, 타인의 안녕을 위해 노력하더라도 소진되지 않을 정도로 내적 자원을 계발할 수 있다.

다음 장에서는 소진되지 않고 즐겁게 자비로운 도움을 베풀 수 있도록 내적 자원을 증진하고 강화하는 방법을 제시하고자 한다.

09
감사하는 마음과 내적 풍요

우리의 소유물과 사랑하는 대상에 대해 감사하는 마음, 관용, 공감, 그리고 우리 앞에 존재하는 타인에 대한 사랑은 애정과 자비를 느낄 수 있는 능력뿐만 아니라 기쁨을 누리고 삶에 만족할 수 있는 능력의 토대가 된다. 어원학적으로 볼 때 '감사하는' 이라는 용어는 충만한 느낌과 함께 타인과 자신의 모든 훌륭한 부분에 대해 고마워하는 마음을 내포하고 있다. 감사하는 마음을 갖게 되면 자신에게 자유롭게 주어진 것을 향유하고 이에 대해 고마워하게 된다.

발달심리학을 가르치다 보면, 타인의 특별한 친절을 경험한 학생들이 이를 돌이켜 본 후, 자신이 경험한 감정을 다른 학생들과 공유하는 광경을 종종 보게 되는데, 이때는 금방 미소와 웃음이 퍼져 나가면서 학생들이 서로 가까워진다. 우리가 타인의 친절함에 대해 생각하고 이에 대해 감사하는 마음을 갖게 되면, 충만한 느낌이 들면서 우리의 충동적인 욕망과 자기방어는 누그러진다. 타인에게 더욱 개방적인 태도를 갖게 되는 것이다. 그리고 내가 나 자신의 좋은 점이나 훌륭한 점을 인지하고 있어야 다른 사람들과 이러한 부분을 공유할 수 있다.

우리가 기진맥진하거나 공허함을 느끼거나 소진되었을 때, 여러 가지 부정적인 감정이 발생하기 쉽다. 이런 경우, 자신을 긍정적으로 바라보지 않게 되고, 심지어 무기력함과 커다란 상실감을 느낄 수 있으며, 이에 따라 공포와 불안 증상이 나타날 수도 있다. 온 세상이 결핍되고, 의미가 없고, 기쁨도 없고 또한 생명의 원천이 빠져나간 것 같은 느낌은 절망감이나 비애로 악화될 수도 있다. 기운이 빠져 있는 상황에서 주변의 뭔가 좋은 것을 보게 되면 질투를 느끼기 쉽다. 공허함을 느끼는 사람들은 외부 사물에 대한 욕망을 키우는 경우가 많다. 그러나 이런 감정은 결코 충만감을 제공하지 않으며, 분노와 좌절을 초래한다.

감사하는 마음은 기운이 빠진 느낌과는 반대되는 감정이며, 여러 가지 긍정적인 생각을 불러온다. 감사하는 느낌을 가지면 자신의 결점보다는 장점에 주의를 기울이게 되고, 이는 만족감으로 이어진다. 타인의 친절을 돌이켜 보면, 그 안에서는 자신이 존중받고 자신의 장점이 인정받는다는 느낌을 자연스럽게 받는다. 이 때문에 건강한 자존감과 자신감이 생겨난다. 대상관계 심리치료사들도 타인에게 감사하는 마음을 가지면, 타인과 자신을 동일시함으로써 타인의 애정과 관심을 내면화할 수 있으며, 자신에 대한 긍정적인 생각과 타인에 대한 애정이 강화된다고 말한다. 타인의 애정과 자비를 생각하면 공감적으로 그러한 감정에 공명하게 되고, 자신도 동일한 감정을 느끼게 된다. 불교심리학은 타인에게 감사하는 마음을 갖는 것이 타인과의 유대감을 강화하는 데 도움이 될 뿐만 아니라 애정과 자비, 그리고 자신이 친절을 되갚거나 다른 사람에게 전달하고자 하는 의지를 키우는 데도 도움이 된다고 말한다.

이에, 이 장에서는 적극적으로 감사하는 마음을 느끼면서 만족감과 자비를 기를 수 있는 방법에 대해 논의하고자 한다. 대상관계 심리치료사들의 몇 가지 통찰이 감사의 심리학을 이해하는 데 도움이 될 것이다. 아울러 서양 심리학, 그리고 티베트에서 널리 행하고 있는 것으로 '모든 모태적 존재(mother-beings)의 친절함을 회상'하는 불교 수행법이 제시하는, 감사하는 마음을 계발하는 몇 가지 방법을 살펴보겠다. 우선, 현대 서양인들이 감사하는 마음을 갖는 일을 방해하는 몇몇 문화적 요인을 논의하고자 한다.

감사하는 마음을 가지려면 친절과 애정에 관한 일화를 생각하고 이를 공유해야 하는데, 이 과정에서는 과거를 돌이켜 보고 우리를 위해 희생을 감수한 사람들에 대해 초점을 두는 경우가 많다. 그러나 오늘날 이러한 일화가 빈번하게 공유되기보다는 현대의 언론 매체는 위험, 갈등, 범죄, 스캔들에 관한 소식을 더 많이 다루고 있다. 우리는 중요한 의미를 갖는 소식이나 친절에 관한 소식보다는 말초 신경을 자극하는 소식에 더 많은 관심을 두고 있다. 최근의 심리학 연구에 따르면, 미국인들은 지나치게 두려워하고 있으며, 갖가지 범죄, 사고를 비롯한 부정적인 사건의 발생 가능성을 실제보다 높게 평가하는 경향이 있는 것으로 나타났다. 언론을 통해 부정적인 사건에 노출되면, 유용하고 건전한 소식보다는 이러한 부정적인 정보에 더 많은 관심을 기울이게 된다. 좋지 않은 측면을 생각하는 데 지나치게 많은 시간을 소비하면 긍정적인 측면을 간과하게 된다. 자극적이고 충격적인 소식을 생각하면 감사의 마음을 키울 시간을 가지지 못한 채 하루하루가 흘러가게 된다.

우리가 매일 접하는 광고 역시 감사의 마음을 갖는 일을 방해한다. 광고는 소유하지 않은 것에 대한 욕망을 부추기도록 기획된다. 대부분의 광고는 불만을 갖게 만들고 뭔가 새로운 것, 더 나은 것을 가지고자 하는 욕망 또는 더 많이 가지고자 하는 욕망을 촉발하는 역할을 담당한다. 온통 광고로 뒤덮인 현대문화는 욕망과 욕구 불만에 대한 우리의 타고난 성향을 부채질하면서 만족감을 키우지 못하도록 한다. 욕망에 사로잡히면 감사하는 마음의 기본 요소인 만족감과 자비를 느끼기 어렵다.

감사하는 마음과 자비의 또 다른 방해요인은 현대 사회에서 종종 발생하는 고독 그리고 가족, 친구들과의 단절이다. 유대감과 애정은 감사의 심리학을 구성하는 필수 요소들이다. 사람들과의 단절은 우리의 본성에 반하는 일이다. 진화론적 관점에서 볼 때, 서로 관계를 맺고 염려하는 것은 우리가 생물 종(種)으로 생존하기 위해 반드시 필요한 일이었다. 우리는 협력을 통해 생존해 왔다. 그리고 우리의 자녀들은 동족을 보호하려는 우리의 강력한 본능 때문에 생존할 수 있었다.

'친절(kindness)'은 '종(種, kind)'에서 파생된 용어인데, '혈족(kin)'과 '유전자(gene)'라는 어근을 공유하고 있다. 우리 인간은 다른 포유류와 마찬가지로 같은 종, 특히 유전자를 공유하는 혈족에게 친절하고자 하는 강력한 본능을 타고났다. 유대감과 애정, 감사하는 마음은 우리 인간의 생존은 물론이고 우리의 정신적인 안녕에도 필수적인 요소들이다. 우리가 직장과 생활방식 때문에 고립되면, 사람들과의 관계가 끊어지는 데 그치지 않고, 우리 마음이 지니고 있는 잠재력도 크게 상실하게 된다.

감사, 사랑, 애정과 같은 우리의 타고난 능력을 다시 회복하기 위해서 우리의 삶의 방식을 반드시 바꿀 필요는 없다. 내가 티베트의 노승을 처음 만났을 때, 외딴 곳에서 오랫동안 혼자 은둔했는데도 믿을 수 없을 정도로 따뜻하고 관용적이면서도 상냥한 그의 태도에 놀랐다. 이 책에서 소개하는 여러 가지 방법을 활용하면, 우리는 어디에서든지 최상의 마음상태를 키울 수 있을 것이다.

다른 포유류와 구별되는 인간의 고유한 특징의 하나는 동족 의식을 원하는 만큼 확장할 수 있다는 점이다. 최근의 유전학 연구 결과는 모든 인간이 공통된 조상을 갖고 있다는 사실을 입증하고 있다. 모든 인간의 유전자 구성이 거의 동일할 뿐만 아니라, 인간과 공통된 조상을 갖는 다른 동물과 인간의 유전자 구성도 거의 동일하다. 이 연구에 따르면, 우리 모두는 말 그대로 친척관계에 있는 것이다.

지금은 우주에서 촬영된 행성의 모습을 확인할 수 있는 시대다. 이런 사진을 본다면, 우리 모두가 혈연관계에 있으며, 광대한 우주를 떠돌고 있는 작고 소중한 집에서 함께 살고 있다는 단순한 사실이 어렵지 않게 떠오를 것이다. 자신이 동일시하는 사람과 사물에 대한 유대감이 확장되는 정도는 우리 자신에게 달려 있다. 일부 매우 이기적인 사람들은 오로지 자신의 이익만을 생각한다. 다른 사람들은 자신의 가족에게서 자기정체성을 느끼면서 가족 구성원을 보살피고 이들의 안녕에 대해 책임감을 갖는다. 반면, 자기정체성이 도시, 국가 또는 전 지구로 확장된 나머지, 자신이 정체성을 느끼는 모두를 위해 엄청난 노력과 희생을 감수하는 사람들도 있다.

현대 사회에서 가족 또는 오랜 친구들과 떨어져 살 수밖에 없는 상황 때문에 감사하는 마음과 자비가 제대로 발현되지 않을 수 있다. 그러나 반드시 그런 것은 아니다. 거리가 멀다고 우리의 애정, 유대감, 감사하는 마음이 필연적으로 감소하는 것은 아니며, 오히려 동족의식과 친절한 마음이 대폭 확장되는 계기가 될 수도 있다.

서양인들에게는 자신이 타인과 깊게 연결된 존재라는 생각도 감사하는 마음을 키우는 데 있어서 또 하나의 커다란 장애물이 될 수 있다. 현대 서양인들, 특히 미국인들은 독립과 자립에 대한 욕구가 강하다. 타인의 친절과 도움에 감사하는 마음에 집중하는 것이 나약하고 의존적인 태도로 간주될 수도 있다. 그러나 감사하는 마음은 나약함의 징조가 아니며, 내적인 강인함과 성공적인 개성화를 드러내는 현상이다.

심리학적으로 볼 때, 완전하게 독립하고 자립하는 존재를 가정하는 사고방식은 방어 시스템으로 작용하는 경우가 대부분이다.

우리는 유아기부터 잔존하는 의존, 공생에 대한 해소되지 않는 심층적인 욕구를 거부하기 위해 스스로를 자립적인 존재로 간주하려고 한다. 독립과 강인함에 대한 피상적인 자아상은 애정, 친밀함, 감사하는 마음에 대한 내적인 두려움을 종종 은폐한다. 개성화 과정을 성공적으로 완료하지 못하면 타인과의 깊은 유대로 인해 자신의 개성과 자율성이 상실되면서 공생에 대한 무의식적이면서도 강렬한 욕구에 압도될 수 있다는 두려움을 갖게 된다.

건강한 개성화는 타인과 진정한 유대관계를 형성하고 상호의존하면서도, 자신의 개성과 자율을 누리고 자신만의 욕구, 목표 그리고 장점을 발견할 수 있다는 의미다. 불교는 우리가 상호 의존적인 존재이며, 복잡한 인과관계를 통해 긴밀하게 연결되어 있다고 역설한다. 따라서 우리의 상호 의존성을 부정한다면 우리의 실체와 존재양식을 부정하는 것이다. 건강한 개성화는 우리의 상호 의존성을 인정하는 가운데 자비와 성숙한 윤리의식을 갖추고 자신의 행위가 타인에게 미치는 영향에 대해 책임을 진다. 마틴 루터 킹 주니어는 상호 의존성과 윤리의 관계를 다음과 같이 적고 있다.

> 어떤 곳에 일어난 부정(不正)이라도 온 세상의 정의를 위협한다. 우리는 상호 의존적으로 얽혀 있고, 하나의 운명에 종속되어 있다. 한 사람에게 직접적인 영향을 미치는 것은 다른 모든 사람에게 간접적인 영향을 미친다.

세계의 상호 의존성은 이러한 루터 킹의 문장을 통해 보다 분명하게 인식되었다. 어느 한 곳에서 발생하는 경제적 · 정치적 · 사회적 사건은 얼마 지나지 않아 수천 킬로미터 떨어진 곳까지 영향을 미친다. 새로운 발명, 아이디어, 사업, 미술, 음악은 빠른 속도로 대륙을 횡단한다. 폭력과 증오, 질병도 이와 마찬가지다.

우리 자신의 안녕과 타인의 안녕은 여러 실제적인 차원에서 매우 상호 의존적이다. 우리는 습관적으로 자신이 다른 사람들과 연결되어 있지 않다고 생각할 수 있다. 그러나 존재의 상호 의존성을 깊이 생각하게 되면, 모든 인간은 한 가족이며, 우리 모두가 상대방의 운명에 대해 책임을 져야 한다는 사실을 인식하는 계기가 될 수 있다.

애정과 친밀함, 그리고 감사하는 마음을 가장 많이 경험해야 하는 사람들이 이러한 감정을 가장 두려워한다는 것은 안타깝지만 사실이다. 대상관계 분석학자들은 긍정적인 경험을 통해 우리가 안정적이고 자신 있게 개성화를 구현하는 양상을 기술하고 있다. 애정과 감사하는 마음을 갖게 되면, 자신과 세계에 대한 신뢰가 생겨난다. 우리는 이러한 신뢰를 통해 두려움을 극복하고 성공적으로 개성화되며, 상호 의존적이면서 친밀한 관계 속에서 성의있고 책임감 있게 일할 수 있다.

대상관계와 감사하는 마음

발달학적으로 볼 때, 분리개별화 과정은 대개 두세 살 무렵에 시작되는데, 이때 감각과 본능적 충동에서 점차 자신과 타인을 분리된 주체로 인식하는 단계로 발전한다. 이러한 발달과정이 전반적인 정신건강, 특히 친밀감과 애정관계 형성 능력에 미치는 영향력은 아무리 강조해도 지나치지 않다. 감사하는 마음은 이 단계의 성공적인 극복 여부를 결정하는 요소다.

유아는 부모와 자신이 분리되어 있음을 인식하면서, 상상과 개념적 공감을 할 수 있게 된다. 이러한 새로운 능력으로 인해 삶은 더욱 복잡해지고 온갖 종류의 감정이 새롭게 발생한다. 자신이 타인과 분리되어 있다는 사실을 인식해야만 타인의 친절에 대해 감사하는 마음을 가질 수 있고 타인이 고통에서 해방되기를 바랄 수 있다. 이러한 인식은 또한 타인의 소유물에 대한 질투, 자신의 요구사항을 들어주지 않는 상대방에 대한 분노, 그리고 자신을 유기하거나 위해를 가하는 상대방에 대한 두려움과 같은 감정도 발생시킬 수 있다. 2~6세 유아가 불같이 화를 내거나 악몽을 꾸는 것만 떠올려 봐도, 부정적인 감정이 이 단계에 미치는 압도적인 영향력을 손쉽게 알 수 있을 것이다.

멜라니 클라인을 비롯한 대상관계 심리치료사들은 이 단계에서 발생하는 내적 투쟁을 기술하고 있다. 이러한 투쟁의 한쪽에는 좌절, 두려움, 질투, 증오, 분노와 같은 부정적인 감정이 있다. 이 발달 시기에 이르면 이와 같은 부정적인 감정을 경험하게 되는데, 이러한 부정적인 감정에 지나치게 함몰되면 자신과 세계에 대해 매우 부정적인 정서가 형성되고 개성화 과정 전체가 뒤틀어진다. 이 단계를 성공적으로 완료하지 못한 사람들은 만성적인 공허함, 욕구 불만, 혼란을 경험하는 경우가 많다. 이들은 불안정한 자아상을 가지며, 충동적인 행동으로 부정적인 감정을 발산하다가 대인관계가 종종 붕괴된다.

이와 같은 부정적인 발달 경로를 방지하는 방법은 무엇인가? 사랑과 감사하는 마음은 유아의 정신의 다른 한쪽에서 부정적인 경험을 극복하게 해주는 원동력이다. 생애 초기와 마찬가지로 부정적인 경험은 부정적인 감정을 유발한다. 긍정적인 경험도 다르지 않다. 부모에게 사랑받고 부모와 기쁨을 공유하면, 애정과 감사하는 마음과 같은 긍정적인 감정이 유발된다. 부모에 대한 내적 이미지가 안정적으로 발달하고 개념적 공감도 발달하면서, 유아는 지금까지는 물론이고 앞으로의 생존이 부모의 친절에 달려 있다는 사실을 점차 알게 된다. 자신에 대한 수유, 포옹, 달래주기, 그리고 따뜻하고 안전한 보호가 부모의 친절에서 비롯한다는 사실도 깨닫게 된다. 이 단계의 유아는 특히 일차적인 보호자에게 집중하는데, 생물학적인 엄마가 주로 이러한 보호자 역할을 수행하며, 다른 성인들도 가끔 이러한 역할을 담당한다. 건강하게 발달하는 아동은 자신을 사랑하고 보호하는 부모에게 고마움과 애정을 강하게 느낀다. 보다 어린 시기에 엄마의 미소에 자신의 미소로 답한 것과 마찬가지로 이제는 애정과 고마움으로 엄마의 사랑에 반응한다.

물론, 유아는 종종 좌절, 분노, 박탈감을 경험한다. 아동의 이상적인 발달 환경은 완벽한 가정이나 세계가 아니다. 위니콧(D.W. Winnicott)은 '충분히 좋은 어머니'라는 용어를 제시하면서, 아동의 건강한 발달을 위해 필요한 요소를 설명하였다. 유아는 일정 수준의 좌절을 경험할 필요가 있다. 그러나 기분 나쁘고 좌절하고 불안한 일보다 기분 좋고 유쾌하고 사랑을 받는 일이 더 많아야 한다. 이렇게 건강하게 발달하는 아동은 문제를 해결하는 방법을 터득하고, 세상에서 의미 있고 만족스러운 공간을 찾아낼 수 있으며, 삶은 살아 볼 가치가 있다는 기본적인 믿음을 갖게 된다. 부모에 대한 유아의 애정과 고마움은 타인에 대한 신뢰로 발전한다. 감사하는 마음이 질투나 증오를 반복해서 이겨내면, 유아는 타인과의 친밀한 관계가 문제를 일으키기도 하지만, 결국 의미 있고 만족스러운 결과를 가져온다는 사실을 깨닫는다. 이러한 과정을 통해 타인과의 애정관계를 두려워할 필요가 없다는 사실도 알게 된다.

생애 초기에 경험하는 애정과 고마움은 세상에 대한 기본적인 신뢰로 이어질 뿐만 아니라 자신에 대한 신뢰로 발전한다. 애정과 감사하는 마음을 경험했기 때문에 자신의 공격적인 충동을 통제할 수 있으며, 이러한 충동을 발산한 경우에도 사과, 애정, 친절을 통해 부모와의 관계가 회복될 수 있다는 사실을 인지하게 된다. 이에 따라 자신의 능력과 대인관계에 대한 유아의 신뢰는 더욱 강화된다. 애정을 주고받고 대인관계를 형성하는 자신의 능력을 인지함으로써 자신을 긍정적으로 바라보기 시작한다.

부모에게 감사하는 아동은 자신이 부모에게 얼마나 많은 애정, 관심, 보호를 받았는지도 깨달을 수 있다. 심리학적으로 이러한 감정은 충만감으로 발전한다. 자신이 받은 모든 사랑을 인지하고 고마워하면, 이러한 정서는 인격으로 통합된다. 성인들도 고마워하는 마음이 생기면, 충만감을 느낄 수 있다. 누군가에게 진실하게 고마워하게 되면, 마치 타인이 자신에게 친절을 제공한 것처럼 느껴지고 마음은 충만해진다. 고마워하는 마음이 발달하지 않으면, 마음은 폐쇄되고 타인이 베푸는 친절을 진정으로 받아들이지 못하게 된다. 타인의 애정을 받아들이지 못하면, 공허함, 불안, 박탈감을 느끼게 된다. 클라인은 이러한 부분이 극히 중요하다는 사실을 발견했다. 그녀는 "내적 풍요와 강인함이 충분하게 발달하지 않은 사람들은 일시적으로 관용을 베풀지만, 이에 대한 인정과 감사를 지나치게 많이 요구하는 경우가 많다. 그 결과, 무기력함과 박탈감을 동반하는 가해성 불안이 발생한다."라고 기술하고 있다.

이러한 상태는 자비의 감퇴와 소진의 잠재적인 원인으로 작용하는 경우가 많다. 물론 의식적으로 자비와 관용의 가치를 이해할 수도 있다. 그러나 무의식적인 차원에서는 생애 초기에 제한적으로 경험한 애정, 감사하는 마음의 결여로 인해 내적 빈곤이 계속 따라다닐 것이다. 이에 따라 자신이 갖고 있다고 생각하는 것보다 더 많은 것을 주며 소진될 수도 있다. 감사하는 마음을 기르는 일은 피로와 정서적 빈곤에 대한 강력한 방어 전략이며, 마음을 충만하게 만들기 때문에 소진되는 상황에 대한 염려 없이 타인을 사랑하고 관용을 베풀 수 있다.

미해결 문제 다루기

나는 감사하는 마음을 키우기 시작하는 서양인들이 특히 생애 초기에 주의해야 한다는 사실을 알게 되었다. 감사하는 마음을 가지려고 노력하는 과정에서 유아기에 경험한 박탈감, 불신, 질투, 분노 등의 억압된 감정이 표출될 수 있다. 예컨대, 나는 어린 시절에 경험한 타인의 친절을 상기하는 불교명상을 수행하는 서양의 지식인들이 자신의 유년기에 한 번도 해결하지 못한 박탈감, 불안, 분노에 갑자기 휘말리는 경우를 종종 보았다.

일부 심리치료사들을 비롯한 많은 서양인은 이러한 문제의 해결 방안에 대해 잘못된 생각을 갖고 있다. 이런 부정적인 감정은 마음에 담아 두지 않으면서 해결하는 것이 중요하다. 학대나 유기를 당했거나, 유년기에 경험한 고통스럽고 외상적인 사건이 현재에도 부정적인 영향을 미치고 있다면, 이러한 경험을 능숙하게 다루는 것이 도움이 될 것이다. 그러나 이러한 과정에서 부작용이 발생할 수도 있다. 약물이 부작용을 초래하는 것과 같은 이치다. 과거의 부정적인 감정과 대결하는 것은 치료할 수 있으나, 이러한 감정이 계속 해결되지 않으면 불필요할 정도로 이러한 감정에 익숙해지고, 결국 그 감정이 삶을 지배하게 된다.

인생 전체 또는 현재의 삶과 관련 있는 유년기의 문제를 돌이켜 보는 것이 '본질적'으로 가치 있는 일은 아니다. 나는 오랜 세월 동안 유년기의 부정적이고 외상적인 사건을 상기시켰으나, 긍정적인 효과를 보지 못한 환자들을 많이 보았다. 이에 더하여 오랫동안 환자들을 치료했으나 자신의 삶에는 특별히 만족하지 않거나 자신의 삶을 사랑하지 않는 것으로 보이는 심리치료사들도 많이 만났다. 유년기의 문제를 탐구하지 말아야 한다는 얘기는 물론 아니다. 나는 발달심리학의 가치를 높게 평가하고 있으며, 특정한 발달학적 문제를 발견하고 이를 해결하면서 엄청난 효과를 본 사람들도 많이 보았다. 핵심은 우리가 무엇을 하고 있는지, 왜 그것을 하고 있는지를 알아야 한다는 것이다. 우리는 건강, 사랑, 행복을 증진하는 방법을 탐구하고 있다는 것을 분명히 인지하고 있어야 한다.

뛰어난 대상관계 정신분석학자 윌프레드 비온은 모든 심리학 개념은 구체적인 상황에 적용할 수 있고 건강을 증진해야만 가치가 있다고 지적했다. 많은 사람은 이러한 핵심을 간과했다. 비온의 주장은 붓다의 가르침과 일맥상통한다. 붓다는 깨달음을 얻고 고통에서 벗어나는 데 도움이 되지 않는다는 이유로 사람들의 질문에 답하기를 거부한 적이 많았다. 붓다는 사람들이 행복해지고 깨달음을 얻는 데 도움이 될 만한 문제만 논의하겠다고 말했다. 그렇지 않은 것은 말하거나 생각할 가치가 없다는 것이다.

유년기 문제를 다룰 때, 부정적인 감정에 매몰되지 않도록 주의해야 하는 이유는 사라의 사례를 통해 알 수 있다. 어린 시절 사라는 방임과 언어학대를 이유로 어머니에 대한 분노를 가끔 경험했다. 이러한 감정을 어머니에게 표출하면 더욱 잔인한 처벌과 유기를 초래할 수 있다는 것을 두려워한 사라는 이러한 감정을 억누르고 자신에게 화풀이를 했다. 그녀는 무의식적으로 자신에 대해 부정적인 생각을 많이 했고, 스스로를 억압했다. 어머니의 거부와 분노를 자신의 책임으로 돌렸다. 시간이 흐르자, 이러한 무의식적인 분노는 우울증과 낮은 자존감으로 발전했다. 현재 사라는 우울증과 낮은 자존감을 성공적으로 극복한 상태다. 사라가 자신의 과거를 탐색하면서 어머니가 자신에게 화를 내고 자신도 스스로에게 화를 낼 만한 잘못을 하지 않았다는 점을 인식하는 것은 효과가 있었을 것이다. 그러나 이러한 기억탐구과정에서 부작용이 발생할 가능성도 존재한다. 이전에 너무나 두려워서 표출하지 못했거나 전혀 자각하지 못했던 어머니에 대한 분노가 다시 생겨날 가능성이 있는 것이다. 어머니에 대한 오랜 분노는 오래된 이불을 세탁할 때 물에 섞여 나오는 오물과 같다. 분노가 표출되는 것은 좋은 징조다. 그러나 사라가 이러한 분노에 탐착한다면 고통만 커질 뿐이다.

이러한 상황은 종종 발생한다. 치료과정에서 사람들이 부모에 대한 부정적인 생각과 감정에 휘말리는 경우가 많다. 치료사들이 부모에 대한 부정적인 기억에 집중하도록 유도하면서 문제를 해결하는 데 필요한 수준을 넘어선 분노를 표출할 것을 독려할 수 있다. 아니면 분노를 표출하는 것이 환자의 치료에 도움이 된다는 잘못된 생각을 치료사가 갖고 있을 수도 있다. 사라의 경우, 자신에 대한 해로운 분노를 해소하는 것이 진정한 치료였다. 자신에 대한 분노를 어머니에 대한 분노로 대체하면 새로운 고통만 유발할 뿐이다. 보다 건강한 방법은 부모에 대한 오래된 분노를 소멸시키고 스스로에 대한 분노를 중단하면서, 현재의 삶에서 긍정적인 목표를 향해 나아가는 것이다.

건강에 유해한 패턴을 제거하는 과정에서, 이러한 패턴이 최초로 발생한 시기의 고통스러운 기억을 직면하는 것이 크게 도움이 될 수도 있다. 그러나 이러한 기억이 수반하는 부정적이고 오래된 감정의 찌꺼기가 분출될 때, 이러한 감정의 정체를 파악하고 이를 제거하는 것이 더욱 중요하다. 흥미롭게도 이러한 부정적인 감정에 탐착하는 것은 더 심한 고통을 초래할 뿐이라는 점에서 불교와 대상관계이론의 입장은 유사하다. 뿐만 아니라 용서와 감사하는 마음이 우리의 행복에 특별하게 기여한다고 본다는 점도 공통적이다.

자신의 소유물에 감사하는 마음 키우기

감사하는 마음을 가질 수 있는 가장 쉽고 간단한 방법은 현재 자신이 갖고 있는 것에 집중하는 일이다. 우리는 자신의 삶에서 좋은 부분에 집중하면서 만족, 기쁨, 감사하는 감정을 느낄 수 있다. 나는 가끔 사람들에게 자신의 삶에서 좋은 부분을 열거해 보라고 제안한다. 우리는 자신이 가지고 있는 것의 가치를 인지하지 못하는 경우가 너무나 많다. 나 역시 마찬가지다. 나의 부친이 다발성 경화증으로 장애인이 되었을 때, 내가 걸을 수 있고, 책을 집어 들 수 있고, 전화다이얼을 돌릴 수 있으며, 사랑하는 사람을 포옹할 수 있다는 것이 얼마나 가치 있는 일인지를 갑자기 알게 되었다. 단순한 일들이 우리가 알고 있는 것보다 소중한 가치를 지니는 경우가 많다.

여기서 주장하는 것은 삶의 문제를 부정하자는 것이 아니다. 오히려 좋은 일에 초점을 두고 이에 대해 감사함을 느끼자는 것이다. 우선, 우리가 사용하고 향유하는 사물을 열거하면서 이러한 마음을 기를 수 있다. 내가 갖고 있는 이 물건을 갖고 있지 않은 사람들이 많고, 이 물건은 언제든 사라질 수 있다고 생각하는 것이다. 자신의 행운을 즐기자는 얘기다. 그런 다음, 대인관계, 건강, 긍정적인 태도, 자유, 지적 수준, 지식 등과 같은 추상적인 소유물에 대해 감사하는 시간을 갖는다. 새로운 지식의 습득, 유해한 감정패턴의 극복, 타인에 대한 사랑 또는 지원과 같은 의미 있는 일을 할 수 있는 많은 기회를 즐겨 보는 것도 효과적이다. 그런데 자신이 소유하고 있고, 현재 하고 있는 일에서 즐거움을 찾는 것이 이기적인 태도라고 생각하는 사람들도 있다. 우리가 다른 사람보다 낫다고 오만하게 주장하는 것은 물론 이기적이다. 그러나 즐기는 것은 다르다. 자신이 소유하고 있는 것과 현재 하고 있는 일에 대해 기쁨을 느끼지 못한다면, 삶은 무미건조해지고, 기운이 빠지고 소진될 가능성이 점점 높아진다.

감사하는 마음을 키우는 또 하나의 간단한 방법은 매일 사람들이 자신을 위해 행한 일에 대해 감사하는 시간을 갖는 것이다. 사람들에게 직접 요구하는 것도 중요하다. 상대방에게 자신이 원하는 바를 말하고 그가 요구를 들어주면 정중하게 고마움을 표시하는 것이다. 내적 빈곤상태인 사람들이 종종 드러내는 자기방어 형태의 하나는 사람들에게 도움을 요청하지 않는 것이다. 내가 신시아라는 여성을 상담했을 때, 그녀는 직장에서 일을 망쳐 버린 후, 커다란 스트레스를 받고 소진되어 있었다. 그때가 금요일이었는데, 나는 그녀에게 주말에 무엇을 할 것인지 물었다. 그녀는 "모르겠어요. 집을 청소해야 해요. 완전히 난장판이거든요. 일하는 사람을 부를 거예요. 아! 이번 주에는 밀린 일을 집에서 처리해야겠네요."라고 답했다. 그녀는 자신을 돌보는 데 관심을 두지 않았고 가족들에게 도움을 요청하지도 않았다.

나는 휴식을 취하고 남편과 십 대 딸들에게 도움을 요청하라고 제안했다. 그녀는 "남편도 스트레스로 지쳐 있어요. 아이들에게 짐을 지울 수는 없어요!"라고 말했다. 나는 남편이나 아이들이 도움을 요청받을 때 부담으로 생각하는 일은 별로 없을 것이라고 말하고, 가족이 그녀를 짐처럼 생각하는 것으로 여기는지 물었다.

내적 빈곤을 경험하는 사람들이 타인에게 도움을 요청하지 못하는 이유는 두 가지가 있다. 첫째는 스스로를 가치가 없는 부족한 사람이라고 간주하면서, 도움을 받을 자격이 없다고 생각하기 때문이다. 둘째는 성숙한 마음이 주변 사람들에게 신뢰를 보내는 것과는 상반되게, 마음의 미숙한 부분이 이러한 기본적인 신뢰를 갖고 있지 않기 때문이다. 이 미숙한 부분은 유년기의 좌절, 상처, 분노에서 비롯된다. 타인을 신뢰하거나 타인에게 의존하다가 거절, 무시, 학대를 당하지 않을까 두려워하는 것이다.

이에 대한 해결책은 불안, 공포와 대면하고, 타인에게 도움을 요청하며, 이를 수용하고 고마워하는 태도를 실천하는 것이다. 예를 들어, 신시아는 가족에게 마음을 완전히 열기에는 너무나 불안하고 '불편하다'고 털어놓았다. 나는 그녀에게 "만일 당신이 가족에게 도움을 요청하면, 그들이 얼마나 많은 도움과 친절을 베풀 수 있을까요?"라고 물었다. 결국 그녀는 남편에게 자신이 계획한 일을 도와줄 것을 요청했고, 아이들에게는 평소보다 청소를 더 열심히 해 줄 것을 요구했다. 그리고 남편에게는 그동안에 느낀 감정을 어느 정도 털어놓은 다음, 일요일 오후에 가족 나들이를 준비해 달라고 부탁했다.

남편과 아이들은 그녀의 스트레스 수준을 이미 알고 있었고, 그녀가 도와줄 방법을 구체적으로 말하자 안심이 되었다. 이들이 즐거운 주말을 보낸 후, 나는 그녀에게 가족이 자신의 요구에 긍정적으로 반응한 이유가 무엇인지 물었다. 처음에 그녀는 가족이 자신을 사랑하고 존중하기 때문에 기쁜 마음으로 자신을 도왔다는 사실을 인정하기가 어려웠다. 내적 빈곤감에 사로잡힌 사람들은 칭찬을 받아들이지 않고 자신에 대한 타인의 애정과 감사에 주의를 기울이지 않는 경우가 많다. 이렇게 되면, 더욱 기운이 빠지고 자기비하는 심해진다. 이러한 내적 패턴을 바꾸기 위해서는 도움을 직접 요청해야 할 뿐 아니라, 이러한 도움에 대해 감사하는 마음을 가져야 한다.

타인이 자신을 칭찬하거나 친절을 베풀면, 일단 그 일에 대해 생각을 해 본 다음, 이를 진실로 받아들여야 한다. 타인의 가치를 발견할 수 있다면, 자신의 가치와 장점도 찾아낼 수 있다. 자신의 장점을 인식하는 것은 오만함이나 자만심이 아니라, 자신감, 안정감, 내적 풍요의 토대가 된다. 타인이 친절을 베풀거나 도움을 주었다면, 시간을 내서 이에 주의를 기울여 마음으로 받아들여야 한다. 이렇게 하면 이해, 온정, 애정, 고마움이라는 감정이 발생할 수 있다. 이러한 감정을 많이 느낄수록 우리 자신과 주변 사람들은 이러한 감정이 만들어 내는 만족감과 개방성으로 인해 더 많은 이익을 얻을 것이다.

과거가 보내 준 선물

자신의 소유물을 인식하고 타인의 친절에 감사하는 것은 내적 빈곤감에 대항하는 데 도움이 되지만, 이러한 방법은 깊이 있고 지속적인 내적 풍요를 가져다줄 만큼 강렬한 효과를 발휘하지 못하는 경우가 대부분이다. 대상관계이론과 불교는 애정, 관용, 자비를 가질 수 있는 능력이 대폭 향상되기 위해서는 과거에 자신이 받았던 친절에 주의를 기울여야 한다는 데 동의한다. 나 자신을 관찰한 결과에서도 어린 시절에 경험한 친절을 돌이켜 보는 것이 가장 강력한 효과를 발휘하는 것으로 나타났다.

나는 종종 환자들과 학생들에게 유년기에 가장 친절했던 사람들에 관한 이야기를 나누도록 요청했다. 사업가, 예비 부모, 남을 돕는 삶을 희망하는 사람이라면 자신이 과거에 경험한 친절에 대해 철저하게 숙고해야 한다. 이러한 경험에 따른 내적 심상은 향후 애정과 자비심을 느끼는 방식과 행동 양상에 크게 영향을 미친다. 이러한 유년기 경험은 성인기에 타인을 돌보기 위해 반드시 갖추어야 하는 인내, 안정감, 개방성, 친밀함, 그리고 애정의 토대를 형성한다.

티베트 수도승들은 자신의 스승과 조언자들에게 감사하면서 수행을 시작하는 경우가 많다. 이들은 자신을 도와주고 이끌어 준 어느 한 사람의 친절이라도 망각하면, 내적 발전이 지체된다고 말한다. 우리는 다른 일은 망각할 수 있다. 그러나 애정과 자비를 기르는 데 관심이 있다면, 마음에서 우러나오는 진실한 친절을 베풀어 준 모든 사람을 가치 있게 기억하고 존중해야만 한다. 만일 우리가 내적 풍요와 자비를 계발하고자 한다면, 자신의 소유물과 지식을 기꺼이 나눠 주었던 조부모, 삼촌, 이모, 조언자, 스승을 비롯해 우리와 함께했던 사람들에 대한 기억을 소중히 여겨야 한다. 우리는 이러한 기억을 존중하고 기록해야 하며, 사랑하는 사람들과 공유해야 한다. 진실한 친절을 소중히 여기지 않는 것은 귀중한 선물을 내버리는 것과 같으며, 우리의 마음은 더욱 빈곤해진다. 반면, 마음을 열고 이러한 기억을 재생하고 감사한 마음을 느낀다면, 놀라운 수준의 행복과 만족감 그리고 충만감을 느끼게 될 것이다.

내면의 박애주의자

대상관계 심리치료사들과 불교의 선 연구자들은 내적 풍요, 강인함, 관용, 애정을 발달시킬 수 있는 극히 효과적인 방법이 부모, 특히 어머니의 친절에 대해 감사하는 것이라는 데 동의한다. 모든 티베트 수도승은 위니콧의 다음과 같은 주장에 동의할 것이다. "내가 보기에는 인간 사회에 빠진 것이 있다. 아이들도 성장해서 부모가 된다. 그러나 전체적으로 볼 때, 아이들은 자신의 어머니가 그들의 생애 초기에 어떤 일을 했는지 알지 못하고 자라고 있다."

티베트 수도승들이 서양인들에게 어머니의 친절에 대해 명상하는 것을 가르치면, 일부 서양인들은 매우 불편해한다. 어릴 때 어머니는 친절하지 않았고, 자신을 학대하거나 방임했다고 말하는 것이다. 나의 치료 경험에서도 이러한 명상을 견디지 못하는 사람들이 있었다. 어린 시절의 상처, 애정 결핍, 혼란, 질투, 분노가 너무도 강렬해서 이런 명상이 오히려 상태를 악화시킬 수 있는 것이다.

이러한 경우, 이미 논의한 방법을 활용하는 것이 최선일 것이다. 부모의 친절함에 감사해하는 실천 방법을 잠시 보류하는 것이다. 그런데 유년기 시절에 학대나 방임을 경험했던 사람들도 이러한 부정적인 감정을 해소하고 어느 정도 용서하고 감사하는 마음을 갖게 된다면, 이는 엄청난 효과를 발휘한다. 나의 환자들 중 한 사람은 어린 시절에 매를 맞고 유기되면서 자랐고, 보호받은 기억을 떠올릴 수조차 없었다. 그러나 자신이 아기였을 때, 모친이 안아 주고 보살펴 주었다는 사실을 오빠에게 전해 듣고는 눈물을 터뜨렸다. 나는 부모에게 학대를 받다가 부모가 사망하거나 투옥된 아이들을 치료하는 과정에서, 아이들은 자신이 경험한 매우 사소한 부모의 친절도 기억하고 있다는 사실을 자주 발견했다. 크리스마스에 받았던 작은 장난감 선물, 주말에 해변으로 차를 타고 갔던 경험이나 텔레비전 앞에서 안겨 있었던 기억은 이 아이들에게는 삶의 구명조끼 역할을 한다. 애정에 굶주린 이들은 애정을 받은 기억 하나하나를 소중하게 간직하고, 평범한 일을 매우 귀중하게 여긴다. 학대나 유기를 경험한 사람들의 경우, 자신의 고통스러운 감정과 대면하고 용서할 것인지, 그리고 정신적으로 생존하는 데 도움을 제공한 이들의 친절에 감사하는 마음을 가질 것인지는 개인의 선택에 달려있다.

정상적으로 양육된 대부분의 사람은 부모나 보호자가 생애 초기에 제공한 것들을 깊이 생각해 보고 이에 대해 감사하면서 커다란 효과를 볼 수 있다. 생애 초기에 대한 기억이 없더라도, 우리가 유아일 때 부모가 우리를 위해 무슨 일을 했는지를 상상하기는 그리 어렵지 않다. 우리는 우리가 자궁에 있을 때, 어머니가 유해한 음식과 음료를 자제하면서 자신의 몸을 특별하게 보호하고, 우리의 건강한 성장을 위해 많은 어려움을 견뎌 내는 상황을 상상해 볼 수 있다. 우리를 출산할 때에도 어머니는 엄청난 고통을 감내해야 했다. 우리가 태어난 후 부모는 우리를 먹이고, 달래고 옮기느라, 휴식과 잠을 포기하는 일이 많았을 것이다. 우리는 부모가 우리를 먹이고 더러운 기저귀를 갈고 목욕시키는 일을 수천 번이나 반복하는 광경을 상상할 수 있다. 우리는 부모가 어린 아기를 안고 어르는 장면도 상상할 수 있다. 이러한 부모의 행동은 우유 못지않게 아기의 초기 발육에 필수적인 요소다. 뿐만 아니라 우리는 부모가 우리를 진정시키고 뇌를 발달시키기 위해 이야기를 들려주고 노래를 불러 주는 상황도 그려 볼 수 있다. 간단히 말하자면, 우리는 우리가 태어나기 전부터 자립할 때까지 부모가 우리를 먹이고, 입히고, 안전하게 보호하고, 가르치고, 양육하는 과정에서 행했던 모든 일을 상상해 볼 수 있다.

그런 다음, 걷고 말하기, 교육, 우리를 위한 많은 물건의 구매, 위험 상황으로부터의 보호, 세상을 살아가는 방법 등과 같이 우리의 성장에 필요한 것들을 가르치고 제공해 주었던 다양한 친절을 상기해 볼 수 있다. 여기서 우리의 부모를 이상화하거나 이들이 완벽하다고 가정하는 것은 아니다. 오히려 완벽하지 않고 스트레스와 문제를 경험하면서도, 이들이 우리가 행복해하는 모습을 바라보는 기쁨 이외에는 아무런 소득도 없이 최선을 다해 우리를 보호했다는 점을 우리가 인정할 수 있다는 것이다.

만일 이러한 성찰과정에서 저항에 직면한다면, 이러한 저항이 앞서 논의한 몇 가지 문제, 즉 독립과 자립에 대한 피상적인 이미지에 탐착한 결과인지, 아니면 유년기의 해소되지 않은 문제로 인한 것인지를 검토해야 한다. 우리 각각은 개성화 과정을 거쳐서 내적 빈곤과 내적 풍요 사이의 어느 중간 지점에 연착한다. 만일 우리가 직면하는 저항의 원인을 제거하지 않으면, 그 중간 지점에서 벗어나지 못할 것이다. 결국 우리의 저항은 우리 자신의 내적 빈곤감 속에 뿌리를 내린다. 이러한 문제를 해결해야 애정, 자비심, 만족감, 기쁨과 같은 감정을 강화할 수 있다.

티베트 불교 수행자들은 자신의 부모, 특히 모친에 대한 깊은 감사의 마음을 느끼게 되면, 이러한 감정을 무한정 확장시킬 수 있다고 말한다. 이는 서양인들에게는 낯선 이야기인지도 모르겠다.

그러나 심리적인 원리를 이해할 수는 있을 것이다. 윤회를 믿는 티베트 불교 수행자들은 현생의 어머니와 같이 수많은 전생에서 최선을 다해 자신을 부양했던 수많은 어머니를 명상한다.

물론 수행자들은 전생에서 적이나 낯선 사람으로 등장했던 사람들을 쉽게 상기할 수도 있다. 그러나 어머니의 친절에 초점을 두는 것은 실용적이며, 무한한 유대감과 감사함을 발전시키기 위한 것이다. 수행자들은 수개월 또는 수년 동안의 명상을 통해 자신이 받았던 헤아릴 수 없는 사랑과 친절을 상기하면서 무한한 감사, 애정, 내적 풍요를 배양한다. 이것이 명상의 목적이다. 자신을 내적 풍요의 극단으로 이끌어 가서 감정이 소진되지 않는 가운데, 자신을 다른 사람들에게 무한정 내주는 것이다.

무한한 감사와 내적 풍요를 키우기 위해 반드시 불교신자가 되거나 윤회를 믿을 필요는 없다. 핵심은 무한한 애정과 친절을 받고 있다는 느낌을 음미하는 시간을 가져야 한다는 점이다. 유신론자는 신이 무한한 사랑을 통해 자신을 창조했다는 것을 인지하는 데 초점을 둘 수 있다. 그리고 우리 모두는 우리가 혈족에게서 받았던 친절과 양육이 자신이 제공할 수 있는 모든 애정과 관심을 제공한 부모를 통해 이루어졌다는 점을 인식할 수 있다. 우리는 살아가면서 경험했던 사소한 친절을 상기할 수 있고, 이러한 상황을 7,500세대의 호모사피엔스, 100만 세대가 넘는 인류, 그리고 수백만 세대에 이르는 포유류 부모가 베풀어 준 최선의 보호로 확장할 수 있다. 우리는 이렇게 형용할 수도 없는 친절의 살아 있는 증거라고 간주할 수 있다.

이 장에서 제시한 여러 가지 방법을 결합하면, 무한한 유대감, 애정, 관용을 키울 수 있다. 우리 모두는 상상력이 허용하는 한, 내적 풍요 단계로 계속 발전할 수 있다.

나는 카네기 가문이 자선 사업을 시작할 때, 이들의 재산은 엄청났고 수혜자들에게 나눠 주어도 상쇄되지 않을 정도로 빠르게 늘어났다는 이야기를 들은 기억이 있다. 이들은 정신없이 기부했으나 재산은 계속 증가했다. 나는 이러한 사례가 보살의 마음을 잘 보여 준다고 본다. 진실하고 강렬한 감사의 마음을 키우면, 감정이 고갈되거나 소진되는 성향을 초월할 정도까지 내적 풍요가 확장될 수 있다는 것이다. 우리는 진정한 내면의 자선가가 될 수 있다.

10
행복의 열쇠

자기애적인 사람들은 타인에 대한 관심도 부족하지만,
자신의 진정한 욕구에도 둔감하기는 마찬가지다.

–알렉산더 로웬(Alexander Lowen, M.D.)

이 장에서는 우리 삶에서 건강하지 못한 습관들을 행복의 원인으로 바꾸는 작업에 대한 실제적인 방법을 제시한다. 나는 이 기법을 '행복의 열쇠'라고 부른다. 행복의 열쇠의 핵심에 대한 통찰은 불교심리학에서 유래하였는데, 이는 우리의 생각 · 감정 · 행동 중에 어떤 것이 행복으로 이끌고, 어떤 것이 고통으로 이끄는지를 이해하는 데 유용하다. 불교 역사에서 심리학적 통찰의 가장 유명한 지지자는 1대 인도 불교 스승 샨티디바일 것이다. 그의 이름은 문자 그대로 '평화의 신'을 의미한다. 샨티디바는 다음과 같이 썼다.

고통을 없애기를 원함에도 불구하고,

사람들은 스스로 고통을 향해 달려간다.

행복하기를 원함에도 불구하고,

사람들은 적과 같이 무자비하게 행복을 파괴한다.

우리 모두는 당연히 행복해지기를 원한다. 그러나 샨티디바는 우리가 우리 자신의 보호, 안전, 소유, 안녕을 가장 최우선으로 여기면서 자기중심적인 방식으로 삶에 접근할 때 행복은 우리에게서 멀어진다고 말했다. 이 방법으로 행복을 추구하는 것은 의도하지 않게, 그리고 불가피하게 고통과 곤궁, 고독, 불안을 가져온다. 그에 반해, 삶에 대한 접근이 다른 사람들을 위한 자비와 공감, 사랑에 기반이 되었을 때 행복은 우리에게 점점 충만해져 갈 것이다.

수년 동안 불교를 공부해 온 심리학자의 관점으로 보았을 때, 나는 보통의 서양 사람들에게 자비는 모든 불교심리학에서 가장 중요하고 실질적인 통찰일 것이라고 믿는다. 샨티디바의 핵심은 아주 간단하기는 하지만, 그것은 문화적 이유 때문에 오해하기 쉽다. 여기에서 이야기하는 요지는 본질적으로 심리학적인 것이다. 자비롭게 되기 위해서라면, 자비를 베푸는 데 있어서 어떤 종교적이고 윤리적인 타당한 이유가 많이 있지만 그것들은 다 미뤄 둬라. 그런 다음 인간의 행복에 대한 물음을 오직 순수하게 실용적이고 과학적인 관점에서 접근하라. 당신 자신의 삶과 당신 주변의 삶을 분석해 보라. 만약 당신이 깊이 있고, 신중하고, 객관적인 태도로 자세하게 보면, 당신의 자기중심적이고, 자기보호적이며, 자기애적인 접근이 삶을 계속적으로 고통에 이르게 하는 반면, 진정한 사랑과 자비로운 접근은 계속적으로 평화와 행복에 이르게 한다는 것을 발견하게 될 것이다.

달라이 라마는 세계 여러 나라를 여행하면서 많은 시간 동안 이에 대해 가르쳐왔다. 그는 종종 자비는 정치적 입장이 서로 다른 그룹들과 다양한 사회관계에서뿐만 아니라 개인적 차원에서도 중요한 행복의 근원이라고 말한다. 많은 사람이 일요일에 교회에 가거나 자선단체에 기부하는 것을 좋아하는 것처럼 자비는 좋은 것이라는 것에 동의한다. 그러나 사람들은 자신 밖에서 행복을 찾는데 너무 익숙해서 이러한 생각을 말 그대로 받아들이고, 이것의 원래 의도는 고려해 보지도 않고 행복의 주된 통로인 자비를 키워보려는 시도조차 하지 않는 경우가 대부분이다.

행복의 핵심인 이 기법은 자비를 통해 행복을 찾으려는 생각을 실험해 보는 실제적인 방법이다. 나는 환자들에게 이 방법을 사용한다. 어떤 의심의 여지도 없다. 당신 삶에서 고통의 원인이 되는 자기애적인 습관들 중에 구체적인 것을 골라서 시작해 보아라. 그런 다음 자기애적인 이기심에서 스스로를 자유롭게 함으로써 행복을 발견하는 방법을 스스로 알아차리기 위해 굳어진 습관에 이 심리학적인 방법을 적용해 보아라.

자기애 이해하기

이 장에서 제시한 각각의 방법은 더 행복해지고 자비심을 성공적으로 수행하기 위해서 자기애를 버리도록 돕는 것이 기본적인 목표다. 심리학적으로 자기애는 자비를 발달시키는 데 가장 큰 걸림돌이다. 그래서 자기애가 정말 무엇인지를 아는 것이 중요하다.

티베트 불교 스승들은 내적 고통의 주된 원인을 '자기를 소중하게 여기는 것'이라고 자주 말한다. 나는 이것에 대해 아주 오랜 시간 혼란스러웠다. 자신을 아끼고 돌보는 생각은 우리의 안녕을 위해 필수적인 것으로 보인다. 나에게 있어서 자신을 현명하게 사랑하는 방법은 나를 돌보는 것, 휴식을 위해 시간을 갖는 것, 나의 발전을 위해 일하는 것, 부정적인 정서를 버리려고 노력하는 것, 그리고 자비심과 다른 긍정적인 정서를 키우는 것이었다. 나는 몇 년을 궁리하고 나서야 티베트 스승이 말한 자기를 소중하게 여기는 것이 자기애를 의미했다는 것을 깨달았다. 자기애는 '자기에 대한 왜곡되고 피상적인 이미지를 소중하게 여기고 강하게 움켜쥐고 있는 것'이다. 자기애적으로 자신을 소중히 여기는 것은 현실을 희생하며 환상을 소중히 여기는 것이다.

정신병리학에서는 피상적이고 과장되게 자기상에 탐착하는 사람들을 자기애적 성격장애라고 부른다. 그들은 거만하게 보이고, 공감이 부족하고, 다른 사람에게 과도하게 존경을 요구하고, 착취적인 권리나 행동을 하고, 다른 사람의 욕구에 무관심하다. 그리고 다양한 사회적 상황에서 비현실적인 기대를 갖는다. 불교심리학에서 이 장애는 삶의 문제와 고통의 주된 원인을 제공하는 것으로, 우리 모두의 마음속에 존재하는 근본적인 이기주의의 극단적인 모습이라고 본다. 자기애는 고대 그리스 신화에서 그 이름이 유래하였는데, 신화의 주인공인 나르키소스는 다른 사람을 사랑할 수 없었고, 연못 물에 비친 자신의 모습과 사랑에 빠져 자기 모습만을 바라보다 마침내 물에 빠져 죽었다. 이것이 바로 자기애가 어떻게 작용하는지 보여 주는 것이다. 우리는 연못에 비친 피상적인 자기상에 매료되고 열중하게 된다. 그리고 그 피상적인 자기상에 많은 에너지를 쏟는다. 자기 이미지에 쏟는 모든 에너지는 우리가 삶에 대처하거나 다른 사람을 사랑하는 데 도움이 되지 않는다. 그리고 자신의 이미지에 대한 애착은 우리를 최면이나 무아지경에 빠지도록 한다. 그래서 우리 앞의 현실을 대부분 보지 못하고 자신을 결국 고통으로 이끈다.

한 심리치료자는 "자기애적인 환자는 때로 한번 시작되면 며칠 또는 몇 주 동안 스스로가 중요하고 유일한 사람이라는 과장된 감정에 빠져 있다."고 말했다. 생각해 봐야 할 문제는 이것이다. 과연 우리 가운데 자기 자신이 중요한 사람임을 과장해서 생각하지 않는 사람이 있겠는가? 자아에 대한 잘못된 인식의 복잡한 체계는 자기를 소중히 여기는 감정과 자기애가 가장 큰 특징이다. 여기서 말하는 잘못된 인식이란, 앞에서도 말한 스스로를 견고하고 불변한 실체로 보고 자기를 매우 독립적인 존재로 보는 잘못된 시각을 말한다. 자기를 소중하게 여기는 것, 또는 자기애는 자아에 대한 잘못된 시각이 특징인데, 앞서 설명했던 것과 같이 스스로를 견고하고 불변한 실체로 보고 자기를 완전히 독립적인 존재로 보는 잘못된 시각을 말한다. 그러나 바로 그 자기애의 근원에 대한 망상은 당연히 실제의 모습보다는 자기위안과 높은 지위를 갖는 것이 더 중요하다고 믿는 것이다. 우리 자신의 행복은 타인의 행복과 별개이고 자신의 행복이 더 중요하다고 여기는 것이다.

자기애가 반드시 겉으로 드러나는 오만과 관계되는 것은 아니다. 자기애에 대해서 작업하는 것은 어려울 수 있다. 이는 우리 대부분이 현실을 외면하기 위해 피상적인 자아로 대치하면서 무의식적으로 스스로를 속이는 데 매우 익숙하기 때문이다. 예를 들면, 많은 영적 수행자들은 큰 깨달음을 빠르게 얻으려는 자기애적인 환상을 가지고 있다. 그것은 커다란 즐거움, 책임이 필요 없는 자유, 인기, 권력, 존경을 가져다줄 것이라고 상상하는 것이다. 우리는 그러한 환상의 자기애적인 요소를 수용 가능한 영적인 언어로 분명하게 표현할 수 있을 것이다. 그러나 그러한 환상이 가진 거대하고 자기중심적인 본질을 알아차리는 것의 위험을 느낄 때, 우리는 그 이상화된 특징을 스승이나 지도자에게 투사할 수 있다. 그와 동시에 우리는 겸손한 제자의 역할을 하고 있다고 믿는다. 이런 방식으로 우리는 겉으로는 겸손하게 역할을 수행함으로써 다른 사람이나 자기 스스로를 향한 자기애를 부인하며 그 환상을 붙잡는 것이다.

문제는 그러한 영적 수행이 여전히 진실하지 않다는 것이다. 우리는 사실 겸손해지는 것을 배우지 못하고 겸손한 척하고 있다. 즉, 우리는 은밀하게 자기애적인 환상을 계속 잡고 있는 것이다. 우리는 자신으로부터 자기애를 은닉하는 방법으로 자비로운 행동을 하고 있는지도 모르겠다.

우리의 초점은 다른 사람의 행복에 있지 않고 이상화된 자신이 생각하는 큰 관용과 이타주의에 있다. 만약 어떤 사람이 우리가 하는 것을 지적한다면, 서투른 역할극을 하는 자기애적인 사람들은 그의 겉치레에 지나지 않는 겸손과 자비의 피상적인 면을 겉으로 드러내면서 그 사람에 대해 격분하게 될 것이다.

위험한 것 중의 하나는 자기애라는 속임수에 더 능숙한 사람들은 심지어 비판하는 사람에게도 동의할 수 있다는 것이다. 그런 다음에는 자신이 잘못했다는 뉘우침에 대한 자아상을 붙잡으면서, 표면적으로는 뉘우침의 감정이 진짜처럼 보일지 모르지만 또다시 역할극을 하거나 가면을 쓰고 있는 것이다. 이와 같은 뉘우침의 표면 아래에서 대개 자기애라는 무의식적인 환상을 계속 만들어 내고 있다는 것이다. **내가 얼마나 잘 인식하고, 인내력이 있고, 뉘우치는지를 보아라. 나는 정말 모든 사람 가운데 최고로 겸손하다.** (그런 속삭임은 내가 최고라는 것을 은밀히 나타낸다.)

이것은 자기애적인 책략만이 할 수 있는 하나의 실례다. 우리가 덮어 쓸 수 있는 가면 또는 역할은 끝이 없다. 우리가 근사하거나 형편없는 자, 성공하거나 실패한 자, 혹은 중요하거나 아무것도 아닌 자로서 자신의 이미지에 탐착하는지의 여부와는 관계없이, 모든 이미지를 소중하게 여기는 것은 진실한 방식으로 삶에 임하지 못하게 한다. 또한 그 이미지 너머에 있는 현실을 보지 못하게 하고 다른 사람에 대한 진실한 연민을 느끼지 못하게 한다. 자신을 정직하게 보는 것과 역할을 통해 보는 것의 구분은 대개 쉽지 않다. 칼 융은 "사람들은 불합리하다 할지라도 자기 감정에 직면하는 것을 피하기 위해서 무엇이든 할 것이다."라고 쓴 적이 있다. 행복의 열쇠를 사용하는 데 어려운 점은 현실을 직시하기 위해 스스로 자기애의 이미지를 보는 용기를 갖는 것이다. 가장 어려운 것은 당신이 물속에 빠져 죽기 전에 매혹된 물에 비친 자기 모습을 내려놓는 것이다.

문제 분석하기

이 방법의 첫 단계는 삶에서 당신에게 어떤 의미 있는 고통을 일으키는 패턴이나 그와 관련된 문제를 골라내는 것이다. 자기애가 그 문제의 밑바닥에 있는지 없는지에 대해서는 걱정할 필요가 없다. 만약 당신에게 정서적으로 불안과 고통을 일으키는 습관이 있다면, 그것의 핵심에는 자기중심적 자기애에 대한 경향이 있는 것이다. 당신에게 가끔 갈등을 일으켰던 문제 하나를 선택하는 것이 가장 좋다. 일단 그것을 선택하면 당신은 자신의 성장사와 그 문제에 대하여 생각을 시작하면서, 인생에서 그 문제가 한 역할과 이 문제 때문에 삶의 방향이 어디로 가고 있는지, 그리고 이 문제가 어떻게 당신이 알고 있는 사람들의 삶에 영향을 미치는지에 대해 생각해 본다.

환자 중 한 사람인 리처드는 고독감의 문제를 겪고 있었는데, 바로 이와 같은 종류의 성찰과 분석을 진행했다. 크리스마스를 몇 주 앞둔 어느 날 밤 그가 찾아왔을 때, 밖에는 진눈깨비가 내리고 있었다. 그의 울 재킷과 회색 스카프는 젖어 있었고, 얼음도 드문 드문 맺혀 있었다. 그는 옷을 벗고 앉아서는 "나는 올해도 스크루지 같아요."라고 말했다.

그는 크리스마스를 떠올리게 하는 그 어떤 것도 원하지 않으면서 자신의 외로움을 피하려고 노력했다. 그는 계속해서 "나의 모든 장식물은 벽장 속 상자 안에 있어요. 나는 하나도 꺼내지 않았고, 앞으로도 꺼내지 않을 거예요. 나는 크리스마스 음악을 듣지 않기 위해서 차안에서 라디오 대신 테이프를 틉니다. 나는 쇼핑몰 근처는 어디에도 가지 않아요. 사람들이 회사에서 그들의 계획에 대한 얘기를 꺼낼 때, 주제를 바꾸거나 그곳을 재빨리 빠져나왔어요. 나는 그것에 대해 사람들과 아무 말도 하지 않았어요."라고 빠르게 말을 하면서 덧붙였다. "그래서 나는 잭을 위해서 인터넷에서 물건을 주문했어요. 나는 그 애와 만나지 않을 거예요." 잭은 리처드의 11세 된 아들로 2시간 정도 거리에 떨어져 살았고, 리처드는 전 부인과 이혼한 이후로 잭을 한 달에 한 번 보아 왔다. 리처드가 잭에 대해 말하는 아주 잠깐 동안, 나는 그가 눈물을 흘리지 않을까 생각했다. 그런데 오히려 그는 미소를 지으면서 "그러니까 자선에 대해서는 나에게 말도 꺼내지 마세요. 보육원이 없나? 흥!"이라고 말했다.

나는 이야기를 듣고 너무 티 나게 웃지 않으려고 했다. 그가 사용한 스쿠루지 이야기와 유머는 자신의 고독감을 숨기려고 노력하면서 자신에게 일어나고 있는 일을 이야기하려는 방식이었다. 그는 전부인과 있었던 갈등에 대해 말했고, 그와 그녀 사이의 좌절감이 휴가 때 잭을 방문할 계획을 실행하려고 노력하는 것에 얼마나 방해를 주는지에 대해서도 이야기했다. 그의 패턴 중 일부는 자신을 소외시키고 외로움을 느끼게 하는 것이다.

이러한 문제가 리처드의 삶에서 취해 온 역할을 분석하면서, 우리는 그의 과거에 대해 이야기했다. 그는 올해보다 기분이 더 안 좋았던 해가 많았다는 것을 깨달았다. 그는 이혼 직후의 기분에 대해서 말했는데, 그해 휴일에 외로움이 극에 달하는 것을 느꼈다고 했다. 그는 이렇게 회상했다. "그때 나는 지금만큼 혼자 있는 것에 익숙하지 않았어요. 나는 지금까지 연습을 해 왔고 그래서 지금은 혼자 있는 것에 익숙해졌습니다. 언젠가 나는 사람들로부터 떨어져 있게 되었고, 사람들이 나에게서 멀어지게 하는 것에 스크루지만큼 익숙해질 거예요."

"그리고 당신의 감정들로부터 도망치는 것도요?" 나는 물었다. 우리가 자기애적인 방어에 빠져 있을 때 그가 외부 현실을 보는 눈을 가로막았던 것처럼 우리 역시 자신을 보는 것을 부인하거나 차단하게 된다.

이어서 리처드는 14년 전 어느 겨울에 대하여 말했는데, 그해 그의 부모님은 교통사고로 돌아가셨다. "사고는 잭의 엄마를 만나기 바로 전 해에 났어요! 나는 아무도 만나지 않고 있었어요. 그해 여름에 부모님 두 분이 다 돌아가셨어요. 그해 크리스마스 이브가 내 평생에 가장 최악이었다고 생각해요. 외로움에 대해서 얘기해 보라고요? 오! 세상에…… 나는 부모님이 아직도 그리워요." 그는 의자에 주저 앉아서 손으로 머리를 짚었다. 그러면서 "당신도 알다시피, 삶과 죽음이라는 것은 정말 지랄 맞아요."라고 말했다.

우리는 잠깐 동안 아무 말 없이 함께 앉아 있었다. 외로움, 화, 그리고 분노는 유령처럼 방 안에서 우리 사이를 떠돌고 있는 것처럼 느껴졌다. 나는 그것들이 떠돌아다니게 놓아둔 채 잠시 기다렸다. 그리고 나서는 "당신이 그리워하는 것이 무엇인지 나에게 말해 보세요."라고 하였다.

리처드는 살짝 미소 지었다. 그는 어렸을 때 부모님과 함께 보냈던 추억에 대해서 말했다. 그의 어머니는 아이들과 크리스마스를 보내기 위해 장난감과 음식으로 집 안을 가득 채우고 친척들을 집으로 초대하곤 했었다. 어머니의 다정함과 관대함에 대한 그의 묘사는 어머니에 대한 사랑과 감사에 대해서 우리가 가져왔던 어떤 토론보다 훨씬 생생했다. 어머니가 갑작스럽게 돌아가시게 될 때까지 어머니는 그의 정서적인 삶에서 중심인물이었다. 그는 어머니가 돌아가시기 전에 더 솔직하게 어머니에 대한 사랑을 표현하지 못한 것에 대해 후회하는 마음을 숨겨 왔었다. 그는 아들의 유년기를 말하면서, 그때는 결혼생활도 그렇게 나쁘지는 않았다고 했다. 대가족은 아니지만 그와 아내는 자신이 어린 시절 느꼈던 진정한 즐거움과 친밀함을 아들과 공유하고 있다고 느꼈다.

그는 그때의 기억들을 이야기하면서 아무 생각도 나지 않았고 온통 머리가 하얘졌다. 그 시점에서 그는 기억 속의 희미한 이미지들을 보려는 듯 눈을 가늘게 뜨고 생각에 잠겼다. 이는 리처드의 마음의 눈이 과거를 볼 수 있게 도와주었다. 리처드가 지나온 과거 이야기를 끝내자 나는 "자, 오늘은 스크루지로 대화를 시작했고, 과거와 현재의 크리스마스를 돌아봤습니다. 그럼 미래의 크리스마스는 어떨 것 같습니까?"라고 말했다.

그는 잠깐 동안 머뭇거리더니 멋쩍게 웃었다. 그러면서 그는 "나는 앞으로 어떻게 될지 알 수 있어요. 나는 크리스마스에 보통은 숙모를 찾아가요. 숙모는 90세쯤 됐어요. 몇 년 후면 그 숙모도 떠나겠죠! 그러면 나는 매년 혼자일 거라고 생각해요. 그러면 나는 더욱더 고립되겠죠! 나는 더 심술궂고 변덕스러워질 거고요. 결국 나는 혼자가 될 거예요."라고 하였다.

대부분의 사람은 겨울 휴가 동안에 특별히 외로움을 느낀다. 그러나 리처드의 문제는 계절이나 개인적 상황에 대한 문제가 아니었다. 많은 사람과 같이 리처드는 그의 불편한 감정을 직접적으로 직면하는 데 힘든 시간을 가졌다. 프로이트의 위대한 통찰 중 하나는 우리가 어떤 문제를 직면하지 못했을 때, 그것이 무의식 속에 잠겨 있다가 계속해서 우리에게 나타난다는 것이다. 리처드는 부모님을 잃은 것과 그가 말하지 못했던 일들, 그리고 그들과 함께 했던 일들에 대한 회한에, 또한 유년 시절에 가족과 함께 나누었던 따뜻함과 사랑을 성인이 되어서 이루지 못했다는 무력함에 사로잡혀 있었다.

또한 리처드는 남편과 아버지로서도 실패했다는 감정에 사로잡혀 있었다. 우리 모두는 때때로 잃어버린 것들과 염려, 불안 혹은 회한에 사로잡힌다. 한 사람의 치료자로서 나는 종종 더 나은 삶을 위해 자신의 나쁜 기억들을 기꺼이 직면하는 사람들의 용감함에 아주 깊은 감동을 받는다. 나는 리처드가 흔쾌히 그의 과거와 관련된 어려운 문제를 작업하고 토론한 것에 존경을 표했다.

우리가 관계 속에서 실행할지 모르는 무의식적인 습관을 발견하고 어려운 감정을 더 잘 알아차릴 수 있도록 사람들을 돕기 위한 많은 치료적 기법이 있다. 그러나 그것을 더 잘 알아차린다고 해서 더 건강하고 더 행복해질지는 확실하지 않다. 나는 수년 동안 다양한 자가 치료법을 시도해 보고, 치료사들을 찾아가서 스스로에 대한 새로운 시각을 반복적으로 얻게 되면서도 여전히 관계 속에서 건강하지 못한 습관을 가지고 살아가는 많은 사람을 보아 왔다. 우리가 스스로에 대해 새로운 것을 이해하게 되었다면, 그다음에는 우리의 삶을 더 낫게 만들기 위하여 감정을 변화시키고 관계를 새롭게 하는 법을 알 필요가 있다. 주어진 문제를 정직하게 보는 것은 행복의 열쇠를 사용하는 바로 첫 번째 단계로서 지금까지 그 문제가 삶 속에서 해 왔던 역할과 앞으로 살아가는 삶의 방향을 이끄는 것을 분석하는 것이다. 그 문제를 분석하는 것은 어떤 면에서는 문이 잠겨 있는 벽을 살펴보는 것과 같다.

그다음 단계는 열쇠를 찾는 것이다. 맞는 열쇠를 갖고 있다면, 그것을 자물쇠에 넣고 돌려서 열기는 쉽다. 이 기법은 자비의 눈으로 오래된 습관을 바라보고 오랜 습관을 바꾸어 행복으로 향하는 문을 열 수 있게 되는 정확한 지점을 볼 수 있도록 돕기 위해 고안되었다.

자비의 눈으로 자기 자신을 바라보기

당신이 문제를 확인하고 그것이 삶 속에서 해 온 역할을 정직하게 바라본다면, 그다음 단계는 동일한 형태의 문제를 자비의 눈으로 보는 것이다. 즉, 당신은 이 문제에 관련된 경험을 분석하고, 생각 · 감정 · 행동 중 어떤 것이 고통으로 이끌었고, 어떤 것이 행복으로 향하게 했는지를 묻는다. 이렇게 함으로써 당신은 당신이 걸려 있는 문제에 관해 자기애적이고 자기중심적이며 자기보호적인 방식들이 해 온 역할을 점검해 보고, 더 나아가서 자비로운 접근 방식들이 해 온 역할과 비교해 본다(설령 당신이 이러한 시도를 해보지 않았을지라도). 불교심리학에서는 당신이 점검만 한다면 자기애가 당신의 문제나 고통에서 근본적인 역할을 해 왔다는 것을 발견할 수 있을 것이라고 주장한다. 유명한 티베트의 경전은 "자신을 소중하게 여기는 것은 모든 고통으로 향하는 문턱이다."라고 말한다.

당신의 문제에서 자기중심적으로 해 온 역할을 발견하고 고통을 증가시키는 행동 · 감정 · 생각 중 어떤 것이 정확하게 작용하고 있는 것인지 찾기 위해서는 약간의 시간이 걸린다. 어쩌면 이런 것들을 써 보거나 좋은 친구들과 말하는 것이 유용할지 모른다. 행복을 위해서 행했던 자기중심적이고 자기방어적인 노력과 그 노력이 근본적으로는 피하려 했던 고통으로 의도하지 않게 이어지는 과정을 스스로 솔직하게 평가하는 것이 매우 중요하다. 자기 분석 과정에서 다음과 같은 질문을 해 보는 것이 도움이 될 것이다.

이 상황에서 내가 붙잡고 있는 나 자신의 이미지는 무엇인가?

나는 다른 사람들에 대하여 자비심을 가지고 공감하고 있는가?

내가 보지 못하고 있는 가능한 해결책은 무엇인가?

나 자신을 보호하거나 나 자신의 행복을 얻기 위한 노력이 어떻게 고통을 야기하고 있는가?

찰스 디킨스(Charles Dickens)가 만든 스크루지라는 인물은 바로 이와 같은 종류의 과정을 경험했다. 어떤 초자연적인 도움을 받아서 그는 삶의 패턴을 보여 주는 과거, 현재, 다가올 미래를 보면서, 자신이 가진 패턴의 자기애적인 핵심을 발견했다. 스크루지는 사실 아주 일반적인 자기애적 환상에 탐착하는 극단적인 성격 특성을 보여 주었다. 그는 부유하고 힘 있는 사람의 이미지를 지독하게 붙잡고 있었다. 우리는 사실 부자일 수도 아닐 수도 있는데, 돈이 사람들을 특정한 방법으로 도울 수 없을 때나 우리가 생각하거나 걱정하는 돈에 대한 환상을 찾는 경우, 대체로 스크루지와 같은 자기애적인 이미지에 빠지게 된다. 이와 같은 특정한 이미지에 빠져 있을 때, 행복은 부에서 온다고 믿게 될지 모른다. 비록 자신의 재물과 행복이 다른 사람의 행복과 재물에 정반대가 되더라도 상관없다.

우리는 통장의 숫자에 힘을 연결하고 그것을 마치 진정한 행복으로 느낀다. 대체로 동전이나 지폐에 그려진 위대한 인물에 자신의 위대함이나 권력, 안전과 같은 것을 투사한다. 이러한 흔히 일어나는 자기애적 환상이 시저 시대부터 오늘날까지 돈과 힘 있는 사람들의 이미지에 탐착하는 원동력이 되고 있다고 나는 생각한다. 여기서 말하고 싶은 것은 권력이나 소유물, 부 자체가 문제라는 것은 아니다. 문제는 당신이 주의 깊게 살펴본다면, 이와 같은 것을 통해 자기중심적으로 행복을 찾는 방식이 결코 오래 가지 못한다는 것이다. 자기 분석을 통해 스크루지는 거짓 없는 진실한 애정과 관대함이 진정한 행복으로 이끄는 반면, 자기애적인 환상을 가지고 사는 것과 탐욕을 통해 행복을 찾는 것은 오직 고통으로 이끈다는 것을 배웠다.

여러 가지 방법으로 행복의 핵심을 수행하는 것은 아주 간단하다. 이를 방해하는 것은 자기애적인 환상에 대한 믿음을 도취시키는 힘이다. 우리는 망상에 진지하게 도전하지 않고 살아간다. 때로 나르키소스처럼 자신을 내려놓기보다는 물에 빠질 상황으로 몰고 간다. 사람들이 스크루지가 지나치게 재물에 탐착하고 있어서 고통스러운 것이라고 말을 했을 때, 스크루지는 그들을 바보라고 생각했다. 우리가 자기애적인 이미지에 사로잡혀 있을 때, 그것의 실체를 보기 위하여 자신에게서 떨어져서 보는 것은 어렵다.

리처드의 경우, 그가 빠져 있었던 이미지는 바로 실패자였다. 이 과장된 마음속의 이미지를 믿었기에 그는 스스로 다른 사람들과 거리를 둠으로써 고통에서 자신을 지켜 왔다고 생각했다. 이것은 스스로에 대한 나쁜 아버지와 실패자의 이미지를 강화함과 동시에 자기보호를 위해 사람과 거리를 두는 습관이 그에게 많은 고통과 외로움의 원인이 되었던 것을 보지 못하게 했다. 이것은 자기애의 역동과 같은 것이다. 우리는 자신의 보호를 위해 노력하지만 실제로는 우리를 더 고통스럽게 하는 비현실적인 이미지를 세우고 그것을 보호하려고 노력할 뿐이다. 고통에서 자유로워지기를 바라면서 우리는 자기애를 통해 결국 고통 그 자체로 향할 뿐이다.

낸시라는 환자는 전형적인 자기애적 이미지를 강력하게 붙잡고 있었다. 어린 시절부터 그녀는 완벽한 가정의 완벽한 여성의 이미지에 매달려 왔다. 그녀는 자신과 가족 모두가 항상 상냥하고, 화목하고, 깨끗하고, 유능하고, 예의바른, 이렇게 완벽한 이미지에 가까이 갈수록 행복이 더 커질 것이라고 생각했다.

이와 같은 그녀의 믿음은 자신에게 짐이 되었고 그 부담으로 스스로를 지치게 만들었다. 남편과 아이들을 그 이미지에 맞추도록 강요하려 했기 때문에 가족이 화를 내고 그녀에게서 멀어졌다는 것을 보지 못하게 했다. 완벽성을 추구하는 그녀의 노력은 자기도 모르는 사이에 정말로 소중한 관계를 손상시켜 왔다. 가족이 그녀에 대해 어떻게 느꼈는지 말했을 때, 낸시는 가족의 행복을 위해서 노력하는 좋은 아내가 되려고 했다고 대답했다. 낸시가 완벽한 이미지로 살아야 행복해질 수 있다는 왜곡된 생각을 붙잡고 있는 한, 가족의 견해에 공감할 수 없었다. 자신이 소중하다는 생각에 사로잡혀 있는 경우, 우리는 어쩔 수 없이 타인을 그 자체로 보지 못하고 자기애적인 이미지와 연관시켜 바라보기 때문에 타인과 쉽게 공감하지 못한다.

사람들은 흔히 불안의 밑바탕에 자기애적인 이미지에 대한 탐착이 있다는 것을 깨닫지 못한다. 누군가 새로운 사람을 만나고 데이트를 하고 선물을 주는 것에 대해 불안을 느낄 때, 그들은 대부분 무슨 말을 해야 될지 몰라서 두렵다거나 바보같이 보일 것 같다거나 사람들에게 놀림받을 것 같다는 말을 한다. 이런 경우에 진짜 문제는 자신에게 "그래서 뭐?"라고 말해 주지 못한다는 것이다.

우리는 무의식적으로 어떤 비현실적인 자기 이미지에 의해 무력화되고, 실제 경험이 이러한 자기 이미지를 파괴할까 봐 두려워한다. 심리치료에서 자기애적인 사람이 정말로 불안과 좌절 그리고 슬픔을 경험할 때, 이것은 대부분 호전될 수 있다는 첫 신호다. 우리가 불안을 느낄 때, 이것은 현실적으로 자기 부인을 극복할 수 있는 기회가 될지 모른다. 사람들은 환상이 깨지는 것을 두려워한다. 우리가 낙심하거나 슬플 때, 우리는 오래된 자기애적 방어에 환멸을 느끼게 될지 모른다.

그래서 자비의 눈으로 우리의 패턴을 보기 시작하고, 망상을 꿰뚫어 그 핵심에 있는 자기애적인 환상을 보려고 노력할 때, 어떤 저항이나 좋지 않은 느낌과 만난다 할지라도 우리는 두렵지 않을 것이다. 사실, 그것이 정상 궤도에 들어섰다는 신호다. 핵심적인 문제를 드러냈지만 실제로 힘든 감정을 직면하지는 않았다면, 이것은 오히려 또 하나의 자기애적인 환상을 대신하는 속임수를 써왔다는 것을 의미한다. 우리가 부여해 온 이미지에 빠질수록 진실을 보는 것에 대한 저항도 더욱 클 것이다. 이것이 상당한 시간 동안은 고통의 원인이 되고 있는 패턴부터 다루어야 하는 중요한 이유다. 고통을 상기하는 것은 저항을 해결하는 데 필요한 자극을 제공할 수 있다.

고통의 원인을 방어하지 않기

자비의 눈으로 자신을 관찰할 때, 고통의 원인이 되는 자기애적 이미지를 방어하는 경향에 대해 경계해야 한다. 놀라워 보일지 모르겠지만 이것은 흔히 우리가 하는 것이다. 티베트 불교 스승들은 우리가 자신에 대한 망상들을 정말로 소중하고 귀하게 여기며, 방어하기 때문에 자기를 소중히 여기는 것에 대해서 언급하고 있다.

어떤 사람이 우리가 강하게 붙잡고 있는 자기애적인 이미지를 직접적으로 반박하거나 모욕했을 때, 우리는 대부분 동의하지 않거나 화를 낸다. 가장 가까운 사람들이 우리의 망상을 꿰뚫어 보고 자기중심적인 잘못을 지적할 때 우리는 빠르게 방어적이 되고, 그들이 멈추지 않는다면 아마도 무척 화를 내거나 격분하게 될 것이다. 목소리가 커지고 기분이 격앙돼서 말다툼을 하는 것을 보면, 그것의 대부분은 우리의 마음속에서 소중히 여기는 자기애적 이미지에 상처를 주었다는 느낌에 의해서 촉발되었다는 것을 알게 될 것이다. 가장 사랑하는 사람이 우리의 망상과 정반대로 말하는 순간, 우리는 사랑하는 사람이 더 소중한지 아니면 망상이 소중한 것인지를 선택해야만 한다. 우리는 사랑하는 사람들과의 관계에서 건강한 불일치를 가져올 수 있다. 그러나 우리가 방어적이고, 기분이 언짢고, 흥분하고, 또는 몹시 화가 나게 될 때, 이것은 우리가 사랑 대신에 망상을 선택하고 있다는 표시다.

우리는 자기애적 방어에 매우 익숙해져 있어서 심지어 자신에 대한 너그러운 자기 분석조차도 거부하고 망상을 방어하려 할 것이다. 티베트 스승들은 사랑과 자비의 진정한 유익함과 동시에 자기중심성의 수많은 나쁜 점을 반복적으로 떠올리는 것이 하나의 해결 방법이라고 조언한다. 행복의 열쇠를 사용할 때, 자비의 눈으로 자신을 보는 것을 반복적으로 수행해서 우리가 얻는 통찰이 정말로 우리의 것이 되도록 만들어야 한다. 자기애는 우리를 습관적으로나 무의식적으로 정확하지 않게 생각하도록 이끈다. 예컨대, **더 부자가 되어라. 그러면 안전해질 것이다. 자신을 안전하게 지키기 위해서는 사람들을 멀리하여라. 당신이 얼마나 고결한지 사람들에게 보여 주어라. 그러면 더 괜찮은 사람이라고 느낄 것이다. 완벽한 이미지에 따라 생활하면 행복해질 것이다.** 우리는 이와 같은 생각을 인식하고 현실적인 관점으로 직면해야 한다. 자기애적인 내면의 목소리가 익숙하고 친밀하게 들릴지라도, 우리는 그것에 귀 기울이기를 멈추어야 하고, 대신에 우리가 어떻게 고통을 만들어 내는지 꼼꼼하게 보는 연습을 해야 한다.

때때로 자기애는 스스로가 자기애에 의한 잘못을 알고 있는 것처럼 위장하도록 만들 것이다. 그것은 우리가 그 단어를 정확하게 알지 못하면서도 말하고 싶어 하게 할 것이다. 만약 우리가 그렇게 한다면, '자기를 소중하게 여기는 것을 내려놓는 것'은 망상의 영역 안의 또 다른 속임수가 될 뿐이다. 그 유일한 해결책은 피상적인 이미지와 동일시할 때 당신의 마음이 선택한 것을 실제로 보려고 노력하는 것이다. 이 해결책은, 그런 이미지를 소중하게 생각하는 것이 어떻게 당신을 만성적으로 불안하게 만들고, 우리의 일부분이 사실은 망상이라는 것을 알고 있다고 옹호하는지를 이해하기 위한 것이다. 우리는 자기애가 어떻게 귀중한 시간을 쓸데없는 걱정으로 낭비하고 자극적인 환상을 만들어 내는지 자신에 대하여 알아야 한다. '자신을 소중하게 여기는 것'이 어떻게 자신도 모르는 사이에 대인관계를 악화시키고 무료하게 하고 마음을 닫게 하는지, 자비의 눈으로 봄으로써 환상을 꿰뚫어 보아야 한다.

행복의 문으로 들어가기

우리가 삶의 문제를 보고 고통을 일으키는 자기중심적 역동이 무엇인지 분석했다면, 다음 단계는 이것을 바꾸는 것이다. 언제나 오래된 습관을 바꾸는 것은 얼마간의 지속적인 노력이 필요하다. 변화를 위한 노력이 가치가 있는지를 깊이 이해하기 위해 이전 단계를 잘 마치고, 그 문제를 분석하는 것이 중요하다. 동기만 확고하다면 그 어떤 오래된 습관도 바꿀 수 있다. 오래된 습관은 우리가 가져온 생각과 감정 그리고 과거의 이상에 따른 행동거지 때문에 타성이 된 것이다. 일단 새롭고 더 건강한 습관으로 바꾸는 데 힘을 제공하는 작은 노력은 시작되었다.

행복으로 가는 열쇠를 사용하는 것은 주로 우리의 생각과 감정을 바꾸는 것과 관련되어 있음을 이해하는 것이 중요하다. 자기를 소중하게 여기는 것을 극복하는 방법에 대해 쓴 티베트 경전은 "자연스러움을 유지하면서 태도를 바꿔라."라고 말한다. 그 요지는 자신을 위해서나 다른 사람을 위해서 변화를 보여 주지 않으면 안 된다는 것이다. 자기애에 붙잡혀 있을 때, 우리는 정말로 자연스럽지 않다. 진정한 내가 되지 못하고 계속 배역을 맡게 된다. 자기애를 극복하는 것은 배역을 내려놓고, 긴장을 풀고, 진짜 자기를 표현하는 것이다. 이것은 우리가 사람들에게 상처를 입을 수 있고, 진심으로 느낄 수 있으며, 친밀해질 수 있도록 허용한다.

처음으로 가면을 벗을 때, 우리는 민감해져서 세상에 압도될지도 모른다. 우리는 이것을 두려워하지 말아야 한다. 상황이 우리를 더욱 자극하도록 내버려 두는 것이 현실과 친숙해져 가기 시작하는 신호다.

본질적인 것은 우리는 자신의 오래된 습관에 따라 생각하고 느끼게 되는 것을 멈추어야 한다는 것이다. 그런 다음 그 오랜 습관을 자비에 기초를 둔 새로운 것으로 바꾸어야 한다. 만약 우리가 스스로를 보호하기 위해 거리를 두고 있는 자신을 발견한다면 바로 멈추어야 하고, 즉시 우리를 고통으로 이끄는 오랜 습관이 따라온다는 것을 기억하면서 적극적으로 다른 사람들에게 마음을 열려고 노력해야 한다. 만약 우리가 부를 축적하는 것에 붙들려 있다면, 우리는 그런 충동을 내려놓고 사람들을 향한 애정 어린 마음으로 관대한 태도를 키워야 한다. 행복으로 가는 열쇠를 이용하는 것은 이전에 우리가 고통의 원인이 되었던 자기애적인 사고방식을 인식하고, 그것을 놓아 주고, 정반대의 것을 적극적으로 키우는 것이다.

내가 예전 태도의 정반대의 것을 키우도록 제안하는 것은 예전의 이미지를 새로운 이미지로 대체하라는 뜻이 아니다. 내가 말하는 요점은 관대하고 자비로운 이미지를 계발하는 것이 아니라 실제로 관대하고 자비로운 존재가 되라는 것이다. 이것은 서양 심리학자들이 불교에서 배울 수 있는 중요한 가치다. 우리는 자주 사람들이 진정한 기쁨을 주는 방법으로 삶을 살아갈 수 있도록 도구를 제공하지는 않은 채 오래되고 해로운 습관을 포기하도록 돕는다. 오래된 습관을 멈추는 것은 고통을 감소시킬 수는 있지만 그것이 행복을 가져다 주지는 않는다.

새로운 접근을 개발할 때, 마음의 작업을 통해 타인과 새로운 방식으로 관계 맺을 수 있는 진실한 열정을 키우는 것이 중요하다. 그러고 나서 새로운 생각과 감정을 갖고, 주변 사람에게 그것을 베푸는 새로운 행동을 시도해 볼 수 있다. 그러나 첫째로 마음에서 시작하라. 마음의 습관을 바꾸지 못하고 베풀기만 하는 것은 효과적이지 않다. 우리의 오래된 생각과 감정은 베푸는 것을 원망하게 만들 것이다. 우리가 새로운 접근에서 행복을 찾지 못한다면 금새 포기하게 될 것이다. 내가 경험한 바로는, 초기에는 자연스럽게 서서히 행동을 변화시키면서 새로운 생각과 느낌을 키우는 데 에너지를 더 집중하는 것이 가장 좋다. 새로운 행동을 하기 시작하면 그 과정 속에서 즐거움을 느끼면서 몰두해 보아라. 그러면 진정한 기쁨이 점차 커지면서 행동은 자연스럽게 바뀔 것이다.

나머지 장에서는 자기애를 극복함으로써 자비를 키우는 것에 대한 추가적인 방법을 소개할 것이다. 자기애적 이미지에서 조금이라도 분리된다면 사람들을 있는 그대로 볼 수 있고 그들을 진정으로 사랑하고 그들에게 감사할 수 있게 된다. 자기애에서 벗어난다면 사람들에 대한 자비심으로 진정한 기쁨을 찾고 자신의 환상에서 빠져나오는 것이 가능하게 된다.

11
내면의 적

얼마 전 나는 네팔에서 격노한 불교의 신을 생생하고 다채로운 색채로 그린 탱화 하나를 선물 받았다. 중앙아시아에서는 이와 같은 신들이 많이 있다. 이러한 특정한 신도 티베트 전통에서는 자비의 부처에서 나온 것으로 알려져 있다. 나는 그 그림을 침실에 걸어 놓았다. 어느 날 아침에 잠에서 깨어 침대에 누운 채로 그 그림을 응시했다. 그림 속의 신은 눈이 튀어나오고, 이빨이 드러나 있고, 입은 마치 크게 소리치는 것처럼 보였다. 머리는 헝클어져 있었고, 도끼와 칼을 휘두르고 있었다. 그는 붉은 불꽃이 넘실대는 안에서 춤을 추고 있었는데, 불꽃은 마치 그의 난폭하고 압도적인 힘에서 발산되는 아우라처럼 보였다. 그의 거칠고 강렬한 눈을 보면서, 나는 어떻게 이러한 모습도 자비의 얼굴이 될 수 있는지 궁금해졌다.

만약 우리가 자비의 심리학에 대해 일부 제한적인 부분만을 알고 있다면, 이타주의는 항상 예의 바르고, 부드럽고, '지지적인 것'이라고 이해하기 쉽다. 사실 이런 식으로 자비에 대한 관점을 제한하는 것은 좋지 않다. 자식을 사랑하는 부모는 그 자식이 혼잡한 거리로 막 나가려고 하는 상황에서 자식의 생명을 보호하기 위해 소리치며 뛰쳐 나가는 탱화 속의 눈이 튀어나오고 성난 에너지를 가진 그 신처럼 보일 수도 있다. 또는 자식이 성추행당하는 것을 발견했을 때, 그 가해자에게 온화하고 부드럽게 대하는 것을 가장 자비로운 것이라고 보기는 어려울 수 있다. 때로 진정한 자비는 적극적이고, 심지어 격한 반응을 요구하기도 한다.

처음부터 불교 전통은 자비의 길이 때로는 분노라는 것, 즉 전사의 용감한 마음을 요구한다는 것을 인식했다. 붓다 자신과 그의 초기 제자들은 때때로 **아라한**(Arhats) 또는 '적의 파괴자'라고 일컬었다. 처음에 얼핏 보면 이러한 별칭이 붓다에게 붙는 것이 이상하게 들릴 수도 있다. 결국 불교의 성인들은 모든 중생을 위해 끝없는 사랑과 자비를 길러 내는 것이다. 그렇다면 부처와 그의 제자들이 파괴한 그 '적'이란 대체 누구인가? 혹은 무엇인가? 이 질문에 대해서 너무 복잡하게 답하지 말고 간단하게 생각하면, 불교 수행자들의 적은 자신의 마음속에 있는 무지함, 자기애, 정신적 고통이다. 성공적인 수행자들은 이 내면의 적들을 철저하게 파괴한다.

자비를 키우기 간절하게 원하는 모든 사람은 수행할 때 반드시 매우 용감해지고, 심지어는 격노해야 하는 순간에 다다르게 된다.

내적 혹은 외적인 장애 요인이나 갈등, 수치심을 피하기 위한 접근은 잘해 봐야 그저 그런 결과로 이어질 뿐이고, 최악의 상황에서는 그것을 해결했을 때 오히려 많은 문제를 일으킬 수도 있는 거짓 자비로 이어지는 것이다.

어떤 사람들은 스스로에게 자비를 베푸는 것이라고 생각하면서, 어려운 문제를 피하기 위해 자신의 정신적인 나태함을 합리화한다. 자비가 '누군가가 고통에서 벗어나게 되기를 바라는 것'이라면, 자신을 향한 자비는 고통의 원인이 되는 외부의 조건들이나 내적이고 부정적인 사고 패턴과 감정에서 적극적으로 벗어나는 것을 의미한다. 우리 자신과 다른 사람의 고통의 원인에 대해 인내심을 갖는 것이 친절은 아니다. 부정적인 사고와 파괴적인 감정에 머물러 있는 것은 일종의 자기혐오다. 그것들을 멈추게 하는 것이 자비다.

자기에 대한 자비를 갖는 것은 자기애와 전반적인 부정적 정서에 대해 맹렬해지고 무자비해지는 것을 수반한다. 자신의 마음속 깊이 숨어 있는 것들이 진정한 적이다. 자기애와 마음의 고통은 슬픔, 대인관계 문제, 자기연민, 불안, 비통만을 가져오고, 결국 지치게 만들어서 자신과 다른 사람들을 해롭게 한다. 마음의 고통스러운 감정을 다룰 때, 우리는 날카로운 통찰의 칼로 그것들을 무자비하게 잘라 내고, 숙련되고 자비로운 행동의 견고한 도끼로 위풍당당하게 달려들어 그것들을 산산조각 내는 티베트의 격노한 자비의 신처럼 되어야 한다.

내면의 적 알아차리기

내가 '내면의 적과의 싸움'이라고 부르는 다음 방법의 근원은 세계의 위대한 종교 전통, 특히 성인들의 인생사에서 찾을 수 있었다. 불교 전통에서 인도의 스승 샨티디바는 이 방법 중의 한 형태를 옹호했다. 그는 증오나 탐욕과 같은 내면의 적에 관해 이야기하며 '나는 마음에 분노를 품고 전장에서 그들과 만나겠다!'라고 맹세했다. 티베트 불교 스승들은 자비를 키우기 위해 노력하는 사람들에게 자기를 소중히 여기는 습관을 타파해야 할 주된 내면의 적이라고 말한다. 증오와 분노는 자비의 명백한 적이지만, 일상생활에서는 다른 사람보다는 자신의 자아상, 평안, 안전, 재산, 지위를 소중히 여기는 이 단순한 경향이 자비의 삶을 억제하는 진정한 적이다.

이 방법을 적용하는 데 있어서 첫 번째 도전은 평생 동안 이 내면의 적, 즉 자기중심적인 자기애가 존재하는지도 모른 채 살 수 있다는 것을 깨닫는 것이다. 우리는 삶에서 문제가 발생하면 그 원인에 대해 깊게 생각하지 않고 자연스럽게 다른 사람들이나 외부환경이 문제의 원인이라고 탓한다. 우리는 행복의 가장 큰 장애물, 즉 고통의 주된 원인이 마음속에 숨어 있는 것임을 결코 생각하지 못한다.

자비는 다른 사람에 대해 깊게 걱정하는 것, 다른 사람들을 소중히 여기고 그들의 행복을 위해 행동하는 것을 수반한다. 자기애는 자신에 대해 걱정하고, 자신을 소중히 여기며, 자신의 행복을 위해 행동하는 것을 수반한다. 불교와 대부분의 서양 심리학자는 자기애는 일반 사람들의 심리, 즉 우리 마음의 중심이나 그 주변에 존재한다는 것에 동의한다.

그러나 일반적으로 우리는 자신의 자기애를 알아차리지 못하고 친구들, 가족, 문화가 이것을 더 알아차리지 못하도록 만든다. 우리는 아침에 일어나서 오늘 무엇을 할지, 무엇이 먹고 싶은지, 어디로 가야 할지를 생각한다. 배우자나 친구, 동료가 기대에 반대되는 방식으로 행동하면 화가 난다. 교통 체증에 갇히면 짜증이 나고, 다른 사람들이 칭찬하면 좋아한다. 그러나 비판을 받으면 언짢아한다. 우리는 받는 것은 좋아하지만, 빼앗기거나 도난당하는 것은 싫어한다. 다른 사람들이 무언가를 주고 자상하게 이야기해 줄 때는 좋아하지만, 소리 지르거나 거짓말을 하거나 속이는 것은 정말 싫어한다. 살면서 자연스럽게 다른 사람들이 우리를 어떻게 바라보고 대하는지, 재정이나 은퇴 계획, 건강, 다이어트, 몸무게, 자존심 등에 대해 생각하며 시간을 보낸다. 우리는 소진되는 것이나 우울, 두려움과 걱정에 대해 생각할 수 있다. 과거의 좋은 시절에 대해서 생각할 수도 있고 휴식을 계획하고, 영화를 보고, 운동을 하고, 저녁식사를 하고, 휴가를 갈 수도 있다. 이것은 모두 정상적이고 인간적인 자기애적 기능이다.

나는 이것이 반드시 잘못된 것이라고 말하는 것이 아니다. 내가 주장하는 바는 정상적이고 일상적인 삶 가운데 마음과 가슴 속에는 자신을 속이고 자신과 다른 사람의 행복을 가로막는 무언가가 있을 수 있다는 것이다. 그리고 이것은 극히 정상적인 것처럼 보이기 때문에 일반적으로 알아차리지 못할 수도 있다. 아마도 우리가 자신에 대해서 정상적이고 본질적이라고 볼 수 있는 자신에 대한 일부분은, 사실 우리가 상상할 수 있는 것보다 훨씬 더 자비롭고 애정이 넘치고 창의적이고 만족스럽고 즐거울 수 있는 것을 가로막는다. 많은 위대한 전통에서 성인들과 철학자들의 삶은 통찰력, 사랑, 기쁨, 이타주의, 지복에 대한 새로운 경지를 얻기 전에 자신의 일부분과 싸우는 기간을 갖는다. 모두가 자신에 대해 바꾸고 싶지 않은 것을 바꿔야 한다고 주장하는 것은 아니다. 다만 자비를 키우는 것에 진심으로 관심이 있는 사람이라면, 행복으로 가는 길을 가로막는 내면의 적을 찾기 위해 자신의 영혼을 탐색해야 하는 어느 지점에 도달할 것이라고 주장하는 것이다.

자기애와 싸우기 위해서는 몇 가지를 잘 알아야 한다. 외부의 적과 싸우기 원할 때, 첫 단계는 상대의 강점과 약점을 아는 것이다. 그래야 상대를 어떻게, 어디에서 공격할지에 대한 전략을 세울 수 있다. 이와 같이 내면의 적을 정복하기 원한다면 삶 속에서 그것이 어떤 방식으로 기능하고 있는지 명확하게 알아야 한다. 자신의 자기애를 잘 알고 있어야만, 자신의 생각, 감정, 행동을 버려야 하는지 또는 키워야 하는지를 이해할 것이다.

자기애는 언제나 자기기만과 관련되어 있기 때문에 마음속의 적을 알기 위해 노력해야 한다. 위대한 인도의 불교 스승 달마라크시타는 '우리의 진정한 적인 자기중심적이고 자기를 소중히 여기는 것'을 이해하고 싸우는 방법에 대하여 '무기와 바퀴를 이용한 마음 훈련'이라는 유명한 시를 썼다. 달마라크시타는 믿을 수 없을 정도로 정확하고 현명한 심리치료사처럼 마음에 남아 있는 자기애를 인정할 때 일어나는 행동과 마음가짐을 묘사했다. 우리는 자신과 다른 사람에 대하여 고통을 일으키거나 자기중심적이 되려고 하루를 시작하지는 않는다. 그러나 자기애는 바로 그 지점에서 발견되고 우리에게 고통을 유발한다. 우리는 이것에 대항하기 위해 어떻게 더 잘 알아차릴 수 있을까?

일상생활 속에서 우리가 다른 사람을 소중하게 여기는 것보다 어떻게 자신의 이미지와 평안을 더 소중하게 여기는지는 대개 사소한 일들에 달려 있다고 달마라크시타는 설명한다. 우리가 어렵거나 귀찮은 일들을 피할 때, 즉 쓰레기를 버리는 일, 설거지를 하는 일 또는 고양이 똥을 치우는 일과 같은 것들을 누군가 다른 사람이 대신 해 주기를 바라는 것이 자기애의 분명한 신호다. 하기 싫은 일을 다른 사람이 하도록 하기 위해서 친절하고 우호적이고 또는 호감 가게 행동하는 것은 다른 사람보다 자신을 더 소중하게 여기고 자신의 목표를 위해서 다른 사람들을 이용하려 한다는 것을 의미한다. 우리보다 총명하지도 않고 매력적이지도 않으며 건강하지도 않고 또는 권력도 없는 사람들을 무시하거나 내려다볼 때, 또는 사회적으로나 직장 서열에서 우리보다 높은 자리에 있는 사람들의 관심을 얻으려고 할 때, 이것은 다른 사람에 대하여 자비를 가지거나 다른 사람이 정말로 누구인가를 알기 위해서라기보다는 자기애적 표출과 더 많이 관련되어 있다는 것을 의미한다. 우리가 습관적으로 다른 사람을 괴롭힌다면, 예를 들어 감정을 상하게 하거나 다른 사람을 앞서려고 경쟁하거나 칭찬을 받으려고 하거나 주목을 받으려고 애쓴다면, 우리 자신의 행복이 다른 사람의 행복과는 별개이고 그것보다 더 중요하다고 믿는 것 외에 무엇을 의미하겠는가? 우리가 가지고 있는 것을 베푸는 것을 원치 않고 쌓아 놓거나 자신의 어떤 특성에 대해 오만해지고 무언가를 더 잘하는 것처럼 보이려 하며 다른 사람에 대하여 불만을 토로하고 편의상 작은 거짓말을 하는 것 또는 다른 사람들이 우리가 원하는 것을 해 주지 않아서 화를 내는 자신을 발견할 때 우리는 자기애의 지배 아래 있다는 것을 확신할 수 있다.

달마라크시타는 자기애는 마치 '교활하고 지독하게 악한 악마' 또는 우리의 진실하고 영적인 열망을 학살하는 '자기중심적인 도살자'와 같다고 말한다.

> 자기중심적 관심에 대하여 내가 말한 것은 진실이기 때문에,
> 나는 지금 나의 적을 명확하게 안다.
> 나는 약탈을 자행하는 강도들을 분명히 안다.
> 나의 일부인 것처럼 속이는 위선자
> 오, 이 의구심을 극복하게 되어서 다행이구나!

달마라크시타는 이 시에서 중요한 심리학적인 견해를 담고 있다. 우리가 자기애를 내면의 적으로 이해함에 따라 우리 자신을 피상적인 자기 이미지와 자기애적 방어를 동일시하는 것을 그만두어야 한다. **'이것이 나다.'**라고 느끼는 자기애와 동일시하는 한, 우리는 자기애와 효과적으로 싸울 수 없다. 만약 우리가 우선 자기애와

동일시하고 있는 것을 극복하지 못한다면, 내면의 적과 싸우는 노력은 일종의 자기혐오로 전락할 위험이 있다. 당신이 여전히 자기애와 동일시한다면 자기애에 의해서 일어난 실수들을 보면서 **'나는 형편없고, 나쁜 사람이다.'**라고 생각하게 만드는 것이다. 그리고 자기애에 저항하려고 노력하는 것은 자신을 파괴하려고 애쓰는 것처럼 느낄 것이다.

사실 이 모든 것은 단지 또 다른 자기애적인 교활한 속임수일 뿐이다. 우리는 바로 무의식적으로 우리의 오래된 이미지에 대하여 새로운 피상적 이미지를 대체시키는 것이다. 즉, 우리는 아직도 우리 자신에게 빠져 있는 것이다. 이 방법을 효과적으로 쓰기 위해서는 자신의 자기애적 성향을 잘 알아야 하고 내면의 적이 실제 우리가 아니라는 것을 깨달아야 한다. 우리가 내면의 적과 자신을 동일시하고 있는 것에서 벗어날 때에만 그것에 대항하여 싸우는 것이 안녕을 이룰 뿐만 아니라 다른 사람을 이롭게 하는 자비로 가는 것임을 깨닫게 될 것이다.

내 안의 적의 얼굴

물론 내면의 적이라는 개념은 비유다. 말 그대로 다른 사람을 자신의 내면에 갖고 있다는 것이 아니다. 이 방법을 사용하면서 우리는 내면의 특성과 패턴 또는 경향을 의인화하고 내 안에 별개의 다른 사람이 있다고 상상한다. 여러 세대에 걸쳐서 불교의 스승들은 내면의 적과의 싸움을 설명하기 위해 각 시대와 문화에 맞는 다양한 비유를 사용해 왔다. 고대 인도의 스승들은 종종 적군과의 군사적 대치 상황을 상상했다. 전통 티베트 불교 스승들은 때로 이 내면의 싸움 과정을 묘사하는 데 악귀를 쫓아내기 위해 고군분투하는 이미지를 사용했고, 현대 티베트 스승들은 사악한 독재자에게 강하게 반발하는 이미지를 사용한다. 의도적으로 비유를 사용하여 개인의 내적인 특성을 의인화하는 것은 여러 면에서 심리학적으로 유용하다.

융 학파의 분석가들은 "**의인화**는 종교적이거나 심리학적 경험에 있어서 매우 중요하다."고 예전부터 주장해 왔다. 우리의 꿈은 사람이 아니라 의인화로 가득 채워져 있기 때문에 이것은 잠을 자면서 꿈을 꾸는 것만큼이나 자연스러운 것이다. 우리의 정신은 꿈속에 살고 있는 내적 인물을 동시에 만들어 낸다. 이와 마찬가지로 종교적인 삶 속에서도 신의 존재를 의인화하지 않을 수 없다. 이 때문에 신은 천국에 있는 아버지로, 또는 지상, 즉 교회에 있는 어머니로 보이고, 어두운 지하 세계는 악몽 속의 악마나 괴물들이 사는 곳으로 보인다.

불교 역시 비유를 사용해서 붓다를 묘사하고 있다. 그러나 이것으로 붓다를 다 나타낼 수 있는 것은 아니다. (붓다가 말하기를 그의 신체상을 통해서 그를 아는 사람들은 진정한 붓다를 아는 것이 아니라고 말한 바 있다. 사실에 대한 진짜 본질을 인식해야만 붓다를 알 수 있다. 그 외의 다른 어떤 것들은 지혜를 직접 경험할 수 있도록 이끌어 주는 은유일 뿐이다.) 문학작품이나 연극, 영화의 이야기 안에 의인화되어 있는 인간의 특성을 보는 것 또한 심리적으로 우리의 자연스러운 흥미와 즐거움에 큰 영향을 미친다. 대중문화 또한 마찬가지로 스포츠와 연예산업 뒤에 숨은 심리적 영향력을 의인화를 통해 실현한다. 우리가 과거의 마릴린 먼로나 엘비스 프레슬리를 돌아보든지, 최근의 스포츠 영웅, 가수, 풍자 코미디언, 여신과도 같은 여배우들을 보든지 간에 그렇다. 우리는 이 스타들을 사람으로서 알아 가기보다는 우리에게 있는 인간의 특성에 대한 전형적인 특성을 구체화하거나 의인화하는 것이다.

비유나 의인화를 사용할 때 우리는 자신의 일부를 겉으로 드러낸다. 우리는 자신 내면의 특성이 바깥으로 투사되는 것을 보게 된다. 투사를 무의식적으로 자기애를 위해서 한다면, 대개는 파괴적이다. 자기애의 세계는 공허하고 즐거움이 없기 때문에 우리는 자기애적 이미지를 외부로 투사하여 실제 삶보다도 더 과장되게 만들어서 권태나 불만족에서 벗어나기 위한 유희를 창조한다. 이를 위해 유명한 스타나 우리 삶 속에 있는 누군가를 이용하면서, 그들을 이상화된 거대한 이미지나 평가 절하된 부정적인 이미지로 바라본다.

어느 경우든 간에 우리는 자기중심적인 삶의 지루한 현실에서 눈을 돌리기 위해 가공의 드라마를 만들어 낸다. 이와 같이 자기애적 투사를 통해 다른 사람과 관계를 맺을 때, 우리는 그 사람들을 자기애적인 목적을 위한 대상으로 이용하는 것이다. 그들을 있는 그대로 알고 싶어 하는 것이 아니기 때문에 우리는 그들에게서 진정한 사랑이나 자비를 느끼지 않는다. 그렇기 때문에 유명 인사들이 사랑받다가도 빨리 경멸의 대상이 되는 것이다. 이것은 모두 실제로 그들 자신이 누구인지와는 거의 상관이 없는 자기애적 드라마다. 다른 사람을 자기애의 대상으로 이용할 때는 그들과 공감하지 않기 때문에 우리의 행동이 그들을 해친다는 것을 종종 인식하지 못한다.

그러나 의인화하려는 본성적 경향이 반드시 부정적인 것은 아니다. 불교와 융 심리학은 투사와 자각이 함께 이루어진다면 건강해질 수 있다는 데에 동의한다. 예를 들면, 불교 신자들은 그들 안의 특성을 더 잘 알고, 그것을 불러일으키는 방법으로 신이나 과거 스승 안에 있는 지혜, 재능, 예술성 그리고 자비와 같은 가장 좋은 능력을 의인화하려는 경향을 키웠다. 그러나 불교 수행자들은 투사는 투사일 뿐이라는 분명한 인식을 가지고 이를 행한다.

융 심리학 학자들은 꿈이나 문학, 영화 속에서 관심이 가는 인물을 기록해 놓는 것도 도움이 될 수 있다고 말한다. 우리가 강하게 느끼는 극중인물들은 종종 의식적으로 다루지 않았던 내면의 특성을 상징한다. 우리는 하나의 극중인물에 자기애적인 탐욕을 투사하기도 하고, 또 다른 대상에게 즐거운 창의성을 발휘하는 우리의 능력을 투사할 수도 있다. 이러한 투사를 적어 놓음으로써 자기 자신 안에 있는 이와 같은 특성에 주의를 더 기울이고 의식적으로 처리할 수 있게 된다.

융 학파의 분석가 제임스 힐먼은 "의인화는 주관적인 경험을 '밖으로 꺼내는 것'에 도움이 된다. 그렇게 함으로써 우리는 주관적 경험에서 우리를 보호할 수 있는 방법과 그것들과 관계 맺는 방법을 고안해 낼 수 있다."라고 쓴 바 있다. 우리는 의식적인 노력을 통해서 내면의 특성에 주의를 더 기울일 수 있도록 그것들을 의인화하고, 삶을 끌어가기도 하는 무의식적인 힘에 대해 알게 되는 데에 본성적 경향을 사용할 수 있다.

우리가 앞에서 언급했듯이 무의식적인 내면의 특성을 적군이나 잔인한 독재자 혹은 사악한 악마로 상상할 때 우리는 즉시 내면의 특성과 자신을 동일시하는 것에서 벗어나는 심리적 효과를 얻는다. 그 특성을 얼굴과 이름을 가진 인물로 상상함으로써 우리는 그 특성과 거리를 두게 되고, 우리의 정체성이나 자아개념과는 별개인 것으로 보게 된다. 물론 그 특성이 갑자기 마음에서 사라지는 것은 아니다. 여전히 그 특성은 남아 있지만 우리는 그 특성이 우리의 감정, 행동, 관계에 어떻게 영향을 미치는지 인식하게 된다.

우리 내면의 특성을 의인화하는 것은 다소 이론적으로 보이겠지만, 사실 그것은 종종 나의 환자에게 사용하는 간단하고 실제적인 방법이다. 예를 들면, 에린은 언제나 다른 사람들이 그녀를 좋아해 주기를 원했기 때문에 깨어 있는 시간에는 다른 사람의 기대에 부응하기 위해 끊임없이 노력했다. 이것은 그녀를 화나고 지치게 만들었다. 어느 날 에린은 이러한 특성에 대한 이미지를 찾았다. 그녀는 "나는 마치 요구되는 것들 하나하나에 튕겨 다니는 인간 핀볼 같았어요. 나는 범퍼에 튕겨 다니느라 너무 바빠서 하던 일을 멈추고 내가 어디를 가고 싶은지, 무엇을 하고 싶은지 생각할 겨를이 없었어요."라고 말했다. 그 이후로 우리는 그녀가 방향성 없이 이리저리 빠르게 튕겨져 다니고 마음이 산란해지는 상황에 대해 이야기할 때마다 '인간 핀볼'이라는 단어를 사용했다. 이전에 이것이 자기가 세상에 존재하는 방식이며, 이것이 본질적인 그녀의 모습이라고 자신과 동일시해 왔다.

지금은 그녀가 자신의 삶에서 원했던 방향에 대하여 생각할 시간을 가짐으로써 때때로 자신을 다잡는다. "오, 나는 지난주 내내 주위를 여기저기 뛰어다니느라 바빴어요. 그러다가 갑자기 생각났어요. 나는 다시 '인간 핀볼'이 되고 있었어요. 그래서 나는 당장 멈춰서 호흡을 하고 나의 느낌을 다시 찾았어요. 내가 무엇을 하고 있는지, 그 이유가 무엇인지에 대하여 생각해 보았어요. 나는 '인간 핀볼'로 다시 돌아가지 않을 거예요." 이 비유는 그녀가 다시 예전의 습관에 빠져 버리지 않도록 하는 도구가 되었다.

준이라는 또 다른 환자는 자주 스트레스가 쌓이고, 불안하고 지치는 것을 느꼈다. 특히 스트레스가 쌓였을 때 준은 남편과 크게 싸우곤 했다. 그녀는 나를 처음 보러 왔을 때 소진된 자신의 상태를 설명했는데, 직장에서 일이 얼마나 힘들고 스트레스가 쌓이는지, 집에서 그녀의 남편이 얼마나 도움을 주지 않는지 이야기했다. 잠시 후 준은 그녀의 완벽주의가 문제를 만드는 큰 역할을 해 왔다는 것을 깨달을 수 있었다.

그녀는 완벽한 치료자이자 완벽한 어머니가 되기를 원하고 완벽한 가정을 가지기 원했다. 그리고 그녀는 자신의 패턴에 남편까지 포함시켜 남편 역시 완벽하기를 기대했다. 준은 강박적인 완벽주의가 그녀 내면의 적이라는 것을 확인하기 시작했다. 이 내면의 적을 의인화하는 것을 돕기 위해서, 어느 날 나는 그녀에게 만약 인생이 전부 망가질 정도로 자신을 완벽주의와 점점 더 동일시하는 것을 계속한다면 어떻게 될 것 같은지 물었다. 그녀는 어두운 표정으로 "아이코, 나는 초조해하는 잔소리꾼일 거예요. 결코 쉴 줄도 모르고 항상 불쌍한 내 남편과 아이들을 괴롭히기만 할 거예요."라고 말했다. 그녀는 이 부정적인 의인화를 시각화하는 것을 망설이다가 미소 지으며 "결국 나는 초조해하며 잔소리만 하는 늙은 마녀가 돼 버리겠죠."라고 말했다.

심리학적인 연구는 사람들이 자신의 동기와 행동을 비현실적이면 긍정적으로 보려는 경향이 있다는 것을 보여 준다. 우리는 우리의 잘못을 무시하고, 심지어 부정적인 행동을 할 때에도 그것을 긍정적이거나 정상인 것으로 보려는 경향이 있다. 다소 부정적인 특성을 지나치게 과장하고 그것을 의인화하는 것은 이런 경향을 균형 있게 한다.

준은 자신을 늙고 기분 나빠하고 잔소리하는 마녀로 시각화하여 자신의 강박적인 완벽주의의 부정적 영향을 인식하는 통찰력을 얻게 되었다. 이것이 그녀가 이러한 방식으로 생활하고 상호작용하는 것을 멈추기 위해 열심히 노력하게 하는 동기를 부여했다. 그녀가 자신에게 지나치게 강압적이고 너무 많이 억압하거나 남편과 아이들을 힘들게 하는 자신을 발견했을 때, 얼굴을 찌푸리고 매부리코에 주름투성이인 잔소리꾼 마녀의 이미지를 떠올리는 것은 변화해야 한다는 빠른 신호를 보내는 역할을 했다.

그래서 달마라크시타와 융 모두 말한 바 있듯이, 우리 내면의 적을 의인화하는 것은 우리에게 여러모로 도움이 된다. 이것은 우리가 부정적인 특성을 자신에 대한 일부분으로 동일시하는 정도를 낮추는 데 도움이 된다. 또한 우리 자신의 생각과 행동에 대한 비현실적으로 긍정적인 평가를 균형 잡게 한다. 단순히 이미지를 가져오는 것만으로도 변화해야 한다는 것을 즉시 상기시킬 수 있다.

의인화하는 과정은 자연스럽고 때로는 즐겁기 때문에 우리 내면의 작업을 하는 데 더욱 자발적인 힘을 가져오게 하는 좋은 방법이다. 이것이 끝날 무렵 개인적으로 관심이 있고 의미 있게 느껴지는 이미지를 사용하는 것이 중요하다.

마지막으로 이러한 내면의 특성을 의인화하는 것은 그 특성을 더 깊고 정확하게 알아 가는 방법이 된다. 그리고 적을 잘 아는 것은 그 특성과 효과적으로 싸우기 위해서 필수적이다. 우리는 특히 자신의 파괴적이고 자기애적인 특성에 대해 긍정적으로 보는 습관이 있다. 이러한 특성들에 대한 올바른 의인화 작업을 계발하는 것은 그 특성이 어떻게 자신과 주변 사람들에게 고통을 주는지를 보고 기억하는 데 도움이 된다.

전투 계획 세우기

내면의 적을 확인하고 그것을 의인화했다면, 다음 단계는 전투 계획을 세우고 적용하는 것이다. 우리는 내면의 전투에 돌입할 때 반드시 승리해야 하며 실패로 끝나는 것은 용납할 수 없다는 마음으로 갖가지 만일의 사태에 대한 계획을 세우는 데 힘써야 한다.

훌륭한 군인처럼 우리는 용기와 지략을 둘 다를 갖추어야 한다. 불교의 스승들은 내면의 적은 외부의 적과 같지 않다고 하였다. 내면의 적은 마음의 밖에 숨을 곳이 없다. 따라서 우리의 마음에서 내면의 적을 쫓아 낸다면, 그것은 다시 싸우기 위해 돌아올 수 없다. 그러므로 우리는 내면의 적을 파괴하기 위해 맹렬하고 무자비하게 싸워야 한다.

우리는 어떤 특정한 부정적 문제나 완벽주의, 혹은 거만함, 게으름, 지독하게 강박적인 갈망과 같은 적과의 싸움으로 시작할지 모른다. 그렇지 않고 특별히 용감하다면, 자기애적으로 자기를 소중하게 여기는 그 마음 자체에 도전할 수 있다. 우리의 목표가 기쁨이 넘치는 계발이라면, 자기애는 적군을 지배하는 독재자이며, 그 외의 다른 문제는 적군의 병사들과 같다.

우리가 전투 계획을 세울 때 중요한 것은 맞서 싸우려고 하는 자기애적인 문제들과 동일시하지 않아야 한다는 것이다. 내적 고통의 원인을 향한 격노한 자비는 자기혐오와는 전혀 다른 것이다. 자기혐오는 또 다른 내적 고통의 원인일 뿐이다. 강력한 자비는 자기애적 이미지에서 벗어나게 하고 건강하지 못한 정서적인 패턴을 극복하게 하는 반면, 자기혐오는 매우 부정적인 이미지와 파괴적인 정서에서 비롯한 것으로 자기도취적인 것과 결부되어 있다.

강력한 자비는 자신감과 활력을 증진시키는 반면, 자기혐오는 자신에 대해 더 부정적으로 느끼고 좌절하게 한다. 그래서 우리는 내면의 적의 얼굴과 태도를 상상하며 그가 어떤 사람인지를 정확히 알아야 함과 동시에, 그는 자신이 아니라는 것을 인식해야 한다. 나는 우리가 내적 전투를 시작할 때 자신과 다른 사람들을 위한 사랑과 자비의 감정을 키우는 것이 유용하다고 생각한다. 내면의 적에 대해서는 무자비하면서도 자신에 대하여 진정한 자비를 느낄 수 있다면, 이것은 우리가 싸우고 있는 자기애적 패턴과 동일시하는 것을 극복하는 데 성공했다는 좋은 신호다.

우리가 감당할 수 있는 적과의 싸움을 시작하는 것도 중요하다. 하나의 건강하지 않은 경향성을 극복함으로써 다른 적들과 싸우는 데 필요한 기술과 자신감을 키우는 것이다. 이것은 모든 자기애적인 경향을 단번에 극복하려다가 패배감만 느끼고 포기하는 것보다 훨씬 좋은 방법이다. 우리는 우리의 망상과의 싸움에서 장기적인 시각을 가지고 우리 자신에 대해 현실적이고 자비로운 태도를 가져야 한다.

심리치료를 하면서 나는 종종 환자들이 한두 개의 적과 맞서는 데 만족하고 약간의 만족감과 유대감을 얻고 난 후에는, 자기애와 휴전을 선언하고 그대로 놔두는 경우를 보았다. '인간 핀볼' 같았던 에린을 예로 들어 보겠다. 에린은 매일 아침 몇 분 동안 시간을 내서 그 날에 가장 중요한 일이 무엇인지 생각해 보기, 1주일에 적어도 한 번 도움 요청 거절하기, 매주 누군가에게 부탁 청하기, 한 달에 하루는 자기 자신을 위해 보내기, 자기가 '핀볼' 같다는 느낌이 들 때 스스로 깨닫고 멈추기 등과 같은 전투 계획을 세웠다. 이처럼 비교적 간단하게 전투 계획을 이행함으로써 에린은 더 편안함을 느끼고 내면의 소리에 접촉하기 시작하였다. 그녀의 입장에서 이것은 만족스러운 승리였다.

이와 대조적으로 다양한 전통에서의 종교 수행자들은 내면의 독재자인 자기애 그 자체와 맞서려는 경향이 있어 왔다. 불교 전통에서는 명상가들이 내면의 전투에서 행한 괄목할 만한 영웅적 노력들에 대해 아주 많은 이야기가 전해 온다. 여기에서 나는 자비를 추구하며 자기애와의 전투를 선택하는 서양인들의 예를 들 것이다. 크고 다소 극단적인 전투의 예를 사용하는 것은 독재자와 전투를 벌이고 싶어 하는 독자나 병사 한둘과 싸우기를 바라는 독자 모두에게 유용할 것이라고 생각한다.

프란체스코는 어린 시절 평범하고 일상적인 자기애의 전형적인 모습을 보이는 밝고 상상력이 풍부하고 놀기 좋아하는 어린 남자 아이였다. 부유한 상인의 아들이었던 그는 종종 아버지에게서 용돈을 받거나 아버지 밑에서 일을 해서 번 돈을 친구들과 요란한 파티를 벌이는 데 쓰곤 했다.

20세쯤 그는 시내에서 열리는 파티에 거의 빠지지 않았고, 좋아하는 음식과 술은 무엇이든 다 주문하고 매력적인 여성들도 초대하였다. 가끔은 초대한 여성들이 평판이 좋지 않아 위험스럽게 생각되는 파티를 열기도 하였다. 그는 많은 여자 친구가 있었지만, 결혼해서 정착하는 것은 피했다. 또한 그는 그의 집안이 부자인 것에 대한 자부심에서 나온 약간의 허영심으로 가장 좋은 옷을 입었다. 그는 친구에 대해서는 관대했지만, 인간의 도덕적 나약함에 대한 불편한 생각을 떠오르게 만드는 병들고 집 없는 걸인에 대해서는 자기도 모를 혐오감을 느꼈다. 그의 아버지는 그가 가업을 이어받기를 원했지만, 프란체스코는 낭만적인 모험에 대한 이야기를 좋아해서 군대에 들어가거나 그 밖의 자극적인 경험을 할 수 있는 방법들을 찾으려고 했다. 프란체스코는 이런 점에서 약간 미숙하거나 무책임했지만 나쁜 사람은 아니었다. 그는 즐거움과 친구들, 흥분에 관해서는 정말 평범한 사람이었다. 내적으로 그는 우리 대부분과 마찬가지로 모험, 즐거움, 부, 명예도 얻을 수 있는 삶을 스스로 찾는 것뿐만 아니라 긍정적인 자기 이미지와 평판을 유지하는 데에 어느 정도의 탐착을 가지고 있었다.

아시시(Assisi)에 있는 집 안팎에서 프란체스코가 깊은 종교적 삶으로 부르는 것 같은 특이한 꿈과 소명을 경험하기 시작한 것은 그의 인생 중 이 시기였다. 결국 이 때문에 그는 가톨릭 역사상 위대한 성인 중 한 사람으로 시성되었다. 나는 여기에서 그의 회심에 관한 종교적 혹은 신화적 내용이 아니라 심리적인 측면에 초점을 두겠다. 왜냐하면 그는 평범하고 자기중심적인 존재에서 끊임없는 사랑과 자비에 의해 변용된 존재가 되었기 때문이다.

그의 내면적 변화의 초기 단계에서 프란체스코는 이 장에서 설명하는 방법의 핵심에 깔려 있는 통찰을 얻었다. 서양의 심리학 용어로 말하자면 진정한 사랑과 자비를 수용할 수 있는 능력이 자기애의 정도와 반비례한다는 것을 인식했던 것이다. 즉, 피상적 자기상과 위로, 안전, 기쁨에 심리적 에너지를 쓰면 쓸수록 깊은 사랑과 자비에는 에너지를 덜 쓰게 된다. 이 점을 불교심리학적 측면으로 보자면 칭찬이나 부유함, 즐거움, 안정, 명예와 같은 것을 원하면서 자기를 소중히 여기는 것과 현세의 일들에 대한 탐착에 빠져 있을수록 이타주의를 키울 능력이 더 적어지는 것이다. 프란체스코의 유명한 기도는 그 통찰을 다음과 같이 표현한다.

> 오! 주님, 위로받기보다는 위로하고, 사랑받기보다는 사랑하게 해 주소서. 우리는 줌으로써 받고, 용서함으로써 용서받으며, 죽음으로써 영생을 얻기 때문입니다.

자기를 소중히 여기는 것에 대항하기 위해 성 프란체스코는 기본적으로 우리가 이야기한 방법을 사용했다. 그는 가끔씩 꿈과 기도와 사색 속에서 자기를 소중히 여기는 경향을 자신만만하고 거만한 기사(이전에는 되고 싶어하며 상상했던)로, 어떤 때에는 자비를 향한 길에서 멀어지도록 유혹하는 악마로 의인화했다.

프란체스코가 내면의 적과 대항하여 싸울 계획은 명료하고 강경했다. 이 계획은 이전에는 그렇게도 심하게 동일시했었던 자기애의 핵심요소를 신속하고 직접적으로 가격하도록 고안되어 있었다. 그의 접근 방법이 지나치게 극단적인 것 같다면(당시 많은 사람에게 그랬던 것처럼) 전사가 과거 위대한 영웅의 이야기를 읽듯이 그의 이야기를 읽어 보아라. 그의 전투 계획의 구체적인 것을 따르지는 않더라도 이것은 내면의 용기에 대한 하나의 모델을 제공한다.

프란체스코의 자기애에 대한 초기 공략 중 하나는 아픈 사람들에 대한 혐오감에 초점을 두는 것이었다. 그는 특히 건강과 외모와 사회적 지위를 동시에 파괴하는 나병을 가진 환자에게 혐오감을 느꼈다. 이전에 그는 나병 환자를 피하기 위해 먼 거리를 돌아서 다니곤 했다. 그 후에 그는 나병 환자에게 다가가 동전을 주고 손

등에 입맞춤을 하면서 분명히 두려움과 반감 때문에 고생했을 것이다. 그리고 그는 병원에 찾아가서 나병 환자를 위해 각자에게 약간의 돈을 주고 입맞춤을 나누었다. 강력한 내면의 전사인 성 프란체스코는 자신을 소중히 여기는 것에 직접적으로 가격함으로써 그의 위대한 전투를 시작했다.

자신을 소중히 여기는 태도는 쉽게 무찌를 수 있는 적이 아니다. 그러나 성 프란체스코는 그의 전투를 계속했다. 몇 년 후 어느 날 나병 환자에 대한 혐오감이 다시 나타났다. 동료 수사 중 한 사람인 피터가 한 나병 환자에게 식사를 함께하자고 초대를 했다. 프란체스코는 처음에 이와 관련해서 피터를 힘들게 했다. 식사를 함께하자는 생각이 그의 오래된 혐오감을 다소 촉발하게 하였다. 프란체스코는 재빨리 그런 자신을 발견하고 피터에게 사과한 다음 곧장 나병 환자에게 가서 함께 식사를 했다. 그의 그릇에서 음식을 가져가는 나병 환자의 손은 고름으로 뒤덮여 있었다. 프란체스코는 전투를 고수하였다.

프란체스코는 자신의 전투 계획을 상세하게 적어 놓았다. 이 계획은 그와 그의 동료 수사들이 따르기를 제안하는 규칙의 형태였다. 각 요소는 그의 예전 자기애 요소에 대해 적극적으로 대응하기 위해 고안된 것으로 보인다. 이전에 그는 가족의 재물에 애착하고 있었다. 이제 그는 그 어떤 돈이나 재산 또는 재물을 결코 가지지 않을 것이라는 규칙을 만들었다. 이전에 그는 아름다운 옷을 좋아하고 허영심이 강했다. 이제는 구두 신는 것을 포기했고 평범하고 거친 가운만 입는다. 그는 그 자신보다 다른 사람을 더 소중히 여기기 위해 노력하면서 때로 그의 유일한 가운을 다른 사람에게 거저 주었고 누군가가 다른 옷을 줄 때까지 헐벗고 돌아다녔다.

예전에 그는 명성과 칭송을 얻기 위해 싸우는 군인이 될 계획이었다. 이제 그는 이탈리아의 길거리를 집 없이 방랑하면서 난폭하게 공격당했을 때 보복하려 했던 마음을 버렸다. 나는 그가 자신보다 덜 지혜롭고 이타심과 지성이 부족한 많은 교황에게 복종을 약속하고 자발적으로 자신의 자치권을 포기했다는 것에 특히 충격을 받았다. 자기애에 사로잡혀 있을 때 우리는 지배하려 하고, 칭찬받기를 원하고, 무엇인가 받기를 바라고, 건강하고 편안하기를 원한다. 프란체스코는 그의 인생 동안 계속해서 상실과 심한 굴욕, 구타와 심각한 질병을 차분하게 받아들였는데, 이것은 자비를 위한 내면의 전투에서 점점 더 위대한 승리를 향한 수단이 되었다.

중세 성인에 대한 단적인 예가 조금 동떨어지게 보인다면, 특별히 용감했던 또 한 사람의 내면의 전사에 대해 좀 더 현대적인 예를 간단하게 나누어 보겠다. 로저 군상은 오스트리아 사람으로 성인이 되었을 때 불교의 수도자가 되었는데, 어린 시절이 불우했고, 사춘기 후반에 한동안 갱단에서 활동하기도 했다. 처음 불교 수도원에 와서 자기를 소중히 여기는 태도를 극복하는 데 필요한 내면의 전투를 이해했을 때, 그는 과거의 힘들었던 문제를 피하기 위해서 떠났다. 그의 스승 라마 예쉐는 떠나는 그를 만나 분명히 그는 돌아올 것이기 때문에 괜찮다고 말했다. 라마 예쉐는 로저의 내면에 있는 자비로운 전사의 심장을 로저보다 먼저 보았다.

로저가 수도승이 되고 난 얼마 후에 그는 자신이 현대의 많은 다른 사람들과 같은 평범한 자리에 있다는 것을 알게 됐다. 그는 사회적 프로젝트를 재정적으로 지원하는 회사에서 정규직으로 일하고 있었고, 업무적인 일 때문에 너무나 바빠서 기도에 투자할 시간이 거의 없었다. 그는 스승 중 한 사람인 라마 조파 린포체를 찾아가서 이 문제에 대해 문의했고 린포체는 그가 단순히 하루에 잠을 두세 시간 줄이면 해결될 것이라고 조언했다. 그 후 그는 낮 시간에는 여전히 다른 사람을 위한 직무를 수행하면서 대부분의 밤 시간 동안 다른 사람을 위해 명상하고 기도할 수 있었다.

대부분의 사람에게 수면박탈은 겉으로 보기에는 자기를 소중히 여기는 태도에 굉장한 타격을 가져올 것으로 여긴다. 우리는 피곤할 때 짜증을 내고 우울해지고 유치하게 성을 잘 내게 된다. 흥미롭게도 성 프란체스코도 로저에게 제시된 것과 비슷한 일정에 맞춰 생활을 했다. 그 역시 거의 밤을 새며 기도하고 하루 종일 다른 사람들을 위해 일했다. 로저가 자기를 소중히 여기는 마음에 처음 공격을 가했을 때 그는 낯선 곳에서 잠들기 시작했다. 그는 어느 날 은행 창구에 서 있을 때 갑자기 창구에 쓰러져 은행 한가운데에서 잠들었다. 또 다른 날에는 화려한 저녁식사 파티에서 쿵 쓰러져서 얼굴을 음식 접시에 빠뜨린 채로 갑자기 잠들었다. 우리는 이 시점에서 포기해 버리는 경우가 대부분이다. 군인들은 실제 전투에서 수많은 심한 고난을 견디고 보통 사람들도 돈을 벌기 위해 많은 어려움을 견뎌 낸다. 그러나 우리는 지속적인 행복으로 이어질 내면의 특성을 키우려 할 때 역경을 견뎌 내고자 하지 않는다.

나는 최근에 라마 조파 린포체의 가르침을 위한 모임을 준비하는 일을 하고 있는 로저를 보았다. 나는 그가 선생님을 보조하고 다른 사람들을 돕느라 며칠 동안 거의 잠을 못 잤다는 것을 알고 있었다. 그는 매일 아침 기도와 명상을 하고, 라마 조파 린포체와 함께 다양한 프로젝트의 일을 하느라 일찍 일어나기 때문에 그가 그날 아침에도 일찍 일어났으리라는 것을 알고 있었다. 그날 저녁 7시 정도에 그가 필요한 것들을 준비하는 일을 하고 있을 때 그의 승복이 촛불에 스쳐 불이 붙었다. 그는 눈도 꿈쩍하지 않고 불을 손바닥으로 쳐서 끈 뒤 일을 계속했다. 그는 전투에 나간 병사처럼 다른 사람들을 위한 일에 매우 집중하고 완전히 몰두해 있는 것처럼 보였다. 몇 시간이 흐르고 새벽 4시쯤에 로저를 바라보면서 나는 체력이 바닥나고 있음을 느꼈다. 손에는 불에 덴 상처가 있고 그을려 구멍이 난 승복을 입은 채 그는 앉아 있었다. 그가 여전히 다시 밝은 눈과 가벼운 걸음으로 다른 사람들을 도우려고 힘이 넘치는 모습으로 벌떡 일어날 때 나는 분노한 자비의 신이 가진 분노의 에너지를 상상할 수 있었고, 마음속에 있는 자기애를 꺾고 승리를 이룬 자비에서 생기는 기쁨과 자유를 볼 수 있었다.

쉽고 빠른 길은 없다

누군가 인생에서 파괴적이고 자기애적인 패턴을 극복하려고 애쓰거나 내면의 적을 바꾸려고 할 때, 그 사람은 용기를 내어 지속적인 노력을 할 필요가 있다. 프란체스코와 로저가 사용한 한 가지 방법은 스스로에게 행동 규칙을 만들어 적용함으로써 자기애에 의해 자신이 건강하지 못한 습관을 따를 때 마음에서 이 규칙이 자신에게 제동을 가하도록 하는 것이었다. 이것은 많은 종교적 서약에서 중요한 심리학적 기능을 한다. 예전의 자기애적인 경향 속에서 방황하는 것을 막기 위해 내면의 경계선을 만드는 것이다. 물론 어떤 특정 행동이 자신을 소중히 생각하는 우리의 습관을 완화시키는 것은 아니다. 많은 사람이 자기애적인 이유 때문에 소박한 옷을 입어 보기도 하고 잠을 거의 자지 않기도 해 왔다. 이와 같은 방법이 도움이 되는 것은 후천적인 자기애적 충동에 반대되는 방향으로의 행동 규칙을 찾아내고 진정한 자비심으로부터 동기를 얻어 그 규칙들을 즐겁게 안고 가기 때문이다. 우리는 예전의 파괴적인 습관에서 어떻게 벗어날지 계획하는 데 있어 요령이 있어야 한다.

프로이트는 인간은 익숙한 것을 반복하려는 충동을 강하게 갖고 있어서 쾌락의 원리 그 자체에 편승하기도 한다고 말한 바 있다. 즉, 어떤 사고 · 감정 · 행동의 패턴이 익숙하게 느껴지면 사람들은 종종 이것이 즐거움보다는 고통을 더 많이 가져온다는 것이 분명할지라도 그 패턴을 반복하는 것이다.

나는 종종 현재의 패턴은 내면의 적이며 이것이 자신과 주변 사람들에게 고통을 가져다줄 뿐임에도 사람들은 이것을 바꾸기를 겁낸다는 것을 분명하게 인식하고 있는 사람들과 이야기를 나누곤 한다. 그들의 오래된 접근 방식을 포기하는 것, 즉 내면의 적을 내려놓는 것은 자신의 일부분이나 가장 친한 친구를 잃어버리는 것처럼 느낀다. 새로운 존재 방식으로 들어가는 것은 절벽에서 걸음을 내딛는 것처럼 무서워 보이기도 한다. 나는 내면의 심리적 작업을 진지하게 생각하는 사람들은 누구나 때로 그러한 느낌을 가질 것이라고 생각한다. 그러한 순간에 자신에게 오래된 접근 방식은 고통을 가져다 줄 뿐만 아니라 더 나은 방식을 취할 수 있는 능력이 있다는 것을 상기시켜야 한다.

불교의 큰 스승들은 우리가 외적인 평안에는 쉽게 만족을 느낄 수 있어야 하지만 우리의 내면을 계발하는 데 있어서는 결코 쉽게 만족하고 안주해서는 안 된다고 조언한다. 망설여지거나 겁이 날 때, 우리는 자비가 자기애를 이길 때의 큰 기쁨을 상상하며 자신의 존엄성과 통합성, 자기를 존중하는 것에 대해 전사와 같은 마음을 일으켜야 한다. 더 자상해지고 행복해지고 싶다면 자신의 어려움을 마주하고 내면의 적을 옆으로 제치고 확고하게 앞으로 나아가는 것이 필수적이다. 이것이 강하고 심지어는 격렬한 자비의 방식이다.

많은 서양 심리학자는 자기애가 위협을 느낄 때 우울이나 불안감 같은 부정적 감정이 일시적으로 일어나는 경우가 많다고 말한다. 내면의 싸움에 임할 때 우리는 그러한 감정들로 인해 의욕을 잃어서는 안 된다. 오히려 그러한 감정들을 싸움이 잘 진전되어 가고 있다는 신호로 받아들여야 한다. 예를 들면, 나는 매우 자기중심적이고 거만한 청소년을 상담했던 일이 있다. 그는 수년간 부모를 자기 또래의 친구인 것처럼 함부로 대했다. 이 아이의 부정적인 행동에 대해 학교와 부모가 엄한 처벌을 주자, 그는 매우 우울해하고 정말로 슬퍼하고 매사에 흥미를 잃었다고 부모는 말했다. 부모는 이에 대해 걱정하며 그의 부정적 행동에 대응하는 것을 그만하고 얼른 항우울제를 복용하도록 해야겠다고 생각했다. 나는 이 우울 증상이 그들의 접근 방식이 제대로 되어 가고 있다는 첫 번째 신호라고 설명해 주었다.

이러한 우울증을 위니콧은 '환멸(disillusionment)'이라고 부른다. 스스로가 중요하다고 생각하는 것에 대한 거대한 환상을 잃어버리기 때문에 슬픔을 느끼는 것이다. 우리는 스스로가 다른 사람들보다 중요한 사람이라는 착각과 인생은 항상 쉽고 즐거울 것이라는 착각, 시간은 우리의 현재 모습이나 우리가 가지고 있는 것들을 빼앗아 가지 않을 것이라는 착각, 다른 사람들은 많은 면에서 우리의 욕구에 부응하기 위해 존재한다는 착각, 또는 요구나 개입을 많이 하거나 화를 내며 다른 사람과 상호작용하는 것이 만족스러운 결과를 줄 것이라는 착각이 깨질 때 슬프거나 불안한 기분을 느낀다.

이러한 우울한 감정은 발전적이며 긍정적이다. 이들은 우리가 현실과 더 많이 접촉한다는 것을 의미한다. 자기애에서 자비로 향해 가는 길은 착각에서 벗어나 현실로 가는 길이기도 하다. 우울함, 불안감 또는 환멸을 느끼는 것이 자기애적인 착각으로 다시 도망치게 만들도록 놔둔다면 우리는 장기적인 고통을 지속할 뿐이다.

나는 달라이 라마가 내면의 계발을 위해 기울였던 커다란 노력들을 설명하는 것을 듣고 수년 동안 여러 번이나 감동받았다. 로스앤젤레스에서 어느 날 누군가가 달라이 라마에게 깨달음을 위한 가장 빠르고 쉬운 길이 무엇이냐고 물었다고 한다. 나는 그다음에 일어난 일을 절대로 잊지 못한다. 달라이 라마는 고개를 숙이고 울기 시작했다. 영적인 계발을 패스트푸드 햄버거만큼이나 쉽게 얻을 수 있는 것처럼 생각하는 그런 질문은 미국에서만 받을 수 있다는 사실이 나에게는 충격이었다. 빠르고 쉬운 결과를 찾는 것 그 자체가 자기애적인 오만의 표시다.

결국 달라이 라마는 "진정한 내면의 발전을 위한 '빠르고 쉽고 값싼' 방법은 없다."고 설명했다. 스스로가 제한된 진전만을 이뤘다는 것을 인정하면서도 그는 자신과 주변 사람들의 많은 희생을 무릅쓰면서 인내심과 자비를 계발하기 위해서 수많은 세월 동안 강하고 진실한 노력을 해 왔다고 말했다. 그리고 그는 자기가 롤모델로 삼았던 위대한 티베트의 성인 밀라레파에 대해 이야기했다.

밀라레파는 불교의 가르침을 얻기 위해 어려서 많은 고난을 겪었다. 그는 그 후에 히말라야 산 높은 곳에 있는 동굴 속에서 혼자 살며 많은 해를 보냈다. 그는 티베트의 추운 겨울로부터 몸을 보호하는 데 면으로 된 흰색 천 하나만을 가지고 있었고 녹아 내린 눈과 쐐기풀 위에 오래 살면서 그의 피부는 결국 초록빛을 띠게 됐다. 달라이 라마는 밀라레파가 그의 수제자 감포파와 마지막으로 만나던 일에 대한 이야기를 했다. 감포파에게 많은 영적인 가르침을 전해 주고 난 뒤 밀라레파는 그에게 '너무 소중해서 누설할 수 없는' 비밀스럽고 매우 심오한 가르침을 가지고 있다고 말했다. 그는 감포파를 멀리 떠나보냈다. 그러나 감포파가 밀라레파의 목소리를 듣지 못할 정도로 멀리까지 걸어갔을 때 밀라레파가 그를 다시 불렀다. 그런 다음 밀라레파는 단련되어 굳은 살로 덮인 자신의 벌거벗은 몸을 내보이며 사실은 그의 승복을 주려고 했던 것이라고 설명하며 감포파의 뛰어난 학생으로서의 자질을 칭찬했다.

밀라레파는 지금 전해 주는 이 이야기보다 더 중요한 가르침은 없다고 설명했다. 꾸준하고 부단한 수행 속의 고난을 잘 기억하고 있어야만 깊이 있고 훌륭한 성품과 깨달음을 얻을 수 있다. 그 노력의 결과로 밀라레파는 "나는 언제나 친절한 것을 고집하는 사람이다. 위대한 자비로 나는 모든 악한 생각을 잠재웠다."라고 말할 수 있었다. 그리고 그는 다음과 같이 노래했다.

> 이렇게 승리의 노래를 부르니 얼마나 행복한가.
>
> 흥얼거리고 콧노래를 부르니 얼마나 행복한가.
>
> 아직도 이야기를 나누고 크게 노래 부르니 더욱 즐겁구나!
>
> 힘 있고 자신 있는 이 마음이 행복하다.

달라이 라마는 그가 수행했던 모든 행복과 성품은 모두 이 소중하고 본질적인 밀라레파의 가르침에서 나온 것이라고 말했다. 우리 역시 각자의 능력이 되는 데까지 내면의 적을 꺾음으로써 행복하며 힘 있고 자신 있는 위대한 자비를 품은 마음을 얻기 위해 노력해야 한다.

이 장에서 우리는 내면의 적과 스스로를 분리하고 이와 싸우기 위한 내면의 수행에 대해 다뤘다. 자기애에 대한 이해가 발전해 나

가면서 자비가 아닌 자기를 소중히 여기는 태도는 대인관계에 많은 불행을 만들어 낸다는 것은 분명하다. 우리가 다른 사람보다 어떠한 이미지를 더 소중히 여기는 선택을 하게 되면 자신뿐만 아니라 가까운 사람들에게도 고통을 만들어 내는 것이다.

다음 장에서 우리는 대인관계에 있어서 자기애에 대항하는 방법에 대해서 알아볼 것이다. 대인관계의 갈등을 요령 있게 다룸으로써 관계의 문제가 자신과 다른 사람들에게 고통을 유발하지 않도록 하고 오히려 이 문제가 내면의 적을 약화시키도록 하는 방법에 대해 배울 것이다.

12
논쟁에서 즐겁게 지기

다른 이들이 질투심에서
비방과 경멸, 폭력으로 나를 학대할 때
나는 패배를 흔쾌히 받아들이는 수행(practice)을 할 것이다.
그리고 그들에게 승리를 주는 연습을 할 것이다.

–게쉐 랑그리 담파(Geshe Langri Tangpa)–

갈등이 국가, 이웃 또는 부부 그 어떤 사이에서 일어나든 간에 양측이 모두 이기기를 원하는 것은 당연한 일이다. 갈등은 우리가 원하는 것을 얻지 못하고 우리의 이익이 다른 사람들의 이익과 충돌할 때 일어난다.

갈등을 바라보는 정서적 관점은 우리가 갈등에 접근하는 방식을 좌우한다. 우리가 강한 욕망을 갖고 있다면 다른 사람의 욕구는 개의치 않고 목표를 성취하기 위해 애쓰며 격렬하게 경쟁적인 모습으로 행동할 수도 있다. 화를 느끼면 공격적일 수 있고 어쩌면 원하는 것을 얻기 위해, 심지어 의도적으로 다른 사람을 해할 수도 있다. 질투심을 느끼면 다른 사람들이 가진 것을 얻기 위한 방법을 찾는다. 불안감을 느끼면 타협하려고 노력하거나 불편함에서 벗어나기 위해 포기해 버리기도 한다. 공격적이면서 겁이 많은 수동공격적인 사람들은 심지어 나중에 상대방을 공격하기 위한 수단으로 사용하기 위해 의도적으로 논쟁에서 지기도 한다.

자비의 관점에서 보면 갈등에 대해 접근할 방법이 필요하지 않다. 자비의 눈으로 바라보면 겉으로는 심각한 문제들도 신기루처럼 흩어진다. 갈등은 우리의 이해관계가 상충한다는 것을 의미한다. 자비는 우리의 이해관계와 밀접하게 서로 연결되어 있다. 삶 속의 어떠한 논쟁이나 사람 간의 문제에 대해 생각해 보아라. 그리고 그것을 자비의 눈으로 상상해 보아라. 달라이 라마가 나라를 빼앗은 사람들에 대해 사랑하는 마음을 가지고 말하는 것과 같이 달라이 라마의 관점으로 바라보아라. 자신의 몸을 배고픈 호랑이와 그 새끼들에게 먹이로 준 간디와 자신을 죽인 사람들을 위해 기도한 예수의 관점에서 논쟁을 바라보는 것을 상상해 보아라. 자비의 눈으로 바라볼 때 우리는 논쟁이 자기애에 근거한다는 것을 알게 된다. 물론 사람들의 의견과 이익은 서로 다를 수 있다. 그러나 이러한 차이는 자신의 이익과 의견을 다른 사람의 행복보다 중요하게 생각하지 않는다면 갈등이나 화, 증오로 이어지지 않게 된다. 즉, 우리가 깊은 자비를 가지고 있다면 서로의 차이점을 잘 인식하고, 의견의 차이는 논쟁이 아닌 대화로 이어지게 된다.

물론 우리 대부분은 매일 성인의 눈으로 세상을 보며 다닐 수는 없다. 우리의 문제는 대개 매우 견고하고 실제로 존재하는 것처럼 보인다. 이 장에서는 자비를 통해 갈등과 문제를 해결하는 방법을 제시한다. 나는 이것을 '논쟁에서 즐겁게 지기'라고 부른다.

골프공의 선물

이 이야기는 저명한 불교 스승 라마 조파 린포체의 동료 조지 펄레이가 나에게 해 준 것이다. 몇 년 전에 조지는 시드니에서 개최되는 한 큰 행사의 계획과 기금 조성에 관련된 일을 하고 있었다. 달라이 라마가 그 행사에 와서 남반구에서는 최초로 카라차크라의 개회식을 거행할 계획이었다.

조지의 업무 중 하나는 여러 단체를 만나서 다가올 행사를 알리고 기금을 모으는 것이었다. 어느 날 조지는 웬디와 밝고 마음씨 좋은 심리치료사인 그녀의 남편 스튜어트의 집에서 수십 명의 사람들과 함께 저녁 시간을 가졌다.

손님들은 지적이었고 대화는 순조롭게 흘러갔다. 사람들은 조지에게 불교에 대해 많은 것을 물었다. 그리고 디저트를 먹은 다음 스튜어트는 분명하게 그를 괴롭히고 있는 일에 대한 이야기를 했다. 그는 새로 산 BMW를 아꼈는데, 몇 달 전 집에 있다가 길에서 무언가가 부서지는 소리를 들었다. 그는 이웃 사람이 그가 매우 사랑하는 자동차의 뒷부분을 움푹 들어가게 한 것을 창밖으로 보았다. 그는 즉시 아래층으로 뛰어 내려가 길가로 나갔고 이웃 사람이 길에 차를 주차하고 차고 안으로 사라지는 것을 보았다. BMW가 크게 손상되어 있었다. 스튜어트는 심호흡을 몇 번 한 후 이웃집에 가서 벨을 눌렀다. 반응이 없었다. 계속해서 벨을 누르고 문을 두드렸지만 정적만 있을 뿐이었다.

이웃 사람이 계속해서 스튜어트를 피하자 그는 보험회사에 청

구서를 제출했다. 보험회사는 결국 그 이웃 사람에게 스튜어트를 증인으로 하여 소송을 걸었고 이웃 사람은 자동차 수리 비용으로 5,000달러를 내야 했다.

재판이 있은 몇 주 후에 스튜어트는 합의금으로 받은 돈으로 그의 아끼는 차를 새로 도색했는데 그곳이 깊게 패인 것을 보았다. 누군가가 날카로운 금속성 물질로 그의 차 전체를 길게 그어 놓았다.

물론 스튜어트는 이웃 사람을 의심했다. 그러나 증거가 부족했고 더 이상의 갈등을 피하고 싶었기 때문에 자신의 돈으로 차를 고쳤다. 차를 고친 지 일주일 후에 차가 또다시 앞에서 뒤까지 길게 패여 있는 것을 보았다.

그의 입장에서는 그 파손 행위가 정말로 화가 나기 시작했다. 그는 이웃을 만나러 갔다. 그는 차를 긁지 않았다고 무관심하게 부정할 뿐만 아니라 스튜어트를 그 문제로 자기 집에 와서 괴롭히고 명예를 훼손하는 것에 대해 소송을 걸겠다고 위협하였다.

스튜어트는 함정에 빠진 것처럼 느꼈다. 차를 세 번째로 수리한 후에 다시 피해를 입을까 봐 두렵고 걱정이 되었다. 그는 짜증나고 화가 났다. 그 끔찍한 이웃에게 심지어 분개하기도 했다. 문제는 점점 더 커져만 가는 것처럼 보였다. 스튜어트는 이웃이 또다시 자기 차를 훼손하는 것을 현장에서 잡기를 바라며 계속해서 창밖을 확인하는 자신을 발견하였다.

스튜어트는 이 계속되는 분쟁을 어떻게 해결할지 몰라서 저녁식사에 초대된 손님들에게 물었다. "이런 상황에 처한다면 어떻게 하시겠어요? 우리 가족은 여기에 사는 것을 매우 좋아해요. 우리는 차고를 지을 공간도 없어서 차를 길에 주차할 수밖에 없어요. 솔직히 이건 정말 나를 미치게 해요. 그 놈을 현장에서 잡기만 하면 내가 무슨 행동을 할지 나도 몰라요."

사람들은 감시카메라에서부터 별도의 감지기까지 모든 가능성을 제안했다. 이 분쟁을 어떻게 해결할지에 대한 논의 중에 조지는 불교적인 접근 방법은 어떤 것이 있을까 조용히 생각하고 있었다. 그는 그의 선생님 라마 조파 린포체라면 어떻게 하실지 자문해 보았다. 그는 갑자기 생각이 떠올랐다.

"스튜어트, 당신은 값비싼 선물을 사서 그에게 가져가 당신이 일으킨 모든 문제에 대해서 진심으로 사과하고 용서를 빌어야 해요." 라고 조지가 말했다.

당연히 참석자들은 이 제안에 대해 강한 반응을 보였다. 그 후에도 저녁 파티는 열띤 논쟁이 지속되었다. 스튜어트의 부인 웬디는 "내 눈에 흙이 들어가기 전에는 절대로 안 돼요! 그 남자는 저질이에요. 그리고 우리는 분명히 그가 저지른 짓에 대한 대가를 받게 할 거예요." 대부분의 참석자는 조지의 의견이 비현실적이고 지나치게 이타주의적인 접근이라는 것에 동의하였다.

어떤 사람에게 합리적이거나 현실적으로 보이는 것은 그들의 관점과 깊이 관련되어 있다. 매우 지적인 사람들도 그들 앞에 놓인 올바른 선택을 보지 못할 수 있다. 종종 사람들의 두려움, 화, 불안정은 그들의 인생을 순식간에 바꿔 버릴 수 있는 선택을 불분명하게 함으로써 수십 년을 허비하게 만들기도 한다. 다행히 스튜어트는 이런 유형의 사람이 아니었다. 그는 스스로에게서 한 걸음 밖으로 나올 수 있었던, 매우 보기 드문 내면의 용기를 가지고 있었다. 조지의 제안에 영감을 받아서 그는 고통을 느끼고 걱정하고 있는 자신을 보았다. 그와 그 이웃의 고통이 궁극적으로, 또 긴밀하게 서로 연결되어 있다는 것을 보고, 그는 자비의 관점을 가지고 용감한 걸음을 내딛었다.

스튜어트는 이웃 사람이 골프광이라고 들었던 것이 기억났다. 그래서 그는 재빨리 나가서 터무니없이 비싼, 대부분의 사람이 본인을 위해 사기에는 너무 비싸고 사치스러운 골프공 세트를 샀다. 그는 그 골프공을 정성스럽고 예쁘게 포장했다. 그가 자신의 자기애를 초월한 만큼이나 그 선물 또한 호사스러웠다. 그는 이웃집에 가서 벨을 눌렀다.

이웃 사람은 스튜어트가 문 앞에 서 있는 것을 보고 자연히 경계를 하고 긴장했다. 그러나 스튜어트는 진심으로 미소를 지었다. 그리고 매우 호의적으로, 진심을 다해 그에게 과거의 비난에 대해 사과하고 그에게 선물을 주며 용서를 구했다. 그 이웃은 골프공을 든 채 멍하니 문 앞에 서 있었다.

이 순간 스튜어트는 이웃 사람의 반응과는 상관없이 이미 과거의 갈등을 초월해 있었다. 의도적으로 자신을 적에게 약하게 만들면서, 그는 자신의 약함과 두려움을 넘어섰다. 자비의 마음을 가짐으로써 그는 논쟁에서 즐겁게 지는 것에 성공했다.

그 선물을 받은 지 약 한 시간 후에 이웃 사람은 스튜어트의 문 앞에 나타났다. 그는 계속해서 목이 메일 정도로 울고 있는 것이 분명했다. 그는 지금까지 그 누구도 이와 같은 친절을 보여 준 적이 없었다고 말하면서 자신이 일으킨 모든 문제에 대해 깊이 사과했다. 그는 좋은 이웃이 되기로 약속하고, 여전히 금방이라도 울음을 터뜨릴 것 같은 표정으로 스튜어트를 돕기 위해서라면 앞으로 자기가 할 수 있는 모든 것을 해 주겠다고 했다. 그때부터 그들은 사이좋고 친한 이웃이 되었다.

자신을 잃지 않은 채 논쟁에서 지기

융은 아시아 문화는 내면의 심리적 현상에 더 집중하는 반면, 서구 문화는 외향적이고 거의 대부분 외적인 현상에 주의를 기울인다고 말한 바 있다. 융의 견해는 어느 정도 사실이다. 그래서 이 책을 읽는 서구의 독자들이 '논쟁에서 즐겁게 지는 것'을 수행할 때 너무 외적인 수준에만 집중할 위험이 있다. 즉, 우리는 이 수행을 자신의 행동은 바꾸지 않은 채 다른 사람에게 져 주기만 하는 행동을 정당화하는 것에 이용할 수 있다. 다시 말해서 우리가 우리 자신의 태도를 바꾸지 않고 다른 사람을 판단하는 방법으로 사용할 수 있다. 사실 많은 사람이 이런 식으로 행동한다. 타인에게서 호감을 얻고 수용받기를 원한 나머지, 타인이 원하는 사람처럼 되기 위해 스스로의 욕구를 억제하는 것이다. 이렇게 행동할 때 사람들은 자상하게 타인이 원하는 대로 하게 해 주면서 표면적으로는 인내심 있고 친절한 것처럼 보일 수도 있다. 자존감이 낮고 버림받거나 상처받는 것을 두려워하는 사람은 믿기 어려울 정도의 자기 희생에 몸을 던진다. 그러나 호감을 얻고 수용받기 위해서 논쟁에서 지는 것은 즐거운 것도, 자비로운 것도 아니다.

두려움 때문에 다른 사람들에게 굴복하는 것은 피학적 관계에서 발견되는 흔한 역동이다. 그것은 인정을 받기 위해서 당신이 생각하기에 다른 사람들이 원하는 피상적인 이미지와 동일시하는 자기애의 또 다른 형태다. 행복을 추구하기 위한 다른 자기애적인 접근과 마찬가지로 그것 또한 효과가 없다. 타인에게 수용받기 위해 자신의 일부를 억제하고 어떠한 역할을 하는 것은 진정한 친밀감을 약화시킨다. 다른 사람에게 진실하지 않은 태도를 갖고 결국에는 마음이 상하고 역할을 수행하는 것에 지친다. 이러한 형태의 자기애에 빠져 있는 사람들은 때때로 순교자라고 일컬어지거나 상호 의존관계에 빠져 있다고 말할 수 있다. 두려움과 결핍으로 자기 희생에 몰두하는 것은 종종 건강하지 못한 대인관계와 낮은 자존감을 초래한다. 그리고 불안한 의존과 혼란을 만들게 되고, 심지어 우울증으로 이어진다.

심리치료를 하면서 나는 사랑과 수용을 받기 위해 자신을 희생하고, 겉으로만 마음씨 좋고 겸손해 보이는 많은 사람과 치료작업을 해 왔다. 연구 결과에 따르면 그런 식으로 관계에 접근하는 것은 자존감을 약화시키고 불안정한 느낌에 빠지게 한다. 우리가 자신의 진정한 견해와 감정을 억압하고 타인에게 인정받기 위해 어떤 역할을 할 때, 그것이 성공하지 못하면 우리는 더 괴로워진다는 것을 발견한다. 자신을 그렇게 많이 희생시키고도 인정받지 못하는 것은 스스로를 패배자라고 느끼게 한다.

바로 우리가 역할을 수행하는 것에 대해 누군가의 인정을 받는데 성공한다 할지라도 그들의 칭찬이 우리가 자신에 대해 더 기분 좋게 느끼도록 도울 수는 없다. 그것은 우리의 자존감을 높이기보다는, 오히려 내면 깊은 곳에서는 그들이 우리가 연기한 역할을 칭찬하는 것이라 느끼게끔 만든다. 따라서 그 칭찬 때문에 더 불안해지고 압박감을 느껴서 스스로를 거짓 역할에 계속 맞추게 된다.

그렇기 때문에 특히 서양인들은 말싸움에서 즐겁게 지는 것과 불안감과 두려움 때문에 즐거움 없이 논쟁에 져 주는 의존적 경향을 구별해야 한다. 말싸움에서 즐겁게 지는 것은 주로 내적 변화의 한 과정이다. 우리는 우리의 진정한 느낌과 견해를 억누르지 않는다. 대신에 자비를 통해 그들을 변화시키거나 초월한다. 누군가 스스로에게 아니면 다른 사람들에게, 또는 나에게 고통을 일으키는 일을 할 때, 그것에 직면하는 것을 두려워하는지 아닌지를 스스로 확인해 보는 것은 자비를 수행하는 것인지 의존성을 보이는 것인지를 확인하기 위한 방법 중 하나다. 자비를 가지고 있다면, 그런 행동에 어떠한 방식이든 그 상황에 알맞게 적극적으로 맞설 것이다. 그러나 의존적이라면 맞서지 않는 자신을 정당화할 것이다.

자비와 의존성을 구분하는 또 다른 방법은 논쟁에서 질 때 감정이 어떤지를 인식하는 것이다. 의존적이라면 걱정이 되고 기분이 상하며 초조해할 것이다. 다른 사람에게 영향력을 행사하지 않기 위해 스스로를 작게 만드는 것처럼 마음속에서 스스로가 위축되는 느낌이 든다. 우리가 애정을 가질 때와는 느낌이 매우 다르다. 우리는 논쟁에 지면서도 마음이 넓고 다른 사람들과 완벽하게 현존하는 것을 느낀다. 우리는 자비로운 자기초월의 과정에서 느긋하고 즐겁고 심지어는 과분하기까지 한 감정을 느낀다.

극성스럽게, 어린아이같이 타인의 마음을 흔들어 놓기

논쟁에서 즐겁게 지는 것과 즐거움 없이 지는 것의 차이는 이 방법의 바탕이 되는 심리학적인 설명을 함으로써 더 분명해질 수 있다.

우리가 특히 언짢고 행복하지 않고 안정감이 없거나 비참하게 느낄 때, 대체로 우리 주변의 것들도 불행하게 만든다는 것은 안타깝지만 사실이다. 우리는 종종 말이나 탄식 또는 몸짓을 통해서 나쁜 감정들을 드러내서 다른 사람들이 우리의 불편한 감정에 동요되게 한다. 다른 사람들이 화가 났을 때 그들 또한 불편한 감정을 드러내게 되고, 이것은 불편한 감정의 고조로 이어진다. 고통이 동반자를 찾아내거나 만들어 내는 것은 어렵지 않다.

연장근무를 하면서 직장에서 바쁘게 한 주를 보내는 평범한 남자를 상상해 보아라. 그는 상사가 지나치게 요구하는 것들이 많아서 스트레스와 걱정으로 가득 차 있었다. 목요일 저녁 늦게 친척에게서 전화가 왔다. 때문에 그는 매우 늦게 잠자리에 들었다. 금요일 즈음 그는 기진맥진해 있었다. 그러던 오후에 그가 일하고 있던 프로젝트에 대해서 상사가 힘들게 했다. 그는 집으로 오는 길에 교통체증에 걸려서 매우 답답함을 느낀다. 한숨을 쉬며, 행동이 거칠어지고, 그의 눈은 불안하게 여기저기를 둘러보는 것 같다. 그가 아내에게 말할 때의 말투는 무례에 가까울 정도로 퉁명스럽다. 처음에 아내는 이것을 무시했지만 결국 그녀가 여기에 반응하면 그는 격하게 화를 낸다. 이 시점이 되면 아내는 기분이 언짢아지고 **그는 기분이 나아**진다.

왜 이 시점에서 그의 기분이 좋아질까? 도대체 왜 그러한 고통은 함께하는 사람들까지도 고통스럽게 만드는 것을 좋아하는 것일까? 실제로는 그가 일을 더 악화시킨 것이다. 이제 그는 직장에서 피곤을 느끼고 문제에 부딪힐 뿐만 아니라 가정에서도 주말을 힘들게 하는 문제에 당면하게 된다. 정신분석가들은 이것을 명료하게 설명한다. 우리가 자기애의 지배를 받는 한 고통은 우리의 환상과 가학성이 일상적인 상호작용 속에서 필연적으로 표출된다. 이 남자는 답답하고 언짢고 통제받는 것 같은 감정을 느껴 왔다. 그는 한 주 동안 삶에서 일어나는 외부 사건들을 통제할 수 없었다. 또한 자신의 감정도 조절하지 못했고, 조절하지도 않았다. 그래서 그는 아내에게 부정적 감정 중 일부 또는 전부를 투사하고, 그녀를 통제하며 그의 고통 중 일부를 느끼도록 강요했다. 이것은 인간관계에 있어서 유아적이고 말도 안 되는 접근방식이지만 거의 대부분의 성인은 가끔 이런 행동을 한다. 아내를 이런 식으로 통제함으로써 불행 속에서 외로움을 덜 느끼고 자신과 그의 상황에 대해 더 통제력을 가지게 되었다고 잘못된 상상을 한다.

일반적으로 그다음에 일어날 일은 아내로서는 당연히 기분이 좋지 않기 때문에 동요되어 행동하게 되는 것이다. 남편과 드러내 놓고 싸우거나 은연중에 목소리와 태도를 통해 자신의 불행한 감정을 나타내는 것이다. 그녀는 왜 이렇게 하는 것일까? 이제 그녀는 감정이 동요되고 통제가 되지 않는 것을 느끼며 이것을 남편에게 투사하고 있는 것이다. 그리고 남편에게도 안 좋은 감정을 느낄 것을 강요함으로써 외로움을 줄이고 좀 더 통제하는 것을 느끼려고 노력하는 것이다.

자신이나 다른 사람이 답답해하거나 언짢은 기분을 느끼는 모습을 보면 타인에게도 공명된 감정을 불러일으키려는 노력, 즉 다른 사람들 또한 화를 느끼게 하려는 노력을 한다는 것을 발견하기는 어렵지 않다. 이것은 사실 어린 아이들이 부모와 관계를 형성하는 방식 중 하나다. 아이들이 울고 언짢아하면 부모는 자발적으로 아이의 감정에 공감해 주는 반응을 한다. 부모는 아이들의 동요에 공감하여 아이들에게 반응을 해 주며, 그 동요의 원인을 제거하려고 노력한다. 아이는 부모로부터 이해받고, 관심받는 것을 느끼고 나면 기분이 나아지기 시작한다.

성인에게 이 관계 형성 방법은 항상 퇴행적이다. 그리고 화나 어떠한 부정적인 감정을 느끼는지의 여부에 관계없이 이것은 본질적으로 공격적인 관계 형성 방식이다. 우리는 다른 사람이 안 좋은 감정을 느끼도록 강요함으로써 그 사람이 느끼는 바와 행동을 제어하려고 노력한다. 어른들의 갈등 속에서도 우리가 동요된 감정 상태에 빠져 있으면 그에 대한 접근방식은 마음의 유아적인 부분에 기반하는 것이다. 침대에서 울음을 터뜨리고 있는 아기의 마음과 같은 심리인 것이다. 논쟁에서 즐겁게 지는 것을 연습하는 것은 이러한 방식으로 다른 사람과 관계를 형성하는 경향을 극복하기 위한 직접적인 방법이다.

힘들게 하는 사람들이 주는 가치

논쟁에서 즐겁게 지는 방법을 배우려면 정서적인 성숙이 필요하다. 이것은 정말 편하고 유연한 마음을 갖고 자신을 믿는 것과 관계가 있다. 위대한 달라이 라마는 세상의 전쟁을 피하고 무장해제를 이루기 위해서는 내면의 무장해제를 먼저 시작해야 한다고 종종 말한다. 장기적으로 평화가 가능한 세상을 만들고 싶다면 우리 스스로가 평화로워야 한다. 논쟁에서 즐겁게 지는 수행을 하는 것은 스스로를 무장해제하고 자신과 타인에게 평화를 가져오는 것이다.

그러나 이것은 스스로 할 수 있는 수행이 아니다. 함께 수행할 사람이 필요하다. 이런 면에서는 온순하고 마음씨가 좋고 지지해주는 친구는 도움이 되지 않는다. 논쟁에서 지는 것을 수행하기 위해서는 말다툼을 해 줄 사람이 필요하다. 당신을 통제하려 하고 언짢게 만들고 힘들게 하는 사람이 필요한 것이다.

인도의 위대한 불교 스승 아티샤가 이 수행을 티베트에 전파했다. 아티샤는 여러 해 동안 극도로 짜증나고 화를 잘 내는 수도승과 함께 여행했다고 한다. 언젠가 한 사람이 아티샤에게 왜 그 수도승을 수행원으로 선택했는지 물어보았더니 그는 이러한 수행을 하기 위해서는 삶 속에서 어려운 사람이 필요하다고 설명했다. 아티샤는 얼마간 티베트에 머문 후에 그 수도승을 수도원에 다시 보냈다. 그는 당시의 티베트 사람들은 거친 성품을 가지고 있어서 더 이상 그를 힘들게 하는 친구가 수행에 필요하지 않았다고 말했다. 티베트 사람들은 논쟁에서 즐겁게 지는 방법에 대한 가르침을 문화로 만들고, 수천 년에 걸쳐 실천에 옮김으로써 그들의 성품 자체가 확연하게 바뀌었다. 티베트 사람들은 그들의 마음을 무장해제했고, 그런 다음 민족을 무장해제하고 수세기 동안 평화를 유지했다.

대부분의 사람은 같이 여행하기 힘든 동료를 찾거나 논쟁에서 즐겁게 지는 수행을 할 수 있는 대상을 찾기 위해 다른 나라로 여행을 떠날 필요는 없다. 내가 알고 있는 사람들은 배우자, 직장 동료, 부모, 아이들을 통해 수행을 시작한다.

자비를 계발하고 즐거움을 찾기 위한 기회로 논쟁을 이용하려는 것이 처음에는 조금 이상해 보일 것이다. 삶 속에서 누군가가 약을 올리고 마음을 불편하게 하고 불합리하고 짜증나는 방식으로 다가온다고 해 보자. 당신은 즉시 '그래! 좋은 기회다. 여기에서 논쟁을 시작하자. 이제 정말 자비를 연습할 수 있겠다.'라고 생각해야 한다.

이제 막 수행을 시작하는 상황이라면 당신은 그 상황에 대해 두 가지 마음이 생길 것이다. 오래된 습관에 의해 당신의 일부분은 그 사람이 힘들게 구는 것을 그만두고 자상하고 친근하게 행동하기를 원할 것이다. 이런 기회를 갖게 된 것을 행복하게 느끼는 당신의 또다른 부분은 약하고 진정성이 없게 보일수도 있다. 그래도 괜찮다. 이것은 단지 자비와 내면의 무장해제를 연습하는 데에 익숙하지 않다는 것을 의미할 뿐이다. 라마 조파 린포체는 이 수행을 잘하게 되면 어려운 상황들을 즐겁다고 생각하는 것이 아이스크림이나 초콜릿을 좋아하는 것만큼이나 자연스럽고 즐겁게 일어날 것이라고 조언한다.

더 애정이 있고 마음씨 좋은 사람이 되는 것에 진심으로 관심이 있다면, 당신의 내적 계발이 결실을 맺을 수 있다는 확신을 갖게 되는 것은 주로 힘들게 하는 사람과의 수행을 통해서라는 것을 초기에 인식하는 것이 특히 도움이 될 수 있다. 사람들에게 친절하게 대하고 그 사람들도 이에 대한 보상으로 일관성 있게 친절하게 행동한다면 동기에 대한 순수성을 확신하기 어렵다. 때로는 관대하고 친근하게 대하는 것이 깊은 자비심에서 우러나오는 것인지, 아니면 친절한 행동에 대해 보상을 받으려는 욕구에 의한 것인지 분명하게 구분하는 것은 어렵다. 당신을 함부로 대한 누군가에게 진심 어린 친절을 베풀면 깊은 산속 시원한 계곡의 깨끗하고 순수한 느낌을 받게 될 것이다.

파도타기

논쟁에서 즐겁게 지는 것에 대한 내적 과정의 나머지 부분을 경험할 때, 그 작업을 하는 방법을 명확하게 할 수 있도록 돕는 또 다른 예를 제시하고자 한다. 불교 신도인 존은 그의 어머니가 때로 폭발적으로 화를 내서 그를 불편하게 만드는 가정에서 자랐다. 부모가 서로에게 소리치기 시작하면 그는 방으로 들어가 버리고 음악을 들었던 일들을 기억하고 있었다. 그래서 그는 나중에 그의 인생에서 어떤 일에 대하여 부인과 언쟁할 때 힘든 시간을 보내는 경향이 있었다. 그의 아내는 급한 성격을 가지고 있었다. 아내가 그에게 화를 낼 때면 그는 대부분 아주 불안해하거나 거리를 두곤 하였다. 가끔 그녀가 그를 설득하며 혼자 있게 놔두지 않을 때 그는 아내에게 심하게 화를 냈다. 그러면 그는 죄책감을 느끼고 스스로가 나쁜 사람이라고 느꼈다. 그래서 그는 모든 갈등을 어찌할 수 없는 난감한 상황으로 보았고 모든 행동의 과정이 고통으로 이어졌다.

갈등을 변화시키는 불교적 접근을 처음 수행하기 시작했을 때, 이 수행은 그에게 매우 부자연스럽게 느껴졌다. 부인이 그에게 내보이는 짜증을 수행의 기회로 보는 생각은 그의 강한 반감과 불안감이라는 바람에 휘날리는 작은 기도의 깃발과도 같았다. 그러나 기특하게도 존은 그 과정을 포기하지 않았다.

갈등의 시작을 기회로 인식했다면 그 갈등의 내용에 너무 집중하지 않도록 주의해야 한다. 두 사람 중 한 사람이라도 동요된 감정에 사로잡혀 있는 한 매우 합당한 해결책이 있다 할지라도 대부분은 해결을 할 수 없을 것이다. 특히 남성들은 갈등 아래에 깔려 있는 강력한 감정은 무시한 채 종종 해결책에 너무 많이 집중하는 실수를 범한다. 일반적으로 말해서 공감과 자비를 통해 정서적인 문제를 먼저 해결한다면 논쟁의 내용에 대한 해결책을 찾는 것은 간단하다.

이 방법의 핵심은 마음 깊이 느끼는 감정을 바꾸는 것에 초점을 두고 있기는 하지만 초기 단계에는 다르게 생각하는 법을 배우는 것도 종종 도움이 된다. 힘든 상황을 만나면 우리는 즉시 과거에 항상 했던 대로 반응하는 경향이 있다. 그 순간에 하던 것을 멈추고 자기를 의식하면, 당신이 부정적이고 고통스러운 감정상태와 유아적인 반응 패턴에 반복적으로 사로잡혀서 일어나는 유익하지 않은 것들을 떠올려보는 것이 유용하다. 앞 장에서 설명한 행복으로 가는 열쇠나 내면의 적과의 싸움과 같은 방법들을 이미 사용해 보았다면 그 자기분석 중 일부를 이 순간에 다시 되살려 보는 것도 좋다. 이 시점에서 평화와 자비를 키우는 것과 자신과 다른 사람들에게 행복을 가져오는 것, 스트레스와 긴장을 줄이는 것, 대인관계를 향상시키고 건강을 증진시키는 것의 위대한 가치를 기억해 보는 것도 도움이 된다.

존의 경우에는 새로운 사고방식을 계발하는 것이 쉬웠다. 아내가 화를 낼 때 그는 숨어 버리거나 화를 내며 반응하려는 충동을 쉽게 알아차릴 수 있었다. 그의 경험에 의하면 습관을 따라가게 되면 난처한 상황에 처하게 되고 그의 고통이 증가하고 결혼생활의 긴장도 초래되었다고 회상했다. 그는 “나는 내 오래된 패턴을 따라가면 항상 문제가 생겼다는 것을 알았어요. 나는 새로운 것을 시작해도 잃을 것이 많지 않았어요.”라고 말했다. 그는 인내와 자비의 가치에 대한 개인적인 믿음에 대해 생각했다. 이런 순간에 그것들을 실행에 옮기려는 노력을 하지 않았더라면 조용히 명상을 하며 사랑과 평화에 대한 생각과 기도들이 공허하고 심지어는 위선적인 말에 지나지 않았을 것이라고 느꼈다. 그는 “내가 이런 작고 하찮은 갈등에 직면했을 때에도 수행을 하지 못했다면 어떻게 중동지역이나 사람들이 죽어 가고 있는 세계 다른 지역의 평화를 위해서 기도할 수 있었겠어요?”라고 말했다.

그다음에 해야 할 것이 이 수행의 핵심이다. 대개 다른 사람이 미묘한 신호를 통해 압도적이고 동요된 감정을 표현할 때 신경계가 이를 공명하는 공감을 통해 이를 인식하고 우리의 감정 역시 동요된다. 다른 사람과의 상호작용 때문에 기분이 상했다는 것을 인지할 때 우리는 그들 때문에 화를 내게 된다.

이때 화를 내는 대신에 자연스럽게 공명하는 공감반응이 일어나도록 내버려 두되, 여기에 반응하거나 부정적인 감정에 빠지지 말고 그 과정을 관찰해 보아라. 그 상호작용 안에서 그 어떠한 것에도 탐착하지 말고 긴장을 풀어라. 다른 사람에게 마음을 열어 두고 공명하는 공감이 다른 사람의 고통에 대해 가르쳐 줄 수 있도록 해 보아라. 경험에 의하면 이것이 때로는 타인의 감정의 파장이 마치 강하게 휘젓는 파도처럼 전달되는 것으로 보일 수 있다. 이 파장에 대항하면 갈등에 휘말리게 된다. 공명하는 공감능력은 선천적이기 때문에 이러한 상황에서 도망가는 것은 스스로를 다른 사람과 자신에게서 차단하는 것과 같다. 다른 사람의 파장과 공명하는 것은 인체신경계의 일부다.

이 감정의 파장이 나에게로 들어오고 신경계가 이에 공명하도록 함으로써 다른 사람의 고통에 대한 경험을 깊숙하게 느낄 수 있다. 이제 자비가 자연스러운 반응이 되는 것이다. 당신이 자신을 감정의 동요에 묶어 두지 않고, 자신만의 관점에 강하게 사로잡혀 개인적으로 상호작용을 하지 않는다면, 다른 사람의 고통에 대한 깊은 이해는 자연스럽게 자비로 이어진다. 다른 사람이 감정의 동요를 표현하면 할수록 더 많은 자비를 위한 강력한 연료를 가지게 되는 것이다. 타인의 감정의 파장에 대해 탐착하지 않을 때 바로 그 파장의 에너지는 다시 타인에게 되돌아가는 애정 어린 친절의 파장이 된다.

분명히 이 방식은 앞에서 말한 것처럼 다른 사람이 공격적인 태도로 우리를 통제하도록 놔두는 것이 아니다. 타인이 우리의 감정을 동요시키도록 놔두는 것도 아니다. 타인은 퇴행하고 있더라도 우리는 퇴행하는 것이 아니다. 오히려 상황을 인식하고 성숙하고 냉정한 태도를 유지하게 된다. 그리고 이를 통해 타인과 지혜롭게 소통하고 도움과 위로, 친절, 심지어는 유머까지 제공하게 되는 것이다.

존이 이 방법을 수행했을 때 존과 그의 아내의 상호작용은 이 방법이 어떻게 작용하는지를 잘 보여 준다. 존의 아내는 그가 약속했던 대로 집안일을 하지 않아 짜증이 나 있었다. 그녀가 언성을 높이기 시작하자 존은 방어적이 되고 부인과 언쟁하고 싶어 하는 자신을 발견했다. 그러나 그는 잠시 생각을 멈추고 이 상황이 자비를 수행할 수 있는 기회라는 것을 인식했다. 그는 아내에 대한 자신의 공명하는 반응을 인식함으로써 아내가 얼마나 답답하고 기분이 상했을지 알게 되었다. 그는 그녀가 얼마나 열심히 노력을 했을지, 또한 그가 도와주지 않아서 느꼈을 피로와 좌절 때문에 자연히 그에게 얼마나 화가 났을지를 편협한 시각을 버리고 열린 마음으로 볼 수 있었다. 존이 그런 생각에 잠겨 있자, 그의 부인은 그가 평소처럼 반응하고 있지 않다는 것을 느꼈다. 그에게 말이 통하고 있는 건지 아닌지도 잘 모른 채 그 상황을 조절하지 못하고 좌절감 속에서 외로움을 느끼며 존에게 "존, 대체 왜 날 빤히 쳐다보며 미소만 짓고 있는 거예요? 무슨 문제 있어요? 내가 한 말을 한 마디라도 들은 거예요?"라고 말했다.

존은 자비로운 공상에서 빠져나와 "그래, 듣고 있었어. 당신 말이 맞다고 생각하고 있었어. 내가 그 집안일들을 하겠다고 약속해 놓고, 그 일들을 미루고 실망시킨 건 내 잘못이야. 또 당신이 얼마나 힘들었을까 하는 생각도 들었어. 그리고 당신이 왜 이렇게 열심히 일하는지도 생각해 봤어. 그 이유는 당신은 믿을 수 없을 정도로 자상하고 소중한 사람이기 때문이야."라고 말했다.

존의 아내는 한동안 존을 멍하게 바라보았다. 그러고는 의심스럽다는 표정으로 웃으며 "좋아요. 당신은 누구고, 도대체 내 남편한테 무슨 짓을 한 거죠?"라고 말했다.

존이 대답했다. "나는 당신이 하는 일이 보다 편해지길 원해. 이제 내가 집안일을 할 거야. 나가서 드라이브하고 저녁 먹자고. 우리 둘 다 편안히 쉬고 재미있게 시간을 보낼 수 있잖아." 그녀가 미소 지으며 "좋아요."라고 말했다. 존이 집안일을 하려고 걸어가자 아내가 고맙다고 했다.

물론 다른 사람의 감정을 진정시키는 것이 항상 그렇게 쉽게 이루어지지는 않는다. 존의 경우에도 그가 논쟁에서 즐겁게 지는 것을 잘 하지 못하거나 아내가 좌절감을 빨리 버리지 못하는 다른 경우들이 많았다. 그러나 수행을 계속하면서 논쟁의 시간과 강도가 꾸준히 줄었다.

이 방법에 있어 가장 본질적인 것은 다른 사람의 격앙된 감정에 대한 신경계의 공감반응과 공명반응을 다른 사람에 대한 더 많은 이해와 자비를 얻는 데에 이용하는 것이다. 그렇게 하지 않으면 스스로의 기분이 상하게 되는 상황으로 이어진다. 다른 사람에게 반응하는 것에 있어서, 내가 생각하기에는 자신의 직감을 믿는 것이 가장 좋다.

우리는 반복적 · 무의식적으로 공명하는 반응을 통해 삶 속에 존재하는 상대방에 대한 수많은 직관적인 이해를 얻을 수 있다. 이에 의존함으로써 자비가 저절로 자연스럽게 나타날 수 있도록 하는 것이 가능하다. 다른 사람의 감정을 바꾸기 위해 행동을 취할 때 그 행동에 의한 효과가 빨리 나타나게 하는 데 탐착하지 않는 것도 역시 중요하다고 생각한다. 그러한 태도는 이 방법이 다른 사람을 고치려고 애쓰는 또 다른 방법 중 하나에 지나지 않게 만들 뿐이다. 다른 사람이 계속해서 동요된 상태에 있다면 내가 해야 할 일은 자비를 더 강화하기 위해 이 에너지를 유지하는 것이다.

뇌에 대한 최근의 연구에 따르면, 이 방식을 행하는 사람은 실제로 시간이 지남에 따라 신경조직을 변화시키고 더 긍정적인 습관적 반응을 새로 개발한다고 한다. 뇌의 감정중추가 다른 사람과의 관계에 의해 개발되고 변화되기 때문에 접근방식을 달리하는 것은 시간의 흐름에 따라 주위 사람들의 미묘한 변화로 자연스럽게 이어진다. 누구나 '논쟁에서 즐겁게 지는 것'을 수행하고 자신의 마음을 무장해제함으로써 자신의 인생과 주변 세계의 평화에 실제적인 기여를 할 수 있는 것이다.

13
주고받기

오! 존경스럽고 자비로운 스승이여,
근원적 존재의 모든 업보, 장애물, 고통에 대해 당신의 축복을 구합니다.
누구 하나 예외 없이 우리 모두가 지금 성숙하게 해 주시고,
우리의 행복과 미덕을 다른 사람에게 줄 수 있도록 해 주시오며,
그래서 모든 존재가 축복을 받을 수 있도록 하여 주소서.

– 일대 판첸 라마, 로장 쵸키 갈찬
(The First Panchen Lama, Lozang Chokyi Gyaltsan)

이 책에서 제시할 마지막 방법은 우리가 그동안 논의해 온 다른 방법에서 자연스럽게 발전된다. 만약 당신이 이전의 수행에 시간을 할애하지 않았다면, 이 방법을 정확하게 이해하기는 어려울 것이다. 이 방법은 머리로는 이해하기 쉬울 수 있지만 마음으로 이해하기는 어렵다. 나는 이 방법이 자비 계발을 위한 다른 모든 수행 중의 정수(精髓), 즉 순수하고 정제된 본질이라고 생각한다.

초기에 이 수행은 인도와 티베트에서 자비에 대해 특별한 자질을 보여 준 가까운 제자에게만 전해졌다. 후에는 티베트 승려가 이를 숨기지 않고 공개적으로 가르치기 시작했다. 이 수행을 잘 사용하기 위해서는 자기애의 본질과 자기애가 어떻게 고통을 유발하는

지 이해해야만 하고, 그래서 피상적인 자기 이미지를 소중하게 여기는 습관을 버리기 시작해야 한다.

나는 이 방법을 천 년 이상 대승(Mahayana)불교 신자들에 의해 수행되어 온 대로 제시하고자 한다. 나는 서양 심리학 이론을 이런 수행을 통해 일어날 수 있는 몇몇의 놀라운 심리적 효과를 설명하는 데 사용하고자 한다. 그러나 방법 자체를 변경하지는 않을 것이다.

처음에는 이 수행을 다소 생소하고 불편하게 느낄지도 모른다. 그러한 불편함은 이 수행이 다른 문화에서 왔다는 사실과는 관계가 거의 없다는 것을 이해하는 것이 중요하다. 승려들이 이 방법을 처음 가르쳤을 때, 인도나 티베트 제자들도 불편하고 생소하게 느꼈다. 이 수행은 자비를 계발하는 반면 자기애를 직접적이고 급격하게 약화시킨다. 그래서 자기애에게는 불편하고, 자아에게는 낯설다. 우리의 불편감은 주로 우리가 피상적이고 자기애적 이미지를 여전히 소중히 여기고 동일시하는 정도에서 기인한다. 우리가 심리학적 원리의 밑바탕에 있는 이러한 방법을 분석함에 따라, 그것이 불교 고유의 것이 아님을 알게 될 것이다. 그것은 즐거움과 오로지 자비에 전념하는 열린 마음을 얻기 위해 우리의 자기애를 극복하는 원리다.

자기를 소중하게 여기는 내면의 적과의 싸움에서 이 방법은 엄청나게 힘 있는 무기다. 그것은 우리가 사랑과 자비를 위한 수행을 통해 전사의 마음에 용기가 더 많이 생기도록 돕는다. 만약 우리가 이 수행에 익숙해진다면, 우리는 놀랄 만한 진실과 사랑, 즐거움을 갖고 우리 삶 속에 있는 모든 종류의 상황과 직면할 수 있을 것이다. 특히 내적 성장 과정에서 우연히 인생의 어려운 시기를 만났을 때 우리는 자신감을 잃을 수도 있고, 길을 잃은 느낌을 가질 수도 있고, 좌절하게 될 수도 있다. 이 수행은 그런 상황을 용감하게 직면하도록 가르치고, 자비의 계발을 위해 강력한 연료처럼 이 수행을 사용하도록 가르친다. 우리가 이 수행을 이해하고 능숙해지기 위해 필요한 시간을 투자한다면, 우리 중 누구라도 이후 경험들을 자각할 수 있는 능력에서 흔들림 없는 자신감을 얻을 수 있고, 마음속의 자기애를 정복할 수 있어서 우리에게는 자비만이 남게 될 것이다.

심지어 그 외 영역에서도 우리가 이 수행을 오랫동안 지속한다면, 점차 우리는 세상과 자연스럽게 소통할 수 있는 방법인 자비에 이르게 될 것이다. 이런 수행에 규칙적으로 참여하는 사람들은 스스로를 아낌없이 주고, 애정 넘치는 관계를 형성하려는 욕구가 점점 더 자발적으로 일어나는 것을 발견하게 된다. 자비를 확장하기 위해 전적으로 자연스러운 본능을 계발하는 것은 불교심리학에서 말하는 이 방법의 주요한 이익 중 하나다. 결국 이 수행은 자비를 세상과 소통하는 일차적이고 본능적인 방식으로 만들어 아침부터 밤, 심지어 우리의 꿈속까지 매 순간, 자비와 사랑이 숨을 들이쉬고 내쉬는 것처럼 자연스럽게 흘러나오도록 한다.

불교 전통에 따르면, 전문가들은 과거 천 년에 걸쳐 이런 수행이 건강과 행복에도 긍정적인 영향을 줄 수 있다는 것을 발견했다. 티베트 승려들은 이런 수행이 자비심 계발뿐 아니라 다양한 심리적 · 신체적 질병을 치유한다고 말하곤 한다. 많은 명상과 기도 기법은 정신과 신체 연구를 통해 효과적임이 드러났고, 아시아나 서양 사람들은 이런 수행을 하는 것이 건강에 폭넓은 효과가 있다고 보고한다. 그래서 나는 이것이 미래의 과학적 연구에 있어 흥미 있는 영역이라고 생각한다. 불교 전통은 이 수행이 심리적 · 신체적 질병을 치유하는 방법 중 하나이긴 하지만, 그 주요 기능은 우리가 자비를 자발적으로 발달시키도록 돕고, 보편적인 이타심과 더없이 행복한 내적 평화를 극대화하도록 돕는다는 것을 강조한다.

슬픔 받아들이기

'주고받는 수행'에 들어가기 전에, 나는 이미 제시된 방법들로부터 몇 가지 중요한 점을 되돌아볼 필요성에 대해 생각하고자 한다. 타인을 위한 공감과 애정을 발달시키는 데 시간을 할애함으로써 시작하라. 공감능력을 높이기 위해 우리 모두는 같은 인간이라는 의미에서 누구나 고통보다는 행복해지길 원한다는 것을 떠올려라. 우리의 애정이 깊어지게 하기 위해, 타인의 친절이 어떻게 자신을 행복하게 했는지 기억하면서 감사하는 마음으로 다른 사람을 바라보아라. 이 시점에서 우리 자신과 타인의 모든 행복은 친절과 좋은 마음에서 비롯되는 반면, 우리가 경험하는 모든 고통은 자기중심적인 삶에서 비롯된다는 것을 기억하면서 행복으로 가는 열쇠를 되짚어 보는 것 또한 도움이 된다. 당신은 특히 자비의 가장 큰 장애물, 즉 당신 안의 적인 '자기를 소중하게 여기는 것', 또는 자기애와 같은 장애물을 극복하기 위한 해결방안을 찾으려고 할지도 모른다. 이런 장애물들은 당신 마음속 구석진 곳에 숨어서 대인관계를 파괴시키고, 평화를 망친다. 물론 이 수행을 하기 전에 이런 모든 점을 되짚어 볼 필요는 없지만, 그것들은 수행을 효과적이고 의미 있게 해 줄 수 있는 여건을 제공한다.

이 방법을 '주고받기'라 부른다. 먼저 '받는 것'이 온다. 우주 속 수많은 존재의 많은 고통에 대해 생각함으로써 시작하라. 그런 고통에 대해 생각함으로써 실제로 공감능력을 향상시키고 자비심을 강하게 할 수 있다. 당신은 미래에 겪게 될 두통이나 복통의 고통을 생각하는 작은 것부터 시작할 수 있다. 수행을 지속적으로 하면, 우울한 사람, 암으로 죽어 가는 사람, 외로운 사람, 슬프고, 가난하고, 상처 입고, 힘 없고, 이성을 잃고, 수감되고, 신체적으로 고통받고, 학대받고, 굶주리고, 공포에 떨고, 구속당하고, 치매에 걸리고, 또는 증오로 가득 찬 사람들의 고통을 생각할 때, 자비로운 상상 속에서 당신은 더 대담해질 수 있다.

또한 너무 무거운 짐을 지고 있는 동물, 아프고, 혼자이고, 배고프고, 물에 젖고, 놀라고, 또는 사람들에게 학살당하고, 다른 동물에 의해 살아 있는 채로 먹히는 동물들의 고통을 생각할 수 있다. 당신은 눈 한 번 깜박이지 않고, 눈을 감아 버리는 일 없이 끔찍한 고통을 지켜볼 수 있는 내적 공감의 눈을 훈련할 수 있는가? 간단히 말해서, 당신은 타고난 인간의 상상력으로 상상 가능한 어떤 고통도 자비롭게 생각할 수 있다. 이러한 고통들은 몹시 절망적이고,

역겹고, 잔혹하고, 자기학대적이고, 의미 없는 지옥 같은 고통을 포함하고 있으며, 그것을 바라보는 이성적이고 점잖은 사람의 마음을 다치게 할 수도 있다. 사실 자비는 우리 마음속에서 자기애적인 부인의 껍질을 깨뜨리고, 알아차림의 새로운 능력으로 이끈다. 그러한 고통과 직면하는 것만이 우리로 하여금 용기를 계발하게 하고, 자비로 가는 전사의 마음을 열게 한다.

다음에는, 당신 마음속에 솔직하고 자비롭게 담아낼 수 있는 고통이라면 무엇이든지 집중하면서, 고통이 그러한 존재들로부터 발생하여 날카로운 면도칼로 자른 머리카락처럼 깔끔하게 잘려 나간다고 상상을 하라. 그리고 고통이 지하세계에 있는 공장에서 빨아들이고 있는 오염된 비현실적인 검은 구름 같은 것이라고 상상하라. 자비의 힘으로 당신은 이 어두운 에너지를 자신을 향해 끌어온다. 만약 당신이 어두운 에너지를 끌어 오려는 노력에 두려움을 느낀다면, 그 두려움은 자기애로부터 일어나는 것임을 인식하고 그것과의 동일시를 멈추어라.

이제, 마음의 중심에서 자기애적인 '자기를 소중하게 여기는 당신 안의 적'을 상상해 보아라. 당신 내면의 적 속으로 빨려 들어가고 있는 어두운 고통의 구름 전체를 상상하고 그것을 파괴하라. 이러한 방법에 대해 위대한 티베트 수행가인 캬비제 리불 린포체는 "자기를 소중하게 여기는 생각, 즉 악마의 가슴속으로 빨려 들어가는 모든 고통을 상상하고, 그것을 매우 강하게 치고 덤벼 싸워라. 그리고 그것을 소멸시켜라."라고 말했다. 여기서 당신의 강한 자비심은 무기가 되어 직접적으로 가슴속 자기애를 파괴하게 된다.

당신은 반복해서 이런 '받아들이는' 수행을 할 수 있다. 티베트 스승은 당신의 미래에 닥칠 고통 또는 당신이 이미 알고 있는, 친구의 걱정이나 배우자의 허리통증과 같이 당신의 관심 대상인 사람들의 상대적으로 작은 고통에 초점을 맞추는 작은 것부터 시작하는 게 좋다고 조언한다. 그런 다음, 점점 더 커지는 고통의 구름을 생각하면서 수행을 외부로 확장시킨다. 당신이 수행을 할 때마다 다른 사람의 행복에 대한 책임감을 갖고, 그 고통에서 사람들을 벗어나게 하기 위해 그들의 고통을 기꺼이 받아들이는 강한 자비심을 계발함으로써 시작하라. 당신 가슴속으로 그 고통을 흡수하는 상상을 할 때마다 당신 안의 적을 파괴하는 것이다.

만약 당신이 이 수행을 시도함으로써 특히 두려움이나 불편감을 느낀다면, 이런 느낌들은 주로 당신이 자기와 '자신을 소중하게 여기는 것'과 동일시하기 때문에 생긴다는 것을 기억하라. 왜 자기를 소중하게 여기는 것이 당신의 적인지 기억하려고 노력하고, 그것이 항상 당신을 고통으로 이끈다는 것을 알아차리도록 노력하라. 마음속 자기애를 파괴하는 과정은 당신 자신을 파괴하는 것이 아니라 당신을 자유롭게 하고, 당신을 행복으로 이끄는 것이다.

기쁨 주기

받아들이는 수행을 끝내면 이제 당신은 주는 과정을 시작하게 된다. '받아들임'이 우선적으로 자비를 바탕으로 하고 사람들이 고통에서 자유롭기를 원하는 것이라면, '주는 것'은 우선적으로 사랑을 바탕으로 하고 다른 사람에게 행복을 주길 바라는 것이다. 타인을 위한 당신의 공감과 애정을 향상시킴으로써 타인이 고통에서 자유로워진다는 생각에 행복을 느끼게 되지만, 당신은 충분하지 않다고 느낀다. 그들 또한 행복이 필요하다. 그래서 당신 몸에서 광선줄기가 나오는 것을 상상하거나 진정으로 행복해지기 위해 필요로 하는 것이면 당신이 있는 그곳에서 수많은 또 다른 당신이 몸에서 복제되어 무엇이든지 다 되는 상상을 한다. 그리고 모든 사람은 진정으로 행복해지길 원하고 그럴 필요가 있다고 상상한다. 여기에서 상상은 당신의 애정 넘치는 상상이 허락하는 만큼 장엄하고 광대해질 수 있다.

당신은 자기 자신을 모든 외로운 사람을 위한 소중한 친구로, 집이 없는 사람을 위한 건축가로, 지식을 원하는 사람들을 위한 선생님으로, 아픈 사람들을 돌보는 의사나 간호사로, 두려워하는 사람들을 위한 보호자로 생각할 수 있다. 또 혼란스러워 하는 사람들을 위한 기발한 조언자로, 고아를 위한 부모로, 다른 사람들의 영혼에 행복을 주는 음악가로, 무엇인가를 찾는 사람들을 위한 정신적 안내자로 생각할 수 있다.

당신은 인간에 대한 자기 자신의 상상에 한계를 둘 필요는 없다. 당신은 시원한 산들바람, 꽃비, 영감, 불꽃놀이, 보석더미, 차, 배, 공원, 궁전, 도서관, 멋진 축하연, 예술작품, 약 등 다른 사람들에게 행복을 줄 수 있는 것들을 제공할 수 있다. 심지어 다른 사람들에게 평화, 애정, 사랑, 자비, 만족, 즐거움, 깨달음과 같은 긍정적 내적 상태를 주는 것도 상상할 수 있다.

명상을 하는 동안 나는 가끔 "나는 가치 있게 되는 것에 결코 지치지 않는다. 나는 다른 사람에게 봉사하는 것에 싫증나지 않는다."라고 쓴 레오나르도 다빈치의 말을 생각한다. 레오나르도 다빈치는 1400년대 후반에 비행기, 잘 계획된 도시, 아름다운 교회나 건물, 종교화, 조각상, 큰 다리, 운하를 통한 운송, 새로운 형태의 관개, 벽화, 예술, 생리학, 철학, 광학, 수학, 공학, 수리학 등 다양한 분야에 새로운 지식을 사람들에게 제공했다. 그리고 더운 여름 시원한 산들바람, 분수, 욕조, 작은 물고기들이 있는 작은 냇가, '오렌지와 유자나무'가 있고 '온갖 종류의 악기들이 내는 음악'이 끊이지 않으며, 새들의 지저귀는 자연스런 음악이 인간의 음악과 레몬향과 어우러지는 등 인간이 만든 낙원과 같은 정원을 구상했다. 당신은 이런 '주는' 수행을 통해, 행복을 가져올 수 있는 것은 무엇이든지 주는 상상을 한다. 그럼으로써 당신은 관대함이라는 넓고도 독창적인 마음을 향상시키게 된다.

물론 다빈치는 그가 세상을 위해 상상했던 모든 것을 주는 것에는 성공하지 못했다. 그러나 그가 주었던 것은 너무나 아름다웠고, 그의 대범하고 폭넓은 천재성은 주목할 만해서 오늘날까지도 다른 사람에게 여전히 영감을 주고 있다. 주고받는 수행을 통해 일어난 것이 무엇인지 일부를 유추해 보는 것은 좋은 분석이다. 그것은 마술처럼 외로운 사람이 친구를 갖게 되거나 배고픈 사람들이 상상을 통해 조금의 음식을 얻게 되는 것이 아니다. 당신의 사랑과 자비의 감정이 커지고, 다른 사람을 위해 기꺼이 무언가를 더 하게 되며, 심지어 다른 사람을 위해 좋은 일을 하기 위해 기꺼이 스스로 고난에 임하게 되는 것이다. 그리고 다른 사람에게 도움이 되는 방법에 대한 당신의 생각과 창의성의 범위를 서서히 확대한다.

생각과 사상이 그들 뒤에 숨겨진 동기에 의해 강한 힘을 가질 때 큰 결과를 일으킨다는 것은 분명하다. 공포와 증오가 연료가 된 사상은 세계대전을 일으켰고, 탐욕이 연료가 된 생각은 거대한 기업을 만들었다. 사람들이 자비로부터 우러나오는 생각과 사상을 계발할 때, 자비에 의해 강하게 동기화되면, 이런 사상의 크고 작은 외적 표출이 자연스럽게 뒤따르게 된다.

당신이 '주고받기' 수행의 두 가지 주요 요소에 익숙해지게 되면, 당신은 많은 세밀한 것들을 생각하면서 각 단계에 천천히 참여할 수 있게 된다. 만약 당신이 이런 수행에 적극적인 관심을 보인다면, 당신은 숨 쉬는 것과 같이 '주고받기'를 할 수 있다. 많은 사람은 마음을 차분히 집중하기 위해 단조로운 호흡을 사용하여 자각하는 연습에 익숙해지게 된다.

여기서 당신은 자비 향상을 위해 '주고받기'를 지속적으로 상기할 수 있도록 호흡을 사용할 수 있다. 당신이 숨을 들이쉴 때마다 '받는 수행'을 하고, 타인의 고통을 자신이 흡수하는 상상을 하면서 '자기를 소중하게 여기는 마음속 악마'를 파괴시킨다. 당신이 숨을 내뱉을 때마다 '주는 수행'을 하고, 몸에서 빛이 나오는 것을 상상하면서 모든 존재에게 행복을 가져다준다.

일단 사람들이 이런 수행에 익숙해지면, 그들은 특히 어려운 일이 발생했을 때 그 수행을 사용하여 다른 사람들과 상호작용하면서 자신만의 호흡을 하게 된다. 또한 이 수행의 형태는 간혹 아픈 사람들을 치유하기 위해 사용되기도 한다. 그럴 때 사람들은 비슷한 병에 걸려 아파하는 모든 사람의 고통을 받아들이는 상상을 할 수도 있다. 더 넓은 공감과 자비심을 계발하도록 돕기 위해 그들의 고통을 이용하는 것이다. 많은 사람은 이것이 어떻게 병과 맞닥뜨린 상황 속에서 마음의 평화를 가져다주는지를 말했고, 몇몇 사람들은 신체적으로도 긍정적인 효과가 있다고 말했다.

고통을 순수한 기쁨으로 바꾸기

어떤 사람이 이런 '주고받는' 방법에 진지하게 참여하게 되면, 사회의 다른 사람들에게 혜택이 돌아갈 가능성이 높아진다. 적어도 그 사람은 다른 사람에게 해를 끼칠 가능성은 적어진다. 다른 사람들이 화를 내고 짜증낼 때, 그 사람은 침착하게 되고 다른 사람들의 어려움을 통해 그들을 도울 가능성이 이전보다 더 늘어날 것이다. 심지어 사회에 이익이 되는 대규모 프로젝트에 참여하지 않더라도 최소한 주위 사람들에게 참을성이 많아지고, 더 정직해지고, 더 윤리적이 되며, 더 관대해지고, 더 도움이 되고, 더 친절해질 가능성이 높아질 것이다. 그리고 많은 사람이 이런 방법에 참여한다면, 티베트 사회에서 일어났던 것과 마찬가지로 다른 사람들의 고통을 덜어 주고, 그들에게 행복을 가져다 주는 놀라운 일을 하도록 고무될 것이다.

이런 점에서 나는 이 수행을 통해 발생하는 놀라운 심리적 이익에 초점을 두고 싶다. 나는 존경할 만한 스승이고, 소중한 친구이며, 이런 수행에서 위대한 선구자인 린포체를 이전에 언급한 바 있다. 나는 이 수행이 가져올 수 있는 결과를 설명하기 위해 그의 인생 이야기에서 몇 가지 세부적인 것을 공유하고 싶다.

린포체는 1923년 동티베트에서 태어났다. 그가 소년이었을 때, 린포체는 과거 위대한 불교 스승의 환생인 이전 달라이 라마(13대)에 의해 깨달음을 얻었다. 12세부터 그는 수도승으로 성장했고, 세라 수도원에서 불교 철학과 심리학, 명상을 배웠다. 그의 주 스승인 파봉카 린포체를 포함하여, 많은 티베트의 훌륭한 요가 수행자들과 친밀하게 공부를 했다. 25세 초에 학문적인 훈련을 마친 린포체는 숲 속으로 들어가서 수년 동안 혼자 주로 명상하면서 시간을 보냈다. 그는 다른 사람들을 가르치기 위해서나 자신의 보다 나은 연구를 계속하기 위해서 가끔 여행을 떠났지만, 대부분의 시간을 명상하는 데 썼다. 항상 자비에 대한 명상은 그의 수행의 핵심이다.

곧 그의 자비와 평화 유지 능력은 거센 시험을 받게 되었다. 1950년 공산정권이 티베트를 침략했다. 1959년 이래로 상황은 더 악화되었고, 달라이 라마를 따라 수백 또는 수천의 티베트인들이 도망쳐서 인도에 망명정권을 만들었다. 당시 린포체는 티베트를 떠나지 않았다. 1959년에 그는 중국정부에 의해 정치사범으로 체포되었다. 그 후 몇 년 동안 중국정부는 티베트에서 집단학살 작전을 실시했고, 그 결과로 전문가가 추정하기에 120만 명 이상이 죽었고, 6,200개 이상의 수도원과 사원이 파괴되었으며, 도서관과 종교 예술품, 토착문화가 파괴되었다고 한다.

린포체는 거의 20년 동안 정치범으로 많은 핍박을 받았다. 그는 "나는 짓밟혔고, 너무나 많은 것을 하도록 강요받았다. 그들은 당신이 결코 경험할 수 없는 것을 하도록 강요하는 데 익숙했다. 매일매일 무슨 일이 일어났는지 말한다면, 당신은 그것들을 믿기 힘들 것이다."라고 말했다. 내가 그를 알고 지낸 몇 년 동안, 나는 투옥기간에 그가 경험했던 고문에 대해 자세히 들을 수는 없었다. 그러나 출간된 수많은 기사들은 중국 공안들이 행했던 고문의 표준을 보여 주었다. 즉, 그들은 수도승의 손목과 엄지손가락 또는 발목을 밧줄로 매달고, 곤봉과 소몰이 막대로 때리고, 조련된 파수견으로 공격하고, 며칠동안 음식을 주지 않고, 먹기 어려운 음식을 주고, 평균 온도가 영하인 방에서 죄수들에게 분배된 작은 담요 한 장으로만 티베트의 겨울을 지내게 했다. 많은 보고서는 중국 공안들이 환생한 라마승들을 특히 심하게 대했다고 표현하고 있다. 간단히 말해, 린포체는 많은 수감 기간 동안 가장 심한 육체적 학대와 고문을 겪었다.

린포체는 많은 티베트의 동료 수감자들에 대해 가슴 아파했다. 그들은 이전에 평범하게 살아오다 현재는 정말로 황폐화되어 무엇을 할지, 무슨 생각을 해야 할지, 앞날이 어떻게 될지도 모른 채 살아간다. 린포체는 참혹한 학대 기간 동안 스스로 '주고받는 수행'을 했다. 이 방법의 훌륭한 수행가는 병들고, 상실하고, 신체적 고통을 당하는 것과 같은 어려운 환경을 만났을 때, 점점 더 큰 자비심을 고취시키기 위해 '주고받는 수행'을 사용한다. '주고받는 수행'을 하지 않는 사람은 의미 없고, 참을 수 없이 파괴적인 강렬한 고통을 경험한다는 것을 발견한다. 그들은 몹시 화가 나고, 혼란스럽고, 희망이 없고, 그들의 정체감이 산산조각 나고, 삶 자체를 견딜 수 없게 되는 느낌을 갖게 된다. 그러나 '주고받는 수행'을 배우기 위해 시간을 투자한 사람들에게는 심지어 강렬한 고통도 '자기를 소중하게 여기는 마음속 악마'의 잘못들을 떠오르게 하고, 다른 사람들의 끔찍한 고통은 자비와 공감이 매우 깊어지도록 하는 수단이 되었다.

어떤 순간, 우리 각자는 개인적 친분이 없는 사람들이 믿을 수 없이 무서운 고통을 경험한다는 것을 알고 있다. 우리는 몇 가지 모호한 방법으로 도울수는 있지만, 대개는 그들의 고통이 우리에게 그리 중요하지 않다고 느낀다.

자기애는 어딘가에 있는 불의나 고통이 모든 곳에 있는 정의와 행복을 어떻게 위협하는지에 대한 상호 의존성을 인식하는 것을 막는다. 우리는 종종 다른 사람의 강렬한 고통에 무관심하고, 오로지 우리 자신과 주변의 가까운 가족과 친구에만 관심을 갖는다. 주고받기 수행을 신실하게 하는 사람들의 태도는 이와는 정반대다. 타인에 대한 자비로운 관심을 확장시키는 훈련은 자신의 고통에 압도당하지 않도록 만들고, 심지어 자신의 문제가 덜 중요하게 보이게 만들기도 한다. 수행자는 고통이 자신의 마음을 어지럽히도록 허용하지 않으며, 고통을 가슴속에 애정 넘치는 자비로 바꾸면서 다른 사람을 공감하도록 돕기 위해 그 수행을 사용한다.

사람들은 자비로 고통에 직면할 수 있는 린포체의 비범한 능력이 그가 티베트 승려나 수도승이어서 생긴 것이라고 여기고 싶어할지 모른다. 특히 우리를 짜증나게 하거나 화나게 하고, 또는 걱정하게 만드는 일상적이고도 매일 발생하는 사건을 생각할 때, 우리는 투옥과 감옥의 날들을 순수한 즐거움으로 변화시킬 수 있는 사람과는 선천적으로 다르다고 느낄 것이다. 나는 이러한 해석에 강력하게 반대한다. 심리학적으로 수행에 필요한 시간과 에너지를 투자하는 것을 선택한 사람은 '주고받는' 것과 같이 주목할 만한 결과를 얻을 수 있다고 말하고 싶다. 모든 것은 우리가 자신의 마음을 어떻게 훈련하고 길들이느냐에 달려 있다.

리불 린포체는 이런 방법의 수행자들이 강한 고통을 경험할 때, "정확하게 그것에 대해서 느낄 수 있는 모든 존재의 모든 고통을 받아들임으로써 '주고받는 수행'을 즉시 하라."라고 말한다. 그는 그런 수행자들은 더 깊이 있는 '주고받는 수행'을 하기 위해 견디고, 고통을 '**실제로 기꺼이 받아들일 것**'이라고 말한다. 두통이나 교통체증, 까다로운 동료, 대인관계 문제, 심각한 병을 불문하고 일상에서 어떤 고통을 겪을 때, 우리는 화를 내기보다는 린포체가 계속 설명해 온 '주고받는 수행'을 함으로써 다른 사람에게 더 깊이 마음을 여는 방법을 그와 같은 상황에서 사용하는 것을 선택할 수 있다.

> 비록 이 수행이 특별한 문제, 또는 불리한 환경을 개선하지는 못하지만, 즉각적인 결과는 사람들의 마음이 병이나 불

> 리한 환경에 의해 전적으로 좌우되지 않을 것이다. 그리고 이것은 정말 사실이다. 이 수행은 당신이 그것을 진짜 필요로 할 때, 당연히 믿을 수 없는 많은 용기와 마음의 평화를 가져온다. ……이것은 바로 내가 경험했기 때문에 확실히 말할 수 있다.

린포체는 '주고받는 수행'으로 마음을 강하게 단련함으로써 어떤 환경에서도 행복해질 수 있다고 설명한다. 그는 수행을 통해 "감금되었던 자신의 경험이 오직 순수한 즐거움만으로 바뀌게 되었다."라고 설명한다. 만약 그런 즐거움이 너무나 고귀해서 우리에게 가능하지 않은 것처럼 보인다면, 그때 우리는 스스로 용기와 평화를 경험하기 위해 일상에서 일어나는 작은 고통을 사용하여 이런 수행을 시도해야 한다. 그런 식으로 점차적으로 노력함으로써, 결국 머지않아 우리는 자발적으로 자비심과 사랑, 용기, 그리고 행복이 넘치는 느낌이 생기는 것에 놀라게 될 것이다.

석방된 후에 린포체는 중국전쟁으로 인해 손상되고, 부서지고, 망가진 티베트의 가장 훌륭한 예술품들의 일부를 복구하기 위해 전혀 화나 분노 없이 중국 공안과 함께 일을 했다. 다른 사람들의 고통에 대해 '받는 수행'을 오랫동안 집중해 왔기에, 그는 이제 자신의 활동을 '주는 수행'에 집중할 수 있었다. 린포체는 티베트를 떠난 후 달라이 라마 근처에서 살았고, 미래 후손들을 위해 그들의 문화를 보존하도록 돕기 위해 많은 역사서나 전기들을 썼다. 최근 몇 해 동안에는 가르치기 위해 세계를 여행했다.

나는 지금까지 오랫동안 린포체를 알고 있었다. 종종 당신이 어떤 사람을 더 잘 알게 됨에 따라 당신은 그 뒤에 숨은 결점을 발견하게 된다. 그러나 나는 그를 더 잘 알게 됨에 따라 그의 만족, 겸손, 자비 그리고 진정한 즐거움의 정도에 여러 차례 놀랐다고 정직하게 말할 수 있다. 최근에 나는 저녁에 명상을 다시 시작한 부부의 집을 방문했다. 내가 거기에 간 첫 번째 날, 그는 친절하게도 함께 이야기하고 명상하기 위해 늦게까지 깨어 있었다. 그다음에 나는 자러 갔다. 내가 한밤중에 일어난 이유는 저 멀리서 완전히 잠에서 깬 린포체의 소리를 듣고 놀라서였다. 그는 현명한 자비심에 대한 고대의 티베트 노래를 행복하게 부르면서 북과 종을 연주하고 있었다. 이른 아침에 그는 여전히 똑같은 장소에서 미소를 짓고, 웃으면서, 노래하고 자비에 대한 명상을 하고 있었다. 나는 수감생활로 인해 이제는 늙고 심하게 손상된 그의 몸에 대해 생각했다. 그리고 나는 자발적이고, 환경과 무관하며, 견고하고, 언제나 타인을 향해 흘러넘치는 이러한 종류의 기쁨을 이끌어 내는 계발된 마음에 대해 경탄했다.

용감한 자비

주고받는 것에 관해 나는 용맹이나 용기의 문제로 시작하면서 몇 가지 중요한 심리학적 요점을 말하고 싶다. 린포체는 주고받는 것에 대해 "이것은 정말로 위대한 용기에 대한 명상이다."라고 말한다. 자비심을 향상시키기 위한 모든 시도는 자기중심적 습관에 익숙해지는 것에서 밖으로 나오는 용기와 다른 사람들의 고통에 대해 때때로 불쾌한 진실과 직면하는 용기를 수반한다. '주고받는 수행'은 오래된 한계를 내려놓고 다른 사람들의 고통에 마음을 여는 용기의 필요성을 직접적으로 제시한다.

간혹 극심한 고통을 겪는 사람을 만났을 때, 그 사람을 돕기 위해 내가 무엇을 해야 할지 몰라 두려워지곤 했다. 그럴 때 나는 '주고받는 수행'을 했다. 우리의 두려움은 우리가 너무 위대하고 도움이 되고 친절하기 때문에 해결책을 갖고 있어야만 한다는 자기중심적 생각과 자기애 밖으로 나올 수 있도록 돕는 방법을 모르는 것에서 비롯된다.

이런 수행을 함으로써 그런 자기애적 환상을 파괴하기 위해 다른 사람의 고통에 공감을 사용할 수 있다. 일단 그것들이 파괴되면, 우리는 다른 사람들과 그 순간 함께 존재할 수 있다. 우리 가슴속에 자기애가 없다면, 우리는 다른 사람의 고통에 압도되지 않게 될 것이다. 우리는 다른 사람에게 자비로운 존재가 될 수 있으며, 그것은 아마도 자비로운 현존을 공유함으로써 표현될 것이다.

내가 다른 사람들과 이 방법에 대해 의논할 때, 그들은 종종 자신을 향해 고통의 크고 어둡고 오염된 구름이 몰려오는 것을 볼 때 매우 두려워진다고 말한다. 어떤 사람은 "나는 다른 사람들이 암이나 에이즈에 걸리는 것을 원하지 않는다."고 말하고, 또 어떤 사람은 다른 사람의 고통을 떠맡는 상상을 할 때, 일시적으로 신체적인 화나 아픔을 느끼게 된다고 말한다. 다른 사람들은 그들을 향해 오는 고통의 어두운 덩어리를 상상할 때, 수행하는 그 방에서 도망치고 싶고, 실제로 가슴이 두근거린다고 한다. 또 다른 사람은 "처음에 나는 이 수행을 전혀 하지 않았다. 이제는 진심으로 1분 30초 정도 수행을 할 수 있다. 그래서 나의 자비가 서서히 증가하고 있음을 느낀다."라고 말했다.

나는 이런 방법으로 수행함에 있어 그런 고통에 직면하는 것은 좋다고 생각한다. 정말로 진심이다. 물론 우리는 아프거나 수감되는 것 등을 원하지 않는다. 진정한 용기는 그런 두려움에 직면하는 것을 통해 나온다. 그것은 아시시의 성 프란체스코가 나병을 갖고 있는 사람들 근처에서 두려움에 맞닥뜨렸을 때, 그들에게 다가가서 선물을 주고 그들의 손에 입을 맞추는 순간과 같다. 당시 그의 두려움은 병에 대한 인간의 무서움과 취약성, 질병, 손실, 굴욕감, 빈곤, 죽음이 상징화된 것에 직면하는 것을 피하기 원하는 자기애가 반영된 것이었다. 나환자들에게 마음을 개방함으로써 그는 고통과 질병, 상실을 겪는 자기 자신을 포함해서 모든 사람에게 마음을 열게 되었다. 두려움에 직면하는 것만이 그것들을 초월할 수 있다.

자기애는 자신의 취약점에 대한 자각을 피하기 위해 필사적으로 노력한다. 자기애의 핵심은 거대함이고, 우주 속에서 자기 자신의 중요성에 대한 엄청난 과대평가다. 끊임없이 다른 존재들로 가득 채워지는 한없이 거대한 우주 속에서 작고 부서지기 쉬운 존재라는 실제 상황에 겁을 먹게 되면, 우리는 우리 자신의 피상적이고 이상적인 이미지를 강하게 붙잡게 된다.

자기애적 자기 이미지는 항상 잘못된 것이다. 자기애적 자기 이미지는 안도하기 위해 우리 스스로 만들어 낸 환상이다. 본질은 가리고 겉모습은 강조하면서 우리는 자신의 이상화된 이미지에 매달리고, 단순히 우리의 연약함과 일시성, 그리고 상호 의존성의 모순된 증거를 부인하고 억압한다. 이런 환상을 키우기 위해 우리는 필사적으로 무한한 성공과 아름다움, 탁월함, 또는 사랑에 대한 무한한 환상을 구축한다.

우리는 막대한 이익이나 부를 원하면서 손실의 필연성은 부인한다. 무한한 힘과 건강을 원하면서 병과 약함에 대한 진실은 부인한다. 우리는 무한한 존경과 칭찬을 원하면서 우리 자신의 결함과 실패에 대한 진실은 부인한다. 그리고 무한한 삶을 원하면서 죽음과 덧없음에 대한 진실은 부인한다. 우리는 부인하고 싶어지는 것들을 생각나게 하는 다른 사람들의 고통에서 우리 자신을 심리적으로 멀리 떨어지게 한다. 그래서 우리는 고통을 말할 때 고통의 실체를 공감적으로 느끼지 않는다.

우리의 삶 속에서 자비를 계발하는 힘든 작업을 하기보다 자기애적 이미지를 붙잡는다면, 우리는 자기애적 망상(妄想)을 키우기 위해 무한한 자비와 영적인 미덕, 또는 깨달음과 같은 환상을 이용하는 심각한 위험에 빠지게 된다. '주고받는 수행'은 모든 자기애적 양상에 대해 직접적으로 대항하는 작업이다. '주고받는 수행'은 우리 마음속 가상의 안전 담요를 관통하여 환상과 망상에 대항하는 작업이다.

그래서 우리가 '받는 수행'을 할 때 두려움을 느끼는 것은, 우리

안의 적인 자기애와 강하게 동일시하기 때문이다. 자기 자신과 자기를 소중하게 여기는 것 간의 차이를 말하기는 어렵다. 우리는 자기애가 파괴되면, 우리도 파괴될 것이라고 느낀다. 에이즈를 가진 지구상의 모든 사람의 고통에 대해 가상으로 '받는 수행'을 한다고 해서 당신에게 에이즈가 생기지는 않는다. 정말로 만약 당신이 스스로 '받는 수행'을 함으로써 지구상의 모든 에이즈를 뿌리째 뽑을 수 있다면, 그것은 정말 훌륭한 일이 아닌가?

요점은 당신이 수행을 할 때, 두려움이 생길 수 있고 그 두려움은 당신 안의 적이 움직인다는 신호다. 당신의 수행 속에서 일정한 양의 두려움과 심리적 불편감, 심지어 일시적인 혼란까지도 자기애적 방어가 깨지기 시작하는 신호일 수 있다. 만약 당신이 '주고받는 수행'을 할 때 결코 어떤 두려움도 느끼지 않는다면, 당신은 깊이 있는 수행을 하지 않고 있다고 할 수 있다. 반면에 당신이 다른 사람의 고통에 무관심해짐으로써 자신의 두려움에 굴복한다면, 그때는 자기애가 이기도록 내버려 두는 것이고, 당신이 폐쇄공포증이라는 덫에 빠지는 것이며, 가상의 이미지로 구축한 세상에서 끊임없이 좌절하게 하는 덫에 빠지는 것이다.

이 시점에서 용기 있게 접근하는 방법은 당신의 '주고받는 수행'의 진전을 위해 자신의 두려움과 불편감을 사용하는 것이고, 두려워하거나 불편해하는 사람들, 혹은 그러한 감정을 부인하거나 억압하려고 자기애를 사용하는 당신과 같은 수많은 사람을 위해 공감능력을 확대하는 것이다.

당신이 반복해서 '받는 수행'을 함으로써 자기애를 능숙하게 해

체할 수 있다면, 다양한 종류의 고통에 집중할 수 있게 된다. 융은 '자기희생에 대한 두려움은 모든 자아 속에 깊이 숨겨져 있다.'고 말했다. 또 자아가 삶과 역동적인 세상의 공포에서 자아 스스로를 분리하여 부분적이고 실체가 없는 안전을 추구한다고 계속 설명했다. 자기애적 자아는 세상에서 결코 편안하지 않다. 진정한 경험을 위한 즐거움 그 자체와 다른 존재에 대한 자비 그 자체를 개방하기에는 너무 두렵기 때문에 자기애적 자아는 시시한 환상과 경직된 기대, 과장된 공상을 계속 붙잡는 것이다.

'주고받는 수행'은 심오한 심리학적 방법이다. 그것은 심리적으로 미묘하지만 매우 중요한 내용이다. 그것은 '자기를 소중히 여기는 악한 마음' 안에 있는 고통과 파괴적인 모든 것을 받는 것이다. 당신은 자기 자신을 파괴하기 위해 그것을 사용하지 않는다. 이것은 자기학대적 접근이 아니고 그 반대다. 그것은 의도적으로 당신에게 용기와 사랑, 즐거움을 주려는 것이다. 그러나 오해하기 쉬운 내용이기도 하다. 이 방법을 잘 수행하기 위해 당신은 자기를 소중하게 여기는 자기애로부터 탈동일시하는 것을 끊임없이 작업해야 한다. 그래야 자기애는 계속 반복해서 파괴된다.

자기애가 파괴되면 어떤 사람이 남는가? 마음이 열리고, 좋은 마음과 사랑을 표현하는 가슴이 남는다. 이 방법은 그것을 수행하는 사람을 위한 새로운 정체감의 창조에 대한 것이다. 이전에 우리는 기본적으로 자기애적이었다. 자기를 소중하게 여기는 악마가 '받는 수행' 속에서 우리의 마음에 시각화되는 이유는 이 때문이다. 정상적인 자기애의 심리는 소망과 두려움에 의해 추동된 세계와 부딪히면서 일어나는 마음의 일부다. 우리는 다른 사람들이 원하는 것을 얻기 바라면서 그들과 관계를 맺을 뿐만 아니라 상처받는 것의 공포에서 벗어나기 위해 애쓴다. 또 우리는 세상에서 부와 지위를 얻기 위해 일을 하지만 노력 없는 성공과 거창한 성취 또는 현실에서의 탈출과 같은 환상 속으로 도망친다. 우리는 자기와 세상 안에 있는 유쾌한 것들을 좋아하지만, 노화와 상실, 굴욕감, 병 그리고 죽음을 회상시키는 즐겁지 않은 것을 차단하기 위해 투사와 부인, 그리고 분노와 함께 산다.

우리는 '받는 수행' 속에서 세상에 존재하는 이런 것들을 파괴하기 위해 고통에 대한 자비로운 깨달음을 사용한다. 거듭 말하건대, 우리는 우리가 부인하고 투사하는 것을 파괴하기 위해 자각을 사용한다. 그 과정은 우리 자신을 파괴하지는 않는다. 우리의 부인과 편견, 과장됨, 망상, 끔찍한 이기심을 바로 정확하게 공격하는 것이고, 우리의 오래되고, 고집스럽고, 이기적이고, 기쁨이 없는 정체성을 공격하는 것이다.

자기를 소중히 여기는 과정을 공격함으로써 진심으로 '주는 것'이 더 가능하게 된다. 우리는 즐거움을 더 느낄 수 있게 되고, 삶을 있는 그대로 더 받아들일 수 있게 되며, 다른 사람을 진심으로 더 사랑할 수 있게 된다.

자신을 위해서 고통을 추구하라는 것은 아니다. 그러나 우주의 중심처럼 우리를 붙들고 있는 자기애가 없다면, 우리가 진정 경험하고 있는 고통은 수많은 타인의 거대한 고통과 비교해서 하찮게 보인다. 만약 우리가 다른 사람들에게 봉사하려는 과정에서 고난을 겪게 된다면, 심지어 멋진 일들이 나타날 수도 있다. 어쨌든 우리 모두는 고난과 병, 그리고 죽음을 겪는다. 그들이 사랑을 위해 경험했던 것들은 얼마나 의미 있고, 건강하고, 심지어 아름다운가? 우리는 '주는 수행'을 통해 숨김 없고 관대한 사랑에 기초한 새로운 정체감을 창조할 수 있다. 이제 자기애 대신 사랑과 자비, 그리고 눈부신 관대함이 대신하게 될 것이다.

자비로운 정체감이라는 새로운 것을 계발하는 것에 대해 말하자면, 나는 또한 '주고받는 수행'의 도구로써 호흡을 사용하는 주제에 대해 간단히 말하고 싶다. 물론 그 수행을 할 때는 자세하게 상상하고, 관련된 감정을 계발하는 과정에 깊이 들어가기 위해 천천히 과정을 수행하는 것이 도움이 된다. 그러나 나는 호흡을 따라 수행하는 것이 특별히 더 도움이 된다고 생각한다.

우선 서양과 불교심리학 둘 다 우리의 호흡은 감정상태와 긴밀하게 연관되어 있다고 말한다. 당신이 호흡에 주의를 기울인다면, 두려움과 분노, 슬픔, 즐거움과 같은 강한 정서적 반응이 있을 때 호흡이 변한다는 것을 알게 된다. 특히 우리의 정서적인 삶과 관련될 때, 몸과 마음은 긴밀하게 연결된다. 깊은 호흡을 가르치는 것은 종종 분노와 같은 부정적인 감정에 의해 압도되는 사람들에게 자신의 감정에 대한 통제력을 얻기 위한 전략의 일환이다. 심호흡은 부정적인 감정에 대한 생리적인 요소 중 하나를 멈추도록 돕는다.

들이쉬고 내쉬는 호흡에 관련된 사랑과 자비의 수행을 함으로써 몸과 마음의 연결을 잘 활용하여 당신을 이롭게 할 수 있다. 당신이 호흡과 연결하여 이 수행에 조금이라도 익숙해지면, 당신의 몸은 더 고요해지고, 마음은 더 이완되고 개방되며, 얼굴에는 진정한 미소가 자연스럽게 생기게 될 것이다. 이런 몸과 마음의 연결은 건강에 도움을 줄 것이다. 이는 이 수행을 경험한 많은 사람이 보고하고 있는 사실이다.

오랫동안 호흡과 함께 '주고받는 수행'을 함으로써 우리는 점차적으로 일상생활 속의 다양한 상황에 대한 우리의 생리적 반응을 바꾸게 된다. 이런 방법으로 몸과 마음 모두 점차 세상 속에서 새로운 정체감에 적응하게 된다. 우리의 생각과 느낌에 따라서 얼굴 표정, 미묘한 몸짓, 호흡, 심지어 혈압과 심장박동수까지 관계 속에서 새롭고 더 친절한 정체감에 맞게 변화된다.

호흡으로 이런 수행을 하는 것은 다른 사람들과 관련되는 일상을 시작할 때 특히 흥미 있다. 이 호흡은 지속적인 자비 계발의 중요성을 자연스럽게 상기시켜 주는 역할을 한다. 우리가 하루 종일 만나는 사람들은 자연스럽게 수행의 중심이 된다. 우리는 그들이 겪고 있는 고통을 받아들이고, 그들에게 행복을 준다. 특히 우리가 호흡과 결합된 수행을 하게 되면, 미묘하지만 중요한 방식으로 관계를 변화시킨다.

공명하는 공감을 위한 원리 중 하나는 다른 사람들의 호흡을 알아차리는 것이다. 우리 가까이에 있는 누군가가 화를 내거나 두려워할 때, 우리의 호흡은 그들의 감정에 공명하면서 미묘하게 바뀐다. 어떤 사람이 불안해져서 의식적으로든 무의식적으로든 우리의 화를 불러일으키려 할 때, 우리는 보통 심리적인 장벽을 세워서 그 사람의 부정적인 정서상태를 거절하기 위해 노력하면서 잠시 동안 자신의 고요한 호흡 패턴을 유지할 수 있다.

이러한 반응은 대개의 경우 그 사람이 우리가 세워놓은 장벽을 무너뜨리기 위해 더 강한 시도를 하게 할 뿐이다. 그 사람의 시도가 성공하고 우리가 다시 같은 방식으로 반응하면, 우리의 호흡은 흐트러지게 된다. 이런 방식으로, 부정적 감정들이 순환하면서 계속 서로를 더욱 동요시키게 된다.

그러나 우리가 호흡을 따라 '주고받는 수행'에 조금이라도 능숙하게 된다면, 그때 우리는 아마도 상황을 다르게 다룰 수 있을 것이다. 우리가 그 사람의 고통을 상상하며 받아들임으로써 우리는 그 사람에게 마음을 열 수 있다. 그 사람의 동요가 증폭되더라도, 이는 우리의 자비와 개방성을 더욱 증대시킬 뿐이다. 그 사람의 호흡이 얕고 빨라지는 동안 우리는 열린 마음을 갖고 깊은 호흡을 시작할 수 있고, 그것을 받아들일 수 있다. 그 사람이 경험하고 있는 모든 불안과 고통을 들숨과 함께 받아들이고, 그것을 우리의 내면에 있는 적에게 보낸다. 호흡을 내쉬어 사람에게 보낼 때, 우리의 마음을 여는 태도와 몸짓은 그 사람에게 무의식적으로 영향을 미치게 된다.

이런 방식으로 우리 자신의 호흡은 결코 예전같이 상대방의 기분에 동요되지 않고, 우리의 감정 또한 괴로움이나 화로 바뀌지 않는다. 자비와 이완만이 남게 되고 그래서 우리는 스스로에게 평화를 주게 된다. 적어도 우리는 그 사람을 더 나쁜 상태로 만들지는 않는다. 만약 그 사람이 우리에게 마음을 열고, 우리와 자주 만난다면, 우리에게 공명하는 반응을 통해 긍정적인 변화가 그 사람에게도 일어날 것이다.

잘 죽기

티베트 전통에서 '주고받는 수행'은 잘 사는 방법으로뿐만 아니라 잘 죽는 방법으로도 활용된다. 리블 린포체는 죽음의 시간 동안 티베트 전통에서 배운 많은 수행법 중에서 이것이 가장 효과적이라고 말한다. 그는 대부분의 사람은 고통 속에서 죽으며, 이 때문에 죽어 갈 때 다른 수행에 집중하기 어렵게 만든다고 말한다. 그러나 '주고받는 수행'을 하면서 어떤 사람은 깊이 있는 수행을 위해 고통을 사용할 수 있다.

린포체는 만약 당신이 이 수행을 한다면 "당신이 인생을 사는 동안, 많은 정신적 행복과 용기를 얻게 될 것이다. 나는 당신에게 확신을 갖고 말할 수 있다. 이 용기와 행복은 당신이 죽어 갈 때 당신과 함께 따라갈 것이다."라고 말한다. 사람들이 고통과 죽음으로부터 평화와 행복을 발견할 수 있는 능력을 어느만큼 계발했느냐에 따라, 실제 고통과 죽음을 마주했을 때의 태도가 달라진다는 것은 매우 명백하다.

나는 할머니와의 경험을 통해 자비로 마음속 평화를 찾는 것이 얼마나 가치 있는 것인지 뼈저리게 깨달았다. 대공황 기간 동안 뉴욕에서 고아로 성장해 온 할머니는 어른이 되었을 때 자신의 가족을 항상 소중히 여겼다. 몇 년 전 내가 대학을 막 졸업했을 때, 할아버지는 나에게 전화를 걸어 할머니를 보러 오라고 하셨다. 할머니는 간암 말기였고, 내가 갔을 때 할머니는 지독한 고통을 겪고 있었다. 고통을 완화하기 위한 유일한 방법은 아픔을 느끼지 못하게 하는 많은 약을 복용하는 것이었다.

할머니는 우리와 함께 시간을 보내기 위해 약을 줄이겠다고 말씀하셨다. 고통스러워하는 할머니를 보는 것이 끔찍했지만, 한편으로 할머니와의 시간은 내게 매우 소중했다. 어느 날 할머니가 배를 잡고 침대에 누워서 내 눈을 쳐다보면서 낮은 목소리로 말했다. 할머니는 자신의 아픔이 가족과 친구들 그리고 그녀가 알고 있던 모든 이들이 앞으로 겪게 될지 모를 고통을 위한 댓가로 쓰이기를 원했고, 이들이 겪을 고통들이 자신이 느끼고 있는 아픔 속으로 들어와 모두 없어질 수 있기를 기도했다. 나는 할머니를 보고 놀랐다. 할머니는 분명하게 기도하듯이 말을 했다. 몇 분 후 할머니는 나에게 인생의 마지막을 위한 준비가 되었다고 말했다. 그런 다음 할머니는 "나는 현재 삶에 머물 수 있기를 바랐지만, '신은 내가 다른 사람들을 더 도울 수 있는 다른 곳에 있어야만 한다."고 말했다.

나는 크게 눈을 뜨고 할머니를 응시했다. 이 말씀은 보이지는 않았지만 항상 할머니의 마음속에 함께했던 것이다. 할머니의 종교적 배경을 아는 나는 할머니가 천국의 에덴동산을 바라는 것으로 생각했다. 그러나 나는 할머니에게 있어 천국은 다른 사람들을 섬기는 것이 포함되어 있어야만 한다는 점을 깨달았다. 비록 할머니는 불교에 대해 전혀 알지 못했지만, 할머니의 마음은 '주고받는 수행'에 대한 본질을 알고 있었다. 할머니는 다른 사람의 고통을 책임지기를 간절히 원했고, 어디서든 할머니가 필요한 다른 사람에게 도움을 줄 수 있기를 간절히 바랐다.

할머니는 성인처럼 생활하지 않았고, 심지어 특정 종교의 신도로 살지도 않았다. 그러나 인생에서 많은 고난을 겪은 삶을 통해 할머니는 겸손해지는 것을 배웠고, 사랑과 자비를 자신의 피신처로 사는 법을 배웠으며, 그 속에서 행복을 찾는 법을 배웠다. 그래서 할머니는 죽는 순간에 그곳으로 돌아갈 수 있었다.

종교적 신념과는 상관없이, 자신의 자기애를 극복하고 자신을 사랑과 자비에 헌신했던 사람들은 외적 상황과는 무관하게 아름다운 죽음을 맞이하는 것 같다. 꽤 극단적인 예가 많이 있는데, 유대인인 랍비 아키봐는 일생 동안 "네 이웃을 네 몸처럼 사랑하라."는 율법의 기본을 가르쳤다. 로마 황제 하드리안에 의해 사형선고를 받은 그는 조용히, 그리고 행복하게 자신에게 죽음이 올 때까지 지속적으로 기도를 해서, 그를 죽이려고 했던 고문기술자는 충격을 받았다.

아시시의 성 프란체스코는 성흔(Stigmata)이 나타난 최초의 유럽인이었다. 스스로 십자가에 못 박힐 때 모든 인간의 죄와 고통을 대신 받았던 그리스도의 그 위대한 헌신에 성 프란체스코는 감동하여 울었다. 그가 순교한 그리스도의 고통을 성흔을 똑같이 받음으로써 온 인류의 고통을 대신하겠다는 그리스도의 뜻을 따른 것은 그의 자비심의 최고 정점이었다. 그는 죽기 전에 심하게 병들었음에도 불구하고, 그의 동료 중 한 사람은 그가 '지나치게 즐겁게' 보여 사람들이 놀랄까 걱정되어 작은 소리로 기쁨의 노래를 불러 달라고 요청할 정도였다.

그와 같은 기쁨을 충격이라고 부르는 것은 매우 절제된 표현이다. 가슴속에 자기애를 갖고 사는 사람들은 즐거움을 잃지 않으려 버둥거리기 때문에 삶의 기쁨은 언제나 제한되며, 결국 죽음 앞에 패배자가 된다. 반면, 자기애를 극복한 사람들에게는 삶과 죽음 앞에서 자유롭게 노래할 수 있는 천진난만한 기쁨이 넘친다. 우리의 자기애적인 내적 결핍상태와 견주어 보면, 자신을 축복한 사람들의 노래는 상상할 수 없는 풍요와 현기증 날 정도의 호사스런 마음의 상태를 보여 준다. '주고받는 수행'은 그런 확장된 즐거움을 발견하기 위한 직접적인 방법이다. '주고받는 수행'은 당신 마음속에서 자신을 소중하게 여기는 악마가 진실한 자비의 힘에 의해 파괴되는 바로 그 순간, 당신은 값을 매길 수 없는 고귀한 자원이 마음속에 묻혀 있었다는 것을 발견하게 될 것이다.

결론
비전을 세상 속에 구현하기

이 책에 제시된 방법을 읽고 수련하는 동안, 당신은 자비를 키우는 데에 있어 종종 우리 자신이나 다른 사람들에 대한 환상을 없애는 것이 필요하다는 것을 알아차렸을 것이다. 만일 우리가 진심으로 자비의 길을 따르기를 바란다면, 우리는 강박적인 욕망을 따르면서 행복을 찾으려는 자아의 희망 없는 투사를 점차적으로 극복해야만 한다. 우리는 다른 사람을 이상화하거나 평가절하하는 투사를 없애야만 한다. 그리고 견고하고, 영구적이고, 자기만족적인 기존의 피상적이고 자기애적인 이미지에 대한 탐착을 버리는 것에 주력해야 한다. 자기애적 이미지는 자신의 행복이 다른 사람들의 행복과는 무관하며 더 중요하다고 여긴다.

우리가 점차 환상을 포기함에 따라 우리는 상호 의존적이며, 서로 책임져야 할 아주 복잡한 결속을 통해, 다른 사람들과 매우 밀접하게 연결되어 있으며, 우리가 비영속적인 존재라는 사실을 깨닫게 된다. 우리 자신과 다른 사람들을 있는 그대로 바라볼 때, 자비와 즐거움이 자연스러운 감정으로 나타난다. 우리 자신과 다른 사람을 자비의 눈으로 바라보는 것은 결국 우리로 하여금 사물을 있는 그대로 볼 수 있게 도와준다. 삶에 대한 자비로운 접근법을 배양함으로써 우리가 얻는 것은 진정한 심리적 성숙이다. 그것과 더불어 욕망이 이끄는 자아의 제한적이고 자기애적인 틀에 갇혔을 때 우리가 할 수 있는 것 그 이상을 넘어서 자유롭고, 사랑할 수 있고, 창의적이고, 즐거울 수 있는 능력을 얻는다.

불교심리학 연구의 핵심은 증오와 갈망, 그리고 질투와 같은 건강하지 못한 감정은 언제나 우리 자신과 우리를 둘러싼 세상에 대해 비현실적인 시각에 기초하고 있는 반면, 긍정적인 감정은 정확한 인식에서 비롯된다는 것이다. 나는 이것이 정신건강에 도움이 되고, 정신건강에 대해 폭넓은 시각을 갖게 한다고 생각한다. 정신분열증과 우울증, 또는 조증의 과대망상 같은 심각한 정신질환을 살펴봄에 있어, 서양 심리학은 건강하지 못한 감정과 비현실적이거나 현실을 착각하는 것 사이의 연결성을 인정한다. 그러나 현실적인 시각과 긍정적인 감정 사이의 연결은 광범위하게 연구되지 않았다. 불교심리학은 그런 연결고리를 찾음으로써 단순히 병리가 없는 상태뿐 아니라 정신적 건강에 대한 지속적이고 유용하고 의미 있는 이해를 높일 수 있도록 돕는 것이다. 우리가 어떻게 환상에 사로잡히고 어떻게 부정적인 감정에 빠지는지 살펴보는 것은 실제적이고 체계적인 방법으로 고통에서 자유로워질 수 있는 능력을 부여한다. 그 방법은 현실적인 시각을 개발하고 건강하지 못한 감정을 극복하고 긍정적 감정을 계발하기 위해 판단력을 사용하여 경험을 분석하는 것이다. 개인적 · 문화적으로 현실을 정확하게 바라보는 방법과 서로 지지하는 건강한 감정을 이해하는 것은 우리의 긍정심리를 발달시키는 데 필수적이다.

천국과 지옥

우리가 세상을 어떻게 지각하고 또한 우리가 자신이나 서로를 위해서 어떤 종류의 세상을 만드는지는 대개 우리 마음속에 깃든 생각이나 감정에 달려 있다. 정신적으로 심하게 아픈 환자들과 작업을 하는 동안, 훌륭한 명상가들은 우리 마음이 얼마나 믿을 수 없을 만큼 강력한지 볼 수 있도록 하는 데 시간을 할애한다. 우리 마음에 익숙해진 감정과 생각, 열망, 사고는 놀라운 사랑이나 축복에서부터 끔찍한 증오나 두려움, 고통에 이르기까지 우리의 광범위한 경험의 원인이 된다.

심리학적 관점에서 천국과 지옥에 대한 우리의 투사는 우리의 긍정적이고 부정적인 감정에 그 뿌리를 두고 있고, 긍정적이고 부정적인 감정에 흥미로운 창을 제공한다. 당신이 서양이나 동양의 종교에서 지옥에 대한 묘사를 읽게 되면, 인간 마음의 가장 나쁜 특성을 지나치게 과장한 것을 볼 수 있을 것이다. 당신은 잠들거나 죽지 못하고 강렬한 고통과 흥분, 그리고 숨이 가쁘고 몸부림치게 하는 분노와 증오의 불 속에서 산 채로 불타고 있는 존재에 대해 읽을 수 있다.

또한 거기에는 모든 삶과 사랑으로부터 완전히 단절되고, 철저하게 고립된 얼음같이 차가운 툰드라의 완전히 얼어 버린 존재에 대해서도 묘사하고 있다. 고립과 단절, 분노와 공포, 그리고 시기와 증오는 지옥의 전형적인 근거가 되고, 지옥에 대한 심리적 현상을 낳는 감정들이다. 우리가 그런 감정에 강하게 사로잡힐 때, 우리는 심지어 지구에 지옥과 비슷한 것을 만들어 낼 수 있다. 우리는 이것의 분명한 예가 바로 고문과 테러 행위, 전쟁임을 안다. 더 작은 규모로는 가족관계 안에서 똑같은 일들이 일어난다.

나는 최근에 여러 차례 분노하고, 저주하고, 고함을 지르고, 물건을 부수면서 공격하는 아버지가 있는 한 가족과 상담을 했다. 가족 중 나머지 사람들은 서로를 멀리하고, 강한 분노와 적개심 그리고 공포를 느끼면서 싸우는 것으로 반응했다. 그의 아내는 "우리는 여기 근교에 크고 아름다운 집을 갖고 있지만 집안 분위기는 너무나 숨 막히고, 지옥에 사는 것과 같았어요."라고 말했다. 사춘기가 되기 전의 아들은 그러한 가족 상황에 두려움과 분노로 반응을 하다가 자신이 가지고 있던 가족 그림을 나에게 보여 주었다. 그 그림에는 송곳니와 뿔이 있는 험악한 얼굴에 손에는 무기를 들고 있는 괴물과 악마들이 있는 그림들로 가득했고, 괴물과 악마는 세상에 폭탄을 떨어뜨리고, 총알을 날렸으며, 불길과 비명소리에 휩싸이게 했다.

나는 그에게 무엇이 강력한 파괴와 분노로 가득한 악마의 세상을 만들었는지 물었다. 그는 '악'이라고 대답했다. 나는 악이 만들어 낸 것이 무엇인지 물었다. 그는 잠시 생각하고 나서 "분노와 증오요. 그것들은 파괴와 분노로 가득 찬 세상을 만들어 내는 악을 만들어 내요."라고 말했다.

이와는 반대로 많은 문화와 시대에 나타났던 낙원과 천국의 전형적이고 심리적인 이상은 우리 마음의 가장 좋은 특성인 사랑, 자비심, 즐거움, 감사, 만족, 관용, 평화 속에 확실히 뿌리를 내리고 있다. 단테의 낙원에 대한 묘사는 많은 다른 문화의 이런 점을 반영한다. 그는 보석과 보석 같은 꽃이 가득 찬 환경 속에서 오직 진실과 친절만을 말하는 수금과 류트처럼 아름다운 목소리가 있는 장소로 낙원을 묘사한다. 빛나는 강물은 천사의 광휘를 뿜어 내고, 실체를 갖고 있는 천사들은 투명하며, 상상할 수 없는 기쁨의 신의 축제에서 끊임없이 노래하고 춤추며, 모든 것이 살아 있는 빛에 휩싸여 있다. 그 빛의 본질은 순수하고 무한한 신의 사랑이다.

자비와 이해, 사랑과 감사의 마음으로 우리가 자발적으로 운동장이나 시민회관, 박물관과 지역 공원을 짓기 위해 땅이나 자원을 나눌 때, 격려할 때, 긍정적인 감정과 천국이 자연스럽게 연결되어 실제적인 삶에서 표현된다. 우리가 마당에 있는 정원에 꽃을 심든지, 마을에 회관을 만들든지 간에 긍정적인 감정은 우리가 환경을 창조하도록 만들고, 다른 사람들에게서 긍정적인 감정을 재현하게 할 것이다.

나는 심하게 학대받고 방치되어 온 아이들에게 안전한 피난처를 제공하기 위한 곳인 아동보호진단센터라는 새 그룹 홈을 최근에 방문했다. 그곳은 워싱턴에서 멀리 떨어져 있지 않은 시골의 아름다운 집으로 근처에는 말 농장이 위치해 있고 과일나무들로 둘러싸여 있다. 메리 레이디는 함께 만든 그 집을 나에게 구경시켜 주면서, 지역공동체 사람들이 장난감과 가구, 농기구 그리고 좋은 놀이방을 만들기 위해 집을 색칠하는 것을 자원했다고 말했다. 어머니는 마약중독자이고 아버지는 감옥에 있는 여자아이의 심리평가를 했을 때, 나는 그 아이에게 이미 노출된 다양한 종류의 끔찍한 사건들과 환경에 대해서 생각해 보았고, 사람들은 자비심의 힘으로 영향을 받아서 그 아이의 삶이 새롭고 더 좋은 방향으로 시작되기를 바라는 장소를 만들기 위해 진심으로 노력한다고 생각했다.

우리의 일상생활에서 친절한 표정을 짓고, 의미 있는 대화를 하고, 집을 청소하고, 이웃을 돕는 것을 통해서든, 우리에게 감동을 주는 프로젝트에 시간과 에너지를 투자하는 것을 통해서든, 우리는 우리가 표현하는 사랑과 자비의 진정한 힘을 과소 평가해서는 안 된다. 당신이 주변 세상에 더 만족하고 행복해지기를 원하거나 다른 사람들의 행복에 기여하기를 원한다면, 스스로 긍정적인 감정을 향상시키고 그런 다음 그것들을 당신이 할 수 있는 한 많은 순간 속에서 표현해야 한다. 연구에 의하면, 아이들이나 어른들을 가르치는 가장 좋은 방법 중 하나는 더 공감적이고 친절하게 되는 것이다. 그리고 당신 스스로 공감과 친절의 본보기가 되는 것이다. 세상이 더 자비롭고 긍정적인 곳이 되기를 원한다면, 당신이 할 수 있는 최대의 공헌은 자신이 아름답고 영감을 주는 본보기가 되는 것이다.

자비를 반영하고 자비에서 영감을 얻은 일을 가정과 공동체에서 행하는 것 또한 강력하고 효과적이다. 티베트인들은 이런 종류의 많은 독창적인 문화적인 표현을 개발했다. 티베트와 네팔의 많은 사진과 비디오 속에서 볼 수 있는 다르촉은 그런 문화적 표현 중 하나다. 티베트인들은 산들바람이 기를 들어 올려 그들의 선의의 에너지를 보여 주고, 순풍에 동물과 사람의 축복을 기원하기 위해 밝은 색깔의 헝겊조각에 사랑과 자비에 대한 기도문을 넣었다. 그들은 자신의 나라를 자비심의 에너지로 이완된 공기가 울려 퍼지는 곳으로 보았다. 자비의 주문이 새겨진 돌들이 도처에 있었고, 사람의 손이나 물과 바람의 힘에 의해 깎인 전경기(prayer wheels)가 가득했다. 그 기도문은 모든 곳에서 사랑과 자비를 떠오르게 했고, 모든 사람이 자신의 최상의 것을 키워 내도록 영감을 불러일으킨다.

이 기도문의 또 다른 의도는 축복받고 성스러운 다른 존재들과 자연에 대한 문화적 시각을 만드는 것이었다. 티베트인들은 전경기를 돌리면서 자비 주문을 암송하고, 동시에 자기 자신과 자신을 둘러싼 전체 환경이 깨우침과 자비스러운 에너지 혹은 깨달음으로 가득 차는 것을 상상하면서 자비심을 발달시켰다. 낙원에 대한 단테의 상상처럼 그들은 모든 것이 무한한 사랑과 자비의 깨달음과 광채에 둘러쌓여 빛나는 광경을 상상했다.

나는 여기에서 순진한 유토피아적 이상주의 같은 것을 말하는 것이 아니다. 내가 말하고 싶은 것은 자비는 다른 존재와 환경 자체를 귀하고 신성한 것으로 볼 수 있는 시각을 우리에게 일깨운다는 것이다. 우리 자신이 본질적으로 타인과 분리된 견고하고 영속적인 실체라는 우리의 좁고 자기중심적인 결국에는 환상일 뿐인 견해에서 벗어나서 우리가 타인과 상호 의존적 존재라는 것을 정확하게 인식하는 것은 자기-초월, 확장된 동정심, 사랑으로 연결된 느낌, 심지어 경외심과 같은 깊은 인간의 감정을 불러일으킨다.

융은 어떤 종교에 참여하느냐와 무관하게 종교적 · 영적 느낌은 인간 정신의 자연스런 기능이라고 말하곤 했다. 자비는 긍정적 · 영적 경험을 촉발하는 방법 중 하나이고, 마찬가지로 긍정적인 영성은 자비를 키우는 데 도움이 될 수 있다. 여기서 나는 간단하게 많은 다양한 종교적 전통 속에 나타나는 한 가지 영역 수행을 소개하고, 그것은 자비를 키우는 효과적인 수단임을 말하고자 한다.

신성하게 사물을 보기

이 방법에서 우리는 사랑과 자비를 배양하기 위한 수단으로, 긍정적 감정과 천국 사이를 연결하는 우리의 원형적 감각을 사용한다. 다양한 종교 전통에서 사람들은 다른 존재들과 환경 자체를 신성의 표현으로 보는 수행을 한다. 그것에 의해 강력한 동정심과 외경심, 초월과 사랑, 자비를 발달시킨다.

다양한 종교적 전통을 가진 수행자들은 신성한 것, 성스러운 것,

절대적인 것에 대해 여러 견해를 갖고 있다. 나는 이러한 차이를 부인하지 않는다. 내가 말하고 싶은 것은 이러한 차이에도 불구하고 서로 다른 종교적 전통을 가진 사람들이 신성한 다른 존재와 주변 환경을 신성하게 보는 수행에 참여할 때, 확실히 심리적으로 긍정적인 결과들이 일어난다는 것을 것이다. 당신이 자신 안에 있는 것을 포함해서 모든 것을 신성한 것으로 보려고 노력할 때, 당신은 자연스럽게 다른 사람과 당신 주변의 세계와 연결감과 유대감을 느끼기 시작한다. 그런 시각을 키우는 것은 자기연민을 약화시키고, 낮은 자존감과 강박적인 욕망을 이겨 내게 한다.

당신이 이런 방식으로 세상을 보는 정도에 따라 당신과 당신이 갖고 있는 것에 대해 완벽하게 만족감을 느끼기 시작한다. 당신에게 주어진 모든 것에 감사함을 느끼고, 우주의 무한한 풍요로움을 당신 주변과 당신 안에서 항상 자유롭게 이용할 수 있게 된다. 아마도 천국은 어떤 장소가 아니라 어떤 장소와 관련된 경험이거나 긍정적 사고와 감정을 통한 경험일 것이다.

티베트 역사에서 수행자들은 바람과 물, 지구, 그리고 다른 존재들을 축복받고 신성한 것으로 바라봄으로써 환경이나 다른 사람들을 해치는 것을 자연스럽게 억제할 수 있게 되었다. 이를 넘어, 신성한 것에 대한 시각은 그들에게 항상 도처에 존재하는 아름다움과 선에 대한 가능성뿐만 아니라 환경과 다른 사람들과의 연결감을 제공한다. 당신이 환경을 신성하게 볼 때, 이기적인 동기를 위해 환경을 사용하는 것에 흥미를 잃게 되는 반면, 그것을 보존하고 아름답게 가꾸며 자신과 다른 존재 안의 최상의 것을 일깨우는 수단으로 환경과 관계하는 데 더 큰 관심을 두게 된다. 그리고 자신과 다른 사람들을 신성하게 바라볼 때, 자연스럽게 일시적인 한계와 부정적인 것을 넘어 각 개인에게 있는 무한한 잠재력을 볼 것이다. 이것은 당신이 자신과 다른 사람들을 포기하지 않게 돕는다.

당신이 사람들이 가진 신성한 선의 잠재력 혹은 숨겨진 천재성을 볼 수 있는 시각이 없다면, 그들(혹은 자신의)의 옹졸함과 이기심, 잔인함을 볼 때 좌절하게 될 것이다. 당신이 모든 사람의 신성한 가능성을 감지할 수 있는 감각을 갖게 될 때, 가장 부정적인 것조차도 극복할 만한 도전 과제로 보일 수 있다.

티베트인들은 종종 사람들의 숨어 있는 신성한 가능성을 냄새나는 쓰레기더미 속에 숨겨진 티 없이 깨끗하고 귀한 다이아몬드에 비유한다. 썩은 쓰레기더미에서 빛나고 있는 희망의 다이아몬드를 보았는데도, 쓰레기더미를 피했다면 당신은 미친 사람임이 분명할 것이다. 이와 마찬가지로 다른 사람들의 숨겨진 신성한 잠재력을 보는 티베트 수행가들은 어떤 사람을 전적으로 거절하거나 숨겨져 있는 소중한 다이아몬드를 발견하기 위해 자비심을 갖고 다가가는 것을 거부하는 행동을 어리석은 짓이라고 생각했다.

선의 위대한 스승인 도겐의 가르침도 이런 수행에 대한 티베트의 견해와 거의 유사하다. 그는 종종 다음 글을 포함한 고대 불교의 운문을 인용했다.

> 우주의 모든 것은 해방의 문이다. 우주의 모든 것은 비로
> 자나불의 눈이다. 우주의 모든 것은 자기의 법신(法身)이다.

비로자나는 붓다의 이름이다. 그래서 이 운문은 우주의 모든 것은 붓다의 시각이나 깨달음과 같은 것임을 역설하고 있다. 이 운문에 대한 주석에서 도겐은 자비의 부처인 관세음보살의 천 개의 눈을 언급한다. 그가 말하길, "붓다는 천개의 눈을 가졌을 것이다. 하지만 붓다가 오직 하나의 눈만을 가지고 있다고 이해하는 것이 잘못되지 않은 것처럼 이 비로자나의 눈이 붓다의 많은 눈들 중 하나라고 말해도 지나치지 않다."고 하였다. 모든 곳에서 신성을 보는 것은 자비의 눈으로 우주를 보는 것과 결코 다르지 않다. 또한 도겐은 선을 제대로 수행함으로써 사람은 본질적으로 세상을 축복하고 환경을 바꿀 수 있게 되며, '시냇물의 소리와 형태, 산의 소리와 형태'조차도 모든 존재에게 깨달음에 이르는 길에 대한 가르침을 주는 데 동참할 것이라고 가르쳤다.

자비는 붓다의 본성이기 때문에 어느 곳에서나 모든 사물에서 신성함을 보는 것은 당신이 모든 곳에서 자비를 보고 경험하고 있다는 것을 의미한다. 당신이 자기 안이나 그 밖의 어디에서든지 신성함을 보는 수행을 한다면, 당신은 신성, 깨달음, 자비로운 자각과 하나가 될 것이다. 따라서 붓다의 자상한 목소리는 당신의 목소리, 또는 강이나 산의 목소리와 다르지 않게 경험될 것이다.

윌리엄 제임스, 융, 조셉 켐벨과 같은 학자들은 신성함과 초월에 대한 경험은 믿을 수 없을 만큼 다양한 시대와 문화에서 나타난다고 말했다. 몇몇 서양의 심리학자들은 이러한 경험은 유년기의 공생으로 회귀하고 싶은 퇴행의 일종이라는 견해를 가졌다. 하지만 이것은 완전히 잘못된 생각이다. 유년기의 공생적 경험은 애정이 넘치는 사랑에 대한 긍정적인 경험이다. 발달심리학자들은 유년기 공생의 주된 특징은 아이들이 오로지 즐거운 신체적 감각에만 집중하는 점이란 것을 발견했다. 이러한 방식으로 즐거운 감각에 집중하는 것은 욕망에 의해 움직이는 것이고, 그런 상태에서 아이들은 즐겁지 않은 어떤 것에 대한 자각은 차단하려고 노력한다. 공생은 자연스럽게 차이와 개성, 그리고 고통에 대한 부인을 동반한다. 공생상태에서 다른 사람들의 존재를 부인하는 것은 개념적 공감을 생기지 않게 한다. 고통을 부인하는 사람은 자비를 일으킬 수 없다.

내가 여기서 말하고자 하는 초월의 경험은 매우 다른 것이다. 비록 현재 애정을 경험하더라도 수행가는 욕망보다는 자비에 의해 움직인다. 수행자는 현실에 문을 닫은 채 즐거운 감각에 매달리지 않는다. 대신 자기 주변의 모든 것에 문을 열어 놓는다. 수행자는 차이를 부인하는 대신에 차이에 대한 맥락을 제공하는 깊은 상호의존적인 연결성을 본다. 수행자는 불쾌한 것을 차단하지 않는다. 대신 자신의 자각 속에서 불쾌함을 유지하고 자비를 키운다. 미성숙한 사람들은 고통이 없는 즐거움을 원한다. 반대로 신성함에 대한 성숙함을 가진 사람들은 아픔과 고통에 직면하며 사랑과 자비로운 자각으로 그것들을 품는다.

모든 것에서 신성함을 보는 것은 유대교나 기독교의 전통으로부터 많은 사람에 의해 수행되었다. 예를 들면, 몇몇 신비주의 유대교의 랍비들은 모든 것에서 하느님의 현존을 보려고 노력함으로써 강력한 영감을 받았다. 그들은 기도의 방법으로 기쁨의 노래를 부르고 춤을 추었다. 왜냐하면 지금-여기에서의 신성함에 대한 경험은 황홀한 기쁨을 불러일으켰고, 그것은 춤을 통해서만 자연스럽게 표현될 수 있었기 때문이다. 브라츨라프 랍비 나흐만은 하느님이 사랑하는 마음에서 십계명과 사랑의 율법인 토라를 주었던 것처럼 하느님이 사랑으로 세상을 만들었다고 가르쳤다. 그래서 나흐만은 '모든 말과 행동' 그리고 모든 피조물에서조차 하느님의 본질과 사랑의 말씀인 율법을 발견하거나 읽을 수 있다고 주장했다. 왜냐하면 신성한 사랑에 대한 진실은 우리의 일반적인 인식으로는 알 수 없기 때문이다. 그럼에도 나흐만과 같은 유대교 랍비는 진실을 찾거나 드러나게 하려는 절대적인 책임감을 느꼈다. 그렇게 하기 위한 가장 중요한 방법은 사랑과 믿음에 의해 영감받은 선한 행동을 하는 것이었다. 이런 랍비들 중 몇몇은 다른 사람들을 위해서 기도하는 행동과 자비로운 봉사는 모든 곳에 있는 신성의 존재를 드러나게 한다는 것을 느꼈다. 선과 사랑의 행위는 모든곳에 존재하는 숨겨진 하느님의 선과 사랑을 드러나게 한다.

심리학적 관점에서 이 점은 중요하다. 비록 사람들의 삶에 많은 어려움이 있다 할지라도, 유대교의 수행자들은 모든 것에서 신성한 사랑과 지혜를 보는 수행을 통해 내적으로 감사함과 넉넉함, 풍요로움을 키워 나갔다. 때로 그들은 기도할 때 노래하고 춤을 추면서 황홀경에 이르게 되어 극도의 충만함을 느꼈다. 그들이 신성을 보고 느낀 충만감은 자비스러운 서원과 책임감으로 이끌었다.

당신이 하느님의 사랑을 보았던 정도에 따라 자신의 말과 행동 속에서 사랑을 구현할 의무가 있다. 이것은 이러한 수행을 진심으로 수행한 모든 다른 전통에서도 사실이다. 다른 사람들이 보지 못하는 신성함을 보는 것은 당신 자신의 자비로운 본보기를 통해서 타인에게 사랑과 지혜를 드러내는 것에 대한 절대적인 책임감을 갖게 한다. 그런 수행가들이 강조하는 것은 엄격한 교리를 가르치는 것이 아니라 순수한 사랑인 신성의 본질을 세상에서 구현하는 것이다.

이것은 중요한 문제를 발생시킨다. 100년 넘게 종교의 이름으로 많은 폭력적 행동이 이행되어 왔다. 사람들은 어떻게 이렇게 될 수 있는지 궁금해한다. 심리학적 관점에서 보면, 이러한 현상은 종교가 공감이나 자비 같이 깊고 넓은 의미와는 분리되어 일련의 교리와 사상, 의식, 경험으로 존재할 때 일어나는 것이 분명하다. 공감이 없다면 종교적 이상은 단지 교인이 아닌 사람들을 '차별'하거나 그들과 심리적으로 거리를 두게 하는 또 다른 수단이 된다. 이러한 방식의 단절된 느낌은, 타인들을 평가 절하하고, 포용하지 않으며, 다른 사람에게 자신의 견해를 강요하는 경향을 보인다.

이런 일이 일어나면 심지어 가장 아름답고 영감을 주는 종교적 교리조차도 편견이나 분노, 학대, 심지어 폭력과 같은 독이 될 수 있다. 반대로 종교적 이상이 공감이나 자비와 같은 심오한 의미와 결합할 때, 종교적 배경이 다른 사람들을 서로 연결하고 자신의 최상의 것을 공유할 수 있게 하는 가교 역할을 할 수 있다.

우리가 다른 사람들을 위한 공감과 자비심을 갖게 되면 다른 사람들의 차이를 진심으로 존중할 수 있다. 그리고 자비로운 책임감으로부터 우리는 자신의 최상의 것을 타인과 공유할 수 있게 되고,

다른 사람들 또한 자신의 최상의 것을 찾고 나눌 수 있도록 격려할 수 있다.

마더 테레사의 삶과 글에서 보면 사람들에게서 신성을 발견하는 것은 자비를 계발하기 위한 가장 중요한 수행법이었다. 테레사 수녀는 젊었을 때 예수님의 다음과 같은 말씀에 영감을 받았다. "내가 배고팠을 때 내게 먹을 것을 주었고, 내가 헐벗었을 때 내게 옷을 주었으며, 내가 아팠을 때 나에게로 왔습니다. 당신이 내 형제에게 아주 사소하게 했던 것이 무엇이든지 당신은 그것을 나에게 한 것입니다." 다른 사람들을 돕는 것은 그녀에게 기도와 경배의 한 형태가 되었다. 테레사 수녀는 "나는 모든 아이의 눈 속에서 그리스도를 본다."라고 쓴 적이 있다. 또한 "오! 사랑하는 병자들이여! 그대들은 그리스도의 화신이기 때문에 그대들은 내게 가장 귀중한 존재입니다. 당신을 돌볼 수 있다는 것은 내게 부여된 엄청난 특권입니다."라고 말했다.

이것은 자비에 대해 한 가지 더 중요한 점을 제기한다. 우리가 다른 사람들을 위해 무엇인가를 할 때, 우리는 그들이 우리의 돌봄을 받을 특권이 있다고 생각하거나 감사함을 느껴야 한다고 생각할지 모른다. 사실 우리가 자비를 느끼고 실행할 수 있도록 누군가가 기회를 준다면, 우리 스스로 그 첫 번째 수혜자가 될 것이다. 진정한 자비는 다른 사람에게 도움을 주는 데 성공할 수도, 성공하지 못할 수도 있지만 우리 자신에게 도움이 되는 것은 분명하다. 깊고 진실한 자비가 없다면, 우리는 결국 자비가 불러일으키는 즐거움과 만족감을 발달시키는 데 어려움을 느낄 것이다.

우리는 대개 우리의 자비가 다른 사람에게 도움을 주는 것을 상상한다. 그런 생각은 바로 우리의 수행을 깊이 있게 할 필요가 있다는 신호다. 우리가 자비가 가져오는 기쁨과 충만함 그리고 의미있는 느낌을 발견할 수 있을 때 비로소, 우리에게 자비 수행의 기회를 주는 사람들에 대한 감사함을 발달시킬 수 있다. 자비는 감사함으로 이어지고, 애정 넘치는 사랑으로 이어지며, 더 큰 자비로 이어진다. 이런 방식으로 사랑, 행복, 그리고 자비의 순환이 계속되고 확대되어 활기를 띠게 된다. 이와 같은 긍정적인 선순환을 만들 수 있을 때에만, 마더 테레사가 했던 것처럼 다른 사람들에게 자비로운 봉사를 지속할 수 있게 된다. 주는것이 충만함과 풍요를 가져온다는 사실을 경험을 통해 배워야만, 우리는 자신을 지속적으로 헌신할 수 있다.

강한 종교적 느낌을 가진 사람들은 자신과 주변의 모든 사람 그리고 자연 또는 모든 사물에서 신성함을 찾으려고 노력하는 것이 유익하다는 것을 발견한다. 더 일반적으로 말하자면, 우리는 이 수행에 대한 논의를 통해 자비가 갖는 깊은 심리학적 본질에 대한 통찰을 얻을 수 있다. 그러한 통찰 중 한 가지는 우리가 자비의 눈으로 다른 사람을 볼 때, 아무리 더럽고, 까다롭고, 분노하고, 남을 괴롭히는 사람일지라도 우리의 자비를 받을 자격이 있다는 것이다. 심리학적으로 말하자면, 우리 자신을 누군가에게서 고립시키려는 충동은 부인과 공생적 환상을 통해 고통을 회피하려는 유아적 욕망 속에 근원을 두고 있다. 우리가 직접 도울 수 없는 사람들도 있겠지만 우리가 누군가에게 우리의 공감과 자비를 차단하는 것은 진실을 거부하는 부인을 선택하는 것이고, 결국 우리 자신의 일부분을 차단하는 것이다. 심지어 우리가 누군가를 도울 수 있는 것이 아무것도 없을지라도, 그 사람에게 자비로운 열린 마음을 유지하는 것은 우리 안에 있는 전체성과 통합성을 유지하게 하고, 미래에 그 사람과 어떤 긍정적인 상호작용의 가능성을 열어 두는 것이다.

이 논의는 우리가 경험하고 함께 창조하는 세상에 대해 우리의 감정이 얼마나 강력한 영향을 미치는가를 상기시켜 줄 것이다. 감정은 우리가 주변 세상을 어떻게 보는지, 주어진 어떤 순간에 우리가 어떻게 존재하며, 어떻게 행동할지에 영향을 준다. 그리고 궁극적으로 우리 인간이 주변 세상을 어떻게 바꿀까에 대한 동기를 부여하는 힘을 제공한다. 우리가 자신의 욕망에 계속 탐착한다면, 우리는 점차 탐욕과 소비를 조장하고, 강박적인 소비중심주의로 몰아가는 세상을 함께 만들게 될 것이다. 마음속에 분노와 두려움이 있을 때, 우리는 무기와 갈등과 전쟁으로 가득한 세상을 함께 만들게 될 것이다. 우리가 사랑과 자비의 마음을 키울 때, 우리는 평화와 관용, 안전, 그리고 감동을 주는 아름다운 세상을 함께 만들게 될 것이다. 자비가 어떻게 가정과 사회와 세상을 좀 더 살기 좋은 곳으로 만들어 가는지 보기 위해 천국의 존재를 믿을 필요는 없다.

우리 자신이 행복해지고, 다른 사람들에게 도움을 주기 위해 이 책에 제시된 방법을 규칙적으로 수행하는 것은 대단히 중요하고, 자비와 기쁨을 키우는 것은 선형적인 과정이 아니다. 그것은 꽃이 자라는 것처럼 유기적인 과정이다. 당신이 자비를 계발하려고 노력하면서 충동적인 욕망과 자기애를 줄이려고 규칙적인 작업을 한다면, 그것은 잡초를 뽑고 당신의 마음속 정원에 씨를 뿌리고, 거름을 주고, 씨앗에 물을 주는 것과 같다. 큰 결과가 바로 나타나지는 않는다. 그러나 당신이 매일이나 매주 잠시 동안 이런 방법과 수행 중 몇 가지를 선택한다면, 당신은 서서히 아름다운 결과를 볼 것이다. 우리의 마음과 대인관계 속 자비의 꽃만큼 더 놀라운 것은 없다.

당신이 이러한 수행에 참여함에 따라 당신은 의식적인 마음으로뿐만 아니라 무의식적으로도 작업하고 있는 것이다. 당신은 자신의 기분과 꿈 그리고 투사의 깊은 근원을 바꾸고 있는 것이다. 유연하고, 재치 있고, 인내심 있고, 일관성 있게 이러한 방식으로 작업함으로써 본질적으로 당신 자신을 새롭게 만드는 것이다. 마음 수행에 대한 티베트 전통은 우리가 갈망과 두려움, 분노, 자기애적 환상을 포기하고, 우리의 가장 좋은 특성을 유지하고 계발하는 것을 돕도록 만들어졌다.

일단 우리의 감정을 다루는 법을 이해한다면, 행복과 고통은 우리의 손 안에 있다. 붓다는 고통에서 해방되는 것은 항상 자기 자신의 책임이라고 강조하였다. 우리가 어떤 생각과 행동을 하느냐에 따라 앞으로 어떤 사람이 되느냐가 결정되며 행복을 찾는 것 또한 이에 달려 있다. 그러므로 우리가 일상에서 자비의 기술을 수행하기 위한 시간을 갖는 것은 반드시 필요하다.

끝으로, 나는 우리가 이론이나 교리상의 믿음에 상관없이 기본적이고 인간적인 수준에서 사랑과 자비의 강력한 느낌이 신성한 변화를 가져오고 자기초월적인 경험으로 이끈다는 것을 깨달을 수 있다고 생각한다. 당신이 항상 축복이 흘러넘치는 순수하고 더없이 행복한 우주에 대한 티베트 승려의 비전을 생각하든, 자비로운 지혜의 가르침의 소리가 산과 바다에 울려 퍼지는 도겐의 묘사를 생각하든, 신성한 사랑을 표현하며 황홀한 춤을 추는 유대교인을 생각하든, 마더 테레사 수녀의 흘러넘치는 사랑을 생각하든 간에 자비가 사람의 가장 긍정적이고 영적인 경험의 본질이라는 점은 확실하다. 심지어 아주 작은 진실한 자비만 있어도 자아중심으로 움직이는 폐쇄적인 세상 밖으로 우리를 이끌 수 있다. 그리고 우리가 자비를 구현하는 데 스스로를 바치는 것을 배울수록 우리는 감사와 영감, 사랑, 그리고 외경심과 즐거움, 심지어 황홀함에 이르기까지 인간이 경험할 수 있는 최상의 긍정적인 경험에 다가갈 수 있게 된다.

이것은 특별히 신비스러운 것은 아니다. 그것은 감정이 어떻게 작용하는지에 대한 본질이다. 우리의 가장 부정적인 감정이 고통을 유도하고 더 극단적인 고통을 초래하는 것처럼 우리의 가장 긍정적인 감정은 평화와 긍정적인 정신상태를 발달시키고 더 큰 평화와 행복으로 이끈다. 우리가 그러한 긍정적인 경험으로의 길을 열 때, 그러한 경험들은 자비를 계발하기 위한 우리의 수행에 훨씬 더 활력을 준다. 이는 긍정적인 감정과 경험, 행동을 증가시킬 것이다. 이것은 우리가 우리의 삶을 최상의 것으로 만드는 가장 유용한 방법이다.

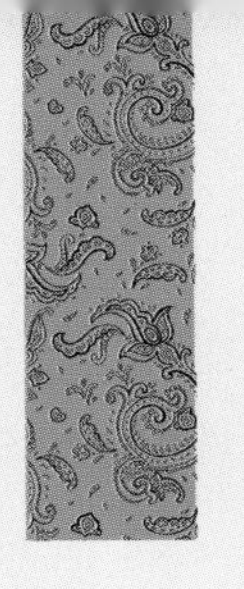

부록 1
자비수행 요약

04. 자기에 대한 자비 향상시키기

1. **자기성찰:** 끊임없이 마음을 통과하는 욕망과 관련된 생각, 느낌, 이미지의 계속되는 흐름을 자각하고 이완함으로써 시작하라. 당신 마음속에서 일어나고 있는 것을 관찰하라. 만약 주의가 흐트러지게 되면 자기성찰하는 작업으로 돌아가 깨어 있어라. 당신이 무엇을 생각하고 어떻게 느끼는지 정확하게 인식하는 데 시간을 할애하라.
2. **자기분석:** 이제 당신이 마음속에서 관찰한 생각과 느낌을 들여다보아라. 그리고 그러한 것들을 **왜** 생각하는지 질문하라. 특히 마음속에서 욕망이 하는 역할을 주의 깊게 살펴보아라. 생각과 느낌의 얼마나 많은 부분이 갈망하는 것을 얻으려는 행복의 추구와 관련이 있는지 주목하라. 당신이

어떤 것을 갈망할 때, 대상을 어떻게 보고 어떻게 느끼는지, 그리고 무엇을 생각하는지 주의 깊게 살펴보아라. 당신이 원하는 것을 얻지 못했을 때 무슨 일이 일어나는지 주목하라. 또한 당신이 원하는 것을 얻게 되었을 때 무슨 일이 일어나는지 알아차려라.

3. **특정 욕망 분석하기:** 다음에 당신은 집중할 특정한 욕망을 선택함으로써 깊이 있는 자기분석을 할 수 있다. 당신이 종종 욕망하는 것이나 꽤 깊고 거의 의식하지 못한 채 강박적으로 갈망을 느끼는 것으로 시작하는 것이 가장 좋다. 전형적으로 이러한 형태의 욕망에는 돈이나 칭찬, 주목받는 것, 성, 알코올, 약물 또는 건강에 해로운 음식들이 있다. 당신은 그러한 욕망을 많이 갖고 있겠지만 그중 하나에만 집중함으로써 시작하는 것이 도움이 된다. 당신의 욕망이 이러한 대상에 어떻게 작용하는지 규칙적으로 관찰하는 데 시간을 할애하라. 그리고 당신이 발견한 것을 적어라. 당신의 욕망은 어떤 것에 스트레스를 받을 때나 화가 났을 때 가장 강하게 일어나는가? 가장 강하게 일어나는 때가 아침인가, 낮인가 또는 밤인가? 그것은 보통 외로움이나 불안정함 또는 피곤함과 같은 다른 특정 감정과 관련이 있는가? 특히 당신 자신이 욕망을 만족시키는 것에 성공할 때와 성공하지 못할 때 무슨 일이 일어나는지 주목하라.
4. **욕망 내려놓기:** 당신이 특정 욕망을 깊이 있게 분석하는 과정을 경험했다면, 이런 욕망을 일으키는 다양한 종류의 고통에 집중하는 데 시간을 할애하라. 원하는 것에 대한 고통, 원하는 것을 얻지 못했을 때의 고통, 당신이 원하는 것을 얻었을 때 싫증나고 불만족스러운 것에 대한 고통, 가지고 있던 것을 잃어버리는 것에 대한 고통을 주의 깊게 관찰하라. 다음에는 그 대상에 대한 자신의 욕망을 내려놓는 수행을 시도하라. 여기

서 기억해야 할 것은 당신이 욕망의 대상에 집중하는 것이 아니라 욕망 그 자체에 대한 느낌에 집중하고 그것을 내려놓는 것이다. 욕망을 억압하지 마라. 충분히 자각을 한 채 자신의 마음속에서 욕망을 바라보아라. 이전의 분석을 통해 그것이 어떻게 고통을 유발하는지 알아차리고, 넓고 열린 시각으로 욕망을 내려놓아라. 당신이 내려놓을 때, 긴장이나 스트레스 없이 당신 삶의 현실에 대해서 완전하고, 만족스럽고, 개방적으로 느끼면서 지금 이 순간 바로 그곳에 있는 당신 자신에 대해 주목하라.

05. 살아 있는 사람들을 애도하기

1. **자기 자신을 애도하기:** 미래의 어떤 지점, 즉 미래의 오늘, 내년 또는 몇 년이 지난 후의 자신을 상상해 보아라. 그때 당신이 무엇을 하고 있을지 상상해 보아라. 다음에는 자신이 죽어 가는 시점을 상상해 보아라. 최대한 자세하게 자신이 죽는 상상을 하라. 당신 삶 속에서 다른 사람들과의 마지막 만남을 상상하라. 당신이 이미 알고 있는 모든 사람과 모든 것, 집이나 자신의 소유물, 사랑하는 사람, 심지어 자신의 이름과 몸과 얼굴 등에 이별을 말하는 것에 대해 생각하라. 당신이 마지막 순간을 어떻게 느끼는지 상상하라. 그 관점으로 자신에게 정말 중요한 것이 무엇인지 질문하라.
2. **흘러가는 시간:** 당신 앞 테이블 위에 초침이 있는 손목시계나 탁상시계를 놓아라. 훈련에 전념하기 위해 사전에 충분한 시간을 확보하라. 째깍거리는 소리를 따라 초침을 보라. 초침이 째깍거릴 때마다 절대적이고

명백하게 당신이 죽음에 더 가까워진다는 것을 기억하라. 당신에게 남아 있는 제한된 많은 순간은 손 안에 담긴 물이 새는 것처럼 새어 나가고 있다. 초침이 째깍거릴 때마다 당신의 삶은 변함없이 그 끝을 향해 치닫고 있음을 기억하라. 그리고 반복적으로 중요한 것이 무엇인지 스스로에게 질문하라. 무엇이 중요한가에 대한 질문을 하면서 가만히 앉아, 흘러가는 매 초마다 그 질문이 점점 더 깊이 당신의 정신 안으로 스며들도록 하라. 만약 당신의 마음이 다른 주제로 옮겨 간다면, 초침만을 바라보는 것으로 다시 돌아와 시간이 지나가고 있음을 알아차리고, 무엇이 중요한지 질문하라. 정해진 시간이 끝나면 당신에게 남아 있는 매우 귀중한 시간을 현명하게 사용할 것을 결심하라.

3. **당신은 오늘 죽을지도 모른다:** 일어나서 다음과 같이 생각하라. **'내가 아직도 살아 있는 것이 얼마나 아름다운가! 나의 삶은 부서지기 쉽고, 나는 분명히 어젯밤에 죽었을 수도 있다. 나는 깨어났고 내가 여전히 여기에 있다는 것이 정말로 놀랍다.'** 세상에 있는 다른 사람들이 지난밤에 죽었지만 당신은 지금까지 살아남아 있다는 것을 기억하라. 또한 다양한 원인에 의해 너무 쉽고도 갑작스럽게 죽을 수 있다는 것을 기억하라. 자동차 사고나 심장마비, 뇌졸중, 살인 혹은 사고는 오늘 당신의 삶을 쉽게 앗아 갈 수 있다. 잠시 동안 직관적으로 오늘 이후에 죽음에 가까이 가고 있는 자신을 상상해 보아라. 다음과 같이 생각하라. **'내가 오늘 죽을지도 모른다는 것은 필연적인 사실이고, 그 사실에 대해 내가 할 수 있는 것은 아무것도 없다. 그래서 나는 오늘이 마치 마지막인 것처럼 살 것이다.'** 오늘이 글자 그대로 당신 삶의 마지막일지도 모른다는 것을 인식하면서 오늘을 어떻게 보낼지 결정하라. 오늘 해야 할 중요한 일이 무엇인

지, 오늘 내 삶이 어떻게 진행되길 원하는지, 그리고 내가 만나는 사람들과 어떻게 관계 맺기를 원하는지에 대해 생각하라. 당신의 하루를 지혜롭게 보내려는 굳은 결심을 하는 것으로 훈련을 마쳐라.

4. **죽은 이들 애도하기:** 세상을 떠난 당신이 이미 알고 있던 사람들, 돌보았던 사람들 또는 사랑했던 사람들을 생각하는 데 시간을 할애하라. 당신이 그런 사람들에 대해 지금 어떻게 느끼는지에 대해 스스로 정직해지려고 열심히 노력하라. 다루기를 회피했었던 느낌이 있었는가? 당신이 신뢰하는 다른 사람들과 당신의 느낌에 대해 나누고 있다고 생각하라. 당신의 삶 속에서 그 사람들이 했던 역할에 대해 생각하라. 그들이 더 이상 그러한 역할을 할 수 없다는 것은 어떤 의미인가? 지금 당신은 그러한 욕망들을 어떻게 충족시키는가? 끝으로 공감과 사랑으로 세상을 떠난 사람들과 깊이 있게 만나려고 노력하라. 그 사람들을 소중하게 여기려고 노력하라.
5. **살아 있는 사람들 애도하기:** 당신의 삶 속에서 누가 얼마나 오랫동안 살지 절대로 알 수 없다는 단순한 진리를 기억하라. 몇몇 사람은 젊어서 죽고 나머지 사람들은 늙어서 죽는다는 것을 기억하라. 아픈 사람들 뿐 아니라 건강한 사람도 종종 갑자기 죽는다. 간단히 말해 그들 중 몇몇 사람은 심장발작이나 뇌졸중, 사고, 살인, 기타 등의 이유로 어떻게 해서든 갑작스럽게 죽는다. 이제 당신과 친밀한 사람 중 한 사람을 생각하라. 그 사람이 언제든 죽을 수 있다고 생각하라. 그 사람은 심지어 오늘 죽을 수도 있다. 만약 그 사람이 죽었다면 당신이 어떻게 느낄지 상상해 보아라. 당신은 무엇을 그리워할까? 당신은 그 사람에게 했었던 것이나 하지 못했던 것에 대해 무엇을 후회할까? 그 사람의 소중함을 알아차리고 그 사

람을 소중하게 여기는 마음을 향상시켜라.

06. 투사 이해하기

다음 방법들은 조용한 장소에서 당신 혼자서 할 수 있다. 또는 당신이 그 방법에 익숙해지면, 다른 상황들 속에서도 할 수 있다.

1. **친구와 적, 그리고 낯선 사람:** 당신 앞에 그들이 있다고 상상하면서 세 명의 다른 사람을 생각하는 것으로 이 훈련을 시작하라. 첫 번째 사람은 당신을 화나게 하거나 괴롭히는 적이어야 한다. 두 번째 사람은 당신 주위에 있는 당신이 좋아하는 사람이고, 당신이 친밀감을 느끼는 친구여야 한다. 그리고 세 번째 사람은 당신이 잘 모르고 무관심하게 느끼는 낯선 사람이어야 한다. 이 세 사람 중 각각에 대해 당신의 현재, 진정한 느낌에만 주목하면서 시작하라. 그런 다음, 그 세 사람 중 각 개인에 대해 차례차례 가능한 자세하게 생각하면서 다음 질문을 신중히 생각하라. **'어떤 계기로 당신은 그 사람을 이런 방식으로 보게 되었는가? 당신은 항상 이런 방식으로 그 사람을 보았는가? 모든 사람이 당신처럼 그 사람을 보는가? 다른 사람들은 당신이 보지 못했던 그 사람의 특성을 보는가? 그 사람의 관점에 공감하는 다른 사람을 알았다면 당신의 견해가 달라졌을 것인가? 그 사람도 다른 모든 사람처럼 행복해지기를 원하고 고통에서 자유로워지길 원하는가?'** 그 사람이 얼마나 간절히 행복해지기를 원하고, 고통에서 자유로워지기를 원하는지에 대한 느낌을 계발하면서, 특히 마

지막 질문에 집중하는 데 반드시 시간을 할애하라.

2. **마음이 투사하는 것 바라보기:** 당신 삶 속의 특별한 대상이나 사람에 대해 생각하라. 당신 마음이 어떻게 그 대상이나 사람에 대해 다양한 투사를 만들어 내는지 분석하는 데 시간을 할애하라. 당신의 내적 이미지를 주목하고, 이 이미지가 외부 현실과 어떻게 상응하는지 스스로에게 질문하라. 그 대상이나 사람과 연관된 다양한 생각과 판단, 이름붙이기와 감정에 대해 주목하라. 당신이 일상생활 속에서 실제로 그 사람이나 사물과 관련될 때, 투사가 당신이 경험하는 것과 행동하는 것에 어떤 영향을 주는지 마음에 새겨 두려고 노력하라.
3. **투사된 부분을 마음에 통합하기:** 당신이 자신의 한 측면을 투사하고 있다는 것을 평가하고 살펴보기 위해 특정한 관계를 선택하라. 그 대인관계에 대해 스스로 다음 질문을 하는 것으로 시작하라. '**나는 종종 이 사람과의 관계에서 갈등이나 양가적인 감정을 느끼는가? 나는 이 사람과 만족할 만한 해결책을 찾지 못하고 반복적으로 같은 종류의 논쟁과 상호작용을 하는가? 나는 정확하게 설명할 수는 없지만 그 사람에 대해 강한 감정을 경험한 적이 있는가? 나는 종종 대인관계에 대해 흥분하거나 우울해지거나 화가 나거나 불안하거나 분노하거나 괴로워하는가?**' 만약 당신이 이러한 질문에 '예'라고 대답한다면, 그것은 당신이 그 관계에서 무의식적으로 당신의 중요하고 부인된 어떤 측면을 투사하고 있는 것일 수 있다. 당신이 투사하는 것이 무엇인지 찾을 수 있는 쉬운 방법은 당신이 다른 사람에게 특히 강하게 느끼는 것이 무엇인지 스스로에게 질문을 던지는 것이다. 이러한 특성을 명확하게 정의하라. 왜냐하면 그 특성은 당신이 투사할 가능성이 가장 높은 것이기 때문이다. 일단 당신이 그 특성

을 확인했다면, 당신이 그 사람을 향해 투사를 시작할 때 스스로 알아차리려고 노력하는 것이 중요하다. 당신이 투사를 해결하려고 애쓰는 것은, 특히 당신이 그들을 향해 투사하는 역할을 연기하도록 다른 사람을 조종하려는 것을 알아차리는 것에도 도움이 될 수 있다. 만약 당신이 그렇게 조종하는 자신을 발견한다면, 투사는 불가피하게 당신과 다른 사람에게 상처를 주기 때문에 멈추기 위해 진심으로 노력해야 한다. 마지막으로 당신이 투사해 온 것이 무엇이든지 간에 그것을 의식적으로 다루려고 노력하라. 당신이 투사했던 것은 당신이 효과적으로 다루지 못했던 당신 마음속 감정이나 능력이라는 것을 인정하라. 스스로 그것이 당신이라는 것을 진심으로 인정하는 것이 가장 힘든 부분이다. 그런 다음 당신은 삶 속에서 자신의 일부를 다루고 표현하는 방법에 대해 의식적이고 합리적인 결정을 하는 데 시간을 할애해야만 한다.

07. 애정 넘치는 의사소통

당신은 다른 사람과 상호작용하는 동안 어떤 순간이든 공감적이고 애정 넘치는 의사소통을 수행할 수 있다. 여기서 나는 이 방법의 핵심요소 몇 가지를 간단히 살펴보면서, 당신이 자신과 가까운 사람에게 어떻게 적용할 것인지에 대해 강조하고자 한다.

1. **정직해지기:** 다른 사람에 대한 자신의 생각과 감정을 분석하는 데 시간을 할애하라. 스스로에게 자신의 대인관계에 대해 다음과 같이 질문하

라. **'내가 느끼고 생각했었지만 스스로 허용할 수 없었거나 다른 사람들에게 말 할수 없었던 관계에서의 문제가 있는가? 내가 이 사람과 더 친밀해지기 위해 하지 않고 있는 것들이 있는가? 다른 사람에 대해서 내가 갖고 있는 탐착이나 혐오 또는 무관심에 뿌리를 두고 있는 투사의 종류는 무엇인가? 나는 거짓말로 다른 사람과 공공연하게 믿을 수 없는 관계를 맺거나, 대인관계에서 진실하지 않음으로써 은연중에 믿을 수 없는 관계를 맺는 방법이 있는가?'** 이러한 질문에 대한 당신의 대답과 일치시켜 더 정직해지고, 진실해질 것을 결심하라.

2. **공감능력 키우기:** 다른 사람을 적극적으로 공감하는 수행을 하라. 당신이 다른 사람과 대화하는 동안 충분한 관심을 가지고 그들을 바라보아라. 그들의 목소리 톤과 얼굴 표정, 행동에 주의를 기울이면서 그들이 말하는 것을 주의 깊게 들어라. 당신이 보고 들었던 것에 대해 생각하면서 특히 개념적 공감을 수행하라. 다른 사람이 의사소통하는 것을 당신이 과거에 경험하고, 듣고, 읽었던 것과 연결시켜 보아라. 다른 사람의 관점으로 당신 자신이 세상을 경험하는 것을 적극적으로 상상하라. 또한 당신이 대화하는 동안 공명하는 공감을 수행하라. 다른 사람과 상호작용하는 동안에 당신의 느낌과 정서에 주목하라. 그것들이 투사에서 나오는 것인지, 다른 사람에 대해 공명하고 공감하는 반응에서 나오는 것인지 분석하면서 그러한 느낌과 정서의 근원을 신중히 생각하라.
3. **사랑의 힘 키우기:** 다른 사람에 대한 당신의 공감적 이해를 향상시킴에 따라 특히 그 사람과의 연결성도 향상된다. 다른 사람이 당신의 삶에서 하는 역할과 당신의 행복과 그 사람의 행복이 상호 의존하고 있는 방식에 대해서 알아차려라. 당신이 공명하는 공감을 발달시킴에 따라, 그런

공감이 일어남으로써 느껴지는 깊은 연결감에 집중하라. 당신의 공감으로부터 당신이 할 수 있는 한 많은 연결감과 친절, 사랑을 발달시켜라. 그런 다음 당신이 사랑이란 감정에 머무는 동안 연관된 모든 사람에게 가장 도움이 되는 의사소통이 무엇인지 스스로에게 질문하라. 그러고 나서 현재 당신의 말과 행동 속에 있는 사랑과 공감의 힘으로 의사소통하려고 가슴으로 노력하라.

08. 밝은 가슴 키우기

1. **무한한 사랑과 자비:** 편안하게 가부좌로 앉고, 마음을 가라앉히기 위해 잠시 동안 호흡에 집중하면서 시작하라. 다음에는 당신 자신을 향한 자비심과 사랑을 불러일으키는 수행을 시작하라. **'내가 고통에서 벗어날 수 있기를'** 하고 생각하라. 당신 자신에게 잠시 집중하고, **'내가 고통에서 벗어날 수 있기를'**이라는 생각을 계속하라. 이 생각을 계속하면서, 당신이 어떤 특별한 상황에서 고통받고 있을 때를 회상하거나, 모든 종류의 잠재적인 고통에 취약한 사람으로서의 자신의 이미지를 떠올려라. 다음에는 당신이 친밀하게 느끼는 사람이나 동물에 대해 생각하라. **'그들이 고통에서 벗어날 수 있기를'** 하고 생각하라. 당신이 그렇게 생각하는 동안 당신 가슴에서 자비심이 퍼져 나오는 상상과 그 동물과 사람에게 손을 뻗어 그들의 고통을 씻어 주는 상상을 시작하라. 그들이 자신의 삶에서 경험할 특정한 고통에 집중하라. 당신의 가슴이 그들에게 전달되고, 그들을 부드럽게 감동시키며, 그들의 고통을 제거하는 자비로운 깨달음

을 상상하라. 그런 다음 낯선 사람에게 집중하며 똑같은 수행을 시작하라. 당신은 다양하게 고통받는 특정한 낯선 사람에 대해 생각할 수 있다. 또는 당신은 시내에서나 도시에서 또한 국내에서 알지 못하는 모든 사람에 대해 생각할 수 있다. **'그들이 고통에서 자유로워지기를'** 원하는 마음을 발달시켜라. 자비심이 당신 가슴에서 퍼져 나와 모든 존재를 고통에서 자유롭게 하는 상상을 하라. 낯선 사람에게 집중한 후에는 당신의 적이나 당신이 싫어하는 사람에게 집중하고, 그들을 위한 자비심도 발달시켜라. 반복해서 **'그들이 고통에서 자유로워질 수 있기를'** 하고 생각하라. 그리고 자비가 당신 가슴에서 퍼져 나와 그들의 고통과 문제를 씻어 내는 상상을 하라. 끝으로, **'모든 존재가 고통에서 벗어날 수 있기를'** 하고 생각하라. 그리고 자비가 당신의 가슴에서 뻗어 나와 지구 전체를 감싸고, 우주 전체에 퍼지는 상상을 하라. 당신의 자비는 정말로 거대하고 무한하다는 것을 느끼려고 노력하라.

2. **빛나는 길**(일상생활 속 자비 수행): 당신이 주변을 걷거나 운전하는 동안 앞에서 언급한 방법을 수행에 적용해 보아라. 특히 당신이 사람이나 동물을 볼 때, 자비심이 당신의 가슴에서 퍼져 나와 그들에게 도움이 되는 것을 상상하는 동안 **'그들이 행복해지고 고통에서 자유로워지기를'** 하고 생각하는 수행을 하라.
3. **보편적 책임감:** 당신이 방금 설명한 방법들을 수행했다면, 당분간 **'나 자신은 그들을 고통에서 벗어나 행복과 자유로 이끌 것이다.'**라는 생각을 추가하라. 당신이 그들에게 도움을 줄 수 있고 그렇게 할 수 있는 좋은 방법을 생각하는 데 시간을 할애하라. 그리고 고통으로부터 자신과 다른 사람을 자유롭게 하는 것이 당신 삶의 진정한 목적이라는 생각을 키

워라.

4. **자비로운 행동:** 당신이 사랑과 자비심을 발달시킬 수 있다면 이러한 감정을 즐겁게 행동으로 옮기는 수행을 하라. 특히 당신의 일상생활 속에서 주변 사람들에 대한 당신의 공감에 집중하라. 당신이 그들을 위한 사랑과 자비를 향상시킨 후에는 그들을 위해 당신이 할 수 있는 어떤 특정한 행동에 대해 생각하라. 그러한 행동을 할 때 진실로 그 과정을 즐기는 데 특별한 노력을 기울여라. 일단 당신이 그것을 이루었다면, 자비에 대한 자기계발 과정과 긍정적인 행동을 하는 과정, 당신이 다른 사람들을 위해 행한 유익한 영향에 대해 기뻐하는 시간을 가져라.

09. 감사하는 마음과 내적 풍요 키우기

감사함을 발달시킴에 있어 다음 접근 중 어떤 것이라도 사용할 수 있고, 심지어 더 좋은 것이나 그것들을 조합하여 사용할 수도 있다. 당신의 개인적인 역사에 따라 그것들을 순서대로 할 필요는 없다. 특히 당신이 부모와 힘들었던 과거 경험이 있다면 우선 처음 몇 가지 접근에만 집중할 수 있다. 주된 목적은 깊은 감사와 애정을 계발하여 친절에 보답하거나 전달하려는 소망을 이끌어 내는 것이다.

1. **가진 것에 대해 감사하기:** 당신의 삶 속에서 당신이 갖고 있는 좋은 것들의 목록을 만들어라. 당신이 사용할 수 있고 즐길 수 있는 눈에 보이는 것들로 시작하라. 내가 갖고 있는 것을 다른 사람들은 갖고 있지 않을 수

있고, 이러한 것들은 항상 갖고 있을 수도 없다는 것을 기억하라. 진심으로 당신의 행운을 기뻐하라. 그런 다음 대인관계, 건강, 긍정성, 자유, 지적 수준, 지식 등과 같이 당신을 즐겁게 할 수 있는 눈에 보이지 않는 것을 고마워하는 시간을 가져라. 또한 욕망을 내려놓는 것, 새로운 것을 배우는 것, 다른 사람들을 돕거나 사랑하게 되는 것과 같이 긍정적인 것을 하기 위한 기회가 있다는 것을 기뻐하는 데 시간을 할애하라. 당신 삶 속에서 좋은 것들 하나하나에 감사함과 고마움을 계발하려고 진심으로 노력하라.

2. **요청하고, 수용하고, 친절에 감사하기:** 당신과 가까운 사람들과의 관계에서 구체적으로 도움을 받을 수 있는 것에 대해 생각하고, 그들이 당신에게 의미 있는 것을 줄 수 있도록 도와라. 당신이 가지고 있을지 모르는 무가치감이나 불신감에 직면한다면, 그들에게 요청을 해도 충분히 안전하다고 느낄 수 있는 방법을 결정하라. 당신이 견딜 수 있는 정도까지, 당신 삶 속의 이런 사람들에게 개방하고 그들에게 당신이 원하는 것을 요청하라. 비록 그들의 반응이 완전하지 않더라도 그들의 친절을 수용하는 연습을 하라. 그들이 당신에게 보여 준 친절과 사랑에 집중하는 데 시간을 할애하라. 당신이 할 수 있는 반응 중 고마움과 감사함, 애정 등을 발달시키면서 그들의 친절이나 칭찬이 스며들게 하라. 가능한 오랫동안 이러한 긍정적인 느낌들 속에 머물러라.
3. **다른 사람이 보여 주었던 친절 기억하기:** 과거에 당신에게 친절했던 많은 사람을 생각하는 데 시간을 할애하라. 특히 당신이 감정적으로 반응했던 것들에 집중하면서 친절과 관련된 가능한 많은 특정 사건들을 회상하라. 당신이 젊었을 때 지지적이며 관대하고 친절했던 조부모와 이모나

삼촌, 다른 친척들과 친구들에 대해 생각하라. 당신에게 읽고 쓰기를 가르치고, 당신이 알고 있는 모든 것을 가르쳤으며, 당신에게 영감을 주었던 선생님들과 멘토에 대해서도 생각하라. 옳고 그른 것을 가르쳐 준 사람과 삶에 필요한 지식과 기술을 습득하도록 도와준 사람에 대해 생각하라. 끝으로 이런 큰 친절에 보답하고 전달하고자 하는 마음을 키워라.

4. **부모님의 친절을 기억하고 상상하기:** 비록 우리가 생애 초기 몇 년을 기억하지 못할지라도 유아기나 아동기 때 다른 사람들이 우리를 위해 한 것을 상상하는 것은 그리 어려운 일이 아니다. 당신이 어머니의 자궁 속에 있을 때부터 태어날 때까지 부모님이 당신에게 보여 주었던 친절을 상상하는 데 시간을 할애하라. 부모님이 한밤중에 일어나서 당신에게 우유를 주고 당신의 기저귀를 갈아 주면서 겪은 고생에 대해서 생각하라. 그분들이 당신을 지지해 주고, 안전하게 지켜 주고, 장난감을 사 주고, 당신과 대화를 하고 많은 것을 가르쳐 주신 것에 대해 생각하라. 부모님이 당신 대신 겪은 많은 고생에 대해 생각하라. 당신이 실제로 기억할 수 있는 이전부터 가능한 자세하게 상상하라. 그다음에는 부모님이 당신에게 했던 것과 유년기에 당신과 함께 공유했던 사랑을 가능한 한 많이 기억해 내라. 반복해서 당신이 할 수 있는 정도까지 따뜻한 애정과 사랑, 감사함에 집중하고 머물러라.
5. **감사한 마음 확장시키기:** 당신이 앞의 네 가지 방법에 참여해 왔다면 가능한 폭넓게 당신의 친절과 애정, 감사함을 확장시키는 상상을 하라. 당신 삶에서 받았던 모든 사랑과 친절은 이전 세대들이 보여 준 친절의 결과라는 것을 생각하라. 이러한 어마어마한 모든 친절에 대해 수천 년 이상 거슬러 올라가 기억을 더듬어 돌이켜 보려고 시도해 보고, 그 모든 사

랑이 지금 현재 삶에 어떻게 나타나는지 느끼려고 노력해 보아라. 만약 당신이 원한다면 당신은 또한 수많은 이전 생애를 통해 무한한 어머니들로부터 셀 수 없이 많은 애정이 넘치는 친절을 받았던 상상을 할 수도 있다. 어떤 경우에라도 내적 풍요와 사랑을 확장시키는 감각을 키우면서 깊이 있는 감사의 영역을 확장시키려고 노력하라.

10. 행복의 열쇠 사용하기

당신 삶 속에서 특정한 문제가 있는 주제를 하나 선택하고, 당신이 어느 정도 향상될 때까지, 더 자비로운 방식으로 그 주제에 접근할 때까지, 그리고 당신 삶의 영역에서 더 기쁘게 만족할 때까지 계속 노력하라. 그런 다음 당신이 다른 주제로 옮겨 가고 싶으면 그 방법을 또 다른 주제에 적용해 보고, 그 후에 또 다른 주제에 그 방법을 적용해 보아라.

나는 당신이 생각을 적어 볼 것을 제안한다. 생각을 적고 그런 다음에 하루나 일주일 후 다시 돌아와서 그 생각을 확인하고 추가하는 것을 조금씩 계속하는 것이 도움이 된다.

1. **문제를 숙고하기:** 문제가 있는 주제에 이름을 붙이는 것으로 시작하라. 예를 들면, '외로움' '남자 문제' '아버지에 대한 분노' '직장에서의 불안' 등이 있다. 다음 네 가지 외 다른 것에 대해 생각하고 적는 데 시간을 할애하라. 이 주제와 관련된 당신의 과거사나 그 주제가 당신의 현재 삶에 어떻게 영향을 미치는지, 변하지 않는다면 이 주제가 당신의 미래에 어

떤 영향을 줄 것인지, 그리고 이 주제가 당신이 알고 있는 다른 사람의 삶에 어떤 영향을 주는지 등을 생각하고 적는 데 시간을 할애하라.

2. **자비의 눈으로 문제 바라보기:** 다음 질문을 함으로써 시작하라. **'이 상황에서 내가 탐착하고 있는 나 자신의 이미지는 무엇인가? 나는 다른 사람에게 진심으로 공감과 자비를 느끼는가? 내가 보지 못하고 있는 가능한 해결책은 무엇인가? 나는 더 큰 고통 대신 나를 위한 행복과 나 자신을 보호하기 위해 어떻게 노력해야 하는가?'** 이것에 대해 시간을 갖고 스스로 정직해져라. 그다음에는 이러한 자기중심적인 접근에 따라 발생하는 모든 어려움의 목록을 만들어라. 당신이 훈련의 초반부에 적은 것을 이용하고, 거기에 당신의 현재 접근 방식이 일으키는 불이익의 목록을 만들어서 추가하라. 그런 다음, 그 문제에 더 개방적이고 애정이 넘치고 자비로운 접근을 통해 당신과 다른 사람들에게 도움이 될 만한 것을 설명해 주는 다른 목록을 만들어라.
3. **행복의 문으로 들어가기:** 이제 이 주제에 대해 새롭고 더 자비로운 접근을 시도하기 위한 계획을 세워 보아라. 당신의 계획에 당신의 생각과 느낌과 행동으로 작업하는 방법이 포함되어 있는지 확인하라. 처음에는 당신의 생각과 느낌을 갖고 작업하는 것에 집중하라. 당신은 도움을 받기 위해 이 책의 초반부에서 제시한 몇 가지 방법을 사용할 수 있다. 생각과 이미지와 기억 목록을 만드는 것은 이러한 주제에 대한 긍정적인 느낌을 일깨우는 데 도움이 될 것이다. 새로운 접근을 확인하기 위해 호기심, 활발함, 열정을 발달시키려고 진심으로 노력하라. 이 훈련의 목적은 삶의 영역에서 당신이 더 행복해지도록 돕는 것임을 기억하라. 작은 행동 목표를 세워서 시작하라. 당신의 계획이 실제로 이런 당신 삶의 영역에서

마음을 더 개방하도록 돕는지 확인하고, 당신이 더 만족스럽고 더 즐겁게 느끼는지 확인하면서 당신이 어떻게 행동하는지 살펴라.

11. 내면의 적과 싸우기

당신 안의 적인 자기애와 전쟁을 시작함에 있어 반드시 현실적인 목표를 갖고 시작하라. 한꺼번에 모든 이기적인 습관과 싸우려는 것은 어쩌면 소모적인 느낌과 포기하고 싶은 마음만 생기게 할 수 있다. 당신과 다른 사람들에게 가장 큰 고통을 유발하는 경향들로부터 서서히 시작하라. 성공 경험이 있다면, 당신이 자기애 그 자체를 극복할 때까지 새롭게 추가되는 적들과 싸우기 위해 그 성공 경험으로 인한 자신감을 사용할 수 있을 것이다.

1. **내면의 적 확인하기:** 자신과 다른 사람들에게 고통을 유발하는 당신의 자기애적 패턴 몇 가지를 확인하는 것부터 시작하라. 당신이 다른 사람을 소중하게 여기는 것보다 당신의 자기 이미지와 편안함, 부, 지위를 더 소중하게 여기는 상황에 주목하라. 당신의 판에 박힌 일상 속에서 당신이 하는 일들 중 자기애를 표현하는 작은 목록을 만들어라. 예를 들면, 하기 싫은 일을 다른 사람에게 떠맡기는 것, 관심받으려고 애쓰는 것, 다른 사람들을 자기 자신보다 더 낮은 사람인 양 무시하는 것, 다른 사람의 신경을 거슬리게 하는 것, 무언가를 했지만 아무것도 변하지 않았다고 불평하는 것. 타당한 이유 없이 다른 사람에게 상처 주는 말을 하는 것, 또는 당신이 원하는 것을 다른 사람이 하지 않을 때 화를 내는 것과 같

은 것이다. 당신과 다른 사람에게 고통을 주는 적을 알아 가면서 당신 안에 있는 그런 자기애적 성향을 살펴보는 데 시간을 할애하라.

2. **적을 의인화하기:** 당신이 싸우고자 하는 자신의 자기애적 습관 중 한 가지 혹은 몇 가지를 골랐다면 그런 습관들을 의인화하라. 당신이 자신을 극복하기 위해 노력하고자 하는 자기애적 특성을 의인화하여 상상의 인물을 만들거나 문학작품이나 당신의 상상에서 한 사람을 골라라. 이런 특성이 어떻게 생각하고 행동하는지 상상하는 데 조금이라도 시간을 할애하라. 이 단계의 주요 목표는 자기애적 습관으로부터 탈동일시하는 것이다. 자기애가 당신이라고 생각한다면 그 전쟁은 자기혐오로 전락하게 될 것이다. 우리는 종종 자기애의 긍정적인 특성을 심하게 과장해서 말하는데, 건강하지 못한 경향에 대응하기 위해 명확하게 부정적인 사람을 선택하는 것이 좋다. 티베트 수행자들은 사악한 독재자나 도둑 또는 악마에 대해 생각하곤 한다. 당신 자신의 의인화된 모습을 떠올릴 때 창의력을 발휘해 보아라. 그리고 당신이 그렇게 됐다면, 그 의인화된 사람은 당신이 아니라는 것을 스스로 강하게 상기시켜라.
3. **전투계획 세우고 실행하기:** 이제는 이런 내부의 적과 싸우기 위한 실제적인 계획을 세워라. 그 계획에는 당신의 자기애적 경향에 타격을 줄 적극적인 행동이 포함되어야 한다. 그 계획은 새로운 방식의 생각과 느낌을 포함하고 있어 당신이 오래된 패턴을 따르려고 할 때 멈추고 오래된 습관을 새로운 습관으로 바꿀 수 있어야 한다. 당신의 자기애가 회피하기를 바라는 바로 그것을 당신이 실제로 실행하는 것이 특히 중요하다. 만약 자기애가 당신으로 하여금 바닥 닦기를 피하게 하고, 아픈 사람과 시간 보내는 것을 피하게 하거나 또는 다른 사람을 위해 잠을 설쳐 가면

서 일하는 것을 피하게 한다면, 그때는 바로 그것들을 행하는 수행을 하라. 만약 자기애가 당신이 다른 사람을 비난하고, 동료에게 거칠게 말하거나 당신이 줄 서서 기다릴 때 한숨짓게 한다면, 그때 그런 것들을 피하는 수행을 하라. 당신은 단계 1에서 확인한 특정한 자기애적 습관에서 벗어나기 위해 계획하고, 한동안 지켜야 할 자신만의 몇 가지 규칙을 만들 수 있다. 당신은 자기애에 대항하는 행동을 할 때 불편함을 느낄 수 있다. 그것은 전쟁이 시작된다는 좋은 신호다. 시작된 전쟁에서 자기애적 경향을 정복하는 데 성공할 때까지는 싸움이 지속되는 동안 생길 수 있는 어려움을 견디는 것을 두려워하지 마라. 당신이 예전에는 하지 않았던 상황에서 다른 사람에게 자비를 느끼고 공감할 수 있을 때 당신은 자신이 이겼다는 것을 알게 될 것이다. 승리의 또 다른 신호는 자기애가 하지 못하게 방해하곤 했던 것을 당신이 진심으로 즐겁게 할 수 있게 되는 것이다.

12. 논쟁에서 즐겁게 지기

우리가 논쟁에서 기꺼이 즐겁게 지는 기술을 실행에 옮기는 방법에 대해 지적으로 이해하는 것은 상대적으로 쉽다. 그러나 오래된 감정적 습관을 반대로 바꾸는 것은 그 시작에 있어 상당한 노력이 요구된다. 여기서 나는 당신이 그 습관들을 자신에게서 떨어져 나가도록 노력할 수 있게 하기 위해 다음과 같은 단계에 참여하는 것을 제안한다.

1. **까다로운 사람 평가하기:** 당신의 일상적인 삶 속에서 간혹 당신에게 어려움을 주었던 한 사람이나 그 이상의 사람들을 확인하라. 당신은 그들과의 대인관계 속에서 이 방법을 수행하기 위해 노력할 것을 결심하라.
2. **기회 알아차리기:** 그런 다음 그들 중 한 사람이 어떤 이유로 흥분하고 당신을 힘들게 하기 시작하면, 잠시 멈추고 이 방법을 수행하는 것이 당신에게 기회라는 것을 기억하라.
3. **인지적 개입:** 상투적인 반응 양식에 빠지는 것에서 자신을 지키는 데 도움이 되는 것은, 함께 동요하는 방식으로 그 사람에게 반응하는 경우에 생기는 몇 가지 단점을 떠올리는 것이다. 또한 평화와 인내심, 자비로 반응하는 경우에 생기는 몇 가지 이점을 떠올려라.
4. **파도타기:** 이제 마음을 편안하게 하고 다른 사람에게 마음을 열어라. 당신에게 다가오는 자연스럽고, 공명하는 공감적 반응을 불러일으키는 그 사람의 동요된 감정의 파장을 허용하라. 당신은 이 사람의 고통과 감정의 에너지를 깊이 자각하여 그 자각을 그 사람과 연결되고 자비를 향상시키는 방법으로 사용하라.
5. **논쟁에서 지기:** 이제는 논쟁에서 지는 것을 시작하라. 다른 사람에 대한 자비를 표현할 때 자신의 직관을 믿어라. 요점은 다른 사람들이 느끼는 방식을 통제할 수 없다는 것을 기억하는 것이다. 또한 진심으로 친절해지고, 개방적이 되고, 참을성 있게 되며, 자비롭게 되는 것이 핵심이다. 그 과정을 신뢰하고 즐겨라.

13. 주고받기 수행

1. **사전준비:** 이 방법을 시작하기 전에 자기애적으로 '자기를 소중하게 여기는 것'의 단점을 기억하면서 마음을 준비하는 것이 중요하다. 자기애가 당신과 다른 사람들에게 많은 고통을 유발하는 당신 안의 적이라는 여러 가지 이유를 기억하라. 스스로 자신을 소중하게 여기는 것으로부터 탈동일시하려고 노력하라. 당신이 때때로 소중히 여기는 다양한 피상적 이미지는 당신이 아니라는 것을 기억하라. 또한 다른 사람에 대해 편견에 사로잡히지 않고, 공감하고, 애정을 향상시키기 위해 작은 시간이라도 적극적으로 투자하라.
2. **슬픔 받아들이기:** 우주 속 헤아릴 수 없이 많은 존재의 고통에 대해 생각하라. 그러한 고통에 대해 생각하면서 공감과 강한 자비를 적극적으로 향상시켜라. 당신이 미래의 언젠가 경험할 수도 있는 두통이나 복통과 같은 고통에 대해 생각함으로써 작은 것부터 시작하라. 질병, 대인관계 문제, 전쟁, 굶주림 등과 같이 사람이나 동물이 느끼는 강한 고통을 생각하면 할수록 당신의 자비로운 상상은 점차 더 대담해질 것이다. 당신 마음속에 솔직하고 자비롭게 담아 낼 수 있는 고통이라면 무엇이든지 집중하면서, 고통이 그러한 존재에서 발생하여 날카로운 면도칼로 자른 머리카락처럼 깔끔하게 잘려 나간다고 상상해 보아라. 그리고 고통이 지하세계에 있는 공장에서 빨아들이는 오염된 비현실적인 검은 구름 같은 것이라고 상상해 보아라. 자비의 힘으로, 당신을 향해 어두운 에너지를 끌어들여라. 이제 가슴 한가운데 있는 검은 씨앗모양의 '자기를 소중하게 여기는 당신 안의 적'을 상상해 보아라. 당신 내면의 적 속으로 빨려 들어

가고 있는 어두운 고통의 구름 전체를 상상하고 그것을 파괴시켜라.

3. **기쁨 주기:** '받아들이는' 수행을 끝내면 이제 당신은 주는 과정을 시작하게 된다. 첫째, 다른 사람들의 행복을 바라면서 그들을 위한 애정과 사랑을 계발하려고 노력하라. 다음은 당신 몸에서 광선 줄기가 나오는 것을 상상하거나, 누군가가 진정으로 행복해지기 위해 필요한 것이면 무엇이든 당신이 있는 그곳에서 수많은 또 다른 당신이 몸에서 복제되어 무엇이든지 되는 상상을 하라. 당신이 할 수 있는 한 거대하고 숭고하며 애정 넘치는 상상을 하면서 창조적이 되어라. 당신은 자기 자신을 모든 외로운 사람을 위한 소중한 친구로, 집이 없는 사람을 위한 건축가로, 지식을 원하는 사람들을 위한 교사로, 아픈 사람들을 돌보는 의사나 간호사로, 두려워하는 사람들을 위한 보호자로 생각할 수 있다. 당신은 혼란스러워 하는 사람들을 위한 기발한 조언자로, 고아를 위한 부모로, 다른 사람들의 영혼에 행복을 주는 음악가로, 무엇인가를 찾는 사람들을 위한 정신적 안내자로 생각할 수 있다. 인간에 대한 상상에 한계를 둘 필요는 없다. 당신은 시원한 산들바람, 꽃비, 영감, 불꽃놀이, 보석더미, 차, 배, 공원, 궁전, 도서관, 멋진 축하연, 예술작품, 약 등 다른 사람들에게 행복을 줄 수 있는 것들을 제공할 수 있다. 마지막으로, 모든 사람에게 지복, 행복, 평화, 즐거움 같은 모든 것을 어디에서나 주는 상상을 하라.
4. **호흡으로 수행하기:** 끝으로 당신이 얼마 동안 천천히 이 수행을 해 왔다면, 그 수행을 당신의 호흡과 함께 시도해 보아라. 숨을 들이쉬면서 다른 사람들의 어두운 고통의 구름을 받아들이는 자비로운 상상을 하라. 숨을 내쉬면서 모든 존재가 행복해지도록 애정을 기울여 '주는' 상상을 하라.

부록 2
읽을거리

이 책에서 나는 티베트 불교 전통과 서양 심리학의 개념들과 기술들을 통합하여 독자들이 일상생활에서 자비를 수행할 수 있는 실제적인 방법들을 제공하고자 했다. 티베트 전통의 불교 수행에 대해 더 많은 것을 알기 원한다면 마음 훈련에 관해 티베트 불교 수행 지도자들이 쓴 다음의 책이 도움이 될 것이다.

서양 독자를 위해 티베트 수행자들이 저술한 책

The Dalai Lama. Kindness, Clarity, and Insight. Ithaca, NY: Snow Lion, 1984.

The Dalai Lama. A Flash of Lightning in the Dark of Night. Boston: Shambhala, 1994.

The Dalai Lama. Transforming the Mind: Teachings on Generating Compassion. London: Thorson's, 2000.

The Dalai Lama. An Open Heart: Practicing Compassion in Everyday Life. New

York: Little, Brown, 2001.

Deshung Rinpoche. The Three Levels of Spiritual Perception. Boston: Wisdom Publications, 1995.

Dilgo Khyentse. The Heart Treasure of the Enlightened Ones. Boston: Shambhala, 1992.

Rimpoche Nawang Gehlek. Good Life, Good Death: Tibetan Wisdom on Reincarnation. New York: Riverhead Books, 2001.

Geshe Rabten and Geshe Dhargyey. Advice from a Spiritual Friend. New Delhi: Publications for Wisdom Culture, 1977.

Geshe Lhundub Sopa. Peacock in the Poison Grove. Boston: Wisdom Publications, 2001.

Ghogyam Trungpa. Cutting Through Spiritual Materialism. Berkeley: Shambhala, 1973.

Khensur Lobsang Tharchin. Achieving Bodhicitta. Howell, NJ: Mahayana Sutra and Tantra Press, 1999.

Lama Yeshe. Becoming Your Own Therapist. Boston: Lama Yeshe Wisdom Archive, www.lamayeshe.com, 1998.

Lama Yeshe. Introduction to Tantra: A Vision of Totality. Boston: Wisdom Publications, 1987.

Lama Zopa Rinpoche. The Door to Satisfaction. Boston: Wisdom Publications, 1994.

Lama Zopa Rinpoche. Transforming Problems into Happiness. Boston: Wisdom Publications, 2001.

영어로 번역된 전통 불교 자료

Gampopa. The Jewel Ornament of Liberation. Berkeley: Shambhala, 1986.

Glen Mullin. Selected Works of the Dalai Lama I. Ithaca, NY: Snow Lion, 1981.

Pabongka Rinpoche. Liberation in the Palm of Your Hand. Boston: Wisdom Publications, 1991.

Patrul Rinpoche. The Words of My Perfect Teacher. San Francisco: HarperSanFrancisco, 1994.

Sakya Pandita. Illuminations: A Guide to Essential Buddhist Practices. Novato, CA: Lotsawa, 1988.

Santideva. A Guide to the Bodhisattva Way of Life. Ithaca, NY: Snow Lion, 1997.

Robert Thurman. Essential Tibetan Buddhism. San Francisco: HarperSanFrancisco, 1995.

Tsong-Kha-Pa. The Great Treatise on the Stages of the Path to Enlightenment. Vols. 1-3. Ithaca, NY: Snow Lion, 2000.

Geshe Wangyal. The Door of Liberation. Boston: Wisdom Publications, 1995.

국내 자비 관련 책

게세 켈상 가초 저, 정동하 역, **깨달음으로 가는 자비로운 마음닦기**(경서원, 2006).

길희성 저, **자비와 아가페-포스트모던 시대의 열린 종교**(민음사, 1994).

달라이 라마 저, 김석희 역, **자비의 힘**(열린책들, 2008).

라마 예세툽텐 저, 박윤정 역, **달라이 라마의 자비 명상법**(정신세계사, 2005).

마가스님 · 이주영 저, **고마워요 자비명상**(불광출판사, 2007).

마하 고사난다 저, 박용길 역, **평화로운 영혼: 지혜와 자비 그리고 가르침**(무한, 2007).

법륜 저, **마음의 평화 자비의 사회화**(정토출판, 2002).

법안 저, **자비의 명상**(정우서적, 2008).

샤론 살스버그 저, 김재성 역, **붓다의 러브레터-삶을 보호하고 행복을 성취하는 자애명상**(정신세계사, 2005).

오쇼 저, 손민규 역, **자비의 서: 오쇼 선의 일화를 말하다**(지혜의 연금술 12, 젠토피아, 2013).

잭 콘필드 저, 정준영 역, **어려울 때 힘이 되는 8가지 명상**(불광출판사, 2013).

제프리 홉킨스 저, 김충현 역, **자비 명상**(불교시대사, 2007).

지운 저, **자비수관과 뇌 과학: 숨 쉬지 않고 땀 흘리지 않는 것 찾아가는 길**(연꽃호수, 2011).

초감 트룽파 저, 김성환 역, **자비심 일깨우기: 특별한 당신의 잠들어 있는 일곱 가지 지혜 계발서**(참글세상, 2013).

카렌 암스트롱 저, 권혁 역, **카렌 암스트롱 자비를 말하다: TED상 수상자가 제안하는 더 나은 삶에 이르는 12단계**(돋을새김, 2012).

타라 브랙 저, 김선주 · 김정호 역, **받아들임**(불광출판사, 2012).

파멜라 블룸 저, 이상목 역, **자비의 힘: 마음을 열어 주고 영혼을 치유하며 세상을 바꾸는 이야기들**(돋을새김, 2012).

폴 길버트 저, 조현주 · 박성현 역, **자비중심치료**(학지사, 2014).

국내 자비 관련 심리학 논문

김경의, 이금단, 조용래, 채숙희, 이우경(2008), 한국판 자기-자비 척도의 타당화 연구: 대학생을 중심으로. **한국심리학회지: 건강**, 13(4), 1023-1044.

노상선, 조용래(2013), 경계선 성격장애 성향자를 위한 자기자비 함양 프로그램의 개발과 효과. **한국심리학회지: 임상**, **32(1)**, 97-121 .

왕인순, 조옥경(2011), 자애명상이 자기자비, 마음챙김, 자아존중감, 정서 및 스트레스에 미치는 효과. **한국심리학회지: 건강**, **16**(4), 675-690.

유연화, 이신혜, 조용래(2010), 자기자비, 생활 스트레스, 사회적 지지와 심리적 증상들간의 관계. **인지행동치료**, **10**(2), 43-59.

일중(2004), 남방 상좌불교 전통에서의 자애관 수행관. **구산논집**, **9집**.

정연주, 김영란(2008), 상담자의 자애명상 경험 연구. **상담학 연구**, 9(4), 1851-1862.

조은영, 김세곤(2012), 자애명상이 청소년의 충동성, 불안 및 스트레스에 미치는 영향. 한국**불교상담학회지**, 4(1), 71-94.

조현주, 김종우, 송승연(2013), 화병 환자의 자애명상 치료적 경험과정에 대한 연구. 한국**심리학회지: 상담 및 심리치료**, 25(3), 425-448.

조현주(2014), 자비 및 자애명상의 심리치료적 함의. 한국인지행동치료학회지. **인지행동치료 2014**, 14(1), 1-12.

국내 자비 관련 불교학 논문

남수영(2006), 중관학파의 공사상에서 자비의 성립과 완성. **보조사상 25집.**

문을식(2012), 대승불전에서 자비 개념의 전개 양상. **한국교수불자연합학회지 제18권** 제1호.

윤영혜(2012), 초기불교문헌에서 자비의 문제 -그 실천 이유와 근거-. **한국불교학 제62집.**

이중표(2005), 자비의 윤리. **불교학연구** 제12호.

이자랑(2010), 계율에 나타난 분노의 정서와 자애를 통한 치유. **한국선학 제28호.**

한자경, 불교의 생명관과 자비의 마음-불교 생태학의 정초를 위하여-. **불교학연구 제11호** (2005).

황용식(2005), 달라이 라마의 자비 인성론에 관한 고찰. **종교연구** 40.

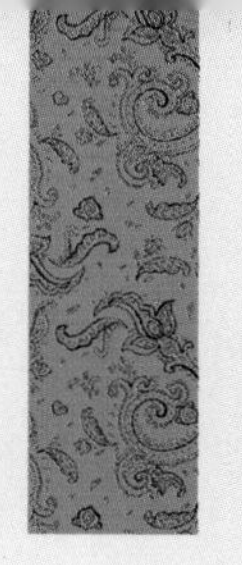

참고문헌

Bentley, Jr., G. E., Stranger from Paradise: A Biography of William Blake (Yale University Press, 2001).

Bion, W., Seven Servants: Four Works by Wilfred R. Bion (Jason Aronson, Inc., 1977).

Bowlby, J., Attachment (BasicBooks, 1969).

Dalton, D., Mahatma Ghandi: Nonviolent Power in Action (Columbia University Press, 1993).

Davis, M. H., Empathy: A Social Psychological Approach (Westview Press, 1994).

Deshung Rinpoche, (Trans. Jared Rhoton), The Three Levels of Spiritual Perception (Wisdom Publications, 1995).

Dharmaraksita, (Trans. Geshe N. Dhargyey, S. Tulku, K. Tulku, A. Berzin, and J. Landaw), The Wheel of Sharp Weapons (Library of Tibetan Works & Archives, 1981).

Dillard, A., Pilgrim at Tinker Creek (Harper & Row, 1974).

Dillard, A., For the Time Being (Vintage Books, New York, 1999).

Dogen, (Ed. Kazuaki Tanahashi), Moon in a Dewdrop (North Point Press, 1985).

Elliot, T. S., "The Lovesong of J. Alfred Prufrock," in The Norton Anthology of Poetry (W. W. Norton & Co., 1983).

Emerson, R. W., Essays—Second Series (Houghton Mifflin Co., 1929).

Freud, S., The Standard Edition of the Complete Psychological Works of Sigmund Freud (Hogarth Press, 1958).

Freud, S., Beyond the Pleasure Principle (W. W. Norton & Co., 1961).

Gampopa, (Trans. H. Guenther), Jewel Ornament of Liberation (Shambhala, 1986).

Gorree, G. and J. Barbier, Love Without Boundaries (Our Sunday Visitor, Inc., 1974).

Green, A., Tormented Master: A Life of Rabbi Nahman of Bratslav (Schocken Books, 1979).

Gyalstan, Panchen Lozang Chokyi, The First Panchen Lama, The Guru Puja (Library of Tibetan Works and Archives, 1984).

Gyatso, Tenzin, His Holiness the Dalai Lama, Kindness, Clarity, and Insight (Snow Lion, 1984).

Gyatso, Tenzin, His Holiness the Dalai Lama, The World of Tibetan Buddhism (Wisdom Publications, Boston, 1995).

Gyatso, Tenzin, His Holiness the Dalai Lama, Transforming the Mind: Teachings on Generating Compassion (Thorsons, London, 2000)

Gyatso, Tenzin, His Holiness the Dalai Lama, The Compassionate Life (Wisdom Publications, 2001).

Gyeltsen, Geshe T., Keys to Great Enlightenment (Thubten Dhargye Ling, Los Angeles, 1989).

Hamilton, N. G., Self & Others (Jason Aronson, 1990).

Hillman, J., Re-Visioning Psychology (HarperPerennial, New York, 1975).

House, A., Francis of Assisi: A Revolutionary Life (HiddenSpring Books, Mahwah, New Jersey, 2001).

Jones, E., The Life and Works of Sigmund Freud (Anchor Books, 1963).

Jung, C. G., (Trans. Richard & Clara Winston), Memories, Dreams, and Reflections (Vintage, 1965).

Jung, C. G., (Trans. R.F.C. Hull), Psychology and the East (Princeton University Press, Princeton, 1978).

Jung, C. G., (Trans. R.F.C. Hull), Psychology and Alchemy (Princeton University Press, 1980).

Jung, C. G., quoted in Marie-Louse von Franz, Projection and Re-Collection in Jungian Psychology (Open Court, London, 1980).

Kerouac, J., Desolation Angels (Perigee Books, 1960).

Kim, H., Dogen Kigen: Mystical Realist (University of Arizona Press, 1975).

King, Jr., M. L., (Ed. Clayborne Carson), The Autobiography of Martin Luther King, Jr. (Warner Books, 1998).

Klein, M., Envy and Gratitude and Other Works 1946–1963 (The Free Press, 1975).

Kohut, H. The Restoration of the Self (International Universities Press, 1977).

Lear, J., Love and Its Place in Nature (Farrar, Straus & Giroux, 1990).

Lewin, R., Compassion: The Core Value that Animates Psychotherapy (Jason Aronson, 1996).

Lowen, A., Narcissism: Denial of the True Self (Touchstone Books, 1985).

Marguilies, A., The Empathic Imagination (W. W. Norton & Co., New York, 1989).

McNally, D. Desolate Angel (Delta, 1979).

Milarepa, The Hundred Thousand Songs of Milarepa (University Books, New York, 1962).

Mogenson, G., Greeting the Angels: An Imaginal View of the Mourning Process (Baywood Publishing, Amityville, New York, 1992).

Mother Teresa, Meditations from a Simple Path (Ballantine Books, 1996).

Mullin, G., The Fourteen Dalai Lamas (Clear Light Publishers, 2001).

Nagarjuna, (Trans. J. Dunne and S. McClintock), The Precious Garland (Wisdom Publications, 1997).

Nanamoli, Bikkhu, and Bikkhu Bodhi, The Middle Lenght Discourses of the Buddha (Wisdom Publications, 1995).

Pabongka Rinpoche, (Trans. Michael Richards), Liberation in the Palm of

Your Hand (Wisdom Publicaitons, 1991).

Rabten, Geshe, and Geshe Dhargyey, Advice from a Spiritual Friend (Wisdom Publications, 1977).

Rabten, Geshe, Mind and its Functions (Editions Rabten Choeling, 1992).

Ribur Rinpoche, (Trans. Fabrizio Pallotti), transcribed from a discourse given on June 9, 2002, Wastonville, CA (available in audio format at www.lamrim.com).

Ribur Rinpoche, (Trans. Fabrizio Pallotti), "Transforming Suffering into Pure Joy," Mandala Magazine (Taos, NM, March/April 1997).

Rosenberg, E., and P. Ekman, et al., "Linkages Between Facial Expressions of Anger and Transient Myocardial Ischemia in Men With Coronary Artery Disease," in Emotion (June, 2001, Vol. 1:2).

Segal, H., Introduction to the Work of Melanie Klein (BasicBooks, 1974).

Seligman, M., and M. Csikszentmihalyi, "Positive Psychology: An Introduction," in American Psychologist (Jan. 2000).

Shantideva, A Guide to the Bodhisattva's Way of Life (Library of Tibetan Works and Archives, Dharamsala, India, 1979).

Snyder, G., Turtle Island (New Directions Books, 1969).

Thoreau, H. D., Walden or, Life in the Woods & On the Duty of Civil Disobedience (New American Library, New York, 1960).

Tustin, F., Autistic States in Children (Routledge & Kegan Paul, 1992).

Twain, Mark, Personal Recollections of Joan of Arc (The Stowe-Day

Foundation, 1980).

Wangyal, Geshe, Door of Liberation (Wisdom Publications, 1995).

Winnicott, D. W., Playing and Reality (Routledge, London, 1971).

Winnicott, D. W., Home is Where We Start From: Essays by a Psychoanalyst (W. W. Norton & Company, New York, 1986).

Yeshe, Lama Thubten, Becoming Your Own Therapist (Lama Yeshe Wisdom Archive, 1998); (available at www.lamayeshe.com).

Zopa Rinpoche, Lama Thubten, The Door to Satisfaction (Wisdom Publications, 1994).

Zubov, V. P., (Trans. David Kraus), Leonardo da Vinci (Harvard University Press, Cambridge, MA, 1968).

찾아보기

인명

내용

저자 소개

론 래드너(Lorne Ladner) 박사는 워싱턴 DC 근처의 사설 기관의 임상심리학자이자, 아고시 대학교(Argosy University)의 상담학 겸임교수다. 또한 버지니아 북부에 있는 구햐사마자(Guhyasamaja) 불교 센터에서 센터장을 맡고 있고, 정기적으로 교육과 워크숍, 명상 수련을 실시하고 있다.

역자 소개

박성현(Park Sunghyun)
가톨릭대학교 대학원에서 상담심리학(Ph.D)을 전공하고, 현재 서울불교대학원대학교 상담심리학과 조교수로 있다. 한국상담심리학회와 한국명상치유학회에서 활동하고 있으며, 명상과 심리치료의 통합에 관한 주제들을 탐구하고 있다.

노현숙(Noh Hyunsook)
가톨릭대학교 상담심리대학원에서 상담심리학(B.A)을 전공하고, 한양대학교 객원상담원 및 EAP상담을 하고 있다. 한국상담심리학회에서 상담심리전문가로 활동하고 있으며, 정서조절 및 기업상담에 관한 주제들을 탐구하고 있다.

박경옥(Park Kyungok)
가톨릭대학교 상담심리대학원에서 상담심리학(B.A)을 전공하고, 현재 서울시립대학교 학생상담센터에서 전임상담원으로 있다. 한국상담심리학회에서 상담심리전문가로 활동하고 있으며, 청소년과 성인의 자아정체성의 주제들을 탐구하고 있다.

이종수(Lee Jongsoo)
덕성여자대학교 대학원에서 임상건강(Ph.D)을 전공하고 있으며, 현재 서울지방 교정청 교정심리치료센터에서 상담심리전문가로 있다. 한국상담심리학회 상담심리전문가로 활동하고 있으며, 심신이완 및 성폭력 가해자에 관한 주제들을 탐구하고 있다.

이지원(Lee Jeewon)
가톨릭대학교 상담심리대학원에서 상담심리학(B.A)을 전공하고, 현재 서울지방 교정청 교정심리치료센터에서 상담심리전문가로 있다. 한국상담심리학회 상담심리전문가로 활동하고 있으며, 성폭력 가해자에 관한 주제들을 탐구하고 있다.

황광숙(Hwang Kwangsuk)
가톨릭대학교 상담심리대학원에서 상담심리학(B.A)을 전공하고, 현재 Be-MBC 심리상담연구소장으로 있다. 한국상담심리학회 상담심리전문가로 활동하고 있으며, 우울 및 대인관계에 관한 주제들을 탐구하고 있다.

자비의 심리학
The Lost Art of Compassion

2014년 9월 15일 1판 1쇄 인쇄
2014년 9월 25일 1판 1쇄 발행

지은이 • Lorne Ladner
옮긴이 • 박성현 · 노현숙 · 박경옥 · 이종수 · 이지원 · 황광숙
펴낸이 • 김진환
펴낸곳 • (주) 학지사
121-828 서울시 마포구 서교동 양화로 15길 마인드월드 빌딩
대표전화 • 02)330-5114 팩스 • 02)324-2345
등록번호 • 제313-2006-000265호

홈페이지 • http://www.hakjisa.co.kr
커뮤니티 • http://cafe.naver.com/hakjisa

ISBN 978-89-997-0475-8 03180

정가 17,000원

이 도서의 국립중앙도서관 출판시도서목록(CIP)은 서지정보유통지원시스템 홈페이지(http://seoji.nl.go.kr)와 국가자료공동목록시스템(http://www.nl.go.kr/kolisnet)에서 이용하실 수 있습니다.
(CIP제어번호:CIP2014024367)